suhrkamp taschenbuch
wissenschaft 1047

Beiträge zur Soziogenese der Handlungsfähigkeit
Herausgegeben von
Wolfgang Edelstein, Gil Noam und Fritz Oser

Die *Beiträge zur Soziogenese der Handlungsfähigkeit* sollen entwicklungspsychologische und psychoanalytische, soziologische und erkenntnistheoretische Arbeiten versammeln, die zu einer empirisch gehaltvollen Theorie des Subjekts beitragen können.
Besondere Aufmerksamkeit gilt der Interaktionskompetenz und der Handlungsfähigkeit, ihren Konstitutions- und Performanzbedingungen.
Das handlungs- und urteilsfähige Subjekt, das autonome Ich, das moralische Selbst sind Konstruktionen teilweise getrennter Theorietraditionen. Ihnen allen aber liegen ein epigenetisches Entwicklungsmodell und ein Normalitätsentwurf zugrunde, in denen der kompetente Teilnehmer an Interaktions- und Kommunikationsprozessen als Ziel der Entwicklung begriffen wird.
Die Reihe soll die unterschiedlichen Traditionen in konstruktivistischer Einstellung und in der Absicht verbinden, die Logik dieses Entwicklungsprozesses zu rekonstruieren und die sozialen Bedingungen zu beschreiben, die sein Gelingen oder Mißlingen bestimmen.

Kohlbergs Theorie der Entwicklung des moralischen Bewußtseins stützt sich auf das ›sokratische Modell‹: Wer nur recht versteht, wird das Rechte stets schon tun wollen. Diese Gleichsetzung des Verstehens moralischer Begründungsstrukturen mit moralischer Selbstbindung ist – auch auf dem Boden eines von Kohlberg für die empirische Moralforschung durchgesetzten kognitiven Moralverständnisses – problematisch geworden. Zunehmend wird offenbar, daß kognitives moralisches Lernen und die Verankerung der Moral in der Person analytisch getrennt werden müssen. Dies ist Thema des vorliegenden Bandes. Eröffnet wird er mit einer Diskussion zur Bestimmung der Moral. Die folgenden theoretischen und empirischen Beiträge explizieren die Struktur der Verankerung von Moral in der Person, ihre Entwicklungsmechanismen und Kontextbedingungen.

Moral und Person

Herausgegeben von
Wolfgang Edelstein, Gertrud Nunner-Winkler
und Gil Noam

Suhrkamp

Die Deutsche Bibliothek – CIP-Einheitsaufnahme
Moral und Person / hrsg. von Wolfgang Edelstein ... –
1. Aufl. – Frankfurt am Main : Suhrkamp, 1993
(Suhrkamp-Taschenbuch Wissenschaft ; 1047 :
Beiträge zur Soziogenese der Handlungsfähigkeit)
ISBN 3-518-28647-1
NE: Edelstein, Wolfgang [Hrsg.]; GT

suhrkamp taschenbuch wissenschaft 1047
Erste Auflage 1993

Satz und Druck: Wagner GmbH, Nördlingen
Printed in Germany
Umschlag nach Entwürfen von
Willy Fleckhaus und Rolf Staudt

2 3 4 5 6 7 – 04 03 02 01 00 99

Inhalt

MORALISCHES SELBST UND MORALISCHE MOTIVATION

ENTWICKLUNGSMECHANISMEN UND KONTEXTBEDINGUNGEN

Gertrud Nunner-Winkler und Wolfgang Edelstein
Einleitung*

Moral umfaßt drei Momente: Motivation, Urteilen und Verhalten bzw. Handeln. Verhalten wird vom Forscher – aus der Außenperspektive – je nach Übereinstimmung mit vorgegebenen Normen als ›konform‹ oder ›abweichend‹ klassifiziert, Handeln je nach Übereinstimmung mit den moralischen Überzeugungen des Handelnden als ›moralisch‹ bzw. ›unmoralisch‹. Diese Aspekte wurden in unterschiedlichen Paradigmen behandelt: So untersucht die behavioristische Lerntheorie *Verhalten* und erklärt Normkonformität als Ergebnis der durch Strafandrohung erzeugten Unterdrückung abweichender Impulse, als Ergebnis der Erfüllung sozialer Erwartungen aufgrund von Belohnung oder als Ergebnis der Identifikation mit einem Modell, das über die Möglichkeit verfügt, Belohnungen zuzuteilen. In psychoanalytisch orientierten Theorien geht es um *Motivation:* Freud beschrieb den Aufbau moralischer Motivation als Prozeß der Internalisierung vorgegebener Erwartungen in Form eines rigide zensierenden Über-Ich (›Identifikation mit dem Aggressor‹). Parsons (1964) konzipierte den Aufbau von Konformität als kulturelle Überformung natürlicher Bedürfnisse: aus der starken affektiven Abhängigkeit von der frühesten Bezugsperson entwickelt das Kind das (als ›spontan‹ und ›natürlich‹ erlebte) Bedürfnis, tun zu wollen, was von ihm erwartet wird, um die Zuneigung bedeutsamer anderer zu erhalten (›anaklitische Identifikation‹). Trotz deutlicher, insbesondere auch methodischer Differenzen stimmen die soziale Lerntheorie und psychoanalytische Ansätze in wesentlichen impliziten Grundannahmen überein: ›moralische‹ Normen werden mit kulturell vorherrschenden Erwartungen gleichgesetzt; das Individuum wird als Produkt externer Sozialisationseinflüsse begriffen, und als Motiv der Regelbefolgung gilt die Maximierung der Gra-

* Die Konzeption dieses Bandes geht zurück auf eine Konferenz der Autoren, die mit Unterstützung der Dr. Ernst-Rudolf-Schloeßmann-Stiftung durchgeführt wurde. Die Herausgeber möchten der Stiftung für ihre großzügige Hilfe danken.

tifikation: das Individuum sucht negative externe (Strafe) oder interne Sanktionen (schlechtes Gewissen) zu vermeiden bzw. positive externe (Belohnung) oder interne Sanktionen (Befriedigung der im Sozialisationsprozeß unhintergehbar überformten Bedürfnisse) zu gewinnen. Diese Modelle widersprechen freilich sowohl dem philosophischen als auch dem alltagsweltlichen Verständnis der Moral, für das Freiwilligkeit, Einsicht und ein nicht ausschließlich an eigener Nutzenmarkierung orientiertes Motiv konstitutiv sind.

Kohlbergs Theorie, in deren Zentrum die Frage nach dem moralischen *Urteil* steht, wird dem philosophischen und umgangssprachlichen Moralverständnis eher gerecht: das Individuum ist nicht Produkt einer Kausalgeschichte, sondern konstruiert aktiv sein Realitätsverständnis in der Auseinandersetzung mit der natürlichen und der sozialen Umwelt. Moralische Entwicklung besteht in der zunehmenden Vertiefung des Verständnisses der Geltungsgründe moralischer Regeln und der Motive ihrer Befolgung. Auf präkonventionellem Niveau gelten Normen aufgrund autoritativer Setzung und Sanktionierung; sie werden aus nutzenkalkulatorischen Erwägungen heraus befolgt (eine Konzeption, die dem behavioristischen Lernmodell ähnelt). Auf Stufe 3 gelten die in der Bezugsgruppe vorherrschenden Normen, und Motiv ihrer Befolgung ist der Wunsch nach sozialer Akzeptanz (eine Motivstruktur, die der Parsonsschen Grundannahme der für den Menschen konstitutiven sozialen Abhängigkeit ähnelt); auf Stufe 4 gelten die in der Gesellschaft institutionalisierten Gesetze, und Gewissensorientierung ist das zentrale Motiv ihrer Befolgung (wobei die Rigidität dieses verinnerlichten Modus von Regelgehorsam an Freuds Konzeption vom Über-Ich erinnert). Auf postkonventionellem Niveau schließlich wird tendenziell die Einheit von Urteilen, Motivation und Handeln erreicht: Regeln gelten aufgrund ihrer universellen Rechtfertigbarkeit, Motiv ihrer Befolgung ist die Einsicht in die Legitimität ihrer Geltung, wobei diese Einsicht konstitutiv für moralisches Handeln ist. Das postkonventionelle Verständnis ist also ›genuin‹ moralisch: Beweggrund für moralisches Handeln ist die freiwillige Selbstbindung aus Einsicht in die Geltungsgründe moralischer Normen und Prinzipien sowie Legalität und Legitimität, d. h. es kann zwischen faktisch vorherrschenden und moralisch gerechtfertigten Normen klar unterschieden werden.

Kohlbergs Theorie hat ein weites Forschungsfeld eröffnet. Eine große Zahl von Untersuchungen hat wesentliche Implikationen seines entwicklungslogischen Modells bestätigt (für eine zusammenfassende Darstellung vgl. Oser u. Althof 1992): Im Kulturvergleich hat sich die theoretisch postulierte Universalität und Irreversibilität der Stufenabfolge (zumindest der Stufen 2-4) bestätigt (vgl. Snarey 1985; Eckensberger 1992 für einen Überblick). Interventionsstudien zeigen, daß moralische Urteile nicht als bloße Reproduktion vorfindlicher Lehren, sondern als eigenständige Konstruktionsleistungen des Subjekts gelten müssen und kognitiver Konflikt, der Zwang sich mit Widersprüchen auseinanderzusetzen, der vorrangige Lernmechanismus ist (für einen Überblick über Forschungen vgl. Walker 1986). Untersuchungen zum Zusammenhang von Urteilen und Handeln stützen die kognitivistische Grundannahme der Einheit von Urteilen und Handeln (vgl. Blasi 1980 für einen Überblick; Candee u. Kohlberg 1987). Und schließlich steht seit der Überarbeitung des Codiermanuals (vgl. Colby et al. 1987a, b) und der Entwicklung etlicher standardisierter Verfahren (vgl. Rest 1979; Gibbs, Basinger u. Fuller 1992; Lind 1978; Lind u. Wakenhut 1985) ein – auch strengen Ansprüchen an Reliabilität und Validität genügendes – methodisches Arsenal bereit.
Dennoch läßt sich derzeit ein Umbruch im Forschungsfeld erkennen. Strittig ist schon die Bestimmung des Gegenstandes. Ist eine vom Forscher (aufgrund eigener philosophischer Präferenzen) vorgängig festgelegte Definition des Endpunktes moralischer Entwicklung notwendig für die Rekonstruktion empirischer Entwicklungsverläufe (so Habermas 1986)? Oder hat empirische Forschung Moral ausschließlich von unten, aus der Perspektive des Subjekts, zu definieren (so Blasi 1986)? Theoretisch kontrovers ist der Status der Stufe 6: Kann die Ablösung eines utilitaristischen Moralverständnisses (Stufe 5) durch ein deontologisches (Stufe 6) als ›natürlicher‹ Entwicklungsverlauf gelten? Oder muß das postkonventionelle Niveau eher als Metaebene philosophischer Debatten gelten, wobei Utilitaristen und Deontologen als ebenbürtige Kontrahenten einander gegenübertreten (vgl. Habermas 1986; Kohlberg et al. 1986; Puka 1986; Colby et al. 1987a, b)? Und empirisch umstritten ist die Beschreibung des präkonventionellen Niveaus: Nach Kohlberg gelten jüngere Kinder als strategisch kalkulierende Nutzenmaximierer, die ihr Urteilen und Han-

deln ausschließlich am Eigeninteresse orientieren. Turiel (1983) und seine Kollegen (vgl. Nucci 1981; siehe auch Keller 1984; Keller u. Edelstein 1986) aber haben gezeigt, daß Kinder schon früh über ein Verständnis der sanktions- und autoritäts*un*abhängigen Geltung moralischer Regeln verfügen. Und im Rahmen der Altruismusforschung haben Beobachtungsstudien belegt, daß Kinder von früh auf spontan Empathie zeigen und helfen, teilen und trösten (vgl. Eisenberg 1982, 1986; Hoffman 1982; kritisch dazu: Nunner-Winkler 1989). Schließlich – und dies ist der theoretisch folgenreichste Punkt – wird Kohlbergs Konzeption einer Einheit von kognitiven, affektiven und handlungsdispositionellen Momenten aufgebrochen. Das Problem wird rekonzeptualisiert als Frage nach der Verankerung der Moral in der Person, die als eine vom kognitiven Moralverständnis analytisch unabhängige Dimension thematisiert wird. Damit wird die Einheit der Moral, die in Kohlbergs Konstrukt des ›moralischen Bewußtseins‹ gestiftet war, begrifflich wieder aufgelöst und in die Momente des Urteils, der Motivation und der Handlung zerlegt. Mögliche Zusammenhänge werden als empirische Fragen und nicht als analytische Setzung behandelt.
Noch ist nicht abzusehen, wie die theoretischen Einwände oder abweichende Forschungsergebnisse Kohlbergs Theorie modifizieren oder zur Entwicklung alternativer Modelle führen werden. Doch in welche Richtung auch immer Reformulierungsvorschläge gehen mögen – eines steht fest: das von Kohlberg eingebrachte kognitive Moment ist sachlich unhintergehbar; eine reduktionistisch, empiristisch und lerntheoretisch verfahrende Moralforschung ist – seit Kohlberg – als unangemessene Problemverkürzung offen erkennbar. Der hier vorgelegte Band ist ein Indikator für die Umbruchsituation im Feld der von Kohlberg inspirierten Moralforschung. Im Zentrum steht die Frage nach dem Verhältnis von Moral und Person. Diese allerdings findet keine einhellig konsentierte Lösung, sondern unterschiedliche, zum Teil konträre Antworten. Einleitend soll nun versucht werden, die wichtigsten der Problemfronten kurz zu skizzieren.

1. Zur Bestimmung der Moral

Moralische Regeln sind die Regeln, deren Befolgung kategorisch geboten ist. In dieser Bestimmung sind zwei Momente enthalten: einmal gilt es zu verstehen, was es bedeutet, etwas moralisch zu *sollen* (das *kategorische* Moment der Gebote), zum anderen, *was* es ist, das moralisch gesollt wird (das *inhaltliche* Moment der Gebote).

1.1 Das Kategorische des moralischen Sollens

Um *moralisches Sollen,* moralische Verpflichtung, zu verstehen, so Tugendhat, gilt es zu klären, »was geschieht, wenn das Subjekt *nicht* so handelt, wie es sollte«. Es geschieht folgendes: »Wir empfinden« – und zwar in der 1., 2. oder 3. Person, d.h. als Täter, Opfer oder unbeteiligte Zuschauer moralischer Verfehlungen – Gefühle von »Empörung, Zorn, Scham (auch Schuld)«. Diese Gefühle sind reziprok miteinander verschränkt: Es ist die Empörung der anderen, die wir in der moralischen Scham fürchten. Diese Gefühle implizieren eine Bewertung der Person, und zwar nicht in spezifischen Hinsichten (als Rollenträger oder bezüglich bestimmter Kompetenzen), sondern »der Person als solcher«, »als Mitglied der Gemeinschaft/Gesellschaft«. Allein aus diesen Gefühlen erhält das moralische Sollen seinen Sinn – eine von Gefühlen unabhängige Bedeutung hat es nicht. Aus empirischer Sicht erzeugt diese von Tugendhat postulierte analytische Verbindung moralischer Emotionen mit dem Sinn von Sollen allerdings einen Klärungsbedarf: Offensichtlich variieren die Emotionen, die ›wir‹ angesichts von Verfehlungen empfinden, zwischen Personen und in Abhängigkeit von Kontextbedingungen. Einige von uns antworten mit heftiger Empörung auf Unrecht – andere reagieren mit Gleichgültigkeit. Zugleich kann keiner von uns umhin, mit intensiveren Schuldgefühlen oder Empörung auf eine Verfehlung zu antworten, die gravierende Folgen nach sich zieht, als auf eine, die folgenlos bleibt (vgl. Nagel 1979; vgl. Montada in diesem Band). Tugendhat läßt offen, ob ›Sollen‹ eine norm-, situations- und personenspezifisch variierende Bedeutung hat oder ob – um zu verstehen, was Sollen ›überhaupt‹ bedeutet – ein einmaliges, gleichsam exemplarisches Erleben moralischer Emotionen genügt, das dann ein situationsübergreifend verallgemeinertes Verständnis fundiert. Doch unabhängig von möglichen Antworten auf diese empirischen Detailfragen steht fest, daß Tugendhat das Verstehen des moralischen Sollens analytisch an moralische Emotionen bindet: Ohne Empörung und Scham ist Sollen weder explizierbar noch verstehbar.

Frankfurts Konzept der ›volitional necessity‹ bietet eine andere Deutungsmöglichkeit: Verpflichtung folgt aus ›willentlicher Selbstbindung‹: eine Person macht einen Wert oder ein Ideal für sich wichtig (cares about) und orientiert ihr Handeln daran. Moralisches Sollen läßt sich als Spezialfall lesen: das Verpflichtungsgefühl resultiert aus einer Selbstbindung an moralische Werte. Selbstverpflichtung ist weder identisch mit bestimmten inhaltlichen Überzeugungen (z. B. moralischen Urteilen – wie bei Kohlberg) noch mit bestimmten Gefühlen (z. B. Schuld, Empörung – wie bei Tugendhat) sondern konstituiert eine ›Notwendigkeit des Willens‹: Die Person kann sich nicht dazu bringen, Handlungen auszuführen, die sie als ›Verrat‹ an ihren Idealen begreifen müßte, auch wenn die Gelegenheit günstig und die Wissens- und Fähigkeitsvoraussetzungen gegeben wären (Frankfurt 1988). Anders als im Falle von Suchtabhängigkeit, Zwanghaftigkeit oder Gehemmtheit bejaht die Person jedoch ihre ›Willensunfähigkeit‹ – diese selbst ist ihr wichtig. Luthers Satz: »Hier stehe ich, ich kann nicht anders« ist ein besonders klares Beispiel. Sofern diese willentliche Unfähigkeit sich auf das Begehen unmoralischer Handlungen bezieht, läßt sie sich als Explikation moralischen Sollens lesen, die ohne Rekurs auf emotionale Reaktionen im Falle der Verfehlung auskommt (die der Person ja gerade unmöglich geworden ist).

Die Frage, wie moralisches Sollen zu verstehen sei, ist nicht allein Gegenstand philosophischer Reflexion – sie stellt sich schließlich jedem. Insofern mag zu ihrer Klärung auch die empirische Erforschung des alltagsweltlichen Verständnisses moralischer Verpflichtungen einen Beitrag leisten. In zwei Arbeiten dieses Bandes finden sich Hinweise hierzu: Nisan befragte Probanden nach Handlungsempfehlungen in hypothetischen Konflikten zwischen moralischen Normen und persönlich wichtigen und objektiv wertvollen Zielen. In einem Dilemma etwa steht ein Forscher vor der Frage, ob er einen Auslandsforschungsaufenthalt wahrnehmen kann, wenn dies bedeutet, daß er sich in dieser Zeit nicht um seine alternden Eltern kümmern kann. Aus der Perspektive der

Unparteilichkeit betrachteten alle Probanden ›Fürsorge für die Eltern‹ als moralische Verpflichtung. Dennoch gestanden die meisten dem Forscher zu, gegen diese moralische Verpflichtung zu verstoßen, denn: »Wir erwarten, daß Menschen Projekte verfolgen, die ihnen sehr wichtig sind«, ohne sie deshalb »unbedingt zu verurteilen«. Ja, etliche Befragte erwarteten sogar gerade als Folge der *moralischen* Handlungsentscheidung »Reue und Schuldgefühl«. Dieses Ergebnis ließe sich i. S. von Tugendhat so lesen, daß die Befragten – wie Kant – moralische ›Pflichten gegen sich selbst‹ konstruieren, denen sie unter bestimmten Bedingungen im Konfliktfall Vorzug vor ›weiten positiven Pflichten gegen andere‹ einräumen: die Emotionen würden also das tatsächlich wirksame moralische Verpflichtungsgefühl indizieren. Genau das aber scheint nicht der Fall: die Befragten sahen den Verzicht auf den Forschungsaufenthalt als moralisch geboten an, aber gerade dieser Verzicht führte zu ›Schuldgefühlen‹, weil er Verrat an *persönlich* wichtigen Zielen bedeutete. Auch in Colby und Damons Bericht über Personen, die unter hohen persönlichen Risiken und Kosten ihr Leben im Einklang mit ihren moralischen Überzeugungen führten (›moral exemplars‹), ist bei der Beschreibung des Verpflichtungsgefühls von Emotionen nicht die Rede. So etwa erläuterte eine Befragte ihren Einsatz im Kampf um die Gleichberechtigung für Schwarze wie folgt: »Rassentrennung war falsch, daran hatte ich nie einen Zweifel. Ich wußte, daß ich recht hatte, da war ich mir ganz sicher ... Ich tat, was ich tun mußte, aber ich hatte nie das Gefühl, daß das Mut verlangte oder ich besonders tapfer war. Es war einfach etwas, das ich tun mußte. Das war auch kein besonderes Gefühl von Erhebung oder Ekstase.« Die Befragte begreift ›Verpflichtung‹ als die Notwendigkeit, in Übereinstimmung mit ihrer moralischen Einsicht zu handeln. Auch sie allerdings berichtet von Schuldgefühlen: sie fühlt sich schuldig, weil sie, indem sie tat, was sie tun *mußte*, ihren Kindern eine schwere Kindheit bereitete. Befragt, ob sie angesichts dieser Kosten ihre Entscheidungen ein zweites Mal in gleicher Weise treffen würde, wenn sie ihr Leben erneut leben könnte, antwortet sie: »Es gab keine Entscheidungen, es gab keine Wahl.« Wiederum also treten Schuldgefühle in der Folge der Erfüllung der *moralischen* Verpflichtung auf (allerdings nicht – wie in Nisans Daten – aufgrund des Verrats an Ich-Zielen, sondern aufgrund der Versäumnis weiterer moralischer Verpflichtungen). Entscheidend aber ist: die

Verpflichtung selbst wird nicht durch Emotionen erläutert, sondern durch den Verweis auf die Notwendigkeit, das als richtig Erkannte auch zu tun.

1.2 Die Inhalte moralischen Sollens

Unabhängig davon, wie der Sollensaspekt moralischer Gebote gedeutet wird – ob durch Verweis auf unhintergehbar an Übertretungen gekoppelte moralische Emotionen oder durch Explikation einer durch Willensbindung erzeugten Handlungsnotwendigkeit –, bleibt die Frage nach den *Inhalten moralischer Gebote* zu klären.

Was ist es, das als moralisch gesollt gilt? Diese Frage wird in den Beiträgen des Bandes unterschiedlich beantwortet. Tugendhat unterscheidet zwischen einer traditionellen Moral (mit interkulturell variierenden inhaltlichen Geboten), die zu ihrer Rechtfertigung auf geteilte religiöse Glaubensbestände rekurriert, und einer modernen Moral, die nur noch im Willen der Subjekte, Mitglieder von Gesellschaft überhaupt zu sein, fundiert ist. Inhaltlich sind damit in der Moderne jene Normen verpflichtend, die auf kontraktualistischer Basis (d. h. unter Rekurs auf das geteilte Interesse, sich auf ein für alle verbindliches Regelsystem zu einigen) gewonnen werden können. Für diese gilt: sie sind notwendig universal und egalitär, denn unter der Kontraktannahme ist es die Einschränkung der Gleichheit, die einer Rechtfertigung bedürfte. Und in der Tat verlieren mit der Modernisierung, d. h. mit dem Zurückdrängen metaphysischer oder religiöser Fundierungen von Moral, askriptive und partikularistische Gesichtspunkte zunehmend an Legitimationskraft. Dies zeigt sich insbesondere an dem historischen Prozeß der Ausweitung der Menschenrechte, in dessen Verlauf Gleichbehandlung *auch* für Schwarze, Besitzlose, Frauen durchgesetzt wurde und wird. (Zu dieser Minimalbestimmung von Moral können weitere Forderungen treten, die unter Rekurs auf die – neben dem wohlverstandenen verallgemeinerten Individualinteresse – zweite Quelle einer natürlichen Moral, nämlich Mitleid und Sympathie, abgeleitet werden: etwa Verpflichtungen gegenüber Kindern, Tieren etc.) Die kontraktualistische Minimalmoral entspricht inhaltlich den bei Kohlberg für das postkonventionelle Niveau formulierten Prinzipien.

Rorty hingegen vertritt eine andere Moralkonzeption. Sie wendet sich gegen Universalismus und Prozeduralismus und die daraus abgeleitete minimalistische Verbotsmoral; statt dessen plädiert sie für moralischen Pluralismus und eine ›Signifikanzmoral‹. Danach besteht Moral nicht in der bloßen Unterlassung unmoralischer Handlungen bzw. der punktuellen Erfüllung strikter Pflichten, sondern im Insgesamt einer Lebensführung bzw. in der Ausbildung eines moralischen Charakters. Was zählt ist, *daß* einer das Gute tut und *wie* er es tut.
Wie sieht nun das alltagsweltliche Moralverständnis aus? Nucci und Lees Forschungen stützen eher das Konzept einer Minimalmoral. Sie belegen, daß bereits Kinder eine Vorstellung von universell gültigen moralischen Normen haben. Es sind dies Gebote, die eine direkte Schädigung anderer verbieten; diese besitzen eine autoritäts- und sanktionsunabhängige Geltung (›auch Gott darf sie nicht übertreten‹). Daneben kennen Kinder auch kultur- oder gruppenspezifische Regeln: moralische Normen, die die indirekte (durch soziale Institutionen vermittelte) Schädigung anderer untersagen (vgl. dazu Turiel 1983), aber auch religiöse Vorschriften. Schließlich aber unterstellen bereits Kinder einen individuellen Entscheidungsspielraum, der sich – sozialhistorisch betrachtet – in diesem Umfang überhaupt erst in der Moderne herausgebildet hat. In diesem ›persönlichen Raum‹ können eigene Wertfestlegungen, aber auch idiosynkratische Wünsche und Bedürfnisse zur Geltung gebracht werden.
Auch Nisans Daten zeigen, daß Individuen drei Bereiche handlungsleitender Orientierungen klar unterscheiden: universell verpflichtende moralische Normen, die dem Konzept einer Minimalmoral entsprechen; außermoralische Wertorientierungen, die als Ich-Ziele individuell frei gewählt werden können, dann aber im Zuge zunehmenden Engagements als ›persönliche Projekte‹ den Charakter einer Selbstverpflichtung gewinnen; und schließlich kurzfristige hedonistische Wünsche und Bedürfnisse.
Die empirischen Arbeiten also zeigen: Umgangssprachlich wird ›Moral‹, im Sinne universell bzw. gruppenspezifisch gültiger Normen, die die Teilnahmebedingungen an Gesellschaft überhaupt bzw. an einer bestimmten Gemeinschaft formulieren, deutlich gegen einen ›persönlichen Bereich‹ abgegrenzt. In letzterem treffen Individuen ihre eigenen Wertfestlegungen und verfolgen ihre individuellen Interessen. Von diesem engen Moralverständnis her

scheint ›Charakter‹ – der für Rortys Moralkonzeption konstitutive Terminus – eher ein moral-neutrales Konstrukt. In der Tat können viele der von Rorty aufgezählten Eigenschaften (etwa: Humor, Phantasie etc.) – wie sie auch selbst anmerkt – auch für außer- oder unmoralische Unternehmungen eingesetzt werden und scheinen für ›moralisches Handeln‹ weder notwendig noch hinreichend. Dennoch ist Rortys Plädoyer für ein erweitertes Moralverständnis, das das Gesamt der Lebensführung umgreift, wichtig im Blick auf die neueren Konzeptualisierungen in der empirischen Moralforschung, in der die Frage nach Konsistenz zwischen moralischem Urteil und Handeln zunehmend als Frage nach der Verankerung von Moral in der Person reformuliert wird.

2. Zur Struktur des Selbst

Wenn moralisches Handeln nicht mehr – wie in Kohlbergs Konzeption – bereits im Urteilen impliziert ist, sondern als Frage nach der Bedeutung von Moral für die Person behandelt werden muß, dann ist zunächst zu klären, wie der Begriff der Person zu verstehen und in welcher Begrifflichkeit das Verhältnis von Moral und Person zu fassen ist. In den Beiträgen dieses Bandes finden sich unterschiedliche Analysen der Struktur des Selbst.

Wolfs Konzeptualisierung steht in der Tradition der Kohutschen Selbstpsychologie. Die Person wird nicht – wie bei Freud – als triadische Struktur (Es, Ich, Über-Ich) begriffen, sondern es geht allein um das Selbst. Dieses wird mit der subjektiven Empfindung des Selbstseins gleichgesetzt. Einzige Antriebskraft ist die Neigung des Organismus, seine psychischen Erfahrungen zu organisieren. Ein »kohärentes, gesundes Selbst«, d. h. ein Selbst, das das Empfinden hat, »ganz zu sein, und nicht Angst hat, auseinanderzufallen oder sich zu verlieren«, bedarf zu seiner Entstehung, Entwicklung und Erhaltung einer ständigen Zufuhr geeigneter »Selbstobjekterfahrungen«. Neben Spiegelung, Erfolg und Selbstbestätigung ist dies vor allem auch die Erfahrung der ›Idealisierung‹, d. h. des Gefühls, durch Werte und Ideale erhoben zu werden. Diese Werte werden zunächst der Identifikation mit den Eltern als idealisierten Bezugspersonen entnommen. In der Adoleszenz jedoch wird die Elternidealisierung brüchig, und damit verfallen diese »selbstbestätigenden idealisierten Selbstobjekterfahrungen«. Dies bedroht die Kontinuität des Selbst, und so wendet sich der Jugendliche der Gleichaltrigenkultur zu und entnimmt ihr neue Werte und Ideale. Im vorliegenden Kontext zentral ist Wolfs These, daß Werten und Idealen »ein Wert zugewiesen wird, weil sie gebraucht werden, um Struktur und Funktion unseres Selbst zu erhalten und weniger um des Gehaltes willen, den diese Ideen ... verkörpern mögen«. In dieser Konzeption werden die Person also mit ihrem Selbstempfinden und Werte mit der Funktion, dieses zu steigern, gleichgesetzt.

Frankfurt entwickelt ein anderes Konzept: Konstitutiv für die Person ist die Selbstbindung ihres Willens an rationaler Kritik zugängliche Ideale, Überzeugungen und Werte. Erst eine bejahte und gewollte Selbstbindung erlaubt der Person, wertend zu ihren spontanen Impulsen und Bedürfnissen oder natürlich gegebenen Merkmalen Stellung zu nehmen: sich mit einigen zu identifizieren, sich von anderen zu distanzieren. Die Person bestimmt sich selbst durch das, was ihr wichtig ist. Nur durch diese Selbstbestimmung des Willens kann eine Person Autonomie gewinnen: sie tut, was sie tut, weil sie eine bestimmte Person sein will und nicht, weil sie Produkt einer kausal wirksamen Sozialisationsgeschichte oder Spielball augenblicklicher Impulse, Neigungen oder Gefühle ist.

Wie Wolf geht Blasi der Frage nach der subjektiven Erfahrung des eigenen Selbst nach. Anders als bei Wolf allerdings reduziert sich ihm die Entwicklung eines Selbstempfindens nicht auf die eine Dimension des Selbstwertgefühls (mit den Polen Wohlgefühl versus Angst und Leere), vielmehr rekonstruiert er – im Anschluß an Loevingers Theorie der Ich-Entwicklung – Strukturveränderungen in der Art und Weise, wie Individuen ihre eigene Identität erleben und sich dazu verhalten. Auf der Basis explorativer Interviews mit 10-, 18- und 30jährigen Befragten (über das wahre Selbst, Aufrichtigkeit und Selbsttäuschung, die eigene Personwahrnehmung und Veränderungswünsche) arbeitet er drei konsistente Muster der Identitätserfahrung heraus: ›Rollenidentität‹ (das Selbst gilt als Summe der eigenen Handlungen und physischen Merkmale); ›festgestellte Identität‹ (das Selbst wird mit spontanen – vom Individuum nicht kontrollierbaren – Gefühlen und Einstellungen identifiziert und gilt als statisch); und ›selbstgesteuerte Identität‹ (das wahre Selbst ist in den eigenen Wertbindungen und der Weltanschauung fundiert, für die das Individuum sich selbst verantwortlich weiß). Dabei ergaben sich klare Alterskorrelationen: nur ältere Probanden – aber auch unter diesen keineswegs alle – beschreiben ihr Selbst als ›selbstgesteuerte Identität‹. In einer weiteren Studie untersucht Blasi in Anknüpfung an Frankfurts Personkonzept ›Selbst-Verrat‹ als Verrat an persönlich wichtigen Idealen. Dabei fand er zwei Reaktionsmuster: Ein Teil der Befragten sah nur auf die erzielten Vorteile; andere hingegen (und dies waren häufiger – aber keineswegs ausschließlich – Individuen mit höher entwickelten Identitätsmustern) begriffen den Verrat an den eigenen Idealen als gravierenden Selbstwiderspruch und reagierten mit heftigen Gefühlen von Scham, Schuld und Depression.

Noam skizziert zwei Typen von Selbsttheorien: im minimalistischen Ansatz gilt das Selbst als eine Teilstruktur neben anderen (etwa: kognitiven, soziokognitiven oder moralischen) Strukturen; im maximalistischen Ansatz hingegen gilt das Selbst als Superstruktur, die die kognitive und emotionale Entwicklung, Abwehr- und Bewältigungsstrategien und unterschiedliche Persönlichkeitsmerkmale integriert. Er selbst plädiert dafür, zwar diskrepante Teilentwicklungen in unterschiedlichen Selbstdimensionen anzuerkennen, aber dennoch ein – das bloß epistemische Selbst übergreifendes – Konzept anzunehmen: Basis ist eine strukturtheoretisch durch zunehmende Fähigkeiten zur Perspektivenübernahme definierte Stufenabfolge zunehmender Selbstkomplexität. In diese Abfolge von Selbstschemata gilt es, inhaltliche Themata zu integrieren: jede Person entwickelt im Verlaufe der Verarbeitung ihrer je individuellen Erfahrungen und durchlebten Beziehungskonstellationen ihre spezifischen existentiellen Problemstellungen und Sinndeutungen, die dann ihre Realitätsinterpretation und Biographie-Rekonstruktion anleiten. Insbesondere verweist Noam auf die Störanfälligkeit der Selbst-Entwicklung: auf Entwicklungsblockierungen, auf biographisch bedingte Fixierungen, auf maladaptive Themata und auf mit gesteigerter Strukturkomplexität zunehmende Gefährdungen und Risiken (z. B. Selbsttäuschung, Selbstablehnung). Dieses Konzept einer klinisch-biographischen Entwicklungstheorie des Selbst verbindet wesentliche Aspekte der Psychoanalyse mit Kohlbergs Strukturtheorie der soziokognitiven Entwicklung.

3. Die Bedeutung der Moral für die Person

Unterschiedliche Personkonzeptualisierungen implizieren unterschiedliche Antworten auf die Frage nach dem Verhältnis von Person und Moral. Bei Wolf ist das Individuum letztlich selbstzentriert an der eigenen Selbsterhaltung und -bestätigung orientiert, und zu diesem Ziele werden (u. a. auch moralische) Werte oder Ideale funktionalisiert. So etwa werden Verhaltensweisen wie »Freundlichkeit, Mitleid, Rücksichtnahme in den Dienst der Aufrechterhaltung der nötigen Selbstobjekterfahrungen gestellt« – wobei dies allerdings häufig durch »großartige Illusionen über die eigenen moralischen Qualitäten« verschleiert wird. Dieses funktionalistisch-reduktionistische Moralverständnis, nach dem Wertorientierung einzig dem Eigeninteresse der Selbststabilisierung dient, ist, so Wolf, empirisch der prototypische Fall. Gegen diese Interpretation melden andere Autoren explizit Bedenken an. Tugendhat merkt an, daß das Gewissen schon aus semantischen Gründen nicht instrumentalisierbar sei: »Wenn ich sage, daß meine Gründe, bestimmte moralische Ansprüche zu erheben (daß so und so schlecht/gut ist), darin bestehen, daß solche Ansprüche zu erheben in meinem Interesse liegt (gut für mich ist), dann habe ich damit jene Ansprüche widerrufen«. Aus Wolfs Perspektive ist dieser Widerspruch durch einen Ebenenwechsel auflösbar: Das Individuum erhebt den Anspruch, moralische Werte um ihrer selbst willen zu verfolgen – aber gerade dieser Anspruch ist ›Illusion‹, grandiose Selbsttäuschung. Es ist wohlbekannt, daß solche Unterlaufinterpretationen, wie sie etwa auch in einer radikalisierten Ideologiekritik verwendet werden, gegen Widerlegungsversuche immun sind. Ebenso vertraut ist der theoretische Gegenzug: man plädiert auf ›Selbstwiderspruch‹: Wer den Ideologieverdacht erhebt, beansprucht für die eigene Analyse ›Objektivität‹ und muß doch zugleich wissen, daß auch diese gegen Unterlaufinterpretationen nicht gefeit ist. Dieser Schlagabtausch ist im Falle von Wolfs Analyse nicht nötig. Er selbst gesteht abschließend zu, daß es einige, wenngleich nur wenige Menschen gibt (›postnarzißtische Charaktere‹), die Werte um ihrer intrinsischen Gültigkeit willen befolgen. Diese Einschränkung aber bleibt ein bloß verbales Zugeständnis. Wolfs Modell erlaubt nicht, ein ›wahrheitsorientiertes‹ Wertverständnis begrifflich zu fassen: Wertorientierungen haben den gleichen Status wie persönliche Bedürfnisse, und wie diese unterliegen sie allein dem Bewertungskriterium ihrer Funktionalität für das Selbstinteresse.

Frankfurts Personkonzept hingegen basiert auf einer irreduziblen Eigenständigkeit von Werten: Zur Person wird ein Mensch erst durch Wertbindung. Tugendhat kehrt diesen Konstitutionszusammenhang um: Nicht die Person konstituiert sich durch wertorientierte Selbstverpflichtung, sondern der Verpflichtungscharakter von (moralischen) Werten wird durch den Willen der Person, sich als Mitglied der moralischen Gemeinschaft zu verstehen, konstituiert.

Wolfs Menschenbild, demzufolge Werte dem Subjekt nur unter der Perspektive: ›nützt mir/nützt mir nicht‹ zugänglich sind, verfehlt das Spezifikum von Moral, sofern moralische Gebote eine von individuellen Selbstinteressen und Gefühlslagen unabhängige Geltung beanspruchen. Frankfurts Modell expliziert das Verpflichtungsgefühl, das eine Person erfährt, die ihren Willen an intrinsisch wertvolle Ideale gebunden hat. Allerdings sind für Frankfurt moralische und andere (etwa kontemplative, ästhetische, intellektuelle) Wertorientierungen austauschbar. Tugendhat sucht demgegenüber das Spezifikum zu erfassen, das moralische Verpflichtungen von anderen Wertbindungen unterscheidet. Moralisch sind jene Standards, auf deren Verfehlung ich bei mir selbst mit Schuldgefühlen, bei anderen mit Empörung antworte, und nicht nur – wie bei Mängeln in anderen Wertrealisierungen – mit Kritik bzw. Peinlichkeitsgefühl.

Wie steht es um die empirische Forschung zum Zusammenhang von Person und Moral? Kohlbergs Beschreibung der moralischen Entwicklung basiert auf der Annahme eines kognitiv-affektiven Parallelismus: die Geltungsgründe für Normen und die Motive ihrer Befolgung sind stufenspezifisch strukturgleich konzeptualisiert. Damit tritt das genuin moralische Motiv, das Rechte zu tun, weil es das Rechte ist, erst auf postkonventionellem Niveau in Kraft; auf vorauslaufenden Stufen gilt als Motiv der Normbefolgung Sanktionsvermeidung bzw. das Streben nach sozialer Akzeptanz (beides mit Wolfs Modell kompatible Motive). Und erst auf postkonventionellem Niveau wird die Konsistenz von Urteil und Handeln voll realisiert. Doch die Kohlbergsche Koppelung von Moralstufe und moralischem Engagement verliert an Plausibilität. Es scheint notwendig, die Frage nach der Bedeutung, die Personen moralischen Werten zumessen, als eigenständige Erklärungsvariable einzuführen (vgl. auch Rest 1986). Wie die in diesem Band berichteten Untersuchungen zeigen, unterscheiden Menschen sich in dieser Frage. Zwar wird man annehmen dürfen, daß Personen, denen Moral wichtig ist, aufgrund von ›Kompetenzmotivation‹ höhere Moralstufen erreichen werden. Aber der umgekehrte Fall ist theoretisch entscheidend: auch unter Menschen auf niedrigeren Stufen der Moralentwicklung (etwa unter Menschen, denen die notwendigen soziokognitiven Voraussetzungen für eine Entwicklung zu höheren Stufen des moralischen Urteils fehlen) finden sich Personen, für die moralisches Engagement eine identitätskonstitutive Bedeutung besitzt. Colby und Damons ›moral exemplars‹ etwa haben moralische Werte zu ihren dominanten Ich-Zielen gemacht, für sie ist Moral zum Kern ihrer Identität geworden. Sie belegen die reale Existenz von Wolfs postnarzißtischer Persönlichkeit; sie realisieren in ihrem Lebensentwurf Rortys ›signifikante Moral‹. Und insofern ist es theoretisch folgenreich, wenn Colby und Damon betonen, daß sich die ›moral exemplars‹ auf allen Stufen und keineswegs nur auf postkonventionellem Niveau finden. Eine solche (prinzipielle) Unabhängigkeit von Urteilsniveau und moralischem Engagement wird auch in anderen Untersuchungen belegt. Blasi stellt fest, daß durchaus auch Befragte auf niedrigen Identitätsstufen (und das heißt per implicationem auf niedrigen Moralstufen) durchaus ›Moral‹ als zentral für das eigene Selbst begreifen und unter Selbstverrat leiden können, während umgekehrt höhere Identitätsstufen auch ohne Moralbezug konstruierbar sind. In ähnlicher Richtung lassen sich die Ergebnisse von Nunner-Winklers Untersuchung lesen. Kinder verfügen zwar, wie Turiel, Nucci u. a. bereits überzeugend nachgewiesen haben, schon früh über ein angemessenes Verständnis der intrinsischen Geltung moralischer Regeln. Dies bleibt jedoch zunächst ein rein informationelles Verstehen, und es bedarf eines ›zweiten moralischen Lernprozesses‹, in dessen Verlauf es den Kindern wichtig wird, die wohlverstandenen Normen auch befolgen zu wollen. Dieser Prozeß des Aufbaus moralischer Motivation und Handlungsbereitschaft verläuft unterschiedlich rasch und intensiv. Aber schon unter ›präkonventionellen‹ Kindern finden sich etliche, denen Moral wichtig ist und die in realen moralischen Konfliktsituationen bereit sind, auf die Befriedigung persönlicher Bedürfnisse aus moralischer Überzeugung zu verzichten. Weiter gilt: die meisten Probanden, die moralische Motivation früh aufgebaut haben, verstehen diese ›postnarzißtisch‹: sie wollen das Rechte tun, nicht weil dies Belohnungen verspricht, auch nicht weil dies Schuld und Scham zu vermeiden oder soziale Akzeptanz zu fördern hülfe, sondern *weil* es das Rechte ist (vgl. auch Nunner-Winkler 1992).

Colby und Damon untersuchten ›moralisches Virtuosentum‹ – Personen, die eine ›signifikante Moral‹ leben. Nisans Untersuchung bewegt sich im ›Normalbereich‹ moralischen Engagements. Seine Befragten sind bereit, im Falle eines moralischen Konflikts persönlich wichtigen Wertfestlegungen Vorrang einzuräumen. Sie suchen zwischen moralischen und außermoralischen Werten eine dem eigenen Identitätsentwurf gemäße Balance aufrechtzuerhalten. In dieser Balance fungieren tatsächlich – wie Frankfurt unterstellt – moralische und außermoralische Werte als gleichrangig. Allerdings – so möchte man vermuten – gilt diese ›Gleichwertigkeit‹ nur für den ›supererogatorischen‹ Teil der Moral: Einige Menschen (Colby und Damons ›moral exemplars‹ oder Rortys ›moralische Charaktere‹) wählen moralische Werte als ›persönliches Projekt‹, andere hingegen engagieren sich für außermoralische Werte. Für alle aber – und dies macht das Spezifikum von Moral gegenüber außermoralischen Wertorientierungen aus, auf dem Tugendhat insistiert – gilt eine ›Minimalmoral‹ als verpflichtend: deren (nicht zu rechtbare) Übertretung käme – in Tugendhats Konzeptualisierung – einem Selbstausschluß aus der moralischen Gemeinschaft gleich.

Die unterschiedlichen Modellierungen des Verhältnisses von Moral und Person finden sich auch in der Interpretation moralischer Emotionen gespiegelt: der Wolfschen Konzeption entspricht eine *funktionalistische* Deutung von Emotionen, wie sie in der psychoanalytischen Theorietradition üblich ist: Individuen befolgen moralische Normen, um negative Emotionen (Scham, Schuld) zu vermeiden oder positive (Befriedigung, Stolz) zu erfahren. In der Untersuchung von Keller und Edelstein finden sich empirische Beispiele für diese Verwendungsweise: Moralische Gefühle fungieren als Motive, und im Falle einer Übertretung dienen sie der Reparatur des lädierten Selbstbildes bzw. der provozierten Interaktionsstörungen. Tugendhats Rede von den ›analytischen Verbindungen‹ zwischen moralischen Emotionen und Sollensurteilen schreibt den Emotionen eine *konstitutive* Bedeutung für Moral zu. Demgegenüber expliziert Montada eine *indikative* Bedeutung moralischer Emotionen: Ausgangspunkt ist seine These, daß die subjektive Existenz im Sinne einer erlebten Verbindlichkeit moralischer Normen weder am moralischen Wissen noch am moralischen Urteil oder am Verhalten eindeutig ablesbar sei. Allein moralische Emotionen, die er als Evaluationen komplexer Sachverhalte und damit als vorhersehbare, verstehbare Antworten auf die erkannte, erinnerte oder vorgestellte Realität begreift, können als verläßlicher Indikator für moralisches Verpflichtungsgefühl gelten. Es sind insbesondere drei Aspekte, die Emotionen als besonders geeigneten, weil authentischen Indikator erscheinen lassen: die Tatsache, daß im alltagsweltlich (einseitig verkürzten) Verständnis Emotionen als ›Widerfahrnisse‹ gelten, die Tatsache, daß es um ›hot cognitions‹ geht, daß also physiologische Aktivierung statthat, und schließlich die Tatsache, daß Emotionen einen assertorischen (und nicht etwa einen abwägend hypothetischen) Charakter haben. Montada schlägt vor, die Intensität der moralischen Emotion als Hinweis auf die Bedeutsamkeit, die die Person der Befolgung moralischer Normen beimißt, zu deuten (es ist genau ein solches Emotionsverständnis, das auch den Forschungen zum frühkindlichen Moralverständnis von Nunner-Winkler zugrunde liegt). Dieses Emotionsverständnis ist gut vereinbar mit Frankfurts Analyse: Das Individuum wird zur Person, indem es eine bestimmte Wertbindung für sich wichtig macht. Daß ein Wert für eine Person wichtig geworden ist, läßt sich *direkt* an ihrer ›Willensunfähigkeit‹ ablesen, sofern sie sich nicht dazu bringen kann, bestimmte Dinge zu tun, und *indirekt* an ihren Emotionen im Falle des ›Selbstverrats‹, sofern sie mit Bedauern und Reue oder auch Schuld- und Schamgefühlen reagiert.

4. Entwicklungsmechanismen und Kontextbedingungen

Bislang wurde die Frage nach dem Verhältnis von Selbst und Moral nur unter dem Gesichtspunkt der theoretischen Konzeptualisierung und empirischen Deskription behandelt. Offen blieb die Frage nach der *Genese:* wie kommt eine Person dazu, bestimmte Werte für sich wichtig zu machen? Wie entwickelt sich ein moralisches Selbst? Diese Frage kann mikro- und makrosoziologisch formuliert werden. Für die individuelle Entwicklung steht – deskriptiv – fest, *daß* Menschen bestimmte Fragen für sich zentral machen; wie dies aber geschieht, ist weniger klar. Für Noam wurzeln die persönlichen Themata in individuellen Lebenserfahrungen, insbesondere in je spezifischen Beziehungsgeflechten, die das Individuum inkorporiert. Ähnlich vermutet auch Blasi, daß die Inhalte, um die Identität konstruiert wird, der Auseinandersetzung mit den Vorstellungen idealer Lebensentwürfe von Lehren, Eltern, Freunden entstammen – also relativ früh gewählt werden, dann aber lebenslang verbindlich bleiben. Diese Annahme findet eine gewisse Bestätigung in den Ergebnissen von Längsschnittuntersuchungen, die eine hohe Stabilität früher Wertfestlegungen für die gesamte Lebensführung belegen (vgl. Lowenthal et al. 1975; Livson 1976; Neugarten 1977). Wolf beschreibt den Prozeß detaillierter: Das Selbst stabilisiert sich durch die ständige Zufuhr ›selbsterhaltender Selbstobjekterfahrungen‹: Für den Säugling ist dies die responsive Interaktion mit der Bezugsperson, für das Kind die Identifikation mit idealisierten Eltern, für den Jugendlichen die Integration in die Gleichaltrigenkultur, der er ›neue‹, ›andere‹ Wertorientierungen entnimmt. Zunehmend lernt das Individuum dann auch rein symbolische Selbstobjekterfahrungen (Musik, Lesen, religiöse Erfahrungen) zur Stärkung des eigenen Selbstempfindens zu nutzen. Colby und Damon rekonstruieren anhand von Einzelfallanalysen den biographischen Prozeß der Integration persönlicher Erfahrungen und individueller Leitthemen mit den allgemeinen Prinzipien des epistemischen Selbst und lösen so in empirischer Forschung ein, was Noam als theoretisches Erfordernis postuliert. Den Entwicklungsprozeß beschreiben sie als schrittweise Transformation von Zielen, die aus dem Zusammenspiel von sozialen Einflüssen und aktiver individueller Konstruktionsleistungen resultiert. Moralische Identität entwickelt sich als Produkt einer sozialen Ko-Konstruktion mit bedeutsamen Bezugspersonen und der individuell geleisteten Integration moralischer mit außermoralischen Motiven: In diesem Prozeß werden bei den ›moral exemplars‹ zunehmend moralische Ziele zu persönlichen und damit immer ununterscheidbarer von Selbstinteressen – und gewinnen so motivierende Kraft.

Keller und Edelstein rekonstruieren die Entwicklung moralischer Selbstverpflichtung im Kontext enger Freundschaftsbeziehungen. Die soziale Konstruktion des Selbst – so ihre These – resultiert aus Interaktionserfahrungen, in denen das Subjekt erlebt, daß Normverletzung zu einer negativen Bewertung durch andere führt. Soweit das Individuum an Beziehungen teilnehmen will, beginnt es, Normkonformität als verpflichtend zu erfahren. Diese Interpretation ist der Tugendhatschen Konzeption affin, nach der es der Wille zur Teilhabe – zwar nicht an partikularen Beziehungsnetzen, sondern an der moralischen Gemeinschaft überhaupt – ist, der moralische Verpflichtung fundiert. Nach Keller und Edelstein liefert die Einbindung in affektiv getönte Beziehungen eine wichtige motivationale Basis für die Entwicklung moralischer Verantwortlichkeit. Diese These wird durch den Nachweis einer zunehmenden Konsistenz zwischen der Entwicklung des Freundschaftsverständnisses und hypothetischer moralischer Selbstbindung belegt.

Auch Krappmann analysiert Freundschaftsbeziehungen als wesentliche Kontextbedingung für die Entwicklung eines moralischen Selbst. In einer Beobachtungsstudie kindlicher Interaktionen fand er, daß Erfahrungen der Selbstbedrohung insbesondere in engen Freundschaftsbeziehungen sehr häufig auftreten und oft bewußt provoziert werden. In diesen konflikthaften Auseinandersetzungen, so Krappmanns Deutung, lernen Kinder Begründungen zu erarbeiten und Regeln und Standards zu entwickeln, die ihrer moralischen Vorstellung der Gleichberechtigung der Interaktionspartner entsprechen.

Auch bei Nucci und Lee wirkt die Erfahrung von Aushandlungsprozessen bei konkreten Interessenkonflikten als Motor der Entwicklung des moralischen Verständnisses. In ihren Auseinandersetzungen mit der Mutter treffen die Kinder auf unterschiedliche Antworten: Bei einigen Fragen reagiert die Mutter mit einem kategorischen Nein, bei anderen mit einem konkret situierten, also kontextbedingten Nein, und schließlich gibt es Fragen, bei denen sie willens ist, die Wünsche des Kindes zu respektieren und Kompromisse auszuhandeln. Aus diesen Interaktionserfahrungen erarbeitet das Kind die Unterscheidung zwischen universellen moralischen Regeln, sozialen Konventionen und einem Bereich persönlicher Entscheidungsfreiheit.

Bislang wurden nur individuelle Erfahrungen als Bedingungen kognitiver und motivationaler moralischer Entwicklung thematisiert: die Responsivität der Mutter, die von Eltern, Lehrern und Freunden vorgelebten Wertbindungen, Erfolg oder Mißerfolg bei der Aushandlung konkreter Konflikte mit Eltern oder Freunden, die affektive Einbindung in Freundschaftsbeziehungen. Individuelle Biographien aber sind stets in einen sozialstrukturellen Kontext eingebettet, und dieser mag die Entwicklung des Selbst oder eines moralischen Charakters fördern oder auch behindern. Einige Beiträge wenden sich dieser eher makrosoziologischen Fragestellung zu.

Staub arbeitet zwei Selbstdimensionen heraus, die er als zentral für moralische Motivation und moralisches Verhalten erachtet: Die Dimension der Selbstsicherheit und die Dimension der Selbstverbundenheit. Selbstsichere und autonome Personen sind eher fähig zu prosozialen Wertorientierungen und Empathie als defensive und ungebundene Personen, deren Grundbedürfnisse in der Kindheit unbefriedigt blieben und die eine autoritäre Erziehung genossen bzw. eine unsicher-vermeidende Bindung zu ihrer Bezugsperson erfahren haben. Für Regelgehorsam gilt eher der umgekehrte Zusammenhang. In doppelter Hinsicht besteht eine Abhängigkeit der individuellen Moralorientierung von sozialstrukturellen Kontextbedingungen: es gibt einen indirekten Zusammenhang, sofern die (moralrelevanten) Selbstdimensionen vom gesellschaftlichen Kontext mitgeprägt sind (ökonomische Probleme, gesellschaftlicher Umsturz, politische Auseinandersetzungen und Gewalt etwa produzieren eher Defensivität); und es gibt einen direkten Zusammenhang, sofern Gruppennormen das Urteilen und Handeln des Individuums (insbesondere eines stark gruppenabhängigen ›eingebetteten‹ Individuums) beeinflussen. Wie etwa das Dritte Reich schmerzlich zeigt, können Gruppennormen durchaus unmoralisch sein. Diese Abhängigkeiten – so Staub – heben allerdings die Verantwortunglichkeit des Individuums nicht auf: moralische Entwicklung ist immer auch Selbstsozialisation.

Haste versucht, eine Brücke zu schlagen zwischen strukturalistischen Entwicklungstheorien, die für die vom Individuum aktiv konstruierten Weisen moralischen Verstehens (Entwicklungsstufen) universelle Gültigkeit beanspruchen, und sozialpsychologischen oder soziologischen Theorien, die moralisches Lernen als Einsozialisierung eines passiven Individuums in eine kulturspezifisch je unterschiedlich konstruierte Welt sozialer Bedeutungen begreifen. Sie plädiert für eine Integration der unterschiedlichen Analyseebenen: Das aktive Individuum konstruiert sein Verständnis des Selbst und der Moral im Kontext soziokultureller Überlieferungen, deren situierte Deutungen jeweils in konkreten interpersonalen Beziehungen ausgehandelt und damit auch mitgestaltet werden. Für diesen Lösungsvorschlag kann Nuccis und Lees Analyse als Beispiel einer plausiblen empirischen Einlösung gelten.

Schlußbemerkung

Die Faszination der Kohlbergschen Theorie liegt nicht zuletzt in ihrem Anspruch, die vordem getrennten Momente von Moral: Motivation, Urteil und Handeln, in einem einheitlichen Theorierahmen integrieren zu können, wobei dem moralischen Urteilen die Leitfunktion zukommt. Auf dem postkonventionellen Niveau wird die Einheit empirisch realisiert: der Handelnde tut das Rechte auch unter persönlichen Kosten, weil er die universelle Rechtfertigbarkeit moralischer Prinzipien erkennt. Der vorliegende Band verweist auf die Ergänzungsbedürftigkeit dieses sokratischen Modells: Individuen können (und zwar schon vor Erreichen des postkonventionellen Niveaus) die intrinsische Gültigkeit moralischer Normen erkennen. Doch diese Einsicht allein reicht für eine moralische Lebensführung nicht hin. Es bedarf zusätzlich einer Willensentscheidung, die Befolgung moralischer Normen auch persönlich für sich wichtig zu machen. Diese Reformulierung entkoppelt die beiden in Moral implizierten Bewertungsdimensionen: Bewertung des moralischen Charakters als Bereitschaft, das als richtig Erkannte im Handeln auch unter persönlichen Kosten durchzuhalten, und die Bewertung der Angemessenheit der moralischen Konfliktlösung unter dem Gesichtspunkt ihrer öffentlichen Rechtfertigbarkeit. Die Tatsache, daß diese beiden Dimensionen auseinandertreten können, erzwingt, Luhmanns (1990, 27) Monitum anzuerkennen, daß ›Moral keineswegs umstandslos moralisch sei‹, sofern ›moralisch‹ hochmotivierte Individuen zu den schlimmsten Taten fähig sein können, wovon fanatische Anhänger von Ideologien schmerzlich zeugen. Gerade darum gilt es, darauf zu achten, daß mit der eigenständigen Thematisierung der Frage nach der Verankerung von Moral in der Person nicht das entscheidende Moment, das Kohlberg in die sozialwissenschaftliche Moralforschung eingebracht hat, verlorengeht: das Insistieren auf dem intrinsisch kognitiven Gehalt von Moral. Moralische Lernprozesse erfordern zwar in der Tat den

Aufbau moralischer Motivation. Die richtige Anwendung dieser Motivation aber bleibt unhintergehbar an die Entwicklung moralischer Urteilsfähigkeit gebunden.

Literatur

Blasi, A. (1980), »Bridging moral cognition and moral action: A critical review of the literature«, in: *Psychological Bulletin* 88, 1-45.

Blasi, A. (1986), »Psychologische oder philosophische Definition von Moral. Schädliche Einflüsse der Philosophie auf die Moralpsychologie«, in: W. Edelstein und G. Nunner-Winkler (Hg.), *Zur Bestimmung der Moral. Philosophische und sozialwissenschaftliche Beiträge zur Moralforschung* (55-85), Frankfurt: Suhrkamp.

Candee, D., u. Kohlberg, L. (1987), »Moral judgment and moral action: A reanalysis of Haan, Smith, and Block's (1968) Free Speech Movement data«, in: *Journal of Personality and Social Psychology* 52, 554-564.

Colby, A., Kohlberg, L., et al. (1987a, b), *The measurement of moral judgment;* Band 1: *Theoretical foundations and research validation (a);* Band 2: *Standard Issue Scoring Manual (b),* Cambridge: Cambridge University Press.

Eckensberger, L. H. (1992), »Moralische Urteile im Kulturvergleich«, in: Thomas, A. (Hg.), *Einführung in die kulturvergleichende Psychologie,* Göttingen: Hogrefe.

Eisenberg, N. (Hg.) (1982), *The development of prosocial behavior,* New York et al.: Academic Press.

Eisenberg, N. (1986), *Altruistic emotion, cognition, and behavior,* Hillsdale, NJ: Erlbaum.

Frankfurt, H. G. (1988), *The importance of what we care about. Philosophical essays,* Cambridge/New York: Cambridge University Press.

Gibbs, J. C., Basinger, K. S., u. Fuller, D. (1992), *Moral maturity. Measuring the development of sociomoral reflection.* Hillsdale, NJ: Lawrence Erlbaum Associates.

Habermas, J. (1986), »Gerechtigkeit und Solidarität. Eine Stellungnahme zur Diskussion über ›Stufe 6‹«, in: W. Edelstein u. G. Nunner-Winkler (Hg.), *Zur Bestimmung der Moral. Philosophische und sozialwissenschaftliche Beiträge zur Moralforschung* (291-320), Frankfurt: Suhrkamp.

Hoffman, M. (1982), »Affect and moral development«, in: D. Cichetti u. P. Hesse (Hg.), *New directions for child development,* San Francisco: Jossey Bass Publishers.

Keller, M. (1984), »Resolving conflicts in friendship: The development of

moral understanding in everyday life«, in: W. M. Kurtines u. J. L. Gewirtz (Hg.), *Morality, moral behavior, and moral development* (140-158), New York et al.: John Wiley & Sons.
Keller, M., u. Edelstein, W. (1986), »Beziehungsverständnis und moralische Reflexion. Eine entwicklungspsychologische Untersuchung«, in: W. Edelstein u. G. Nunner-Winkler (Hg.), *Zur Bestimmung der Moral* (321-346), Frankfurt: Suhrkamp.
Kohlberg, L., Boyd, D. R., u. Levine, Ch. (1986), »Die Wiederkehr der sechsten Stufe: Gerechtigkeit, Wohlwollen und der Standpunkt der Moral«, in: W. Edelstein u. G. Nunner-Winkler (Hg.), *Zur Bestimmung der Moral* (205-240), Frankfurt: Suhrkamp.
Lind, G. (1978), »Wie mißt man moralisches Urteil? Probleme und Möglichkeiten der Messung eines komplexen Konstrukts«, in: G. Portele (Hg.), *Sozialisation und Moral. Neuere Ansätze zur moralischen Entwicklung und Erziehung* (171-214), Weinheim, Basel: Beltz.
Lind, G., u. Wakenhut, R. (1985), »Testing for moral judgment competence«, in: G. Lind, H. A. Hartmann u. R. Wakenhut (Hg.), *Moral development and the social environment* (79-105), Chicago: Precedent Publishing Inc.
Livson, F. (1976), »Patterns of personality development in middle-aged women: A longitudinal study«, in: *International Journal of Aging and Human Development* 7, 107-115.
Lowenthal, M. Thurnher, M., u. Chiriboga, D. (1975), *Four stages of life*, San Francisco: Jossey-Bass.
Luhmann, N. (1990), *Paradigm lost: Über die ethische Reflexion von Moral*, Frankfurt: Suhrkamp.
Nagel, T. (1979), »Moral Luck«, in: T. Nagel (Hg.), *Moral questions* (24-38), Cambridge: Cambridge University Press.
Neugarten, B. L. (1977), »Personality and aging«, in: J. E. Birren u. K. W. Schaie (Hg.), *Handbook of psychology of aging*, New York: Van Nostrand Reinhold.
Nucci, L. (1981), »Conceptions of personal issues: Distinct from moral or societal concepts«, in: *Child Development* 52, 114-121.
Nunner-Winkler, G. (1989), »Wissen und Wollen«, in: A. Honneth, Th. McCarthy, C. Offe, A. Wellmer (Hg.), *Zwischenbetrachtungen. Im Prozeß der Aufklärung*, Frankfurt: Suhrkamp, 574-600.
Nunner-Winkler, G. (1992), »Zur moralischen Sozialisation«, in: *Kölner Zeitschrift für Soziologie und Sozialpsychologie* 44, 252-272.
Oser, F., u. Althof, W. (1992), *Moralische Selbstbestimmung. Modelle der Entwicklung und Erziehung im Wertebereich*, Stuttgart: Klett-Cotta.
Parsons, T. (1964), *The social system*, London: The Free Press of Glencoe.
Puka, B. (1986), »Vom Nutzen und Nachteil der Stufe 6«, in: W. Edelstein u. G. Nunner-Winkler (Hg.), *Zur Bestimmung der Moral* (241-290), Frankfurt: Suhrkamp.

Rest, J. R. (1979), *Development in judging moral issues*, Minneapolis: University of Minnesota Press.
Rest, J. R. (1986), »Ein interdisziplinärer Ansatz zur Moralerziehung und ein Vierkomponenten-Modell der Entstehung moralischer Handlungen«, in: F. Oser, W. Althof u. D. Garz (Hg.), *Moralische Zugänge zum Menschen – Zugänge zum moralischen Menschen* (20-41), München: Kindt.
Snarey, J. (1985), »Cross-cultural universality of socio-moral development: A critical review of Kohlbergian research«, in: *Psychological Bulletin* 97, 202-232.
Turiel, E. (1983), *The development of social knowledge. Morality and convention*, Cambridge: Cambridge University Press.
Walker, L. J. (1986), »Cognitive processes in moral development«, in: G. L. Sapp (Hg.), *Handbook of moral development* (109-145), Birmingham, Al: Religious Education Press.

Zur Bestimmung der Moral

Ernst Tugendhat
Die Rolle der Identität in der Konstitution der Moral*

Die beiden Hauptfragen der Moralphilosophie sind: erstens, was ist eine moralische Regel (oder ein moralisches Urteil oder ein moralisches System), und was heißt es, sie zu rechtfertigen? Und zweitens: Was sind diejenigen moralischen Regeln, die heute gerechtfertigt werden können? Die Rede von der Konstitution von Moral (in dem Titel dieses Beitrags) kann im Sinne jeder dieser beiden Fragen verstanden werden. Ich will zeigen, daß weder der formale Sinn der Moral (im Sinne *eines* moralischen Systems) noch das, was wir »unsere Moral« nennen würden, ohne Rekurs auf ein Konzept personal-sozialer Identität verstanden werden kann.

I.

Mit der Frage »Was ist eine moralische Regel?« meine ich die Frage nach der Bedeutung der modalen Ausdrücke, die in moralischen Urteilen enthalten sind (»sollen«, »müssen«, »nicht können«).[1]

* »The role of identity in the constitution of morality«, Originalbeitrag. Übersetzung: Barbara Reiter und Alexander Staudacher.

1 Bereits mein Beitrag zur ersten Ringberg-Konferenz war dieser Frage gewidmet, er muß jedoch allzu abstrakt und »philosophisch« gewirkt haben (soweit man dies dem Vorwort der Herausgeber entnehmen kann; vgl. Ernst Tugendhat, »Über die Notwendigkeit einer Zusammenarbeit zwischen philosophischer und empirischer Forschung bei der Klärung der Bedeutung des moralischen Sollens«, in: W. Edelstein u. G. Nunner-Winkler, *Zur Bestimmung der Moral,* Frankfurt: Suhrkamp 1986). Die Vorurteile der Ringberg-Gemeinde zugunsten einer »kognitiven« Konzeption moralischer Urteile konnten auch nicht allzu günstig für einen Versuch sein, die Bedeutung des moralischen »Sollens« innerhalb des motivationalen Faktors zu identifizieren. Wenn meine Analyse des moralischen Sollens tatsächlich richtig ist, dann ist die »kognitive« Haltung nicht nur falsch, sondern sinnlos. Der Versuch,

Es gibt bekanntlich viele Arten von »Sollen«. Das moralische »Sollen« unterscheidet sich von den meisten anderen, indem es Verpflichtung bedeutet. Deswegen ist die Frage nach der Bedeutung der modalen Ausdrücke im moralischen Kontext identisch mit der Frage, was wir unter moralischer Verpflichtung zu verstehen haben. Und sie ist auch identisch mit dem, was wir normalerweise meinen, wenn wir die Wörter »moralisch« und »unmoralisch« verwenden: nicht weil »Moral« alle moralischen Regeln umfaßt, sondern weil wir diese Wörter nun einmal als Substitute für die moralischen Modalausdrücke verwenden (»es ist unmoralisch, die Katze zu kreuzigen« = »man kann das nicht tun«).
Wie können wir also diese modalen Gebrauchsweisen (die moralischen wie die nicht-moralischen) verständlich machen? Ich denke, wir sollten fragen, was geschieht (was der Fall ist), wenn das Subjekt nicht so handelt, wie es sollte (müßte).
Ich werde erst einmal einige vorbereitende Schritte unternehmen. Um zu verstehen, was wir meinen, wenn wir ein moralisches Sollensurteil fällen, müssen wir die Verbindungen mit anderen Urteilen untersuchen; ebenso die Gefühle, die in analytischen Verbindungen mit den Sollens-Urteilen stehen und die uns so dahin führen können, das für das Verständnis notwendige Umfeld, das zu ihnen gehört, zu verstehen. Diese anderen Urteile sind Urteile des Lobs und des Tadels. Und die Gefühle sind die Gefühle der Empörung, des Zorns und der Scham (auch der Schuld). Diese Gefühle sind diejenigen Gefühle, die wir haben (jeweils in der dritten, zweiten und ersten Person), wenn wir fühlen, daß etwas, das geschehen ist, moralisch schlecht ist. Deswegen sind diese Gefühle analytisch mit Urteilen des Tadels verbunden (tatsächlich implizieren sie sie).
Enthalten Lob und Tadel nun irgend etwas Besonderes, das erlauben würde, etwas Interessantes über die Sollens-Urteile auszusagen? Ja. Wenn man eine Person lobt oder tadelt, dann sagt man, sie sei gut oder schlecht, oder sie habe etwas Gutes oder Schlechtes ge-

uns alle mit mehr oder weniger angeborenen mosaischen Gesetzestafeln auszustatten, die sich gewiß allmählich entwickeln würden, kann nur als eine überstürzte Reaktion auf den modernen Relativismus verstanden werden. Das Problem mit diesen Tafeln besteht darin, daß sie, wenn man sie kognitivistisch auffaßt, ohne jeden motivationalen Wert, nur geisterhafte Repliken sind. Sie verdienen nicht wirklich den Namen »Moral«, und genau deswegen ist es so wichtig, noch einmal auf der Frage zu bestehen, was Moral ist.

tan. Diese Verwendungsweise von »gut« und »schlecht« ist einzigartig. Es handelt sich um den einzigen Zusammenhang, in dem die beiden Wörter als einfache Prädikate verwendet werden. Wenn wir das mit dem ursprünglichen Sollens-Urteil verbinden, ergibt sich: Der Gebrauch der moralischen Modalwörter ist analytisch mit einer Bewertung von Personen (und Handlungen) nicht in irgendeiner Hinsicht (gut für, gut als), sondern als solcher verbunden.

Das Verständnis von Moral läuft also auf die Frage hinaus, wie wir die Bewertung von Personen als solche zu verstehen haben. Hier scheint es vernünftig, diesen Typus von Bewertung mit der gesamten Bandbreite der Bewertung von Tätigkeiten von Personen zu verbinden. Es gibt viele Bereiche, in denen wir Dinge mehr oder weniger gut machen. Als Kinder werden wir teilweise dadurch sozialisiert, daß wir alle möglichen Fähigkeiten erwerben, und dies bleibt unser Leben lang eine dominante Quelle für unser Selbstwertgefühl. Indem wir Dinge tun, die gesellschaftlich geschätzt werden, erwerben wir ein Gefühl der Selbstachtung, wenn alles gut geht; ein Gefühl der Scham, wenn nicht.

In allen diesen Fällen ist die Wertzuschreibung relativ. Ich bin geschätzt oder werde geringgeschätzt in meiner Fähigkeit als Koch, als Geiger, als Vater. Es scheint mir plausibel zu sein, der speziellen moralischen Bewertung einen Platz zuzuweisen, der mit dieser Bewertung von Personen auf Grund besonderer Fähigkeiten zusammenhängt. Das bedeutet, daß wir auch die moralisch bewertende Aussage, die auf den ersten Blick prädikativ ist, als in ihrer Tiefenstruktur attributiv verstehen sollten, das heißt, »sie ist schlecht« = »sie ist eine schlechte Person«. (Die einzige Alternative dazu wäre, den prädikativen Gebrauch als grundlegend zu verstehen, und das führt meiner Meinung nach nirgendwohin: Die Wörter »gut« und »schlecht« haben so verstanden keine klare Bedeutung, und in den Händen des Philosophen würde das zu allen möglichen Erfindungen führen.) Während alle anderen Bewertungen menschlicher Tätigkeiten eine bestimmte Perspektive beinhalten, nämlich die Perspektive einer bestimmten Fähigkeit (Kochen, Geigespielen usw.), beinhaltet die moralische Bewertung entweder keine Perspektive (dies wäre der Fall, wenn wir den prädikativen Gebrauch als grundlegend annehmen müßten), oder (wenn der prädikative Gebrauch implizit attributiv ist) die Perspektive ist allgemein: gut nicht als Koch oder Geiger, sondern als Person oder als Mitglied der Gemeinschaft/Gesellschaft.

Jetzt können wir sagen: Gleichzeitig mit der Sozialisierung von Kindern in alle möglichen einzelnen Fähigkeiten werden sie auch in eine grundlegende Fähigkeit sozialisiert, die darin besteht, sich als ein Mitglied dieser Gemeinschaft, oder allgemeiner als ein Mitglied der Gesellschaft, zu verhalten; wie alle Fähigkeiten enthält diese Fähigkeit eine Skala, die sich von »sehr schlecht« bis »sehr gut« erstreckt, eine Skala von Geringschätzung bis Achtung, und sie besteht genau darin, daß die sogenannten moralischen Regeln (der jeweiligen Gesellschaft) richtig befolgt werden; und das bedeutet umgekehrt für die moralischen Regeln, daß sie die Regeln dieser grundlegenden Fähigkeit sind (eine Person zu sein, Mitglied der Gemeinschaft/Gesellschaft zu sein).
Die Beziehung zwischen gutem und schlechtem Beherrschen dieser grundlegenden Fähigkeit und anderer Fähigkeiten kann treffend in der Weise erfaßt werden, in der sie sich in den verschiedenen Formen der *Scham* widerspiegelt. Scham ist im allgemeinen das Gefühl von (wirklichem oder vorgestelltem) Verlust an Wert in den Augen (oder den möglichen Augen) der anderen. Nun kann dieser Verlust (oder das Fehlen) von Wert in Beziehung stehen mit allem, was ich als zu mir gehörig empfinde, so wie körperliche Besonderheiten, meine äußeren Umstände oder was andere Menschen, mit denen ich mich identifiziere (meine Verwandten oder meine Landsleute) tun. Innerhalb dieses weiten Bereiches aber gibt es eine innere Region der Scham, die sich auf Dinge bezieht, die ich selber tue, und zu dieser Region gehören die Inkompetenzen in den verschiedenen Fähigkeiten, und diese werden als um so schmerzhafter empfunden, je wichtiger sie für meine Rolle in der Gesellschaft sind. Schließlich gibt es innerhalb dieser inneren Region noch einen innersten Kern, und das ist die moralische Scham. Wenn meine Ausführungen zutreffen, dann muß die moralische Scham in einem Sinn von Wertung in den Augen (oder den möglichen Augen) der anderen bestehen, die den Kern meines sozialen Daseins betrifft: nicht mich selbst als Koch usw., sondern mich als Person, als ein Mitglied der Gesellschaft. Daß diese zentrale Scham von den anderen Formen der Scham unterschieden ist, wird zum Beispiel durch die Tatsache belegt, daß Aristoteles in seiner Analyse der Scham nur moralische Scham berücksichtigt. Noch bezeichnender ist, daß in allen Sprachen unserer Kultur bis zurück in das Altgriechische das Fehlen der Fähigkeit zur Scham – Schamlosigkeit – sich nur auf diese

zentrale Scham bezieht (englisch: »shamelessness«, spanisch »sinvergüenza«, lateinisch »impudentia«, griechisch »anaischyntia«). Man sollte auch beachten, daß das, wofür man sich schämt, nur im moralischen Sinne eine *Schande (disgrace)* genannt werden kann.
Wie kann der Unterschied begrifflich gefaßt werden? Erstens, indem man noch einmal auf die Tätigkeiten des Lobens und des Tadelns zurückgeht, und zweitens, indem man die Verbindung beachtet, in der diese Tätigkeiten und die moralische Scham mit anderen moralischen Gefühlen (Empörung etc.) stehen. Die Wörter »Lob« und »Tadel« (»praise« und »blame«) scheinen nicht dieselbe Reichweite zu haben. Lob kann sich auf alles beziehen, worin jemand gut ist. Tadel scheint dagegen auf den moralischen Fall beschränkt zu sein. Im Falle besonderer Fähigkeiten kritisieren wir, tadeln aber nicht. Kritik ist der allgemeinere Begriff. Kritisieren besteht im Hinweisen auf eine Unzulänglichkeit hinsichtlich eines vorgegebenen Standards von Vortrefflichkeit. Auf der anderen Seite bedeutet zu tadeln, auf eine Unzulänglichkeit hinzuweisen, die nicht in gleicher Weise auf etwas bezogen ist; die Handlung ist schlichtweg schlecht; es handelt sich um eine Unzulänglichkeit der Person. Wir kritisieren Handlungen, aber tadeln Personen.
Wir werden die entscheidenden Verbindungen in den Blick bekommen, wenn wir die moralischen Gefühle, speziell Empörung, einbeziehen. Tadel schließt normalerweise Empörung mit ein. Es wäre ziemlich oberflächlich, zu denken, daß die Empörung ihrerseits nicht dazu dienen kann, das Phänomen des Tadels seinerseits zu verstehen, weil sie als dasjenige Gefühl definiert ist, das ein Urteil des Tadels (bereits) mit einschließt. Zusätzlich zu dem bloßen Urteil schließt Empörung eine emotionale Bestürzung über die unmoralische Handlung mit ein. Der Grund für diese emotionale Reaktion ist, daß die unmoralische Handlung den gemeinsamen Boden, die Grundlage der Gemeinschaft, mit der die empörte Person sich identifiziert, gefährdet. Während es für das moralische Urteil normal ist, von Empörung begleitet zu werden, kann ein Werturteil der üblichen Art (Kritik) *nicht* von Empörung begleitet werden; der Faktor der Empörung (oder der möglichen Empörung) ist somit dasjenige, was Tadel von Werturteilen über Tätigkeiten von Personen im allgemeinen unterscheidet. Die Möglichkeit zur Empörung darf nicht als einfache emotionale Hinzufügung interpretiert werden; die Möglichkeit zur Empörung be-

trifft den Gehalt, sie ist wesentlich für die Tatsache, daß das Urteil sich auf die gemeinsame soziale Grundlage bezieht und nicht bloß auf den allgemeinen Standard einer besonderen Fähigkeit. Es ist wichtig, hier den Zusammenhang ganz klar zu sehen: zunächst konnte ich nur darauf aufmerksam machen, daß wir dieses Werturteil unabhängig von einer besonderen Fähigkeit haben und daß es sich irgendwie auf die Person als solche bezieht. Aber bis jetzt war das eine uneingelöste Behauptung. Erst die Empörung ist es, die uns eine Idee davon vermittelt, was es ist, das bei moralischen Urteilen in Frage steht.

Erst jetzt können wir verstehen, was das Unterscheidungsmerkmal von moralischer Scham innerhalb der Scham allgemein ist. Scham im allgemeinen ist der (angenommene) Wertverlust in den Augen der anderen, aber diese Augen bleiben für gewöhnlich ungerührt, es gibt kein emotionales Gegenstück zur Scham bei denen, die mich beschämen, es sei denn, in dem extremen Fall des Lächerlichmachens; im Fall der moralischen Scham aber sind die Mienen der anderen empört. Wenn jemand die eine oder andere Fähigkeit schlecht beherrscht, sind wir anderen weder empört noch gibt es irgendein anderes vergleichbares Gefühl. Der Grund dafür ist klar: Bei anderen Fähigkeiten ist es allein sein Problem, daß er sie schlecht beherrscht (es kann uns für ihn leid tun oder wir können über ihn lachen; das sind auf andere bezogene Gefühle, sie stehen nicht für eine emotionale Erschütterung der Person selbst). Aber wenn er moralisch schlecht handelt, dann ist es nicht allein seine Angelegenheit, es ist, als würde er einen Vertrag brechen. Wir sind entsetzt. Insofern ist Empörung das genaue Spiegelbild moralischer Scham: Es ist die Empörung der anderen, die wir in der moralischen Scham fürchten (die Empörung gehört zum intentionalen Gehalt der Scham). (Deswegen ist es so schlimm für die moralisch bewertende Person, daß der andere unfähig sein könnte, sich zu schämen; daß er schamlos ist – die Psychologen nennen es Mangel an moralischem Sinn [moral sense]; das ist schlimmer, als wenn er schlecht ist, denn wenn ihm die Fähigkeit zur Scham abgeht, dann ist er zu allem fähig; und das ist natürlich der Grund dafür, daß dieses Wort in allen Sprachen auch als ein starkes Schimpfwort benutzt wird.)

Fassen wir noch einmal zusammen, bevor wir den letzten Schritt unternehmen. Normative moralische Urteile (»Man kann das nicht tun«) haben uns zu den entsprechenden Bewertungen der

Person (»du bist schlecht«) geführt, und diese wiederum konnten nur durch Bezugnahme auf Scham und Empörung erklärt werden. Der Kognitivist wird dazu neigen, diese Implikationslinie so zu verstehen, als sei die moralische Regel der selbständige Stern und der Rest der an ihm befestigte Schweif, aber die Reihenfolge ist andersherum: Nur von der Empörung her erhält die Bewertung einer Person als Person (»schlecht« *einfachhin*) ihren Sinn, und allein aus der Empörung heraus können die Modalwörter in den moralischen Urteilen verstanden werden. Diese Anordnung kann nicht umgekehrt werden, weil moralische Modalwörter (»sollen« usw.) keine unabhängige Bedeutung haben (die Bedeutung steht nicht auf jenen Gesetzestäfelchen). Ich kann jetzt das Kriterium für das Verständnis des moralischen Sollens anwenden, das ich eingangs eingefordert habe: wenn wir fragen, was passiert, wenn jemand das nicht tut, was er – in diesem Sinne – tun »sollte«, ist die Antwort: er wird Empörung ernten beziehungsweise beschämt sein. Dies ist die besondere innere soziale Sanktion, die dem moralischen »Sollen« seinen *Sinn* verleiht (daß wir uns so verhalten »sollten«, bedeutet nicht, daß es rational wäre [wenn du es nicht tust, wirst du dein Ziel nicht erreichen], noch ist es Teil des Spiels [wenn du es nicht tust, spielst du nicht dieses Spiel], sondern es bedeutet, daß du dir, wenn du es nicht tust, eine Sanktion zuziehst, wenn auch von einer ganz besonderen Art, und jeder, der denkt, daß diese Sanktion nur etwas Sekundäres wäre, müßte bereit sein zu sagen, was er für das Primäre hält).

Der letzte Schritt besteht darin, daß ich klären muß, in welchem Sinn Empörung und Scham mit einer spezifischen sozialen Identität verknüpft sind. Im Falle der Scham ist es offensichtlich, daß es eine solche Identität gibt: In der moralischen Scham erfahren wir einen Mangel an Selbstwert nicht in bezug auf besondere Qualitäten der Person, sondern bezüglich der Person als Person. Sicherlich klingt das noch immer sehr abstrakt, da aber moralische Scham und Empörung zusammengehören, können wir sehen, daß die personale Identität, die hier in Frage steht, die soziale Identität ist. Diese ist der gemeinsame Boden sowohl für die Person, die dazu gebracht werden kann, sich (möglicherweise) zu schämen, als auch für die Personen, die sich (möglicherweise) empören, und natürlich agieren alle Mitglieder der Gesellschaft immer in beiden möglichen Rollen. Was ist nun dieser gemeinsame Boden? Natürlich ist er nicht einem Teppich vergleichbar, auf dem wir stehen, oder einem Haus, in dem wir uns befinden, sondern er wird intersubjektiv konstituiert. Wieder liegt der Schlüssel in der Empörung und damit zugleich auch schon in Lob und Tadel. Beide implizieren die Forderung nach einem bestimmten Verhalten (gemäß den moralischen Regeln). Diese Forderung ist innerhalb einer Gemeinschaft universal und reziprok. Zugleich kann man sehen, daß die empörte Person nicht nur von sich selbst und jedem anderen genau dieses Verhalten fordert, sondern daß sie sich positiv mit diesen Normen identifiziert und davon ausgeht, daß alle anderen (einschließlich der Person, die ihre Empörung erregt hatte) es auch tun. Dieser doppelte Aspekt ist von Freud sehr schön herausgearbeitet worden, wenn auch nur für den individuellen Fall: Freud spricht einerseits vom Ich-Ideal und andererseits vom Über-Ich: Die positive Identifikation mit dem Ich-Ideal (daß man wünscht, ein so-und-so zu sein) ist die Bedingung für die Möglichkeit, daß der sanktionierende, bestrafende Faktor internalisiert werden kann. Diese komplizierte Struktur, daß jeder so und so sein *will* und zugleich von sich und allen anderen *verlangt*, so zu sein, konstituiert das moralische System einer Gesellschaft, und natürlich ist nicht zuerst die Gesellschaft (in *diesem* Sinne von »Gesellschaft«) da und kann dann ein solches System haben, sondern diese Gesellschaft (in diesem Sinne) wird von diesem System konstituiert.

Können wir jetzt sagen, was es heißt, eine moralische Norm zu rechtfertigen? Ich denke, ich kann es zumindest in bezug auf traditionelle Moralsysteme sagen, womit ich Moralsysteme meine, die auf Religion und Mythos aufbauen und die hauptsächlich auf diese Gemeinschaft beschränkt sind. Ich werde auf die Frage nach der Rechtfertigung der modernen Moral im nächsten Abschnitt zu sprechen kommen. In einem traditionellen Moralsystem besteht die Frage der Rechtfertigung in der Frage, ob die zu rechtfertigende Norm eine Konsequenz der religiösen Grundlagen ist oder nicht. Wie jede Rechtfertigung geht dies in die normativen Überzeugungen selbst ein. Gegen eine Norm zu verstoßen führt zu Empörung, weil die Norm zum religiösen Glaubenssystem gehört, das den gemeinsamen Boden darstellt.

Um einige zweifelhafte Punkte zu klären, möchte ich noch einige Fragen nennen.

Erstens, was für eine Identität ist diese moralische Identität? Ist es die Identität eines Individuums als solchem? Natürlich nicht, sie ist eine sogenannte qualitative Identität (»Ich verstehe mich als so-und-so«), und überdies handelt es sich um eine wesentlich intersubjektive Identität. Aber ist diese moralische Identität wenigstens die primäre intersubjektive Identität, grundlegend für alle anderen intersubjektiven Identitäten und auch grundlegend für das eigene Selbstverständnis als Person? Ich denke, sie ist es, aber es ist nicht nötig, solche starken Behauptungen aufzustellen. Die Hierarchie der Werte, in der eine Person sich selbst versteht, kann im Prinzip offengelassen werden. Die moralische Identität ist einfach die Identität, die beschrieben wurde.

Zweitens. Wie sind konventionelle soziale Normen und moralische Normen zu unterscheiden? Ich denke, mit Hilfe von zwei untereinander verbundenen Kriterien: Konventionelle Normen enthalten keinen Anspruch auf Rechtfertigung, und eine Person, die sie bricht, wird nicht als schlecht angesehen. Es scheint allerdings möglich zu sein, wie ich zugeben muß, Empörung über jemanden zu empfinden, der eine konventionelle Norm bricht, und in diesem Fall müßte man einen weiteren Begriff von »Empörung« zugeben als den der moralischen Empörung. Das macht aber weiter keine Schwierigkeiten, weil sich die Empörung, die wir für die Moral brauchen, dadurch ergibt, daß wir sagen: Es ist diejenige Empörung, welche den uneingeschränkten personalen Werturteilen entspricht. Diese Begriffe klären sich wechselseitig.

Drittens. In früheren Versuchen wurde ich kritisiert, weil ich die Moral durch soziale Moral definiert habe. Aber man beachte, daß soziale Moral, wie sie hier aufgefaßt wird, Moral nicht auf soziale Gehalte beschränkt, sie läßt die Möglichkeit zur moralischen Verpflichtung sich selbst oder Tieren gegenüber offen: nur ist die moralische Sanktion, die Bedeutung von Verpflichtung, sozial definiert. Ich folge G. H. Mead, indem ich sage, daß ein Individuum in seinen moralischen Ansichten natürlich von der Gesellschaft abweichen kann, es erwartet dann, daß die Gesellschaft seine Ansichten akzeptiert; das ist impliziert, wenn es sagt »x ist falsch« usw.

Viertens. Als ich von dem gemeinsamen Boden gesprochen habe, habe ich zwei alternative Formulierungen gebraucht: Die Grundlagen der Gemeinschaft oder, einfach, der Gesellschaft. Früher dachte ich, daß die erste einer traditionellen, die zweite einer modernen Moral entspräche. Aber eine traditionelle Moral scheint komplizierter zu sein. Sicher gibt es eine Gemeinschaft derer, die glauben. Aber sind deren Verpflichtungen auf sie selbst beschränkt, auf die Mitglieder dieser Gemeinschaft, oder sind sie universal oder teilweise universal? In einer christlichen Moral ist sicherlich letzteres der Fall, aber wahrscheinlich trifft etwas Ähnliches selbst auf primitive moralische Systeme zu. Das scheint mir Sache der empirischen Forschung zu sein. Die Konzeption, wie sie hier vorgeführt wurde, kann diese Frage offenlassen.

II.

Bisher wurde eine allgemeine Struktur von Identität aufgewiesen, die die notwendige Basis für jeden Satz moralischer Normen zu sein scheint. Natürlich hätte jede Gesellschaft mit ihrer jeweiligen Moral insofern eine anders spezifizierte Identität von dieser allgemeinen Struktur. Die Frage, die jetzt betrachtet werden muß, lautet: Was ist, wenn überhaupt irgendeine übrigbleibt, die spezifische Identität dieser Moral, wenn es keine nicht-empirischen Überzeugungen mehr gibt, die sie stützen?
Zunächst müssen wir uns einer Vorfrage stellen: Kann ein Moralsystem ohne religiöse oder metaphysische Annahmen gerechtfertigt werden? Verschiedene zeitgenössische Philosophen – unter ihnen Rawls und Habermas – behaupten, daß diese Moral dem Inhalt nach gemäß Kantischen Grundsätzen verstanden werden muß (»Betrachte alle Personen gleichermaßen als Objekte des Respekts«), und ich stimme dem zu. Was aber die mögliche Rechtfertigung dieser Moral anbelangt, so haben Rawls und Habermas entgegengesetzte Positionen eingenommen. Rawls glaubt, daß eine solche Moral nicht gerechtfertigt werden kann; man könne nur hoffen, daß die meisten Menschen ihr zustimmen. Habermas glaubt in der Lage zu sein, Moral in einem Streich auf der Basis der Diskursbedingungen rechtfertigen zu können. Ich denke, daß seine Versuche zirkulär sind, und noch allgemeiner bin ich der Ansicht, daß eine vollständige Rechtfertigung von Moral überhaupt nicht möglich ist. Denn wie würde eine Rechtfertigung aussehen? Empirisch kann sie nicht sein. Analytisch sollte sie auch nicht sein, da eine substantielle moralische Auffassung nicht so gedacht werden kann, daß sie aus Bedeutungen (oder Diskursbedingungen) alleine folgt. Andererseits wäre es beschwerlich, annehmen zu müssen, daß moralische Ansichten willkürlich sind.

Tatsächlich müßten wir unsere ganze Art, moralisch zu reden, aufgeben und darüber hinaus eine Menge in unserem intersubjektiven Verhalten ändern (Vorwürfe machen, Zorn, Empörung), wenn wir unsere objektiven moralischen Urteile aufgeben müßten, und diese setzen Rechtfertigbarkeit voraus. Was wir also erwarten müssen, ist eine Art von Teil-Rechtfertigung. Letzten Endes können wir nur eine Lebensform aufzeigen und müssen es den Individuen überlassen, ob sie sie wollen. (Dabei ist diese Lebensform analog zu den religiösen Systemen, die im Fall der traditionellen Moralen auch die Bezugspunkte für die Rechtfertigung waren.)[2]

Im Gegensatz zu dem Kognitivisten oder dem empirischen Forscher im allgemeinen lautet die Frage für den Philosophen (nicht als Theoretiker, sondern als reflektierende Person) nicht, was die tatsächlichen moralischen Auffassungen der Menschen sind, sondern zu welchen Ergebnissen wir kommen, wenn wir über die Probleme von Moral ohne religiöse oder andere transzendente Prämissen reflektieren. Moral ist etwas, das gemacht werden muß (wenngleich nicht willkürlich), nicht etwas, das man vorfindet (Mackie[3]). Ohne transzendente Prämissen bedeutet nun positiv: indem man allen natürlichen Faktoren, die dazugehören, Rechnung trägt.

Es scheint mir zwei solche Faktoren zu geben. Erstens unsere natürliche Neigung zu Mitleid und Sympathie. Zweitens die Nützlichkeit, mit den anderen stillschweigende Vereinbarungen einzugehen, ein System von Regeln zu befolgen, wenn die anderen es gleichfalls tun. Der erste dieser Faktoren ist der Ansatzpunkt Schopenhauers, aber auch der des Utilitarismus. Alleine kann er sicher nicht erreichen, was er soll. Denn Mitleid und Sympathie sind in ihrer Reichweite begrenzt, sie sind von Person zu Person unterschiedlich, es gibt auch die entgegengesetzten Gefühle des

2 Damit der Kognitivist mich nicht an diesem Punkt wieder unterbricht und beansprucht, daß die gültigen moralischen Regeln einfach richtig, korrekt oder dergleichen sind und nicht einmal der Rechtfertigung bedürfen, würde ich ihn fragen, was er zu der Verpflichtung Tieren gegenüber zu sagen hat. Diese Verpflichtung steht nicht so ordentlich auf seinen Täfelchen geschrieben, weder mit einem positiven noch mit einem negativen Vorzeichen. Warum sollte man sich immer an den einfachen Fällen orientieren?

3 Vgl. J. L. Mackie, *Ethik*, Stuttgart: Reclam 1981.

Sadismus und der Schadenfreude, und – am wichtigsten – diese Gefühle enthalten keinerlei Verpflichtung, ihnen fehlt das moralische »Sollen«.

Das kontraktualistische Argument auf der anderen Seite liegt Kants Auffassung und anderen Goldene-Regel-Konzeptionen zugrunde. Hier haben wir ohne Zweifel eine Moral, die mit einer besonderen Klasse von moralischen Regeln beginnt, ein Konzept der Verpflichtung und einen klaren Sinn, in dem ein solches System gerechtfertigt ist. Es ist gerechtfertigt in dem Sinn, daß es rational ist, sich diesem System zu unterwerfen. Und die Klasse der moralischen Regeln, die durch die kontraktualistische Überlegung hervorgebracht wird, besteht zu einem großen Teil aus denjenigen Regeln, von denen der Kognitivist sich vorgestellt hat, daß er sie auf seinen Gesetzestäfelchen findet (sie werden jedoch hervorgebracht und nicht vorgefunden), und diese Klasse von moralischen Regeln ist in der Tat so natürlich, daß sie den Kern aller moralischen Systeme darstellt.

Die Mängel dieser kontraktualistischen Moral jedoch sind gleichermaßen offensichtlich, und es wurde auch immer auf sie hingewiesen: (1) Die Verpflichtung innerhalb dieses Systems wird nur durch äußere Sanktionen aufrechterhalten; entsprechend beruht es nicht auf einer Bewertung (wir können nicht die Wörter »gut« und »schlecht« verwenden), und es gibt keinen Raum für Empörung (oder Scham). (2) Außerdem ist die kontraktualistische Moral als solche nicht universalistisch (Mackie, der energischste zeitgenössische Verteidiger dieser Moral, hebt hervor, daß sie die Moral einer Gruppe von Dieben sein könnte), und sie ist nicht notwendigerweise egalitär.

Nun ist es möglich, daß wir über diese gestutzte Form von Moral nicht hinauskommen. Ihre Beschränkungen sollten uns nicht der Tatsache gegenüber blind machen, daß es sich um unseren sichersten natürlichen Besitz handelt. Ich bezweifle, daß es einen anderen unabhängigen Ausgangspunkt gibt (wenn wir solche transzendenten Prämissen wie Kants Vernunft ablehnen). Also müssen wir sehen, wie diese Unzulänglichkeiten wettgemacht werden können.

Unser erster Schritt muß sein, zu sehen, ob die kontraktualistische Auffassung nicht eine genuine Moral zuläßt (eine genuine Moral von der Struktur, wie sie im ersten Teil dieses Beitrags beschrieben wurde). Können wir nicht sagen, daß es im Interesse aller liegt, zu wünschen, daß jeder ein Gewissen hat (Gefühle von Scham/Schuld und Empörung) in Beziehung auf jene Normen, die der kontraktualistische Standpunkt hervorbringen konnte? Ja, das können wir, aber es ist hoffnungslos zu versuchen, diese voll entfaltete Moral auf kontraktualistische Überlegungen zu gründen. Gewissen kann nicht instrumentalisiert werden; das ist semantisch nicht möglich. Wenn ich sage, daß meine Gründe, bestimmte moralische Ansprüche zu erheben (daß dies oder jenes schlecht/gut ist), darin bestehen, daß es in meinem Interesse liegt, solche Ansprüche zu erheben (gut für mich ist), dann habe ich damit jene Ansprüche widerrufen. Es bleibt sicherlich möglich, daß eine kontraktualistische Rechtfertigung dieser voll entfalteten Moral eine zusätzliche, verstärkende Funktion hat, eine Rechtfertigung dieser Moral ist auf dieser Grundlage jedoch nicht möglich.

Hier muß ich auf das zurückkommen, was ich im ersten Teil dieses Beitrags über moralische Identität gesagt habe. Da wir es nun nicht mehr mit einer bestimmten Gesellschaft zu tun haben, kann die in Frage stehende Identität nur darin bestehen, daß man sich als ein Mitglied *der Gesellschaft* versteht, das heißt als jemand, auf den andere zählen können. In welchem Sinn »zählen«, in welchem Sinn »Mitglied der Gesellschaft«? Ich behaupte, daß dieser Sinn in den moralischen Regeln verdeutlicht wird, die von der kontraktualistischen Position hervorgebracht werden. Von dem Standpunkt, daß man sich selbst als Mitglied der Gesellschaft versteht, werden diese moralischen Regeln nicht deswegen weiterhin aufrechterhalten, weil es mir nutzt, sondern weil es vom Standpunkt dieser Identität aus erforderlich ist, dem Standpunkt dessen, was oft treffend »die moralische Gemeinschaft« genannt wird, und das bedeutet, daß abweichendes Verhalten zu Scham und Empörung führt. (Es sollte bemerkt werden, daß der äußerste Fall von Empörung der Ausschluß aus der moralischen Gemeinschaft ist, was zeigt, daß jegliche Empörung in diese Richtung tendiert. Für eine amoralische Person, die sich selbst nicht als ein Mitglied der moralischen Gemeinschaft betrachtet, besitzt Empörung keinen Stachel, und dies zeigt, wie sehr die moralische Sanktion wirklich innerlich ist.)

Was ist die genaue Bedeutung dieser Rechtfertigung unter Bezugnahme auf das Verständnis von sich selbst als einem Mitglied der Gesellschaft? Wir müssen sie sowohl von der Rechtfertigung, die sich auf traditionelle moralische Identitäten bezieht, als auch von der kontraktualistischen Rechtfertigung abheben. Die kontraktualistische Rechtfertigung verbindet die Normen mit normalen, empirischen Interessen. Die traditionelle Rechtfertigung verbindet sie mit einer Identität, die wiederum von religiösen und anderen transzendenten Überzeugungen getragen wird. Die Rechtfertigung, die jetzt vor uns steht, geht nicht zurück auf solche Interessen, von denen man annehmen kann, daß jeder sie hat, sondern auf eine Konzeption des Selbst und der Anderen – eine »Identität« –, jedoch eine, die nicht von irgend etwas anderem getragen wird. Diese Rechtfertigung scheint ziemlich dürftig zu sein. Jeder von uns muß sich die Frage stellen (und hat diese Frage implizit immer schon gestellt und beantwortet), ob er sich als ein Mitglied der moralischen Gemeinschaft betrachten *will.* Die Möglichkeit einer Rechtfertigung moralischer Normen und sogar die bloße Möglichkeit, in der Lage zu sein, von einem moralischen »Sollen« zu sprechen, hängt von diesem Wollen ab. Klingt das unbefriedigend? Aber warum sollten wir es irgend besser machen wollen? (Oder wäre besser in diesem Fall nicht schlechter?) Wir können moralische Normen nicht mir irgend etwas im *Himmel* verbinden. Und ist die Verbindung zwischen Wollen und Verpflichtung nicht richtig? Es ist künstlich zu denken, daß Moral etwas dort draußen ist und daß es nicht von uns abhängt – von jedem von uns, seinem Wollen – ob wir uns in der moralischen Dimension befinden. Tatsächlich scheint es so zu sein, daß ein Großteil der Menschen Mitglied der moralischen Gemeinschaft sein will (es wäre interessant, herauszufinden, warum das so ist). Natürlich müssen wir zwischen dem Willen, Mitglied der moralischen Gemeinschaft zu sein (in der Lage sein zu wollen, so reden zu können, Vorwürfe zu machen, empört zu sein, etc.), und dem Willen, moralisch zu sein, unterscheiden. Das letztere ist natürlich etwas ganz anderes, aber viele Philosophen, bei Platon angefangen, haben diese wichtige Unterscheidung nicht gesehen.

Zu sagen, daß es von uns abhängt, scheint dem Relativismus Tür und Tor zu öffnen. Aber das ist nicht der Fall. Die Identität, ein Mitglied der Gesellschaft zu sein, ist eine Konzeption von dieser Welt (ohne transzendente Überzeugungen), und sie ist vollständig allgemein (»der Gesellschaft«), sie enthält also nur die Inhalte, die auf der kontraktualistischen Basis empirisch gewonnen werden, und nichts darüber hinaus.

Aus diesem Verbot jeglicher normativer Konzepte außer denen, die eine moralische Gemeinschaft überhaupt konstituieren, scheint auch zu folgen, daß diese Moral notwendigerweise universal und egalitär ist. Dem Kontraktualisten stand es frei, zu entscheiden, mit wem er seinen Vertrag eingehen würde. Aber mit der Konzeption, sich als ein Mitglied der Gesellschaft zu verhalten, würde jede Einschränkung des Bereichs eine zusätzliche Begründung und Rechtfertigung erfordern. Es ist die Einschränkung, nicht die Nicht-Einschränkung, die zusätzliche Rechtfertigung erfordert. Genauso würde jede Unterscheidung im Wert zwischen verschiedenen Klassen oder Gruppen oder Rassen eine zusätzliche Begründung erforderlich machen.

Ich muß zugeben, daß es einige Normen gibt, die die Einbeziehung in die Moral beanspruchen können, die nicht auf der kontraktualistischen Basis gewonnen werden können, wie Rücksicht gegenüber Tieren und gegenüber kleinen Kindern, aber diese Fragen betreffen nur die Frage einer Erweiterung des Bereichs derselben Normen über das hinaus, was vertragliche Partner sein können. Besonders im Fall der Tiere meldet die andere Quelle einer natürlichen Moral, das Mitleid, ihre Ansprüche an. Die Frage, ob und wie die andere Quelle der Moral in das Gefüge der Verpflichtung einzuarbeiten ist, ist schwierig, und hier ist nicht der Ort, auf diese dornige Frage einzugehen.

Amelie Oksenberg Rorty
Die Vorzüge moralischer Vielfalt*

1. Moralsysteme als praktische Richtlinien zur Charakterbildung

Ohne dramatis personae ist
Moralphilosophie reine Dichtung.

Es bedarf erheblicher Fähigkeiten und einer Reihe von Sachkenntnissen, um ein moralisch signifikantes Leben zu führen, um Ideale oder Prinzipien effektiv zu verwirklichen. Käme es bei einer moralischen Lebensführung darauf an, vor einem Moralgericht zu bestehen, so könnte guter Wille hinreichend sein. Selbst wenn Moral nur darauf angelegt wäre, unrechtes Handeln zu unterbinden – was immerhin kein kleines Kunststück ist –, müßten Moralsysteme nicht notwendigerweise die Dispositionen und Gewohnheiten erforschen, die in einem moralisch gestalteten Leben zum Tragen kommen. Wäre das Hauptanliegen der Moral die Formulierung einer Verbotsmoral und gäbe es eine scharfe, funktionsfähige Unterscheidung zwischen Unterlassungs- und Gebotsmoral, könnte die Moralphilosophie sehr gut ohne eine detaillierte Auflistung der Aspekte auskommen, die notwendig sind, um moralische Ideale und Prinzipien in die Tat umzusetzen. Geht man davon aus, daß die erforderlichen Fähigkeiten, sich unrechten Handelns zu enthalten, jedermann zur Verfügung stehen, so wäre Moralphilosophie grundsätzlich unabhängig von Moralpsychologie und moralischer Erziehung.
Aber die meisten traditionellen Moralphilosophien beschränken sich nicht auf die Analyse der minimalen negativen Moral, d. h. einer Verbotsmoral. Die meisten Moralphilosophen gehen sogar über eine minimale positive Moral, d. h. die Formulierung von Grundprinzipien zur Fundierung universeller Verpflichtungen, hinaus. Selbst Philosophen, die – wie Kant – vor allem wegen ihrer

* »The advantages of moral diversity«, Originalbeitrag. Übersetzung: Käthe Trettin.

Analysen der Bedingungen der Möglichkeit von Moral bekannt sind, waren ebenfalls daran interessiert, den Charakter eines moralischen Akteurs zu beschreiben. Traditionelle Moralphilosophien hielten ihre Untersuchungen für unvollständig, solange sie nicht die Mentalität und die motivationale Struktur moralisch verläßlicher Akteure analysiert hatten, bei denen man sicher sein konnte, daß sie in bestimmter Weise auf die Welt einwirken würden.

Natürlich sind philosophische Moralsysteme komplexe Unternehmungen, die eine Reihe ganz unterschiedlicher Aufgaben miteinander verbinden. Verschiedene Philosophen haben sich auf spezielle Aspekte der mannigfaltigen Moralperspektiven konzentriert. Einige bemühten sich um die Klärung der Bedingungen des alltagsweltlichen moralischen Verstehens und Handelns (oder was sie dafür hielten). Andere haben versucht, die Ideale zu formulieren, nach denen wir streben sollten; wiederum andere suchen die Prinzipien herauszuarbeiten, die gerechtes und richtiges Verhalten anleiten sollten. Obwohl diese verschiedenen Untersuchungen in gewisser Weise unabhängig voneinander sind, obwohl eine Philosophin oder ein Philosoph sich auf einen Moralansatz konzentrieren kann, ohne sich auf all die anderen Ansätze einzulassen, ist ein Moralsystem erst vollständig, wenn es die Wechselbeziehungen zwischen diesen verschiedenen Themenkomplexen analysiert. Erst alle Aspekte machen eine Theorie darüber aus, was gut und was schlecht ist in der menschlichen Natur, geben Aufschluß darüber, wie das Schlechteste zu umgehen oder zu modifizieren ist, um dem Besten zur Wirksamkeit zu verhelfen. Schließlich zielt ein Verstehen moralischer Strukturen darauf ab, die moralische Praxis zu beeinflussen. Da aber die moralische Praxis fundamental abhängig ist vom Charakter der Akteure – von ihrem Verhalten und ihren Motiven – und da die Strukturen gesellschaftlicher und politischer Institutionen jene Motive und Gewohnheiten in zentraler Weise präformieren, bleibt Moralphilosophie unvollständig, wenn sie ihre Analysen der moralischen Prinzipien und Ideale oder der Bedingungen von Moral nicht auf den Charakter des moralischen Akteurs und die Frage, wie dieser am besten auszubilden sei, ausrichtet.

Es gibt mehrere Gründe für jede Moralphilosophie – wie immer deren Ideale oder Prinzipien ausgerichtet sein mögen –, sich der detaillierten Entwicklung des moralischen Charakters zu widmen. Die Ausweitung einer minimalen negativen Moral auf eine minimale positive Moral, und erst recht auf eine gehaltvolle oder substantielle positive Moral erfordert eine sukzessiv größere Berücksichtigung von Moralpsychologie. Jede Norm, jedes Ideal oder jede Pflicht, die legitimerweise Ansprüche an uns stellen kann, muß sich als fähig erweisen, von uns auch realisiert werden zu können. Wenn *sollen* implizit auch *können* meint, bleibt der normativen Moral die psychologische Beweislast: Es ist notwendig, die elementaren Eigenschaften der Akteure zu bestimmen, die präsumptiv mit den Ansprüchen irgendeiner speziellen moralischen Richtlinie konfrontiert werden. Selbst wenn die Fähigkeiten und Eigenschaften, die eine aktive, gehaltvolle Moral ermöglichen, erst entwickelt und ausgebildet werden müssen, ist es notwendig zu bestimmen, was möglich ist, um im einzelnen festzulegen, was obligatorisch oder ideal ist. Auch würde sich ein verantwortungsbewußter Moraltheoretiker nicht damit zufriedengeben, rein hypothetisch mögliche moralische Fähigkeiten und Eigenschaften zu spezifizieren. Es ist darüber hinaus notwendig, die Bedingungen anzugeben, unter denen sich potentielle Fähigkeiten in aktive Dispositionen und Gewohnheiten verwandeln. (Zum Vergleich: Für diejenigen, die daran interessiert sind, in einer gerechten Gesellschaft zu leben, erschöpft sich das Verstehen von Gerechtigkeitsprinzipien nicht in der Aufstellung allgemeiner Grundsätze, die vielleicht Engeln, Märtyrern und Dämonen angemessen wären.) Politische Philosophen sind deshalb auch darum bemüht (oder sollten es sein), die Bedingungen von Gerechtigkeit so zu spezifizieren, daß sie von ihrer eigenen Gesellschaft verwirklicht werden können. Gerechtigkeitsprinzipien bleiben leer, solange sie nicht kontextuell verortet und auf ihre Realisierbarkeit in einer bestimmten historischen und politischen Situation geprüft werden. Keineswegs wenige der Bedingungen, die Gerechtigkeitstheorien einengen und beschränken, sind psychischer Natur: Mentalität, Primärmotive und Gewohnheiten, auf die sich gesellschaftliche Institutionen verlassen können müssen und die sie zugleich prägen. Zweifellos eröffnet eine abstrakte Gerechtigkeitsperspektive die Möglichkeit der Kritik an einer Psychologie, die durch spezifische gesellschaftliche Konstellationen bestimmt ist; gleichzeitig aber kann eine formale Gerechtigkeitstheorie, die nur von einer psychisch ganz anders konstruierten Spezies als uns verwirklicht werden könnte, keinerlei Ansprüche an unsere Ideale erheben, geschweige denn an unser praktisches Handeln.

Darüber hinaus erfordert die Verwirklichung ethischer Grundsätze – die Umsetzung ethischer Verpflichtungen und ethischer Einsicht im Handeln – mehr als einen relativ widerspruchsfreien guten Willen, der sich von praktischer Vernunft leiten läßt; sie erfordert vor allem eine Menge Sachverstand und viele aktive Dispositionen. Es bedarf also einer solchen psychologischen Analyse, durch die eine gehaltvolle Moral von der Psychologie der Fähigkeit in eine Psychologie der Performanz, von der Psychologie des Verstehens, des Willens und der Pflicht in eine Psychologie des Handelns übergeht.

Wir werden zu moralischen Akteuren durch einen transformatorischen Prozeß, der praktisch jeden Aspekt unseres Charakters tangiert. Obwohl rationales Handlungsvermögen, affektive Präsenz und standfeste Selbstverpflichtung für die Moral notwendig sein mögen, reichen sie offenbar nicht aus, um eine böswillige Person in eine moralische zu verwandeln, und nicht einmal für die Moral, die *in foro interno* gilt, oder diejenige, die in ausgewogenen Diskussionen *in foro publico* zum Ausdruck kommt. Es gibt keinen einzigen Dreh- und Angelpunkt, der einen böswilligen Menschen in einen genuin respektvollen, kooperativen Bürger und Freund zu transformieren erlaubte. Jedenfalls sind Rationalität, *caritas,* ein guter Wille und natürlich die Disposition, sich durch diese leiten zu lassen, keine einzelnen und einheitlichen Handlungsvermögen. Diese Begriffe sind Platzhalter für ein breites Spektrum psychischer, charakterlicher Möglichkeiten, Fähigkeiten und Geschicklichkeiten, die unabhängig voneinander variieren und die entwickelt und bewahrt werden müssen.

Nicht nur die Selbsteinschätzung einer Person, wie sie in ihren Prinzipien und Idealen, ihren verbindlichen Verpflichtungen und Motiven zum Ausdruck kommt, nicht nur ihre Fähigkeit, einen unparteilichen und altruistischen Standpunkt einzunehmen, ist in einer aktiven Moral involviert und wird von ihr vorausgesetzt, sondern auch gewisse Eigenarten in der Wahrnehmung und Imagination, spezifische kategoriale Rahmenbedingungen, die die Erfahrung organisieren, sowie Haltung und Modulation der Stimme, Sinn für Timing und Taktgefühl und vieles andere mehr. Wie wir handeln – die Art, wie wir uns in dem, was wir tun, präsentieren – ist ein wesentlicher Teil dessen, *was* wir tun. Selbstverständlich ist die Oberflächenbeschreibung dessen, was wir tun – an Demonstrationen teilnehmen oder nicht, im Schöffengericht

für schuldig oder unschuldig plädieren –, moralisch signifikant. Aber der tiefere Grund für das, was wir tun, in dem die Veranlassungen und Ursachen, die unsere Handlungen zu unseren eigenen machen, verschmelzen, ist ebenfalls moralisch bedeutsam. Er manifestiert sich in der *Art* unseres Handelns – rücksichtslos oder zögernd, abrupt oder bekümmert. Die substantielle Beschreibung unserer Aktionen – den Angeklagten mit Betrübnis und Mitgefühl schuldig sprechen in der Weise, die zeigt, daß wir uns darüber im klaren sind, auch wir könnten jetzt da stehen, wenn die Umstände nur ein wenig anders gewesen wären – erzählt die Moralgeschichte genauer. Selbst in so gewichtigen politischen Angelegenheiten wie internationalen Verhandlungen ist es oft der Gestus – die Art, wie die Teilnehmer sich gegenseitig über Kulturschranken hinweg respektieren –, der zählt. Leider sind die Fähigkeiten und das Geschick, den richtigen Ton zu treffen und die Ausführung unserer Handlungen zu modellieren, nicht einmal durch die beste rationale Reflexion abgesichert, selbst wenn sie von einem resoluten Willen unterstützt und von den nobelsten Selbstidealen und affektiven Selbstverpflichtungen begleitet wird. Nur wenn es der rationalen Reflexion und den besten Idealen gelingt, unsere *petites perceptions,* unsere spontanen Reaktionen, unseren Gesichtsausdruck und unsere Gesten zu formen, gelangen wir gleichsam in Rufweite der Moral. Erst dann werden unsere Prinzipien, Ideale und Selbstverpflichtungen substantiell verwirklicht, und nur dann sind sie mehr als Wünsche und Worte, die häufiger durch Bedauern und Schamgefühl zum Ausdruck kommen als durch Taten.
Grundsätzlich gehören die erforderlichen Fähigkeiten für eine minimale negative Moral, die universelle Verbote ausspricht, und für eine minimale positive Moral, die universelle Gebote artikuliert, sozusagen zur Standardausrüstung. Für die Entwicklung und Umsetzung der Fähigkeiten, die notwendig sind, um dieses moralische Niveau zu erreichen und zu halten, sind komplexe oder gerechte soziale Verhältnisse nicht unbedingt erforderlich. Aber die minimalen Moralvorstellungen erschöpfen keineswegs unser moralisches Repertoire und unsere moralischen Verpflichtungen. Diese erweitern sich ständig zu einer elementaren, sittlichen »Gut-genug-Moral« der Nachbarschaftlichkeit und guten Staatsbürgerschaft [*citizenship*], bis dahin, eine soziale Rolle zuverlässig auszufüllen. Während die Minimalmoral normalerweise bloße Ja/Nein-Entscheidungen impliziert, kann die Sittlichkeitsmoral

sowohl in ihrer Reichweite als auch graduell variieren. Eine Person kann ein moralisch konstruktiver Kollege, aber ein kläglicher Ehemann, ein guter Nachbar, aber ein korrupter Politiker sein. Die Sittlichkeitsmoral wird nicht abgesichert durch die universellen Befähigungen zur Minimalmoral: obwohl sie weder aufopfernd noch selbstverleugnend ist, erfordert sie ein gewisses Maß an Erziehung und Training. Sie ist verletzbar bis hin zur Auflösung durch widrige Umstände, und sie wird unter normalen Bedingungen am besten gestützt durch ein relativ vernünftiges Gesellschaftssystem. Innerhalb der Sittlichkeitsmoral können wir die Moral des rechtschaffenen Willens, die die allgemeine Selbstverpflichtung enthält, das Richtige aus den richtigen Gründen zu tun, von einer »Signifikanzmoral«* unterscheiden, welche die aktiven Dispositionen enthält, moralisch angemessene Absichten hervorzubringen und jene Absichten in wohlgeformten Handlungen zu realisieren. Diese Unterscheidung kann noch verfeinert werden. Engelhaftigkeit oder Heiligkeit [*saintliness*] bedeutet, gut zu handeln aus angemessenen Gründen und aus den besten Motiven. Sie ist gewöhnlich unbefangen selbstverständlich und niemals selbstgerecht. Zieht man aber in Betracht, daß unsere Verletzlichkeiten eng ausgelegte Selbstschutzmechanismen auslösen und daß unser Überschwang rein spielerische Motive hervorbringen kann, liegt die Engelhaftigkeit außerhalb unserer Reichweite – und sollte vielleicht auch da liegen. Rechtschaffenheit bezieht sich auf das Repertoire persönlicher Motive (was immer diese sein mögen), die entweder mit den moralischen Forderungen (was immer diese sind) koinzidieren oder sich ihnen unterwerfen. Wenn die engelhafte Moral zu anspruchsvoll ist, so ist die rechtschaffene Moral unvollständig. Sie fördert oder sichert nicht von sich aus die Reichhaltigkeit und Detailliertheit eines moralisch signifikanten Lebens. Eine Signifikanzmoral erfordert ein reiches und angemessenes Spektrum spezifischer Intentionen und Motive sowie eine stattliche Anzahl von Fähigkeiten, dies wirksam umzusetzen. Sie macht aus der Welt einen besseren Ort für unsere Aktivität, und zwar weit eher als die bloße Existenz eines weiteren aufrichtigen Willens.

* A. d. Ü.: Rorty verwendet den Terminus ›significant morality‹, der auch Fragen des guten Lebens und persönlicher Tugenden einschließt, als Gegenbegriff zu einer eng umgrenzten Minimalmoral. In der deutschen Übersetzung wurde dafür der Begriff ›Signifikanzmoral‹ bzw. ›moralisch signifikant‹ etc. gewählt.

Ein moralisches Leben geht im Kern über den Willen, erfolgreich vor dem Urteil eines Gerichts für Rechtschaffenheit zu bestehen, hinaus und zielt darauf ab, gut zu handeln, um die Moralprinzipien (oder vielleicht auch den Willen Allahs) zu erfüllen. Allerdings ist der leichteste und müheloseste Weg, das Gericht der Rechtschaffenheit zu passieren, der, in seinen Intentionen minimalistisch zu bleiben. Eine widerstandsfähige signifikante Moral geht darüber hinaus, wenig zu intendieren und dadurch die Intentionen rein zu halten. Jemand mit einem reinen Willen und einer exquisit präzisen moralischen Sensibilität, der sich für moralisch vernünftige Verfahrensprinzipien im kommunikativen Diskurs engagiert, jedoch der Fähigkeit ermangelt, seine Urteile und Richtlinien im Handeln zu befolgen, kann charmant, vielleicht sogar tragisch sein, aber nach einer Weile hören sich seine Moralansprüche hohl an. Selbst wenn er sich einer ganzen Reihe von Idealen verpflichtet fühlt, die seiner Ansicht nach für seine moralische Identität notwendig sind, selbst wenn er moralische Schamgefühle hat – die verinnerlichte kollektive Entrüstung –, sobald er seine moralischen Prinzipien verletzt, bleibt er doch eine groteske Person – eine Witzfigur –, wenn er es grundsätzlich nicht schafft, gemäß seinen Verpflichtungen und Prinzipien zu handeln. Jemanden als moralisch zu qualifizieren, weil er gewisse *Anlagen* dafür mitbringt, heißt, ihn lobend abzuservieren; und so jemanden zur Verantwortung zu ziehen, und zwar in sozialen und politischen Situationen, in denen nichts dafür getan wird, diese Anlagen zu entwickeln, d. h. sie in einen aktiven, funktionsfähigen Zustand zu bringen, bedeutet, den wahren Ort moralischer Verantwortung zu verdrängen.[1]

Dies ist eine konzeptuelle und eine moralische Frage. Die Gutwilligkeit einer Person bestimmt sich durch die Angemessenheit ihrer Absichten, wie immer diese in einem spezifischen Moralsystem bewertet werden mögen. Ein generalisierter guter Wille – eine generalisierte Absicht, pflichtgemäß zu handeln – ist eine Absicht zweiter Ordnung. Sie bestimmt nicht aus sich heraus eine beson-

1 Vgl. Ernst Tugendhat, »Die Rolle der Identität in der Konstitution der Moral (in diesem Band), der eine Person als moralisch charakterisiert, wenn sie die Fähigkeit hat, (moralische) Scham als Verinnerlichung einer gesellschaftlichen Verurteilung seiner Schuld zu empfinden. Aber es ist eine merkwürdige Analyse von Moral, wenn man sie aufgrund der Psychologie dessen bestimmt, was bei ihrer Verletzung stattfinden sollte.

dere Verfahrensweise, ein bestimmtes Prinzip, einen spezifischen Handlungsverlauf und nicht einmal eine bestimmte Intention. Intentionen werden individualisiert und definiert durch ihre Zielbestimmung und typischen Handlungsanweisungen.[2]

Aber es bedarf eines beträchtlichen Scharfsinns, um zu verstehen, was der Sinn der einzelnen Pflichten ist, um zu wissen, was jede einzelne Situation erfordert. Die generalisierte Selbstverpflichtung, das Richtige aus richtigen Gründen zu tun, garantiert noch nicht die Fähigkeiten, die man braucht, um der Verpflichtung nachzukommen. Wie schon Kant feststellte, erfordert die praktische Moral – den guten Willen mittels bestimmter Absichten und Handlungen zu seiner Vollendung bringen – praktische Tugenden, all jene Fertigkeiten und Einstellungen, die man allgemein braucht und anwendet, wenn man effektiv und gut handelt. Soll Moral sowohl exekutiv als auch legislativ, sowohl widerstandsfähig als auch gerecht sein, bedarf es der Anlagen und Fähigkeiten zur Verwirklichung moralischer Prinzipien, um deren Inhalte auf die richtige Art an den richtigen Objekten zur richtigen Zeit zu aktualisieren. (Man beachte die Parallele: Prinzipiell ist die allgemeine Anlage zu kritischer Rationalität gleich verteilt. Aber die Fähigkeiten, die erforderlich sind, um die relevanten und produktiven Argumentationsketten zu konstruieren, die die Rationalität ausmachen, scheinen nicht gleich verteilt zu sein. Darüber hinaus ist es ungerecht, die Individuen dafür verantwortlich zu machen, rational zu sein, wenn es doch einer Ausbildung bedarf, damit die generalisierte Anlage zur Rationalität sich in die vielen detaillierten Denkgewohnheiten umsetzt, die zu ihrer aktiven Handhabung erforderlich sind.)

Eine signifikante Moral erfordert eine Reihe intellektueller und charakterlicher Eigenschaften, wie etwa:[3] Aufmerksamkeit für

2 Vgl. Michael Bratmann, *Intentions, Plans and Practical Reason,* Cambridge, Mass. 1987. Der Handlungsbereich ist ziemlich groß: er umfaßt moralisch signifikante psychische Aktivitäten ebenso wie Verhaltensmuster.

3 Für eine ausführlichere Diskussion vgl. A. O. Rorty »King Solomon and Everyman: A Problem Concerning Conflicting Moral Intuitions«, in: *American Philosophical Quarterly,* Herbst 1991. Wenn ich von Eigenschaften spreche, beziehe ich mich auf keine spezifische Analyse dispositionaler Begriffe; meine Argumentation ist kompatibel mit den gängigen Untersuchungen von Eigenschaft und Disposition. Viele Cha-

vermeidbares Leid, Einfallsreichtum und Erfindungsgabe, Sinn für Proportionen und Aufgeschlossenheit gegenüber Neuem; Verständnisbereitschaft, Objektivität, Sinn für Humor, die Fähigkeit mit Konflikten konstruktiv umzugehen, Kooperationsbereitschaft und Taktgefühl und schließlich Geschick und Sachverstand. Diese Eigenschaften sind weder alle einzeln notwendig noch gemeinsam hinreichend – dennoch braucht man eine ordentliche Anzahl und eine gesunde Mischung von ihnen, um die moralischen Intentionen am besten in die Tat umzusetzen.

Die vollständige Realisierung der Moral erfordert nicht nur eine vernünftige Anzahl von Prinzipien, sondern auch einen widerstandsfähigen Charakter, verstanden als Konfiguration all der winzigen Dispositionen, die die Handlungsweise beeinflussen. Die Moral steckt im Detail; sie beeinflußt nicht nur, was eine Person tut, sondern auch, wie sie es tut. Charakterfestigkeit äußert sich nicht nur in standhaftem Prinzipienbewußtsein, sondern auch in der Modalität und Art des Denkens und Verhaltens einer Person.[4] Charakter ist weit mehr als die Fähigkeit zur Selbstkontrolle und die Disposition, sich eher von Gerechtigkeit und Pflicht als von Neigung und Wünschen leiten zu lassen. Er schließt die aktiven Dispositionen zu Hilfsbereitschaft und emotionaler Empathie ebenso ein wie Klugheit und Prinzipien.[5]

Zwar messen gegenwärtige Tugend-Theoretiker der Rolle des Charakters im Handeln durchaus eine Bedeutung bei, aber sie bewegen sich gleichwohl im Rahmen der Gerechtigkeitsmoral. Obwohl postkantische Tugend-Theorien – von Matthew Arnold bis Philippa Foot – die Notwendigkeit der Entwicklung eines breiten Spektrums moralisch relevanter Dispositionen anerkennen, versuchen sie, einen einzigen Dreh- und Angelpunkt zu lokalisieren, der die *Moral* des Charakters bestimmt. Indem man aber moralische Tugend in einer singulären Fähigkeit lokalisiert,

raktereigenschaften sind nur analytisch von anderen zu trennen, und viele sind stark, aber auf kontingente Weise mit einigen intellektuellen Eigenschaften verbunden.

4 Vgl. A. O. Rorty, »Character, Persons, Selves and Individuals«, in: *The Identities of Persons,* University of California 1976, und »The Psychology of Aristotle's Poetics«, in: *Essays on Aristotle's Poetics,* Princeton 1991.

5 Die besten Beispiele hierfür findet man in den Romanen von Jane Austen, Henry James und Virginia Woolf.

begibt man sich all der Vorteile der Tugend-Theorie: Keine einzelne Eigenschaft, kein einzelnes Prinzip differenziert die moralische Tugend aus dem breiten Spektrum der Fähigkeiten, Dispositionen, Geschicklichkeiten und Gewohnheiten, die erforderlich sind, um gut zu handeln.[6] Moralsysteme, die darauf angelegt sind, *korrektes moralisches Urteil, korrekte moralische Entscheidung* und *korrektes moralisches Gefühl* zu produzieren, gehen davon aus, daß die Akteure stark vereinheitlicht und hierarchisch strukturiert sind, mit einer zentralen Schaltstelle wie bei einem Homunkulus, von der aus das breite Spektrum der Fähigkeiten und Gewohnheiten, die die Handlung prägen, hervorgerufen, dirigiert oder kontrolliert wird.

Es gibt, grob gesprochen, drei Versionen solcher Systeme. Intellektualistische Theorien fokussieren die Rationalität als Zentrum der Moral; voluntaristische Theorien betrachten die Richtigkeit des Willens als Brennpunkt; und *caritas*-Theorien halten eine zentrale affektive Fähigkeit wie Liebe oder Gütigkeit für den Fokus.[7] Alle drei Versionen gehen von der Annahme aus, daß die Charakterstruktur einer Person zentral vereinheitlicht ist – oder sein kann: Sie versuchen, einen panoptischen Punkt zu lokalisieren, der nicht nur das breite, die Handlung beeinflussende Spektrum von Dispositionen und Haltungen abtastet, sondern auch deren Ausführung leitet und reguliert. Alle drei ignorieren tendenziell die sozialen und politischen Bedingungen, die notwendig sind, um die Ausbildung und praktische Entfaltung des zentralen moralischen Handlungsvermögens zu fördern. Die Verantwortung für die Ausbildung eines Vermögens (und schließlich ist es nur ein Vermögen) wird dem einzelnen überlassen, als ob er aus eigener Kraft die Verwirklichung dieser Kapazität in seiner Psyche so gewährleisten könnte, daß sie seine Gewohnheiten und Handlungen beeinflußt.

Und selbst wenn es einen solchen Angelpunkt für die Moral gäbe – *caritas* oder guter Wille oder intellektuelle Tugenden (etwa Klugheit, Einfallsreichtum, Schnelligkeit und Präzision bei komplexen Schlußfolgerungen, sogar die Fähigkeiten, unparteiliche

6 Vgl. A. O. Rorty, »Virtues and their Vicissitudes«, in: *Mind in Action*, Boston: Beacon Press 1988.

7 Interessanterweise korrespondieren diese drei Gewichtungen mit der traditionellen Dreiteilung der psychischen Fähigkeiten: Kognition, Konation (Antrieb) und Affektivität.

Urteile abzugeben) –, wäre er für staatsbürgerliche Tugenden nicht ausreichend. Selbstverständlich dachte niemand – nicht einmal die einfältigsten der Neokantianer, und sicherlich nicht Kant selbst –, daß solche Eigenschaften aus sich heraus die Tugend gewährleisten könnten. Der Anspruch war vielmehr, daß eine (caritas-, Good-will-) Rationalität oder eine Verpflichtung auf gerechte Verfahrensprinzipien notwendige Bedingungen der Möglichkeit von Moral überhaupt seien. Wenn es aber eine differenzierte und spezifische Domäne der Moral gibt, hat sie viele Voraussetzungen und Bedingungen: eine von Empathie geleitete Vorstellungskraft, einen ausgeprägten Charakter, der nicht unter der verwirrenden Trennung von Denken und Handeln leidet, eine staatsbürgerliche Ordnung, die aktiv die moralische Entwicklung fördert. Die intellektuellen Tugenden, die Ingredienzen der staatsbürgerlichen Tugend sind – ein vernünftiges und deutliches Gespür für Prioritäten, ein imaginatives und lebendiges Verständnis dafür, was relevant für die öffentliche Wohlfahrt ist, die Gabe eloquenter Überzeugungskraft –, sind ebenfalls Ausdruck der Charaktertugenden. Da ihre Handhabung hochempfindlich auf Situationen und Kontexte reagiert, können sie nicht vorab als Prinzipien oder Regeln formuliert werden. Die Prinzipien jedenfalls, die sie formulieren, sind so allgemein, daß deren Anwendung genau jene Charaktertugenden erforderlich macht, die sie zu leiten beanspruchen. Grundsätzlich können Regeln und Prinzipien erst relativ spät im Leben akzeptiert, verstanden und entwickelt werden, in einem rein intellektuellen Prozeß (falls es so etwas gibt). Möglicherweise können diese Fähigkeiten zu einer verinnerlichten Entrüstung durch die Entwicklung einer lebendigen, von Empathie geleiteten Imagination erworben werden, etwa durch intensive Lektüre von Romanen und Zeitungen. Aber um sich individuell als moralische Person zu qualifizieren – und nicht nur als eine potentiell moralische Person –, muß diese Fähigkeit in ihrer Feinstruktur entwickelt und gehandhabt werden. Die Tugenden, deren es bedarf, um jene Prinzipien zu gebrauchen und anzuwenden (oder diese Auffassung des Selbst herauszubilden), werden – wie andere Gewohnheiten und Dispositionen auch – durch praktische Übung und Nachahmung erworben und entwickelt. Wir entwickeln sie nicht, indem wir sie verstehen, und erst recht nicht, indem wir unsere Selbstverpflichtung auf jene als einen wesentlichen Teil unserer Identität ansehen. Wir können eine substantielle Moral nicht dadurch erwerben, daß wir uns bloß die richtigen kognitiven und psychischen Haltungen aneignen. Im übrigen sind diese Haltungen nur dann moralisch notwendig, wenn sie in aktiver Weise die Details der Wahrnehmung, des Gefühls, des Verhaltens umgeben, welche moralisch signifikantes Handeln ausmachen. Der bekannte Elternappell »Mach' es so, wie ich es sage, nicht so, wie ich es tue« ist Ausdruck des unrealistischen Traums, daß Worte und Gedanken die Vorbilder, daß eine beschwörende Beschreibung die Details der Nachahmung ersetzen können.[8] Wenn sie nicht in den subtilen Nuancen der Praxis zum Ausdruck kommen, können die Gerechtigkeitsprinzipien – mögen sie noch so klar und intelligent verstanden sein – im besten Fall nur auf die Komplexität des inneren psychischen Konflikts verweisen. Die charakterologische Moral der Vorbilder – sozusagen die Moral von Knochen und Sehnen, von Gesten und Stimmen – wird weitaus zuverlässiger nachgeahmt und reproduziert als das, was irgendwelche Regeln und Prinzipien als Ideale oder Pflichten artikulieren. In den Händen und Gesichtern der Skrupellosen werden auch die edelsten und vernünftigsten Prinzipien zu tödlichen Waffen. Ebenso wie eine vom guten Willen geleitete Vernunft im Sinne einer rein intellektuellen Fähigkeit keine Tugend gewährleisten kann, so kann auch Vernunft und rationaler, vom guten Willen geleiteter Respekt keine gerechten Bedingungen der Auseinandersetzung über Formen des öffentlichen Lebens garantieren.

Aus ähnlichen Gründen kann die philosophische Theorie noch nicht einmal die Voraussetzungen für eine faire und rationale Meinungsbildung schaffen. Dennoch ist eine Analyse der Bedingungen der Möglichkeit von Moral wichtig. Um brauchbar zu sein, muß eine solche Analyse sich auch auf praktische Angelegenheiten beziehen: auf die Beschreibung der Kindheit und der soziopolitischen Institutionen – insbesondere des breiten Spektrums

8 Die Rolle der Entwicklung von Vorstellungskraft – besonders anhand der Literatur und des Dramas – muß, wie in letzter Zeit betont wurde, als zentral angesehen werden für die Entwicklung moralischer Sensibilität, speziell für die Verfeinerung moralischer Wahrnehmung. Eine solche Sensibilität mag zwar notwendig sein für die Moral, aber sie ist nicht hinreichend. Es ist genauso schwer, die Vorstellungskraft praktisch einzusetzen, wie es schwer ist, nach Regeln und Prinzipien zu handeln. Nachahmung und praktische Übung sind notwendig für beides.

von Bildungsinstitutionen, zu denen nicht nur Schulen, sondern auch Museen und die Massenmedien gehören –, die (ob wir wollen oder nicht) den staatsbürgerlichen Charakter nachhaltig prägen, sei er gerecht oder ungerecht. Wenn wir unsere substantiellen Überzeugungen ernst nehmen, sollten wir uns von Kant, Rawls und Habermas weg – und hin zu Montesquieu, Rousseau und Jefferson bewegen, von der Analyse der Bedingungen der Möglichkeit von... hin zur Entwicklung eines Curriculums für..., indem wir unsere Aufmerksamkeit jenen Institutionen widmen, die hier und jetzt unser geistiges Verhalten und unsere Handlungsgewohnheiten prägen. Die adäquate Verschmelzung eines idealisierten rationalen guten Willens mit unseren detaillierten Aktions- und Interaktionsweisen findet in der Kindheit statt, in der politischen Arena des Spielplatzes und in den Phantasien der Gute-Nacht-Geschichten. Vor allem ist es die Pluralität von Bildungsinstitutionen – in ihrer Verbindung von Privatsphäre und Öffentlichkeit, von ökonomischen und kulturellen Bereichen –, die letztlich verantwortlich sind für die Moral des individuellen Mitglieds des Gemeinwesens.

Einige Philosophen haben für eine enge Verbindung von empirischer Psychologie und Ethik plädiert.[9] Moralphilosophie ist auch wesentlich normativ und praktisch, das heißt politisch. Da sie die Restrukturierung der Bildungsinstitutionen programmatisch fordert, geht die philosophische Aufgabe dahin, die institutionellen und sozialen Prozesse zu beschreiben, die an der Ausbildung des moralischen Staatsbürgers mitwirken. Es könnte nun für ausreichend gehalten werden, das Endprodukt zu beschreiben – die Mentalität und den *modus operandi* des moralischen Staatsbürgers. Aber ein Ideal kann nicht beschrieben werden, ohne zu klären, *für wen* und unter welchen Bedingungen es ein Ideal ist. Die empirischen Studien, die die philosophische Ethik stützen, sind lokal und historisch: nicht Psychologie überhaupt, sondern die Psychologie eines spezifischen, ökonomisch und politisch situierten Volkes zu einer bestimmten Zeit an einem bestimmten Ort; nicht einfach Ausbildung *sans phrase*, sondern für *diese* Leute mit dieser Geschichte, diesen Nachbarn und diesen Problemen.

9 Vgl. Tugendhat, Wren, Blasi, Döbert, in: Thomas Wren (Hg.), *The Moral Domain*, Cambridge: MIT Press 1990.

Wir könnten nun befürchten, daß die Anwesenheit von Philosophen in der politischen Arena sowohl der Philosophie als auch der Politik schadet. Zum einen könnten Vollblutpolitiker es ohne weiteres schaffen, die Vollblutphilosophen wie Lämmer zur Schlachtbank zu führen; zum andern könnten politisch bewußte Philosophen fürchten, daß ihr reformerischer Elan ihre selbstkritische Unparteilichkeit gefährdet. In jedem Fall öffnet die Vermischung von Politik und Moralphilosophie der politischen Kontrolle der Wahrheit Tor und Tür. Aber nichts – noch nicht einmal Philosophie und eine genuin rationale Auseinandersetzung über die höchsten und besten Dinge – kann uns aus dem Bezirk der Machtpolitik heraushalten. Die Formulierung von Vernunftbedingungen – die Betonung von Rationalität und Unparteilichkeit – soll zweifellos die Funktion haben, uns aus den Fängen charismatischer Tyrannen, Machtgeiern aller Art, intellektueller, rhetorischer und politischer Demagogen herauszuhalten. Aber nicht weniger als jedes einzelne – die Details sokratischer Klugheit, die endlose (und ermächtigende), beharrliche Examinierung des staatsbürgerlichen Lebens und seiner Institutionen – kann uns aus den Fängen rhetorischer oder politischer Tyrannen heraushalten. In Wirklichkeit lautet unsere Frage: Was braucht man, um einen sokratischen Fragensteller zu entwickeln, der auch praktische Weisheit besitzt? Denn es sind Menschen, nicht Ideen oder Positionen, die tyrannisieren und tyrannisiert werden. Und die einzige Möglichkeit, uns »zu bewaffnen und zu stärken« gegen solche Machtgeier (man könnte erschauern vor den Metaphern, die einem bei dieser Sache automatisch einfallen), besteht darin, uns auf die moralische Erziehung, Ausbildung und Leitung auch dieser Leute zu konzentrieren.

11. Die Wünschbarkeit moralischer Vielfalt

> »Denn besonnener Herrscher Gemütsart wird zwar für das Vorsichtige, Gerechte und Heilsame sorgen, aber einer gewissen durchgreifenden Schärfe und Keckheit des Handelns ermangeln. Die Tapferkeit hingegen wird in Absicht auf Gerechtigkeit und Vorsichtigkeit hinter jener zurückstehen, aber im Handeln sich sehr auszeichnen. Daß es aber um den Staat in allen Dingen ... wohlstehen könne, wenn diese nicht beide vorhanden sind, ist ganz unmöglich.«
> Platon, *Politikos* 311 a-b (Übers. Schleiermacher)

Die Etablierung staatsbürgerlicher Tugend verlangt einen sokratischen Fragensteller, der außerdem konstruktive, praktische Weisheit besitzt. Die Aufgabe, vernünftige politische Verhältnisse zu schaffen, erfordert sowohl die Gabe der Überzeugung als auch jene der unparteilichen Selbstkritik; sie erfordert sowohl das Talent zu kluger ökonomischer Planung als auch ein standhaftes Festhalten an Gerechtigkeitsprinzipien. Aber faktisch sind all diese Temperamente sehr stark voneinander unterschieden, und der Typus der Kindheit, die Art der Ausbildung, die jedem zu seiner besten Entfaltung verhelfen würden, mögen ganz unterschiedlich sein. Ein vernünftiges politisches System verlangt eine Reihe unterschiedlicher Typen von Akteuren, jeder Typus mit distinkten Talenten und Fähigkeiten, die für verschiedene Tätigkeitsbereiche geeignet sind. Unterschiedliche Mentalitäten werden aber am besten entwickelt durch verschiedene Typen frühkindlicher Erziehung: Sie erfordern unterschiedliche Modelle, die zur Nachahmung reizen, unterschiedliche Spiele und Lesebücher. Und die unterschiedlichen Mentalitäten bringen unterschiedliche Neigungen, unterschiedliche Perspektiven ins gemeinschaftliche, soziale Leben, mit unterschiedlichen Prioritäten und Werten, und führen oft zu unterschiedlichen moralischen und politischen Perspektiven.

Wir können die Mannigfaltigkeit der in einer Gesellschaft notwendigen psychologischen Typen in unterschiedlicher Weise differenzieren: aufgrund ihrer Temperamente, ihrer praktischen

Orientierungen gemäß ihren Eigenarten, aufgrund ihrer kognitiven Stile, aufgrund der Ausrichtung ihrer unterschiedlichen, das Selbst definierenden Ideale, aufgrund ihrer motivationalen Strukturen. Platons Argumentation über die Verbindung von der natürlichen Klassifizierung psychischer Fähigkeiten und der politischen Arbeitsteilung kann für uns als Ausgangspunkt dienen, um die Mannigfaltigkeit psychischer und moralischer Temperamente zu charakterisieren. Jedes Gemeinwesen braucht Bürger, die auf die Ökonomie von Produktion und Handel orientiert sind. Es braucht Bürger, die primär auf die Fürsorge und Wohlfahrt ihrer Mitbürger als Erzieher verschiedener Art ausgerichtet sind. Ihre Fertigkeiten mögen beträchtlich variieren: einige – etwa die Ärzte – kümmern sich um die körperlichen Bedürfnisse; andere besitzen intellektuelle und praktische Fähigkeiten, aufgrund derer sie sich zu politischen Strategen und Managern eignen; wieder andere haben ein Interesse an Kindererziehung. Ein Gemeinwesen braucht Intellektuelle und Künstler, Bürger, die ganz darin aufgehen, die Welt um sie herum verstehen zu wollen, die sich dafür einsetzen, noch nicht realisierte Möglichkeiten durchzuspielen und in Erwägung zu ziehen. Es braucht jene, die fähig sind, ihre Mitbürger zu überzeugen; es braucht auch wachsame Beschützer von verschiedener Art, Beschützer gegen innere wie äußere Aggressionen. Wir können diese sozialen Funktionen und psychologischen Typen auf unterschiedliche Weise einteilen, gruppieren und beschreiben. Und die unterschiedlichen Gemeinwesen, jedes mit verschiedenen geopolitischen Bedürfnissen, profitieren in der Tat von der unterschiedlichen Gruppierung und Formulierung sozialer Funktionen, indem jeweils die Fähigkeiten und das Können seiner Bürger so entwickelt und miteinander vernetzt werden, daß sie seinen spezifischen Bedürfnissen am besten entsprechen. Dennoch erfordert – und produziert – jede dieser sozialen Funktionen – wie immer sie unterteilt oder gruppiert werden – eine besondere Orientierung und Mentalität, ein Bündel von Wahrnehmungs- und Begriffspräferenzen. Jede orientiert sich nach einem distinkten Typus von handlungsleitenden Werten, Prioritäten und Befriedigungen; jede hat einen distinkten Sinn für das, was wichtig ist und die allgemeinsten Ausrichtungen ihrer motivationalen Strukturen prägt. Im besten Fall, im besten aller Gemeinwesen, harmonieren diese vielfältigen Funktionen und unterstützen sich gegenseitig, zumindest werden die Beiträge der einzelnen gegenseitig anerkannt und respektiert. In jedem Fall repräsentiert keine dieser Funktionen und psychologischen Typen einen Idealtypus: Wir sind alle bis zu einem gewissen Grad Mischfälle. Die in der Produktion und im Handel Tätigen haben in der Regel ebenfalls ein konkurrenzorientiertes, wenn nicht gar streitlustiges Naturell; Künstler entwickeln nicht selten eine merkantile Mentalität; und zumindest einige Intellektuelle sind zugleich Lehrer und Erzieher. Jede gut funktionierende Person ist, wie Platon bemerkte, komplex organisiert, wie ein Gewebe aus verschiedenen psychischen Fäden. Dennoch offenbart die Konfiguration von Eigenschaften ein Muster von Dominanz und Spezialisierung.[10]

Obwohl moralische Akteure von unterschiedlichem Typus prinzipiell die gleichen Werte akzeptieren können, führen ihre Tätigkeiten und Neigungen zu unterschiedlichen handlungsleitenden Orientierungen. Obwohl sie im besten Fall hinsichtlich allgemeiner Prinzipien übereinstimmen, unterscheiden sich ihre unmittelbaren und kurzfristigen Prioritäten. In gewissem Sinn unterscheiden sie sich ethisch (das heißt, charakterologisch) und moralisch (das heißt, in ihren spezifischen sozialen Interaktionen). Etwas dramatisch ausgedrückt: es gibt verschiedene Personentypen. Wir können sogar sagen, verschiedene Arten, eine Person zu sein, mit verschiedenen Modi der Realisierung und Organisation allgemeiner Fähigkeiten, die für eine substantielle Moral als notwendig erachtet werden, jede mit einer unterschiedlichen phänomenologischen Wahrnehmung ihrer eigenen moralischen Identität.

Unter den günstigsten Umständen bestätigen die vielfältigen mo-

10 Platon entwarf eine Politik kontrollierter Eugenik, die der psychischen Spezialisierung dienen sollte. Abgesehen von der Kontrolle der absoluten Bevölkerungsgröße und der relativen Proportionen der verschiedenen Klassen, zielte die Politik darauf ab, Konflikte zu reduzieren, denen psychische Mischwesen mit unterschiedlichen Wertvorstellungen unterliegen. Während jeder psychische Typus ein Minimum all der anderen hat, sind auffallend konsistente Prioritäten und konfliktfreie Handlungen von der Dominanz einer psychischen Funktion abhängig. Nur die primär Vernünftigen – nur die Philosophen-Könige – sind in der Lage, die angemessene Balance zwischen Rationalität, Raffgier und Streitlust herzustellen. Diese Balance zu gewährleisten, ist vor allem Aufgabe des politischen Gemeinwesens und nicht so sehr Aufgabe der individuellen Selbstkontrolle. Ein Mischwesen ist tendenziell Irrtümern ausgesetzt, während die Meinungen einer dominant raffgierigen oder streitlustigen Person tendenziell verzerrt und einseitig sind.

ralischen Mentalitäten die Vorteile des moralischen Pluralismus; sie sehen ein, daß sie von ihren Differenzen profitieren. Eine moderne Gesellschaft kann als Palimpsest beschrieben werden, als Zusammensetzung einer Anzahl distinkter Pluralismus-Typen, die einander überlagern. Ich habe an anderer Stelle kulturelle, demographische, politische, psychologische, moralische und Interessen-Pluralismen unterschieden und dafür argumentiert, daß einem Gemeinwesen am besten dadurch gedient sei, wenn diese unabhängig voneinander gehalten würden, so daß Individuen und Gruppen kreuzweise klassifiziert sind und die Interessen jeder Gruppe unterschieden bleiben, ohne auf jene der anderen reduziert zu werden.[11] Der psychologische Pluralismus, den eine komplexe Gesellschaft erfordert, koinzidiert natürlich nicht mit dem kulturellen, demographischen oder politischen Pluralismus; auch kommt er nicht vollständig in den verschiedenen traditionellen Moralsystemen zum Ausdruck. Dennoch ist es für ein politisches System sehr nützlich, wenn dessen Bürger die Mentalität und Psychologie einer großen und konkurrierenden Anzahl von distinkten Moralsystemen repräsentieren.

Praktisches politisches Leben verlangt eine beträchtliche Vielfalt sowohl der Moralsysteme als auch der psychischen Orientierungen. Es verlangt eine aristotelische Figur, die nach Vollkommenheit strebt und Ehre und Wertschätzung nicht nach dem Kosten-Nutzen-Modell berechnet, einen *phronimos*, der immer schon von ehrenhaften, vernünftigen Zielen ausgeht, wenn er die endlos vielen Probleme löst, die das praktische Leben im einzelnen ausmachen. Und es bedarf des ironischen sokratischen Fragenstellers, der diese Basiswerte einem kontinuierlichen, zermürbenden Kreuzverhör unterzieht. Aber wir brauchen auch eine kantische Figur der Rechtschaffenheit, einen Universalisierer, unparteilich auf Gerechtigkeit ausgerichtet, den Gleichheitsprinzipien und der öffentlichen Legitimierung von Politik verpflichtet, einen Staatsbürger, der nicht auf Vollkommenheit oder Ehre aus ist, sondern auf Wahrheit, Verläßlichkeit und Standhaftigkeit, unabhängig vom sozialen Nutzen. Wir könnten außerdem nicht ohne einen eudaimonisch orientierten Sozialplaner auskommen, der darauf be-

11 Vgl. Amelie Rorty und David Wong, »Aspects of Identity and Agency«, in: Owen Flanagan und Amelie Rorty, *Identity, Character and Morality*, Cambridge: MIT Press 1990, und »Varieties of Pluralism in a Polyphonic Society«, in: *The Review of Metaphysics*, Herbst 1990.

steht, daß politische Richtlinien und Prinzipien durch ihren Beitrag zur Wohlfahrt zu rechtfertigen sind.

Moralisch verarmt wären wir ohne Humes zivil sensible Bürger, die zu genauer und wohlentwickelter empathischer Phantasie fähig sind. Komplexes gesellschaftliches Leben verlangt ein taktvolles Feingefühl der Manieren, die Fähigkeit, die Handlung ihrem jeweiligen Kontext entsprechend zu modulieren; es verlangt eine Begabung für die unzureichend gewürdigte stützende und tragende Parteilichkeit freundschaftlicher und verwandtschaftlicher Beziehungen.

Aber jeder Hume braucht einen Rousseau, um die soziale Korruption zu entlarven und auf der Notwendigkeit und dem Primat der Autonomie zu insistieren. Wir brauchen überschwengliche, respektlose Unruhestifter, die die Freiheit und Rechte des einzelnen betonen und die versteckten Interessen der traditionellen, konventionsbesessenen Moral aufdecken. Aber wir brauchen auch jene, die den romantischen Kult der Autonomie und die metaphysischen Grundlagen des Individualismus in Frage stellen, die die Bedeutung einer konsequenten wohlfahrtsorientierten Sozialpolitik hervorheben.

Die moralisch relevanten Kenntnisse und Fähigkeiten, die für die vielfältigen moralischen Werte von zentraler Bedeutung sind, sind relativ spezialisiert. Die idealen Akteure, die in den unterschiedlichen Moralsystemen konzeptualisiert werden, haben nicht nur verschiedene Prioritäten und Werte: sie unterscheiden sich auch in ihrer charakteristischen Geschicklichkeit und den Modi, durch die sie ihre Erfahrung organisieren, in ihrer Eigenart, Entscheidungen zu strukturieren. Takt im Sinne Humes ist nicht immer begleitet von der Genialität eines *phronimos*, und der gerechte Kantianer könnte sich als ein sehr kühler Freund erweisen. Einige betonen die Eigenschaften, die im Krieg glänzen; andere jene, die Frieden bewahren; einige orientieren sich nach den Sachkenntnissen, die eine wachsende Industriegesellschaft erfordert, andere messen den Eigenschaften Wert bei, die durch eine theokratische Gesellschaft gefördert werden. Selbst in der gleichen Kultur privilegieren Moralsysteme kontextbezogene Fähigkeiten: einige konzentrieren sich auf die in der Rechtsprechung erforderlichen Fähigkeiten, andere auf jene in einer vernünftigen Kindererziehung. Außer auf der allgemeinsten – und fast banalen – Ebene der Abstraktion würden diese idealen Akteure nicht die gleichen politischen Empfehlungen geben, etwa bezüglich der Relevanz von Kunst und öffentlichen Institutionen für die moralische Entwicklung; außerdem würden sie nicht für die Entwicklung der gleichen Charaktereigenschaften plädieren. Selbst wenn die wichtigsten traditionellen Theorien die Einsichten der rivalisierenden Theorien miteinander zu versöhnen trachten (wie z.B. Kant die Notwendigkeit der Entwicklung einer Reihe von bürgerlichen Mitleidstugenden anerkennt, oder wenn Neoutilitaristen argumentieren, es seien auch Tugenden zu entwickeln, die nicht dem Nutzenkalkül unterliegen), bleibt eine gewisse Spannung bestehen und sogar ein gegenseitiges Mißtrauen darüber, wo der primäre Fokus der Moral und moralischer Erziehung lokalisiert werden sollte.

In Wirklichkeit verfehlt jede dieser Theorien einige unserer elementaren moralischen Bedürfnisse, sobald sie das Feld allein beherrschen will und nicht in ein System von Kontrolle und Gegengewicht eingebettet ist. Wenn sie nicht durch eine gewisse Opposition modifiziert wird, besteht tatsächlich die Gefahr, daß sie gleichsam Amok läuft und die Tugend in die klassische tragische *hamartia*, in ein Laster, verkehrt. Ob wir es philosophisch oder politisch akzeptieren oder nicht: wir sind abhängig vom moralischen Pluralismus, von einer Vielfalt wohlausgebildeter, distinkter, komplementärer moralischer Mentalitäten. Moral ist nicht das Unternehmen einer singulären Person, die nun einmal notwendigerweise ein soziales Wesen ist. Vielmehr ist es das Unternehmen einer Gemeinschaft, die nun einmal notwendigerweise die Akteure prägt, die unabhängig voneinander handeln können und können sollten. Um wachsam und ehrlich, improvisationsfähig und gerecht zu bleiben, bedarf die Gemeinschaft einiger ziemlich rigider Falken der Gerechtigkeit, die moralische Haltungen, wie die Entrüstung, kultivieren, und einiger, die das zukünftige Wohl im Auge behalten und nur nach innen oder zurückschauen, wenn es der Zukunft dient. Gewiß, wir mögen befürchten, daß die praktische Polyphonie sich in eine chaotische Kakophonie verwandeln könnte. Welcher Typus innerhalb der Vielfalt betont werden sollte, variiert mit der Zeit und den Umständen. Diese Frage kann nicht durch Regeln und Prinzipien entschieden werden; sie bedarf der permanenten Verhandlung. Nichts von all dem impliziert Willkür oder Relativismus, also Formen, die durchaus angreifbar wären. Sind die historischen Bedingungen einmal spezifiziert, ergibt sich auch eine nichtrelativistische Diagnose der dominanten sozialen und politischen Probleme. Moralische Vielfalt ist kompatibel mit einem starken moralischen Realismus. Sie erlaubt es, daß unterschiedliche Probleme, die in spezifischen Situationen entstehen, auch unterschiedliche Lösungen haben. Die Lösungen differieren, aber ihre Differenz zuzulassen, ist objektiv fundiert. Obwohl sie kontextabhängig variiert, gibt es eine angemessene Balance und Machtverteilung unter den verschiedenen moralischen Mentalitäten. Aber es gibt kein singuläres *nostrum*, kein alleiniges Bündel von Regeln oder System von Institutionen, das das Chaos verhindern könnte. Die Therapien gegen die Unordnung eines radikalen Pluralismus sind immer lokal und partikulär – und, wie andere Therapien auch, sie sind nicht immer erfolgreich.

Larry Nucci und John Lee
Moral und personale Autonomie*

> »Ich mag keine Brokkoli. Und ich habe sie schon als kleines Kind nicht gemocht, als meine Mutter mich gezwungen hat, welche zu essen. Ich bin Präsident der Vereinigten Staaten, und ich werde keine Brokkoli mehr essen.«
> (George Bush auf einer Pressekonferenz im April 1990)

> »Autonomie ... stellt sich nur mit Gegenseitigkeit ein, wenn der wechselseitige Respekt stark genug ist, daß er das Individuum von innen heraus den Wunsch verspüren läßt, andere so zu behandeln, wie es selbst behandelt werden möchte.«
> (Jean Piaget)

Moral und personale Autonomie sind in den kognitivistischen Ansätzen zur moralischen Entwicklung unauflösbar miteinander verbunden worden. Sowohl für Piaget (1932) wie auch für Kohlberg (1969; 1976) erfordert die moralische Entwicklung die fortschreitende Ersetzung von Konvention und Autorität als Grundlagen für moralische Entscheidungsfindung durch die Konstruktion von autonom entwickelten Gerechtigkeitsprinzipien. Für Piaget (1932) ist dies eine explizit emanzipatorische Tätigkeit, die nicht nur eine Reihe von kognitiven Transformationen mit sich bringt, sondern auch eine Veränderung in den sozialen Beziehungen von einer des einseitigen Respekts für Autorität hin zu einer sozialen Perspektive, die auf gegenseitigem Respekt und Wechselseitigkeit beruht. In Piagets Theorie ist Moral also nicht einfach kraft ihrer intellektuellen Unabhängigkeit von gesellschaftlicher Konvention autonom, sondern sie ist vielmehr in tatsächlicher sozialer Autonomie verwurzelt, indem sie die Interaktionen von Individuen, die Rechte und persönliche Freiheit besitzen, regelt.

* »Morality and personal autonomy«, Originalbeitrag. Übersetzung: Barbara Reiter und Alexander Staudacher.

Ganz ähnlich enthält Kohlbergs (1969; 1976) Beschreibung der moralischen Entwicklung nicht nur die Annahme, daß Moral eine von Konventionen unabhängige intellektuelle Grundlage erfordert, sondern daß das Anstellen von moralischen Überlegungen als Gerechtigkeitsnormen nur Bedeutung hat in Verbindung mit einer Konzeption von Personen, die Rechte besitzen.
Trotz der Wichtigkeit, die der personalen Autonomie in diesen Ansätzen zur moralischen Entwicklung zugeschrieben wird, wurde bisher relativ wenig Aufmerksamkeit auf die kindliche Konzeption von persönlicher Freiheit verwandt. In diesem Kapitel stellen wir neue Untersuchungen sowie eine Theorie über die Entwicklung des kindlichen Verständnisses eines »persönlichen Bereichs«, d. h. von Verhaltensbereichen vor, die Kinder als in ihrer persönlichen Verfügung liegend ansehen (Nucci, 1977). Auf der Grundlage dieser Untersuchungen legen wir eine Darstellung der Entwicklung der Konzeption von persönlichen Rechten bei Kindern vor. Davon ausgehend werden wir die Beziehungen zwischen personaler Autonomie und der Fähigkeit zu interpersonalen moralischen Überlegungen und Handlungsweisen bei Kindern erneut betrachten. Unsere Diskussion ist zugegebenermaßen spekulativ, da die Datengrundlage, vor allem mit Blick auf den zweiten Teil, nicht vollständig ist.

Allgemeine Fragen der Theorie: Das Bereichsmodell sozialer Entwicklung

Der allgemeine theoretische Kontext für unsere Diskussion ist der sogenannte bereichsspezifische Ansatz in der sozio-kognitiven Entwicklung (Turiel u. Davidson, 1985; Turiel, Killen u. Helwig, 1987). Dieser Ansatz geht davon aus, daß die sozialen Vorstellungen von Kindern innerhalb von getrennten Begriffs- und Entwicklungssystemen konstruiert werden, die aus qualitativ unterschiedlichen Aspekten der sozialen Interaktionen des Kindes gebildet werden (Turiel, 1978). Diese Bereiche entsprechen dem, was Piaget (1985) als Teilsysteme im Rahmen des Gesamtbewußtseins bezeichnet. Jedes Teilsystem bildet eine intern äquilibrierte Struktur, die in bestimmten Kontexten mit anderen Systemen interagieren kann, was wiederum Äquilibration oder Koordination zwischen den Bereichen erfordert. Was das Bereichsmodell von

früheren strukturalistischen Beschreibungen der moralischen und sozialen Entwicklungen unterscheidet, ist der Versuch, soziale Begriffssysteme unabhängig von der bereichsübergreifenden Koordination zu identifizieren.
Bisher wurden drei Bereiche sozialen Wissens identifiziert. Der moralische (Vorstellungen von Gerechtigkeit, Schaden/Wohlfahrt und Rechte), der gesellschaftliche (eine Vorstellung von sozialer Organisation und sozialen Systemen) und der psychologische (eine Vorstellung intrapsychischer Prozesse, wie Emotionen, Motivationen und Intentionen, und psychologische Konstrukte wie das Selbst, die gebraucht werden, um die Handlungen von psychologischen Wesen zu beschreiben). Der Hauptakzent der Bereichsforschung lag auf der Entwicklung innerhalb der moralischen und der gesellschaftlichen Bereiche. Diese Forschung hat für die gegenwärtige Diskussion fruchtbare Ergebnisse geliefert, indem sie nachwies, daß Moral von gesellschaftlichen Konventionen begrifflich unabhängig ist. Noch zentraler für unser jetziges Anliegen sind jedoch neuere Arbeiten zum kindlichen Verständnis von Bereichen der persönlichen Vorrechte. Diese Untersuchungen zeigen, daß das kindliche Verständnis persönlicher Handlungsfreiräume durch zugrundeliegende Konzeptualisierungen innerhalb des *psychologischen* Bereichs strukturiert ist. Das bedeutet: Kindliche Konzeptionen von Verhaltensautonomie sind an zugrundeliegende Begriffe von Selbst und personaler Identität gebunden. Wir werden nach einem kurzen Forschungsbericht über die Unterscheidung zwischen Moral und gesellschaftlichen Konventionen diese Untersuchungen und ihre Implikationen für Überlegungen im moralischen Bereich überprüfen.

Moral, Konvention und autonome Moral

Ein Aspekt des gesellschaftlichen Bereichs ist das kindliche Verständnis von gesellschaftlichen Gepflogenheiten und Konventionen. *Soziale Konventionen* wie Kleiderordnung, Anredeformen, Geschlechterrollen, Manieren und Aspekte der Sexualmoral sind die arbiträren und vereinbarten einheitlichen Standards im sozialen Verhalten, die durch das soziale System determiniert sind, in dem sie formuliert werden. Durch anerkannten Gebrauch dienen diese Standards der Koordination von Interaktionen der Individuen innerhalb sozialer Systeme, indem sie sie mit einer Reihe von Erwartungen ausstatten, die das angemessene Verhalten betreffen. Umgekehrt dient die Matrix sozialer Konventionen und Gepflogenheiten als ein Element in der Strukturierung und Aufrechterhaltung der allgemeinen sozialen Ordnung. So werden die Urteile des Kindes über soziale Konvention von zugrundliegenden Konzeptionen der sozialen Organisation strukturiert.

Innerhalb des Bereichsmodells werden die Vorstellungen über Konvention von der Moral unterschieden, die sich auf Auffassungen von interpersonalem Verhalten, d. h. auf Fragen von Gerechtigkeit und menschlicher Wohlfahrt bezieht (Turiel, 1983). Im Gegensatz zu Konventionen sind moralische Überlegungen nicht arbiträr, sondern rühren von handlungsimmanenten Faktoren her: von Handlungskonsequenzen wie zum Beispiel Schaden für andere. Obwohl moralische Vorschriften (z. B. es ist falsch, anderen wehzutun) einen Aspekt der sozialen Organisation darstellen, sind sie – anders als etwa eine besondere Form sozialer oder religiöser Strukturen (Nucci, 1985; Turiel, 1983; Turiel, Nucci u. Smetana, 1988) – von Faktoren bestimmt, die sozialen Beziehungen inhärieren. Während also die kindlichen Auffassungen von Konvention durch zugrundliegende Begriffe der sozialen Organisation strukturiert werden, werden die kindlichen Auffassungen von Moral durch zugrundeliegende Konzeptionen von Gerechtigkeit strukturiert (Turiel, 1983).

Die Behauptung, daß Moral und Konvention getrennte Entwicklungssysteme seien, stellt eine unmittelbare Herausforderung für die Ansicht von Piaget und Kohlberg dar, daß erst auf den höheren Stufen moralischer Entwicklung Moral (Gerechtigkeit) von Konvention unterschieden und Konvention als die Basis für moralische Urteile verdrängt wird. Heute jedoch zeigen über 50 veröffentlichte Forschungsberichte, daß Moral und Konvention in einem sehr frühen Alter differenziert werden und unterschiedlichen Entwicklungsmustern folgen. Sorgfältige Besprechungen dieser Forschungsberichte finden sich bei Turiel, Killen u. Helwig (1987), und Helwig, Tisak u. Turiel (1990).

Während sich ein großer Teil dieser Forschung auf die mittlere Kindheit und die Pubertät konzentriert, berichten Studien mit Kindern, die erst zweieinhalb Jahre alt waren (Smetana u. Braeges, 1990), daß diese Versuchspersonen zwischen Fragen der Moral und sozialer Konvention unterscheiden. In Studien mit Kindern im Vorschulalter (Nucci u. Turiel, 1978; Nucci, Turiel u. Encarnacion-Gawrych, 1983; Siegal u. Story, 1985; Smetana, 1981, 1984) hat man herausgefunden, daß die Versuchspersonen moralische Überschreitungen (z. B. Schlagen und Verletzen, Stehlen) als falsch einstufen, gleichgültig, ob es entsprechende Regeln gibt oder nicht, während konventionelle Handlungen (Aufstehen während der Mahlzeit) nur dann als falsch angesehen werden, wenn sie einen bestehenden Standard verletzen. Interviews mit Vorschulkindern haben auch gezeigt, daß Individuen konventionelle Standards als veränderbar ansehen, wogegen moralische Vorschriften als universell und unveränderbar angesehen werden. Außerdem scheinen die Rechtfertigungen, die Kinder für solche Urteile parat haben, mit der moralischen oder konventionellen Natur der zur Diskussion stehenden Fragen übereinzustimmen. Das bedeutet: Kinder bewerten moralische Handlungen wie Schlagen aufgrund der direkten negativen Konsequenzen, die eine Verletzung anderer zur Folge hat, als falsch. Auf der anderen Seite bewerten Kinder Überschreitungen von sozialen Konventionen hinsichtlich ihres normativen Status, wie er durch die Anordnungen von Autoritäten, durch geltende Regeln oder den herrschenden sozialen Konsensus festgelegt worden ist.

Wie dieser kursorische Überblick nahelegt, ist die frühe begriffliche Entwicklung weit differenzierter, als dies früher gesehen wurde. Wie wir gesehen haben, werden nicht alle Regelverletzungen gleich behandelt; Bewertungen variieren je nach den spezifischen sozialen und moralischen Hinsichten der Übertretung. Zusätzlich zeigen die Untersuchungen, daß Vorschüler die Fähigkeit besitzen, Handlungen im moralischen Bereich unabhängig von der Meinung von Autoritäten kritisch zu bewerten. Somit scheint die Beziehung zwischen Erwachsenem und Kind komplexer als dies in den früheren entwicklungspsychologischen Darstellungen beschrieben wurde (Piaget, 1932), die die Beziehung als einseitig und heteronom dargestellt haben.

Die These einer Unabhängigkeit der Moralkonzeptionen von den Vorschriften von Autoritäten, wie sie in diesen Studien mit kleinen Kindern belegt worden ist, erhält zusätzliches Gewicht durch Forschungsergebnisse aus einer Serie von Studien, die die Moralkonzeptionen religiöser Kinder im Verhältnis zu Glaubensvorschriften und zum Wort Gottes untersucht (Nucci, 1982, 1985; Nucci u. Turiel, 1989). In diesen Studien wurden Kinder und

Tabelle 1: Prozentuale Verteilung der christlich-fundamentalistischen und jüdisch-orthodoxenKinder, die den Regeln eine unabänderliche (A), eine universelle (B) bzw. von Gottes Gebot unabhängige (C) Gültigkeit zuschreiben

	Religionszugehörigkeit und Geltungsmodus					
	jüdisch-orthodox			christlich-fundamentalistisch		
Regeltyp	A	B	C	A	B	C
nicht-moralisch						
Tag des Gottesdienstes	94	0	0	89	0	0
Arbeit am Sabbat	100	0	0	79	0	0
Beschneidung	83	6	6	69	0	0
Tragen der Kippah	67	6	6	63	0	0
Torahstudium für Frauen	44	0	0	27	0	0
interkonfessionelle Heirat	88	22	11	67	20	10
Vorschriften über koscheres Essen	94	6	6	55	0	0
vorehelicher Geschlechtsverkehr	82	59	29	77	23	12
moralisch						
Stehlen	94	89	100	94	88	94
Verletzen	89	94	100	88	94	94
Verleumden	84	89	100	88	81	88
Beschädigen fremden Eigentums	94	94	100	81	94	100

Jugendliche mit konservativem christlichem und jüdischem Hintergrund gebeten, eine Reihe von moralischen (Schlagen, Diebstahl, Verleumdung, Beschädigung persönlichen Eigentums) und nicht-moralischen (Arbeiten am Sabbat, Tragen von Kopfbedekkungen, Predigen von Frauen, Beschneidung, Geschlechtsverkehr vor der Ehe zwischen mündigen Erwachsenen) Handlungen zu bewerten: (1) ob die herrschenden religiösen Vorschriften veränderbar seien, (2) ob die Bewertung der Handlungen universelle Gültigkeit beanspruchen könne (d.h. auch für Personen außerhalb der Religionsgemeinschaft verbindlich wäre) und (3) ob es vom Wort Gottes abhänge, daß die jeweilige Handlung richtig oder falsch ist.

Die Resultate dieser Studien sind in Tabelle 1 zusammengefaßt. Was die Frage betrifft, ob die religiösen Autoritäten das Recht hätten, die verschiedenen in Frage stehenden Vorschriften abzuschaffen oder zu ändern, so kann man sowohl bei unseren christlichen als auch bei unseren jüdischen Versuchspersonen ein Widerstreben dagegen beobachten, diese nicht-moralischen (konventionellen) Regeln als vom Menschen veränderbar anzusehen. Etwa 67 Prozent der fundamentalistisch christlichen und 75 Prozent aller jüdischen Versuchspersonen fanden, daß solche Regeln nicht von den religiösen Autoritäten geändert werden dürften, und zwar in der Hauptsache deswegen, weil von diesen Regeln angenommen wurde, daß sie von Gott gegeben seien. Wie erwartet, gab die überwältigende Mehrheit jüdischer und christlicher Befragter (über 90 Prozent) an, daß diejenigen Regeln, die bestimmen, was moralische Überschreitungen sind, deshalb nicht geändert werden dürfen, weil die Handlungen Schaden für andere oder Ungerechtigkeit zur Folge haben.
Auf der anderen Seite universalisierte weniger als ein Drittel der fundamentalistischen Christen und sogar noch weniger der jüdischen Befragten nicht-moralische Regeln der eigenen Religion. Das heißt, etwa zwei Drittel der christlichen und über 90 Prozent der jüdischen Befragten hatten im Durchschnitt den Eindruck, daß es völlig in Ordnung sei, wenn Angehörige einer anderen Religion am Sabbat arbeiten, wenn ihre Religion solche Verhaltensweisen nicht regelt. Im Gegensatz dazu empfand die große Mehrheit unserer Versuchspersonen beiderlei religiösen Hintergrunds (90 Prozent), daß es falsch wäre, wenn Angehörige einer anderen Religion moralische Übertretungen begehen würden, gleichgültig, ob ihre Religion dieses Verhalten regelt oder nicht. Der Hauptgrund, den die Befragten dafür angaben, daß sie Handlungen wie Schlagen und Stehlen als universell schlecht ansehen, war, daß sie Schaden oder Ungerechtigkeit bei anderen zur Folge haben.
Unsere deutlichsten Befunde ergaben Antworten auf solche Fragen, die die Angemessenheit bestimmter gegebener Handlungen betrafen, für die Gott keine diesbezüglichen Regeln geschaffen hat. Praktisch alle Befragten beider Religionen fanden, daß es für Christen und Juden in Ordnung sei, sich auf nicht-moralische (konventionelle) Handlungen wie vorehelichen Geschlechtsverkehr und interkonfessionelle Ehen einzulassen, falls Gott keine

dieses Verhalten regelnde Anweisung gegeben hat. Auf der anderen Seite stellte die überwiegende Mehrheit der christlichen und jüdischen Kinder fest, daß es falsch sei, moralische Übertretungen wie Schlagen oder Stehlen zu begehen, egal ob Gott eine diesbezügliche Regel oder ein Gebot erlassen hat. Sowohl die christlichen als auch die jüdischen Kinder gaben als Gründe für ihre Antworten Gerechtigkeit und Gemeinwohl an. Daß solche Handlungen schädliche oder ungerechte Konsequenzen für andere mit sich bringen, war der Grund, den jedes Kind für diese Position angab.

Diese Studien belegen, daß christliche wie jüdische Kinder zwischen moralischen und nicht-moralischen religiösen Regeln unterscheiden. Darüber hinaus wird deutlich, daß Kinder moralische Regeln als universell verpflichtend unabhängig von religiösen Vorschriften, sogar von Geboten Gottes, behandeln.[1]

1 Dieses letztere Ergebnis wurde noch sorgfältiger überprüft durch eine Reihe von zusätzlichen Fragen, die sowohl unseren jüdischen Versuchspersonen als auch 64 calvinistisch-protestantischen Kindern zwischen zehn und 17 Jahren gestellt wurden. Wir fragten die Kinder, woher sie wissen, daß das, was Gott zu tun befiehlt, das Richtige ist, und ob Gottes Befehle etwas, das Kinder als moralische Übertretung betrachten, zum Beispiel jemanden anderen zu bestehlen, moralisch richtig machen können. Unsere Fragen sind inspiriert durch philosophische (Nielsen, 1973) und theologische (Ramsey, 1966; Bultman, 1966) Spekulationen über den sokratischen Dialog mit Eutyphron. Vereinfacht gesagt: Diese philosophischen und theologischen Argumente gehen davon aus, daß eine Person, um bewerten zu können, ob die Befehle Gottes moralisch sind, sich auf Kriterien des Guten berufen muß, die von Gottes Wort unabhängig sind.

Wir haben in unseren Studien herausgefunden (Nucci, 1985; Nucci u. Turiel, 1989), daß die Mehrheit der Kinder aller Altersgruppen und aus beiden religiösen Gemeinschaften den Gedanken ablehnte, daß der Befehl Gottes es richtig machen könnte, wenn eine Person stiehlt. Im Alter von zehn und zwölf Jahren sagten dies über 65 Prozent der Befragten, während im Alter von 14 und 16 Jahren über 80 Prozent derartige Antworten gaben. Ausnahmen dieser generellen Tendenz (diejenigen Kinder, die die Empfindung hatten, daß Gottes Befehl Stehlen richtig machen würde) spiegelten kindliche Versuche wider, Vorstellungen von Moral und Gottes Vollkommenheit mit Vorstellungen von Gottes Allwissenheit zu koordinieren. Diese Befragten halten an der Annahme fest, daß Gott gut sei und daß sein Befehl, zu stehlen, gute Intentionen widerspiegle und einen letztendlichen guten Ausgang garantiere. Da

Insgesamt liegt nun ein beträchtliches Datenmaterial vor, um die Behauptung zu untermauern, daß kindliche Moralkonzeptionen unabhängig von gesellschaftlichen Konventionen und Autoritätsdiktaten sind. Daraus schließen wir, daß die Konstruktion von Moral in der Form von Gerechtigkeitsbegriffen keine Phase der Heteronomie durchläuft.[2]

Was sollen wir dann aber mit Piagets Einsichten zu diesem Thema anfangen? Die Interpretation, die wir jetzt vertreten wollen, ist, daß der Begriff der Autonomie nur indirekt etwas mit Moral zu tun hat und daß seine Einwirkung auf moralisches Urteilen und Handeln durch Konzeptionen von persönlichen Rechten vermittelt ist. Während Moral sich mit der *Zuerkennung* von Rechten unter Personen befaßt, liegt die begriffliche und psychologische Quelle individueller Rechte anderswo. Reziproke moralische Strukturen erfordern, daß einem selbst gewährte Rechte und Sicherheiten auch für andere gelten, während persönliche Rechte und Freiheiten ihrem Wesen nach nicht aus moralischen Konzeptionen von Gerechtigkeit und Wohltätigkeit hervorgehen. Statt

Gott alles weiß, kann nur er einen Ausgang vorhersehen und begreifen, der einfach außerhalb des Fassungsvermögens eines zeitlichen Bewußtseins liegt. Insgesamt entdeckten wir durch diese Interviews, daß kindliche Moralvorstellungen nicht einfach durch Verweis auf Gehorsam gegenüber Gottes Wort erklärt werden können. Statt dessen versuchen Kinder, ihren Begriff von Gott mit dem in Einklang zu bringen, *wovon sie wissen, daß es moralisch richtig ist.*

2 In dieser Hinsicht stellen wir mit einigem Interesse fest, daß die Kohlberg-Gruppe in der jüngsten Reformulierung ihrer Theorie (Kohlberg, Levine u. Hewer, 1983) zu derselben Schlußfolgerung gekommen zu sein scheint. Sie haben den entwicklungsbedingten Status moralischer Autonomie und Heteronomie als Phasen A und B *innerhalb* von Stadien erneut konzeptualisiert, so daß die Individuen in der Entwicklung früher als auf der post-konventionellen Stufe den autonomem *Typ B* moralischen Denkens aufweisen können (Kohlberg, 1984; Colby u. Kohlberg, 1987). Das Attribut, das das Denken vom Typ B kennzeichnet, basiert auf Überlegungen von Gerechtigkeit und Fürsorge, während das Denken vom Typ A moralische Überlegungen Fragen der Konvention oder Autorität unterordnet (Tappan et al., 1987). Wir sehen darin die stillschweigende Anerkennung der Tatsache, daß die Kohlbergsche moralische Entwicklungssequenz in etwa den altersabhängigen Formen bereichsübergreifender Koordination entspricht, die in Kontexten vorkommen kann, die die Anwendung moralischer und konventioneller Begriffe erfordern.

dessen stellen solche Fragen den Inhalt eines begrifflichen Rahmens innerhalb des psychologischen Bereichs dar, den wir den *persönlichen* genannt haben (Nucci, 1977; 1981).

Der persönliche Bereich

Der persönliche Bereich bezieht sich auf die Menge von Handlungen, die das Individuum außerhalb des Gebietes der rechtfertigbaren sozialen Regulierung ansiedelt. Diese Handlungen umfassen den privaten Bereich von jemandes Leben, Handlungen, für die sich nicht die Frage nach »richtig« oder »falsch« stellt, sondern die Frage von Präferenz und Wahl. Beispiele des Persönlichen innerhalb der nordamerikanischen Kultur betreffen den Inhalt des eigenen Briefwechsels oder kreative Arbeiten, die eigenen Freizeitaktivitäten, die Wahl der Freunde und Handlungen, die sich auf den Zustand des eigenens Körpers beziehen (Nucci, 1981; Nucci u. Herman, 1982; Smetana, Bridgeman u. Turiel, 1983). Persönliche Angelegenheiten sind ihrem Wesen nach eine begrenzte Menge von Handlungen, für die gilt, daß sie in den individuellen Entscheidungsspielraum fallen. In anderen Worten, sie konstituieren Rechte im Sinne von Macht oder von Privilegien, auf die man Anspruch hat.

Wenn man eine Reihe von Handlungen als persönlich charakterisiert, heißt das implizit, den Handelnden als autonomes Individuum anzusehen. Psychologische Theoretiker verschiedener Richtungen haben den Zusammenhang von personaler Autonomie und Individuation schon lange erkannt (Baldwin, 1897, 1906; Damon u. Hart, 1988; Erikson, 1963, 1968; Kohut, 1978; Mahler, 1979; Selman, 1980). Neu ist aber die Erkenntnis, daß auch psychologische Theorien von Kindern ein gewisses Maß an Verständnis für die Beziehung zwischen Individuation und Selbstaufbau einschließen. Wie Damon und Hart in ihrer Literaturübersicht über Selbstkonzepte bei Kindern hervorheben, verstehen Kinder ihr Selbst von einem sehr frühen Zeitpunkt an im Sinne von Unverwechselbarkeit. William James (1899) spricht vom Bewußtsein des »Ich« (»I«) als demjenigen Aspekt des Selbst, der Erfahrung als reflektierendes Bewußtsein des eigenen Handlungsvermögens (agency), der eigenen Kontinuität und Verschiedenheit organisiert und interpretiert. In den Forschungen, die über kindliche Persönlichkeitskonzepte durchgeführt wurden, haben wir gefunden, daß die Auffassungen des Kindes über persönliche Angelegenheiten von zugrundeliegenden Konzeptionen des Selbst und psychologischer Integrität strukturiert werden. Im besonderen sind Auffassungen vom Persönlichen die erforderliche Bedingung für das Jamessche »Ich«.

Unsere Verbindung des Konzepts persönlicher Angelegenheiten mit Rechtsansprüchen stimmt mit denjenigen philosophischen Ansätzen überein, die den Begriff des Rechts auf der Etablierung und Behauptung von persönlicher Handlungsfähigkeit gründen (Dworkin, 1977; Gewirth, 1978, 1982). Zum Beispiel argumentiert Gewirth (1978), daß »Handelnde ihre Freiheit oder Willensfreiheit als notwendiges Gut einschätzen, solange die Möglichkeit zu absichtsvollen Handlungen besteht – das bedeutet, zu Handlungen, die wenigstens jene Zwecke erfüllen und behaupten können, die für die Beibehaltung der Handlungsfähigkeit erforderlich sind (S. 53) ... da der Handelnde Freiheit und Wohlergehen als notwendige Güter betrachtet, die die Grundbedingungen seines erfolgreichen Handelns konstituieren, muß er logischerweise auch behaupten, daß er ein Recht auf diese Grundbedingungen besitzt, und implizit erhebt er einen entsprechenden Rechtsanspruch darauf« (S. 63).

Das Konzept vom persönlichen Bereich ist derjenige Aspekt des psychologischen Bereichs, der »Freiheit« als notwendiges Gut für die Behauptung von Handlungsfähigkeit und Unverwechselbarkeit identifiziert. Der Inhalt des persönlichen Bereichs ist der Inhalt der vom Individuum identifizierten Freiheiten. Das Konzept von »Rechten« formt diese notwendigen persönlichen Freiheiten um in moralische (deontische) Verpflichtungen, die wechselseitig geteilt werden. Wir argumentieren also nicht dafür, daß der spezifische Inhalt von Rechten universal sei, sondern daß der Ursprung der Rechtsansprüche – der psychologische Bedarf von Handlungsvermögen und Unverwechselbarkeit – universal und kulturübergreifend ist. Insofern stimmen wir teilweise mit Sozialtheoretikern wie Shweder (Shweder, Mahapatra u. Miller, 1987) überein, die sagen, daß kulturspezifische Unterschiede in der Moral weitgehend aus der sozialen Konstruktion von Grenzen stammen, die den persönlichen Bereich einengen bzw. kollektiv abzugrenzen suchen.

Altersabhängige Veränderungen im Konzept persönlicher Angelegenheiten

Entwicklungsbedingte Veränderungen in den Auffassungen vom Persönlichem bei Kindern und Jugendlichen hat man durch halbstrukturierte Interviews entdeckt, in denen Handlungen, die zuvor von den Befragten als persönlich identifiziert worden waren, in hypothetischen Szenarios als mit sozialen Normen oder Autoritäten im Konflikt stehend beschrieben wurden. Im Brennpunkt der Interviewfragen stand, weshalb die Handlungen als persönliche Angelegenheiten betrachtet werden sollten und warum es wichtig ist, daß die Handelnden, die in den Szenarios porträtiert werden, in der Lage sind, ihre Handlungen zu lenken. Die Analysen der Antworten der Versuchspersonen ließen fünf Stufen des Verständnisses vom Persönlichen erkennen. Diese Stufen sind an anderem Ort ausführlicher beschrieben worden (Nucci, 1977); dort finden sich auch detailliertere Beispiele aus den Antworten der Befragten. Diese Stufen zeigen, daß das Verständnis des Individuums von persönlichen Angelegenheiten in Beziehung steht zu zugrundeliegenden Konzeptionen vom Selbst und von der Person. Auf jeder Stufe konzentrieren sich die Befragten auf die Bedeutung, die die Kontrolle über persönliche Angelegenheiten für die Etablierung und Behauptung des Selbst und der personalen Autonomie besitzt. Eine Synopse dieser fünf Stufen findet sich in der Übersicht am Ende dieses Beitrags. Wie daraus ersichtlich ist, folgen die Urteile über persönliche Fragen eng dem Muster struktureller Veränderungen in den Konzeptionen des Selbst, wie sie in anderen Veröffentlichungen dargestellt werden (Brouhgton, 1978; Damon u. Hart, 1988; Selman 1980). Auf der ersten Stufe ist das Nachdenken über persönliche Fragen strukturiert von Belangen der Etablierung konkreter Unterschiede zwischen dem Selbst und anderen. Alle Aspekte des Persönlichen, selbst so punktuelle wie momentanes Alleinsein, fallen unter greifbare Kategorien wie Besitz, Zugang und Kontrolle. Der persönliche Bereich ist sowohl ein beobachtbarer Corpus als auch ein ebenso konkretes Areal von Dingen und Aktivitäten, die zu der Person gehören und somit im Bereich der Person liegen. Umgekehrt wird persönliche Identität durch die Ausübung von Kontrolle über das behauptet, was mein (persönlich) ist. Diese Denkweise zeigt sich in den Antworten eines Siebenjährigen, der die

Vorstellung, daß die Ortsbehörde die Freizeitaktivitäten nach der Schule regeln sollte, ablehnte.

Frage Warum sollten sie nicht das Sagen über die Freizeitgruppe haben? *Antwort* Weil sie alle Kinder zwingen, dorthin zu gehen. Ich möchte tun, was ich tun will, und nicht, was andere Leute mir sagen. *Frage* Warum siehst du das so? *Antwort* Weil es mein Leben ist, und es gibt mir das Gefühl, daß ich mich um mich kümmere, und sie kümmern sich um sich. *Frage* Ist das wichtig? *Antwort* Na klar. Dann weißt du, wer du bist.

Das Interesse am Selbst auf der ersten Stufe ist nicht einfach ein selbstsüchtiger Mangel an Interesse für andere. Statt dessen spiegelt es ein konkretes Verständnis der Kontrolle über persönliche Angelegenheiten als einem Mittel der Individuation wider. Auf der nächsten Stufe wird die Unterscheidung Selbst-Andere ausgearbeitet, indem die stilistischen Charakteristika des Kindes oder seine »Persönlichkeit«, wie sie sich in typischen Verhaltensweisen einer Person zeigt, und die relative Kompetenz in das Selbstbild integriert werden. Innerhalb dieser sich entwickelnden Psychologie wird die soziale Gruppe nicht nur als vom Selbst unterschieden gesehen, sondern sie ist auch kontextuelle Grundlage für die qualitative Selbstdefinition (Ruble et al., 1980; Selman, 1980). Selbst ist nicht einfach, was du tust, sondern auch, wie gut du es im Vergleich zu anderen tust (Nicholls u. Miller, 1984). Die Betonung der qualitativen Unterschiede zwischen Menschen und die Einsicht, daß Differenzen ein sozialer Wert beigemessen wird, führt zur Entstehung eines Interesses am Schutz des Selbst vor negativen sozialen Urteilen und an der Freiheit, das zu tun, was das Kind als wichtig ansieht für die Entwicklung seiner unverwechselbaren Konfiguration von Kompetenzbereichen. Die Suche nach Unverwechselbarkeit, verbunden mit einem Bewußtsein dafür, daß es ein Publikum gibt, verleiht auf der zweiten Stufe einem *Recht* auf Privatsphäre als einem Mittel, Peinlichkeiten zu vermeiden, neue Relevanz.
Auf der dritten Stufe in der frühen Pubertät werden diese Begriffe von persönlicher Kontrolle und Intimität bewußt mit der eigenen inneren Vorstellungswelt anstatt einfach mit dem eigenen Verhalten oder körperlichen Eigenschaften verbunden. Die Ausübung von Kontrolle über die persönliche Sphäre dient dazu, eine Reihe von eigenständigen Meinungen, Präferenzen und Werten zu etablieren und aufrechterhalten, die die Person zu einem unverwech-

selbaren Individuum machen. Diese Wende von Verhaltensweisen zu Ideen definiert sich jedoch immer noch in Reaktion auf die Bezugsgruppe. Von dieser dritten Stufe aus gesehen enthält der Verlust der Kontrolle über den persönlichen Bereich das Risiko, von der Gruppe geschluckt zu werden; man kann die eigenen Ansichten ändern und schließlich alle unterscheidenden psychologischen Charakteristika verlieren. Der folgende Auszug aus den Antworten einer 13jährigen Versuchsperson gibt ein anschauliches Beispiel.

Frage Sollte Dana (die Hauptfigur) dem Bezirksrecht folgen und sich einer der Freizeitgruppen anschließen? *Antwort* Sie sollte nach der Schule weiterhin tun, was sie möchte. *Frage* Warum? *Antwort* Sie tut niemandem weh, und abgesehen davon sollte man nicht völlig verplant sein. Eine Person sollte eine Auswahl von Möglichkeiten haben. *Frage* Warum braucht eine Person Möglichkeiten? *Antwort* Naja, weil die Leute Individuen sind; nicht jeder mag das gleiche wie andere Leute. Ein Individuum zu sein bedeutet, man selbst zu sein – nicht wie jeder andere zu sein –, anders zu sein, deine eigenen Ideen und Meinungen über die Dinge zu haben und nicht mit der Menge mitzuschwimmen. *Frage* Was hat das damit zu tun, was du nach der Schule machen willst? *Antwort* Es ist eine individuelle Angelegenheit. Eine persönliche Sache. Du solltest machen können, was du selbst tun willst, nicht was jeder andere macht. Sonst hast du ziemlich bald keinen eigenen Kopf mehr. Du bist wie jeder andere. Du bist nicht du selbst.

Das herausragendste Moment des Denkens auf der dritten Stufe ist die Interpretation von Ereignissen innerhalb des persönlichen Bereichs als Ausdruck oder Behauptung von Unterscheidungen zwischen Selbst und Gruppe aufgrund eigener Ideen oder Werte. Allerdings zeigt diese Perspektive eine oberflächliche Sicht von Bewußtsein. Der Individualismus der dritten Stufe ist eher reaktiv als subjektiv, er hängt eher von dem Kontrast zwischen den persönlichen Gedanken und denen anderer ab als von einer gründlichen Auslotung des Selbst als solchem. Es ist dieser reaktive Aspekt, der vor allem in der leidenschaftlichen Betroffenheit des jungen Heranwachsenden über die Vereinnahmung durch die Gruppe und in dem Bedürfnis, die eigenen Freiheiten innerhalb des persönlichen Bereichs zu beschützen, zum Vorschein kommt.

Auf Stufe vier wird die Ausübung von Freiheit innerhalb des persönlichen Bereichs für die Koordination des Selbstsystems als wesentlich angesehen; man beginnt das wahre Selbst zu erkennen und realisiert die eigenen Fähigkeiten. Anders als die dritte Stufe definiert diese Denkform das Anliegen der personalen Autonomie nicht allein als Abgrenzung von der Gruppe, sondern stellt statt dessen das Bewußtsein als etwas heraus, das Tiefe hat. Wie Broughton (1978) beschrieben hat, sehen Jugendliche auf dieser Stufe das Zentrum des Bewußtseins als den inneren Kern an, um das man das Selbstsystem herumbaut. So sehen Jugendliche auf der vierten Stufe Entscheidungen innerhalb der persönlichen Sphäre als ein Mittel an, die eigenen Handlungen mit dem »wahren Selbst« oder Kern zu koordinieren, und als einen Mechanismus, mit dem man unterschiedliche Aspekte des Selbstsystems erproben und kennenlernen kann. Die folgenden Antworten sollen das illustrieren. Der erste Auszug stammt aus einem Interview mit einer 19jährigen Versuchsperson, die ein Szenario betrachtet, in dem ein Junge die Schulordnung durch lange Haare herausfordert.

Frage Findest du, er sollte sein Haar so lassen, wie es ist, oder denkst du, er sollte zum Frisör gehen? *Antwort* Er sollte es so lassen. *Frage* Warum? *Antwort* Das ist die Art, wie er denkt, und die Art, wie er sich verhält, und die Art, wie er sein will, und die Art, wie er von anderen gesehen werden möchte, und die Art, wie er sich selbst sieht. Ich findet, du solltest eine ganze Person sein können und dein Äußeres so aussehen lassen wie dein Inneres. Und außerdem können die Leute nicht entscheiden, wie dein Inneres aussieht. Der einzige, der das entscheiden kann, bist du. Es scheint doch, daß die zusammenstimmen sollten, und das wäre der Grund dafür, daß die Leute über ihr eigenes Aussehen selbst entscheiden sollten.

Der folgende Auszug stammt aus einem Interview mit einem 16jährigen Befragten, der ein Szenario betrachtet, in dem Clubmitglieder aufgefordert werden, den Inhalt ihrer Briefwechsel mitzuteilen.

Frage Sollte Jonathan (die Hauptfigur) den Clubregeln folgen und sie seine Post lesen lassen, oder sollte er sie für sich behalten? *Antwort* Gut, wenn das die Clubregel ist, muß er es wohl tun. Aber wenn ich er wäre, würde ich es nicht tun. *Frage* Warum nicht? *Antwort* Nun, es überschreitet die Grenzen, die für den Bestand einer Gruppe, eines Clubs notwendig sind. Es ist nur das Bedürfnis, die Grenzen zu überschreiten und in persönliche Angelegenheiten einzudringen. *Frage* Ist es wichtig, die Briefe und Anrufe privat zu halten? *Antwort* Ja, es ist ein Angriff auf dich, auf dich als Person. Du verlierst einen Teil von dir selbst. Das untergräbt dich.

Frage Warum sollte eine Person etwas aus einem Brief geheimhalten wollen, wenn es nicht peinlich oder belastend ist? *Antwort* Es ist einfach wichtig an sich. Es geht sogar noch einen Schritt weiter als in der Lage zu sein, dein Haar wachsen zu lassen, wie du möchtest. Ich denke, die eigenen Gedanken sind so dicht am Kern des Selbst dran, wie man überhaupt kommen kann. Und dann deine körperlichen Freiheiten, wie lange du dein Haar wachsen läßt, es ist einfach so eine Art, dich selber aufzubauen. Sie helfen auf der Außenseite dazu, zum Kern deiner Gedanken und persönlichen Vorstellungen beizutragen.

Auf der fünften Stufe wird die Grundlage des Selbstsystems wirklich subjektiv. Der Begriff vom Selbst als etwas, das eingekapselt und beschrieben werden kann, ist ersetzt worden durch Konzeptionen vom Selbst als einem vielschichtig sich entwickelnden Produkt der eigenen Entscheidung innerhalb des persönlichen Bereichs. Wie ein 20jähriger es ausdrückt: »Ich denke nicht daß du wirklich jemals ein wahres Selbst hast. Es ist einfach etwas, das du immer vor dir aufstellst. Du machst dich selbst, wenn du einfach hingehst und entscheidest, jene Dinge zu tun, die zusammenpassen mit dem, was du zu dem Zeitpunkt glaubst zu sein oder werden möchtest.« Wenn dieser Gedanke in Form von Kontrolle über die eigenen persönlichen Aktivitäten ausgedrückt wird, so sieht dies etwa so aus wie in dem folgenden Zitat aus einem Interview mit einer 19jährigen Befragten.

Frage Sollte sie dem Bezirksrecht folgen und sich der Freizeitgruppe anschließen oder fortfahren mit dem, was sie tut? *Antwort* Sie sollte tun, was sie tun möchte ... es sollte ihre Zeit sein. Jeder braucht ein paar Dinge, ein paar Aktivitäten, die nur für ihn da sind. Ich finde, wenn du in der Lage bist, zu tun, was du tun möchtest, dann bringst du irgendwie hervor, was du bist, statt daß andere es für dich hervorbringen.

Soziale Interaktion und der persönliche Bereich

Unsere bisherige Analyse belegt, daß Kinder eine Klasse von Handlungen als persönliche auffassen. In einigen unserer laufenden Untersuchungen finden wir, daß Kinder schon im Alter von drei Jahren begriffliche Unterscheidungen zwischen persönlichen Fragen und solchen, die eine Sache der Konvention oder interpersonalen Moral darstellen, machen können (Nucci u. Weber, 1991).

An diesem Punkt wollen wir uns kurz den sozialen und erfahrungsbedingten Ursprüngen des Konzepts persönlicher Angelegenheiten zuwenden. Seinem Wesen nach liegt das Persönliche auf der Grenze zwischen Individuum und Gesellschaft. Während heute allgemein anerkannt wird, daß das Selbst sozial konstruiert wird (Damon u. Hart, 1988), ist es weniger klar, daß das Selbst gesellschaftlich determiniert ist. Im Gegensatz zu einigen sozialen Konstruktivisten (Shweder u. Bourne, 1984) impliziert für uns die Etablierung persönlicher Grenzen durch das Kind einen Prozeß des Verhandelns mit der Gesellschaft und ihren Agenten und ist nicht bloße (individuelle) Rekonstruktion impliziter und expliziter sozialer Botschaften, die die Parameter des Persönlichen definieren. Um Licht auf diese Frage zu werfen, ist kulturüberschreitende Forschung aus verschiedenen Perspektiven erforderlich. Augenblicklich können wir nur über sehr vorläufige Ergebnisse berichten, die das Muster der Eltern-Kind-Interaktion unter Angehörigen der US-amerikanischen Mittelschicht zum Gegenstand haben.

In einer laufenden Studie (Nucci u. Weber, 1991) untersuchen wir die häuslichen Interaktionen von 20 Mutter-Kind-Paaren mit Kindern im Alter von drei bis fünf Jahren. Die Erziehungsstile der Mütter, fallen unter das, was Baumrind als autoritativen elterlichen Stil beschrieben hat. Die Mütter haben eine Reihe von fest etablierten Verhaltenserwartungen, zeigen aber Flexibilität bei der Durchsetzung von Disziplin. Jede Familie wird drei Tage lang täglich bei drei Aktivitätsperioden im Verlauf des Tages beobachtet. Zusätzlich machen die Mütter Bandaufnahmen von den Interaktionen mit ihren Kindern während des Badens und während des Zubettbringens.

Im Auswerten erfahrene Mitarbeiter klassifizieren die transskribierten Interaktionsfolgen je nach dem, ob sie persönliche, konventionelle, moralische Ereignisse oder Mischtypen enthalten. Diese Interaktionsfolgen werden dann nach typischen Verhaltensmustern codiert. Vorläufige Analysen dieser Sequenzen haben unterschiedliche Interaktionsmuster für moralische, konventionelle und persönliche Ereignisse gezeigt. Wie in vorangegangenen Veröffentlichungen berichtet (Smetana, 1989), konzentrieren sich Interaktionen im Kontext moralischer Ereignisse auf die direkten Auswirkungen der Handlungen. Die Mütter vermitteln den Kindern, daß die Handlung Schaden oder Ungerechtigkeit verursacht hat. Zum Beispiel versuchte ein älteres Kind in einer beobachteten Sequenz ein jüngeres Geschwister wegzusetzen und hob es daher hoch. Das jüngere Kind reagierte mit Kratzen. Worauf die Mutter mit dem Ausruf antwortete: »Nicht kratzen! Das tut weh!« Interaktionen im Kontext konventioneller Ereignisse dagegen konzentrieren sich auf Aspekte der sozialen Ordnung. Die Mütter reagieren auf solche Ereignisse mit Befehlen, sie vermitteln Regeln, sie zeigen, daß die Handlung Unordnung verursacht, oder sie geben kontextbezogene Informationen (daß die Handlung in dem einen sozialen Zusammenhang zwar durchaus angemessen ist, in einem anderen aber nicht). Das wird im folgenden Beispiel deutlich, in dem Kinder bei Tisch unartig werden.

Mutter Okay, laßt uns jetzt mal einfach den Lärmpegel senken. (Die Kinder machen weiter.) Es ist zu laut, bitte. JP, ich habe dich um etwas gebeten. Du kannst draußen laut sein, aber nicht hier. (Die Kinder fangen an, leise zu essen.)

Im Gegensatz sowohl zu den moralischen als auch zu den konventionellen Ereignissen, bei denen die Mutter Folgsamkeit erwartete und auch erhielt, vermitteln Ereignisse, die das Persönliche betreffen, einen anderen Ton. Solche Ereignisse nahmen zweierlei Formen an. In der einen Form vermittelte die Mutter die klare soziale Botschaft, daß die in Frage stehende Handlung eine Wahlmöglichkeit eröffnet. Diese Form der Interaktion wird durch das folgende Ereignis illustriert.

Mutter Du mußt dich entscheiden, was du heute in die Schule anziehen willst. *Kind* (macht die Schublade auf) Hosen. Hosen. Hosen. *Mutter* Hast du dich entschieden, was du heute anziehen willst? *Kind* Ich ziehe diese an. *Mutter* Eine gute Wahl. Wie möchtest du dein Haar heute haben? *Kind* Offen. (Das Kind steht am Bett, und die Mutter kämmt sorgfältig sein Haar.)

Der Typ von Interaktion, der im vorangegangenen Beispiel beschrieben wurde, erfüllt genau, was Shweder et al. (1987) stillschweigende Kommunikation nennen würden. Die Mutter vermittelt die Vorstellung, daß das Anziehen Momente persönlicher Wahl enthält. Das Kind könnte entsprechend folgern, daß solches Verhalten persönlich ist. Tatsächlich scheint die Kultur durch diese Mutter die Norm zu vermitteln, daß Kleidung etwas Individuelles sein kann. Während wir solche kulturellen Botschaften anerkennen, zögern wir zu folgern, daß die Rolle des Kindes auf eine bloße Rekapitulation der Gesellschaft beschränkt ist. Das zweite allgemeine Interaktionsmuster im Kontext von als persönlich eingestuften Ereignissen ist durch den Widerstand des Kindes, und die daraus entstehenden Verhandlungen und den Kompromiß mit dem Erwachsenen gekennzeichnet.

Mutter ... Evan, heute ist dein letzter Kindergartentag. Warum trägst du nicht dein Kindergarten-Sweatshirt? *Kind* Ich möchte das nicht anziehen. *Mutter* Heute ist der letzte Tag des Kindergartens, und deswegen ziehen wir es an. Möchtest du dieses hier anziehen? *Kind* Ein anderes. *Mutter* Holst du es oder soll ich? *Kind* Ich hole es. Zuerst muß ich ein Hemd haben. *Mutter* (geht zur Schublade des Kindes und holt Hemden heraus) Dieses hier? Oder dieses? Weißt du, welches du willst? Du mußt dich entscheiden, weil wir heute mit der Fahrgemeinschaft dran sind. Hier, das ist ein neues. *Kind* Nein, es ist zu groß. *Mutter* Oh, Evan, zieh einfach eins an, und wenn wir nach Hause kommen, kannst du dir heraussuchen, was du willst, und ich werde dir nicht mal dabei helfen. (Kind zieht sich ein Hemd an.)

In diesem Fall sehen wir einen Konflikt zwischen einer Kleiderkonvention (ein besonderes Hemd am letzten Kindergartentag tragen) und der Ansicht des Kindes, daß Kleidung eine Frage der persönlichen Wahl darstellt. Die Mutter versucht in der Szene zu verhandeln, schließlich bietet sie dem Kind freie Auswahl, sobald die Schule vorüber ist. Bei Ereignissen dieser Art ging es meistens um Streitfragen über Kleidung oder Freizeitaktivitäten, wobei die Interpretation des Kindes, daß dies persönliche Fragen seien, mit der Ansicht des Erwachsenen konfligierte, der dasselbe Ereignis als konventionell ansah oder fand, daß es sich um eine Frage der Vernunft oder der praktischen Anwendbarkeit handle. Die Konflikttypen, die wir beobachtet haben, sind in vielen Punkten den Problemen ähnlich, die jugendliche Versuchspersonen als Quelle von Konflikten zwischen sich und ihren Eltern identifiziert haben (Smetana, 1989). Hier ist wichtig, daß die Etablierung eines Handlungsspielraums Autoritäten in Frage stellt, sofern die Kinder Handlungsfreiheit innerhalb ihrer persönlichen Sphäre beanspruchen. Wenn solche Ansprüche gültig sind, erlegen sie anderen die moralische Beschränkung auf, solche Handlungen als *Rechte* zu respektieren. Im Gegenzug erlegen solche Rechtsansprüche der Person moralische Verpflichtungen auf, denselben Anspruch auch zu akzeptieren, wenn er von anderen erhoben wird. In dieser Formulierung können wir Piagets Äußerungen über Moral und

Autonomie verstehen, und an diesem Punkt können wir jetzt auch zurückkehren zu der Betrachtung des Verhältnisses zwischen dem persönlichen und dem moralischen Bereich.

Moral und personale Autonomie im Zusammenhang

Unsere Analyse leitet sich aus der Erkenntnis her, daß das soziale Verstehen des Individuums innerhalb von Teilsystemen konstruiert wird. Diese Bereiche sind nach Turiel (Turiel u. Davidson, 1985) dynamische und interaktive Piagetsche Systeme psychologischer Äquilibration und nicht statische, informationsverarbeitende Schablonen. Also können Veränderungen in dem einen System Auswirkungen haben auf die Art, wie Fragen in anderen Systemen behandelt oder verstanden werden. Unsere Argumente, die die Beziehungen zwischen personaler Autonomie und Moral betreffen, basieren auf Annahmen über die Arten und Weisen, auf die Systeme des sozialen Verstehens interagieren und sich im Verlauf der individuellen Entwicklung gegenseitig beeinflussen können. Wir werden nun mit einer detaillierteren Analyse dieser These beginnen, indem wir die grundlegenden Formen der Interaktion zwischen Bereichen untersuchen, von denen wir annehmen, daß sie die Folge von Versuchen sind, Konzeptionen persönlicher Angelegenheiten mit Konzepten gesellschaftlicher und moralischer Regulierung zu koordinieren. Die angenommenen Bereichsinteraktionen wurden aus heuristischen Gründen paarweise präsentiert. Dennoch sollte klar sein, daß nach unserem Dafürhalten diese dyadischen Interaktionen nicht nur auf einander einwirken, sondern auch potentiell mit anderen Begriffssystemen (z. B. metaphysischen) interagieren.

1. Persönlich vs. moralisch: Fragen der persönlichen Freiheit in Beziehung zu interpersonalen Rechten und moralischen Verpflichtungen. Wie wir bereits festgestellt haben, konzentrieren sich Konzeptionen innerhalb des persönlichen Bereichs auf die psychologische Funktion der persönlichen Freiheit, um Unverwechselbarkeit zu etablieren und eine Form von Handlungsfähigkeit zu behaupten, die beide wesentlich sind für ein Verständnis von Selbst und personaler Identität. Wir haben außerdem dafür argumentiert, daß dieser begriffliche Rahmen den Unterbau für individuelle Vorstellungen von menschlichen Rechten darstellt, indem Freiheit als unabdingbares Gut identifiziert wird. Das bedeutet gleichwohl nicht, daß ein Anspruch auf persönliche Freiheit an und für sich schon eine moralische Konzeptualisierung von »Rechten« konstituiert. Die Funktion der Konzeption eines persönlichen Bereichs für die Moral liegt darin, die Basis zur Verfügung zu stellen (d. i. die psychologische Notwendigkeit einer persönlichen Sphäre dafür zu liefern), um die moralischen Konzeptionen von Gerechtigkeit und Wohltätigkeit so zu erweitern, daß sie eine moralische Konzeption von Rechten enthalten. Anders ausgedrückt dient die Entwicklung von Auffassungen vom Persönlichen mehr noch als sie strukturell zu determinieren, dazu, die Konstruktion moralischer Rechtskonzeptionen inhaltlich zu füllen. Während wir also nicht erwarten würden, daß eine enge strukturelle Beziehung oder eine Beziehung der Aufeinanderfolge zwischen diesen begrifflichen Systemen besteht, gehen wir doch davon aus, daß entwicklungsbedingte Veränderungen in den Auffassungen vom Persönlichen strukturelle Veränderungen im moralischen Verständnis beeinflussen. Als Folge davon rechnen wir damit, daß Brüche in der Entwicklung des Konzepts persönlicher Angelegenheiten, die entweder durch die Unterdrückung von Gelegenheiten, dem grundlegenden psychologischen Bedürfnis nach persönlicher Wahl zu entsprechen, oder durch das pathologische Fehlen von für die Etablierung personaler Grenzen erforderlichen sozialen Zwängen auftreten könnten, wichtige Konsequenzen für den Verlauf der moralischen Entwicklung haben.

Wie wiederholt gezeigt wurde, legen sehr kleine Kinder differenzierte Vorstellungen von Moral an den Tag, die auf objektiven, universalistischen und kategorischen Kriterien beruhen. Diese frühkindlichen Äußerungen von Moral stellt man sich am besten als eine Reihe intuitiver Auffassungen oder Folgerungen aus moralisch relevanten sozialen Interaktionen vor, und nicht als völlig ausgearbeitete formale Konzeptualisierungen oder Strukturen des moralischen Urteils (Shweder, Turiel u. Much, 1981). Folgt man der Bereichstheorie, dann bringt die moralische Entwicklung Transformationen in den Elementen (in dem Inhalt) und Regulierungen mit sich, die zu Konzeptionen von Wohlergehen, Gerechtigkeit und Rechten gehören (Turiel u. Davidson, 1985). Aus den Forschungen, die sich mit altersbedingten Veränderungen innerhalb des moralischen Bereichs befassen, geht hervor, daß ungefähr bis zum Alter von sechs Jahren das moralische Urteil vor allem durch das Verlangen bestimmt wird, Wohlergehen zu garantieren und Schädigung zu vermeiden, und es ist auf vertraute und direkt zugängliche Ereignisse beschränkt. Erst ab etwa zehn Jahren werden Auffassungen von Fairneß ausgearbeitet, und widerstreitende Wohlfahrtsansprüche werden dann durchgehend durch das Verlangen nach gerechter Reziprozität reguliert (Davidson, Turiel u. Black, 1983). Und erst ab etwa zwölf Jahren gehen moralische Auffassungen von Fairneß über direkte Reziprozität hinaus und erfordern die Koordination von Gleichheitsforderungen [*equality*] mit wohlfahrtsorientierten Billigkeitsüberlegungen [*equity*] (Damon, 1977).

Unsere These besagt, daß Auffassungen vom Persönlichen die Konstruktion von Moral durchdringen, indem sie die Konzeptionen von Schädigung und Wohlergehen so weit ausdehnen, daß sie die psychologischen Erfordernisse persönlicher Freiheit mit einschließen. Bei kleinen Kindern würde dies die Basis eines intuitiven moralischen Verständnisses von Rechten darstellen, nach dem Eingriffe in persönliche Freiheiten als für das Individuum schädlich oder unfair empfunden würden. Erst in einem späteren Stadium der moralischen Entwicklung (mittlere Kindheit) würden diese Intuitionen über »Freiheit« in einen moralischen Rahmen eingepaßt werden, der der Regulierung durch gerechte Reziprozität unterliegt. Paradoxerweise verleihen die frühen kindlichen Intuitionen bezüglich moralischer Freiheitsansprüche, da eine Konzeption moralischer Gleichheit auf der Basis gerechter Reziprozität noch fehlt, dem moralischen System eine Instabilität, so daß kleine Kinder moralische Konzeptionen von Schaden und Wohlergehen zwar zu verstehen scheinen, aber doch zugleich eine Neigung verraten, aus einer Position des Eigeninteresses heraus zu handeln. (Vgl. den Beitrag von Gertrud Nunner-Winkler in diesem Band.) Diese Instabilität im moralischen Bezugsrahmen, die teilweise dadurch bewirkt wird, daß Fragen des Schadens ausgedehnt werden auf Beschränkungen der persönlichen Freiheit, wird noch erhöht durch Instabilitäten in den zugrundeliegenden Konzeptionen des Persönlichen, die zunächst die Grundlage kindlicher Ansprüche auf Handlungsfreiheit bereitstellen. Denn nicht vor der späten Kindheit oder der frühen Pubertät werden die kindlichen Konzepte des Persönlichen durch ein gefestigtes Verständnis des Selbst als Subjekt strukturiert, und erst an diesem

Punkt und in der späteren Entwicklung kann man sagen, daß moralische Konzeptionen von Rechten wirklich auf der Auffassung von Personen als Handelnden beruhen.
Wie wir gesehen haben, basiert die »Psychologie«, die dem intuitiven kindlichen Verständnis von Rechten als Freiheit zugrundeliegt, auf einem sehr körperlichen Verständnis des Selbst. Damit soll nicht gesagt sein, daß das Kind keine Vorstellung von einer Reihe verinnerlichter Gefühle oder Intentionen hätte, sondern daß die wichtigsten und stabilsten Elemente der kindlichen Selbstkonzeption die direkt wahrnehmbaren sind. Erst in der späten Kindheit beziehungsweise der frühen Pubertät wird das Persönliche in Form von wirklich psychologischen anstatt von körperlichen oder das Verhalten betreffenden Merkmalen des Selbst konzeptualisiert (vgl. Übersicht am Ende dieses Beitrags). Es wird auch deutlich, daß Kinder nicht in die letzte Phase der Individuation eintreten, bevor nicht das Persönliche in dieser psychologischen Form konzeptualisiert ist. Denn bis dahin betrachten Kinder ihre persönliche Sphäre nicht als völlig über die rechtmäßige Einmischung der Eltern erhaben. Bis etwa zum Alter von zehn Jahren scheinen Kinder zwei widerstreitende Auffassungen von der elterlichen Autorität über ihren eigenen persönlichen Bereich zu haben. Auf der einen Seite bestehen Kinder auf der ersten und zweiten Stufe darauf, daß sie Fragen, die sie als persönlich empfinden, selbst entscheiden können sollten (z. B. Wahl der Freunde, Haarlänge, Vertraulichkeit von Gesprächen) (Tisak, 1986). Auf der anderen Seite halten sie gleichzeitig daran fest, daß ihre Eltern (und niemand sonst) das Recht haben, sich darüber hinwegzusetzen und derartige Angelegenheiten für das Kind zu bestimmen. Diese zweite Ansicht wurde sogar dann beibehalten, wenn die Gründe der Eltern als willkürlich dargestellt werden (wenn z. B. die Eltern den Freund des Kindes einfach nicht leiden können und ihm verbieten, mit dem Freund zu spielen). Bittet man die Kinder, zu erklären, warum die Eltern das Recht haben, sich über die Handlungen des Kindes in seinem persönlichen Bereich hinwegzusetzen, liefern sie Rechtfertigungen, die zu einem zugrundeliegenden Konzept vom Selbst passen, das eher körperlich als intrasubjektiv ist. Die folgende Aussage eines zehnjährigen Jungen ist charakteristisch:

Seine Mama und sein Papa können ihm sagen, was er tun muß, weil sie ihn gemacht haben und weil sie ihn besitzen. *Frage* Haben sie das Recht, ihn zu verkaufen oder ihn wegzugeben? *Antwort* Ja, denn wie ich sagte, gehört er ihnen. *Frage* Können sie alles mit ihm machen, was sie wollen? *Antwort* Nein. Sie dürfen ihm nicht wehtun oder so etwas ähnliches, weil, naja, weil er ihnen nicht so richtig gehört. Es ist so, als wenn er ein Büchereibuch wäre, das man von Gott geliehen hat.

Tatsächlich betrachten Kinder auf dieser Stufe ihren persönlichen Bereich so, daß sie ihn in einem fast wörtlichen Sinne mit den Eltern teilen, als ob die Eltern Mitunterzeichner auf einem Leihvertrag über ein Stück Eigentum seien. Diese Auffassung der Eltern-Kind-Beziehung endet bei den amerikanischen Kindern, die wir untersucht haben, mit dem Auftreten der Konzeption des persönlichen Bereichs als einem Aspekt des inneren Selbst, das nur das Individuum kennen kann. Die in der späteren Kindheit sich entwickelnde Konzeption, in der das Persönliche grundlegend von elterlichen Besitzrechten (im Gegensatz zu elterlichem Einfluß) geschieden ist, hat wichtige Implikationen für die interpersonalen Beziehungen, weil sie das Ende von Konzeptionen einer Primär-Beziehung (Eltern-Kind), in der Intimität (die Durchdringung persönlicher Grenzen) mit Besitz vermischt wird, markiert. Diese entwicklungsbedingten Veränderungen in den Konzeptionen persönlicher Angelegenheiten beeinflussen wahrscheinlich auch die Entwicklung des moralischen Denkens in zwei wichtigen Hinsichten. Erstens verleiht die Entwicklung eines Verständnisses vom Selbst, das grundsätzlich im Bewußtsein verankert ist, dem Konzept von Rechten Tiefe, indem es die Vorstellung von einem psychologischen Freiheitsbedürfnis artikuliert. Übrigens sehen wir das Auftreten solcher Konzeptionen als eine Antwort auf Dworkins (1977, S. 272; dt. 1984, S. 438) Anliegen daß »uns eine psychologische Theorie fehlt, die die Vorstellung erklären und rechtfertigen würde, daß der Verlust von ... Freiheiten ... unvermeidlich oder überhaupt wahrscheinlich psychologischen Schaden nach sich zieht.« Das Moralsystem sieht sich nun mit Ansprüchen auf Handlungsfreiheit konfrontiert, die ganz klar von den Fragen körperlicher Schädigung unterschieden werden und die sogar noch über die kindliche Anerkennung psychischer Schmerzen angesichts von Ungerechtigkeit oder verletzten Gefühlen hinausgehen. Die kindlichen Intuitionen über das Bedürfnis nach Handlungsfreiheit werden jetzt allmählich durch das

Verständnis strukturiert, daß das eigene Selbst von den unverwechselbaren Zügen der eigenen inneren Verfassung abhängt. Zweitens können diese entwicklungsbedingten Veränderungen in den Auffassungen vom Persönlichen das moralische Verständnis noch allgemeiner beeinflussen, indem sie die Wahrscheinlichkeit reduzieren, daß Personen als irgend etwas anderes als Subjekte angesehen werden. Eine Konzeption, die Handeln mit Freiheit der Wahl und persönlicher Gedankenfreiheit verbindet, schließt eine Reduktion des Personseins auf »Dingsein« und eine damit einhergehende Reduktion der interpersonalen Konfliktlösung auf rein pragmatische, von jeglichen moralischen Implikationen entleerte Strategien aus. Wie wir jedoch anfangs gesagt haben, sollten diese unterstellten Einflüsse der Konzepte vom Persönlichen auf das Moralsystem und andere Systeme, die wir aus einer Untersuchung der späteren Stadien extrapolieren könnten, nicht als Determinanten moralischer Entwicklung mißverstanden werden. Sie sind vielmehr wichtige Informationsquellen, die das Potential besitzen, den Bereich des Interpersonellen, der durch moralische Denkstrukturen ausgeglichen wird, zu erweitern.

2. Persönlich vs. konventionell: Fragen persönlicher Freiheit und die allgemeine soziale Ordnung. Das, was Veränderungen der Auffassungen vom Persönlichen zu der Entwicklung des moralischen Verständnisses beitragen können, geschieht nicht im luftleeren Raum. Die eigentliche Identifizierung bestimmter Fragen als persönlich findet in einem kulturellen Milieu statt und bringt eine Differenzierung zwischen Fragen, die das Individuum betreffen, und jenen, die unter der Ägide der sozialen Ordnung stehen, mit sich. Auf der individuellen Stufe definiert diese Unterscheidung die konzeptionelle Grenze zwischen dem Persönlichen und dem Konventionellen. Ein ungelöstes Probem der Forschung und der Theorie über die Bildung von Auffassungen vom Persönlichen ist, ob solche Konstrukte allein der westlichen Welt, den sogenannten individualistischen Kulturen, eigen sind oder ob der persönliche Bereich eine menschliche (kulturübergreifende) epistemische Kategorie ist. Während es nur wenige Untersuchungen gibt, die sich direkt auf diese Frage beziehen, hat eine Fülle von klinischen Daten gezeigt, daß Störungen beim Aufbau von Ich-Abgrenzungen wichtige Implikationen für die individuelle psychische Gesundheit hat (Kernberg, 1975; Kohut, 1978; Mahler, 1979; Masterson, 1981); dies legt die Annahme nahe, daß es grundlegende psychologische Grenzen dafür gibt, inwieweit andere (einschließlich der Gesellschaft) in das Privatleben von Individuen eindringen können. (Vgl. den Beitrag von Wolf in diesem Band.) Die zeitgenössische Anthropologie hat sich von den Romantizismen des »Gruppengeistes« oder des Kollektivbewußtseins bei sogenannten primitiven Völkern abgesetzt (Shweder, 1979a, 1979b) und konzentriert ihre Aufmerksamkeit statt dessen auf kulturelle Einflüsse auf den Individuationsprozeß (Crapanzano, 1990) und die Definition von Personsein (Shweder u. LeVine, 1984). Bei der Frage nach der Beziehung von Kultur und Konvention zum Persönlichen geht es daher nicht so sehr darum, ob das Persönliche eine kulturübergreifende Kategorie ist, sondern vielmehr darum, ob es objektive und kulturübergreifende Aspekte des Inhaltes persönlicher Angelegenheiten gibt. Wenn wir das sagen, sind wir uns der offensichtlichen kulturspezifischen Unterschiede im Inhalt von so etwas wie Haarmode und ehelichen Bräuchen u. ä. wohl bewußt, die die Oberflächenaspekte solcher Fragen, die als persönlich gelten, prägen. Diese Differenzen zu katalogisieren kommt, wie Shweder zu sagen pflegt, der Reduktion von Kulturanthropologie auf einen Reisebericht gleich. Unser Anliegen ist es vielmehr, die grundlegenden Elemente des Persönlichen zu identifizieren, die die Parameter dieser epistemischen Kategorie darstellen, so daß die kulturellen Variationen in diesen Elementen Unterschiede in der Natur des Personseins selbst konstituieren.

Als Ausgangspunkt schlagen wir vor, daß die grundlegenden Elemente des Persönlichen aus einer Analyse der grundlegenden psychologischen Erfordernisse für die Etablierung personaler Grenzen, die für die Einrichtung des Selbst als Objekt erforderlich sind, abgeleitet werden können, und entsprechenden Erfordernissen für das persönliche Handlungsvermögen, Kontinuität, und Unverwechselbarkeit, die für das Verständnis des Selbst als Subjekt nötig sind (Damon u. Hart, 1988). Diese grundlegenden Elemente des Persönlichen sind also die folgenden: der eigene Körper, eigene Ideen und vertraute Gefährten. Von diesen grundlegenden Elementen würden wir Ansprüche auf Privatsphäre, Kontrolle über den eigenen körperlichen Zustand, Ansprüche auf Freiheit des Ausdrucks, der Kommunikation und des Umgangs antizipieren. Diese allgemeinen Ansprüche werden offensichtlich von der Kultur kanalisiert, und Variationen in Grad und Form, die diese Freiheiten annehmen, fundieren die beobachteten kulturellen Variationen in moralischen Inhalten.

Wie unsere Beobachtungsstudie belegt hat, rekapituliert der Prozeß der Sozialisation auf der Individualebene den sozialen Diskurs auf der Makroebene. Während dies mit zunehmendem Alter zu der erwarteten generellen Tendenz führt, daß die kindliche Kategorisierung von Ereignissen sich immer mehr derjenigen der erwachsenen Mitglieder der jeweiligen Kultur angleicht (Shweder et al., 1987), gibt es auch durch Ambiguität gekennzeichnete Bereiche wie geschlechtsrollenspezifische Aktivitäten (Stoddart u. Turiel, 1985), deren Status als persönliche oder gesellschaftliche sich an verschiedenen Punkten der Entwicklung verändert, wobei die Möglichkeit eines generationsbedingten Wandels in der Bereichsklassifizierung von speziellen Fragen offen bleibt. Darüber hinaus fällt die allgemeine Tendenz, in der Pubertät Unabhängigkeit von der Autorität der Erwachsenen im persönlichen Bereich durchzusetzen, zusammen mit der Herausbildung eines Verständnisses von Gesellschaften als normativen Systemen. Diese gleichzeitigen entwicklungsbedingten Veränderungen bedeuten, daß tatsächlich jede Generation für eine neue Sicht auf die sozio-moralische Ordnung steht, und für die damit einhergehende Gelegenheit für einen Wandel in dem kulturspezifischen Inhalt dessen, was als persönlich im Gegensatz zu gesellschaftlich gilt. Übrigens stellen wir fest, daß es sich um genau diese Art von inhaltlichem Wandel handelt, der den sogenannten Generationskonflikt zwischen Jugendlichen und Erwachsenen im letzten Teil dieses Jahrhunderts ausmachte (Conger, 1981). Das Aufkommen dessen, was Kohlberg als konventionelles moralisches Denken in der späten Pubertät beschrieben hat, reflektiert die Fähigkeit von Personen, an diesem Punkt der Entwicklung ihre Konzeptionen des Moralischen, des Persönlichen und des Gesellschaftlichen zu koordinieren, um die formale politische Theorie der Rechte zu verstehen, die in ihrer Gesellschaft gilt.

Unsere Analyse impliziert die Möglichkeit, daß das konventionelle System sich mit einem der grundlegenden Elemente des Persönlichen im Konflikt befindet. Unsere Hypothese ist, daß solche Bedingungen das soziale System belasten und nur unter systematischer politischer Unterdrückung (wie dies in Osteuropa der Fall gewesen ist) oder auf der Basis metaphysischer Überzeugungen bestehen können, die die moralische Rechtfertigung für den subpersonalen Status im gegenwärtigen Leben (Unberührbare, Sünder) bereitstellen und das Versprechen personaler Autonomie in einem Leben nach dem Tode (christliches Mittelalter) oder in einem weiteren Leben in Aussicht stellen (traditioneller Hinduismus) (Shweder et al., 1987).[3] Eine Reihe von ungelösten empirischen Fragen ist, (a) ob Personen mit »sub-personalem« Status innerhalb eines solchen Systems ihr Schicksal in Frage stellen, (b) wie sie den Begriff vom Selbst und vom Persönlichen konzeptualisieren und (c) wie sie die moralische Konstruktion von Rechten konzeptualisieren. Erstes Material von traditionalistischen Hindus über die unberührbaren Kasten legt nahe, daß solche Auffassungen dehnbarer sind, als wir angenommen haben (Shweder et al., 1987). Die vorliegenden Studien haben jedoch nicht genau die Fragen untersucht, die wir aufgeworfen haben. Also wissen wir nicht, ob und in welchem Ausmaß kompensatorische Mechanismen von solchen Individuen eingesetzt werden, um eine Art von persönlicher Freiheit und eine Art Selbstsein zu behaupten, während sie sich der größeren sozialen Ordnung anpassen.

3 Shweder (Shweder et al., 1987) sieht bei der Frage, wer als Person oder »moralisch Akteuer gilt, einen Definitionsspielraum der gesellschaftlich definierten moralischen Codes. Um diese Annahme zu unterstützen, führt Shweder die vielen Unterscheidungen an, die Gesellschaften zwischen Personen machen (z. B. Kinder vs. Erwachsene), wenn sie Kategorien von Individuen Rechte und Privilegien zuschreiben. Im Extremfall behandeln solche sozialen Klassifikationsschemata bestimmte menschliche Mitglieder der Gesellschaft als Nicht-Personen wie etwa im Falle von Sklaven. Wir bestreiten weder die Existenz solcher sozialen Klassifikationssysteme, noch leugnen wir, daß Mitglieder der führenden Schicht sie akzeptieren können. Unser Anspruch ist, daß psychologische Grunderfordernisse für ein Selbst-Verständnis als Subjekt für gesellschaftlich als Unpersonen definierte Individuen die motivierende Kraft liefern, um den ent-personalisierenden Auswirkungen von solchen Klassifikationen durch Abwehrmechanismen (z. B. Leugnen, Rationalisierung), durch kriminelle oder pathologische Verhaltensweisen oder direkten sozialen Widerstand zu widerstehen. Wir stellen mit einigem Interesse fest, daß die Sprache des organisierten sozialen Widerstands Ausdrücke verwendet, die die Selbstbestimmung, Autonomie und Rechte im Interesse derjenigen Personengruppen [*collective selves*], die von ungerechten Systemen unterdrückt werden, zum Ausdruck bringen.

Moral, personale Autonomie und das Selbst

Das Thema des vorliegenden Bandes ist Moral und das Selbst. In unserem Beitrag haben wir nicht versucht, uns der Frage, wie Moral in das System des Selbst als Ganzes paßt, zu widmen. Denn es ist unsere Ansicht, daß Versuche, die Entwicklung des Selbst (anders als die Konzeptionen vom Selbst) innerhalb eines einzigen globalen Vorgehens einzufangen (z. B. Loevinger, 1976), ein nutzloses Unterfangen darstellen. Wir ziehen solche Ansätze vor (Noam, 1988a, 1988b; 1990; Sarbin, 1977, 1986), die Gesamtpersönlichkeit und Selbstentwicklung durch die persönliche Biographie zu erfassen suchen, da ein solcher Zugang viel wahrscheinlicher zu einem akkuraten Portrait der facettenreichen und kontextgebundenen Verfaßtheit individueller Motive und Konzepte führt. Unser Hauptinteresse lag also nicht auf der Entwicklung des *Handelnden*, sondern auf der Beziehung zwischen Konzeptionen von Moral und Rechten einerseits und der Entwicklung von Vorstellungen von Handlungsfähigkeit selbst andererseits.

Wie aus unserer Untersuchung des kindlichen Konzepts persönlicher Bereiche hervorgeht und wie in den vorläufigen sozialen Interaktionsdaten bereits angedeutet war, ist die Etablierung eines persönlichen Handlungsbereichs eng verbunden mit der Etablierung der personalen Identität und der Auffassung des Selbst als Handelndem. Tatsächlich zeigen diese Daten, was schon lange behauptet wurde (Dworkin, 1977; Gewirth, 1982), daß nämlich die Etablierung individueller Rechte grundlegend ist für menschliche psychische Integrität. Sowohl unsere Interaktionsdaten als auch die Antworten in den Interviews machen klar, daß solche Rechtsansprüche, obwohl sie in einem kulturellen Kontext entstehen, ihre motivierende Kraft in einer psychologischen Notwendigkeit haben. Und zwar in der Etablierung eines individuierten Selbst. Der Begriff von Moral ist somit als normative Garantie grundlegender Ansprüche auf Freiheit und Wohlergehen (Gewirth, 1982) von Personen mit grundlegender psychologischer Integrität gegründet, d. h. auf Personen mit einem abgegrenzten Selbstverständnis; in der Terminologie Piagets: auf autonome Wesen.

Beschreibung der wichtigsten Veränderungen in der Auffassung vom Persönlichen

1. Das Persönliche als Etablierung konkreter Selbst/Andere-Unterscheidungen. Als persönlicher Bereich gilt der beobachtbare Körper und ein ebenso konkretes Areal von Dingen und Aktivitäten, die zu der Person gehören und somit in den persönlichen Bereich fallen. Die Kontrolle über persönliche Angelegenheiten wird als Ausweitung und Verstärkung des Gefühls von Unverwechselbarkeit, Selbstbeherrschung und personaler Identität begriffen, indem sie beobachtbare Unterschiede zwischen Selbst und Anderen etabliert, und indem sie mein und dein gegeneinander abgrenzt.

2. Das Persönliche als Etablierung eines Verhaltensstils; Beginn eines Interesses an der Gruppenmeinung. Personenkonzepte werden ausgeweitet, so daß sie einen Begriff von Persönlichkeit einschließen, der als eine Menge von charakteristischen Verhaltensweisen definiert ist. Die Auffassung von der Gruppe als bloßer Gegenpart ändert sich zu einer Auffassung von der Gruppe als Bewertungs- und Vergleichsinstanz für individuelle persönliche Qualitäten. Die Kontrolle über die persönlichen Handlungen wird als Möglichkeit begriffen, einen persönlichen Verhaltensstil oder die eigene Persönlichkeit zu entwickeln und zugleich das Selbst vor negativen öffentlichen Etikettierungen zu schützen.

3. Das Persönliche als Etablierung des Selbst als eines Individuums, das vermöge einer unverwechselbaren Menge von Ideen oder Werten definiert ist. Die Person wird nunmehr im Rahmen von internen kognitiven Prozessen definiert. Die Kontrolle über persönliche Angelegenheiten wird als Möglichkeit verstanden, das Selbst als Individuum zu etablieren; der Verlust der Kontrolle über den persönlichen Bereich von Handlungen enthält das Risiko, von der Gruppe absorbiert zu werden; man kann seine Ansichten ändern, aber dann verliert man seine besonderen psychischen Charakteristika.

4. Das Persönliche als Vermittler der Koordination des Selbstsystems. Die Kontrolle der Ereignisse im persönlichen Bereich soll die Koordination der Selbstaspekte in ein intern konsistentes Ganzes gewährleisten. Das Bewußtsein wird so verstanden, daß es Tiefe besitzt. Im Zentrum des Bewußtseins befindet sich ein unveränderbarer Wesenskern, um den herum das Selbstsystem aufgebaut ist. Die Kontrolle über das Persönliche wird als ein Mittel verstanden, die eigenen Handlungen mit diesem Wesens-

kern zu koordinieren, und als ein Mechanismus zur Erprobung von Aspekten des personalen Systems.

5. Das Persönliche als Transformation des labilen Selbst. Die essentialistische Selbstvorstellung wird durch eine Auffassung vom Selbst als labil, als ein konstant sich entwickelndes Produkt der eigenen persönlichen Entscheidungen ersetzt. Handlungskontrolle innerhalb des persönlichen Bereich gilt als wesentlich, damit die Entscheidungen, die das Selbst kreieren, den vom Individuum subjektiv erwünschten Verlauf nehmen.

Literatur

Baldwin, J. M. (1897), *Social and ethical interpretations in mental development*, New York: MacMillan.

Baldwin, J. M. (1906), *Thought and things*, Bd.1, London: Swan Sonnenschein.

Broughton, J. M. (1978), »The development of concepts of self, mind, reality and knowledge«, in: W. Damon (Hg.), *Social cognition*, San Francisco: Jossey-Bass.

Bultman, R. (1966), »Reply to D. Heinz-Horst Schrey«, in: C. W. Kegley (Hg.), *The theology of Rudolf Bultman* (279-280), New York: Harper & Row.

Colby, A., u. Kohlberg, L. (1987), *The measurement of moral judgment*. Bd. 1: *Theoretical foundations and research validation*, Cambridge, MA: Cambridge University Press.

Conger, J. (1981), »Freedom and commitment: Families, youth, and social change«, in: *American Psychologist*, 36, 1475-1484.

Crapanzano, V. (1990), »On self characterization«, in: J. W. Stigler, R. A. Shweder u. G. Herdt (Hg.), *Cultural psychology: Essays on comparative human development* (401-426), Cambridge: Cambridge University Press.

Damon, W. (1977), *The social world of the child*, San Francisco: Jossey-Bass; deutsch: Die soziale Welt des Kindes, Frankfurt: Suhrkamp Verlag 1984.

Damon, W., u. Hart. W. (1988), *Self-understanding in childhood and adolescence*, Cambridge, MA: Cambridge University Press.

Davidson, P. M., Turiel, E., u. Black, A. (1983), »The effect of stimulus familiarity on the use of criteria and justifications in children's social reasoning«, in: *British Journal of Developmental Psychology* 1, 49-65.

Dworkin, R. (1977), *Taking rights seriously*, Cambridge: Harvard Univer-

sity Press; deutsch: Bürgerrechte ernst genommen, Frankfurt: Suhrkamp Verlag 1984.
Erikson, E. H. (1963), *Childhood and society*, New York: Norton.
Erikson, E. H. (1968), *Identity, youth and crisis*, New York: Norton.
Gewirth, A. (1978), *Reason and morality*, Chicago: University of Chicago Press.
Gewirth, A. (1982), *Human rights: Essays on justification and applications*, Chicago: University of Chicago Press.
Helwig, C. C., Tisak, M. S., u. Turiel, E. (1990), »Children's social reasoning in context: Reply to Gabennesch«, in: *Child Development* 61, 2068-2078.
James, W. (1899), *The principles of psychology*, London: Macmillan.
Kernberg, O. F. (1975), *Borderline conditions and pathological narcissm*, New York: J. Aronson; deutsch: Borderline – Störungen und politischer Narzißmus, Frankfurt: Suhrkamp 1978.
Kohlberg, L. (1969), »Stage and sequence: The cognitive-developmental approach to socialization«, in: D. A. Goslin (Hg.), *Handbook of socialization theory and research*, New York: Rand McNally.
Kohlberg, L. (1976), »Moral stages and moralization: The cognitive-developmental approach«, in: T. Lickona (Hg.), *Moral development and behavior: Theory, research, and social issues*, Chicago: Holt, Rinehart & Winston.
Kohlberg, L. (1984), *Essays on moral development*, Band II: *The psychology of moral development*, New York: Harper & Row.
Kohlberg, L., Levine, C., u. Hewer, A. (1983), »Moral states: A current formulation and a response to critics«, in: J. A. Meacham (Hg.), *Contributions to human development* (Bd. 10), Basel: S. Karger.
Kohut, H. (1978), *The search for the self: Selected writings (1950-1978)*, New York: International University Press.
Loevinger, J. (1976), *Ego development: Conceptions and theories*, San Francisco: Jossey-Bass.
Mahler, M. S. (1979), *The selected Papers of Margaret S. Mahler*, Bd. 1 u. 2, New York: J. Aronson.
Masterson. J. (1981), *The narcissistic and borderline disorders*, New York: Brunner/Mazel.
Nicholls, J. G., u. Miller, A. (1984), »Reasoning about the ability of self and others: A developmental study«, in: *Child Development*, 55, 1990-1999.
Nielsen, K. (1973), *Ethics without God*, Buffalo, NY: Prometheus Books.
Noam, G. G. (1988a), »A constructivist approach to developmental psychopathology«, in: E. D. Nannis u. P. A. Cowan (Hg.), *Developmental psychopathology and its treatment* (*New Directions for Child Development* 39), San Francisco: Jossey-Bass.
Noam, G. G. (1988b), »Self-complexity and self-integration: Theory and

therapy in clinical-developmental psychology«, in: *Journal of Moral Education* 3, 230-245.
Noam, G. G. (1990), »Beyond Freud and Piaget: Biographical worlds – interpersonal self«, in: T. Wren (Hg.), *The moral domain* (360-399), Cambridge, MA: MIT Press.
Nucci, L. (1977), *Social development: Personal, conventional and moral concepts*, unveröffentlichte Dissertation, University of California, Santa Cruz.
Nucci, L. (1981), »The development of personal concepts: A domain distinct from moral or societal concepts«, in: *Child Development* 52, 114-121.
Nucci, L. (1982), »The conceptual development in the moral and conventional domains: Implications for values education«, in: *Review of Educational Research* 49, 93-122.
Nucci, L. (1985), »Children's conceptions of morality, societal convention, and religious prescription«, in: C. Harding (Hg.), *Moral dilemmas: Philosophical and psychological reconsiderations of the development of moral reasoning*, Chicago: Precedent Press.
Nucci, L., u. Herman, S. (1982), »Behavioral disordered children's conceptions of moral, conventional, and personal issues«, in: *Journal of Abnormal Child Psychology* 10, 411-426 (*Third International Ringberg Conference on Self and Morality*).
Nucci, L., u. Turiel, E. (1978), »Social interactions and the development of social concepts in preschool children«, in: *Child Development* 49, 400-407.
Nucci, L. u. Turiel, E. (1989), »God's word, religious rules, and their relation to Christian and Jewish children's concepts of morality«, Vortrag, gehalten auf der Versammlung der *Society for Research in Child Development*, Kansas City, MO.
Nucci, L., Turiel, E., u. Encarnacion-Gawrych, E. G. (1983), »Children's social interactions and social concepts: Analyses or morality and convention in the Virgin Islands«, in: *Journal of Cross-Cultural Psychology* 14, 469-487.
Nucci, L., u. Weber, E. K. (1991), »Social interactions in the home and the development of young children's conceptions within the personal domain«, Vortrag, gehalten auf der Versammlung der *Society for Research in Child Development*, Seattle, Washington, 18.-20. April 1991.
Piaget, J. (1932, *The moral judgment of the child.* Glencoe, IL: Free Press; deutsch: Das moralische Urteil beim Kinde, Frankfurt: Suhrkamp Verlag 1973.
Piaget, J. (1985), *Equilibration of cognitive structures*, Chicago: University of Chicago Press; deutsch: *Die Äquilibrierung kognitiver Strukturen,* Frankfurt: Suhrkamp 1976.
Ramsey, I. T. (1966), »Moral judgment and God's commands«, in:

I. T. Ramsey (Hg.), *Christian ethics and contemporary philosophy* (152-171), London: SCM Publishing Co.

Ruble, D. N., Boggiano, A., Feldman, N., u. Loebel, J. (1980), »Developmental analysis of the role of social comparison in self-evaluation«, in: *Developmental Psychology* 16, 105-115.

Sarbin, T. R. (1977), »Contextualism: A world view for modern psychology«, in: A. W. Landfield (Hg.), *Nebraska Symposium on Motivation: Personal construct psychology* (1-14), Lincoln: University of Nebraska Press.

Sarbin, T. R. (Hg.) (1986), *Narrative psychology: The storied nature of human conduct*, New York: Praeger Publishers.

Selman, R. (1980), *The growth of interpersonal understanding: Developmental and clinical analyses*, New York: Academic Press; deutsch: Die Entwicklung des sozialen Verstehens, Frankfurt: Suhrkamp Verlag 1984.

Shweder, R. A. (1979a), »Rethinking culture and personality theory. Part I: A critical examination of two classical postulates«, in: *Ethos* 7, 255-278.

Shweder, R. A. (1979b), »Rethinking culture and personality theory. Part II: A critical examination of two classical postulates«, in: *Ethos* 7, 279-311.

Shweder, R. A., u. Bourne, E. J. (1984), »Does the concept of the person vary cross-culturally?«, in: R. A. Shweder u. R. A. LeVine (Hg.), *Culture theory: Essays on mind, self, and emotion*, Cambridge, MA: Cambridge University Press.

Shweder, R. A., u. LeVine, R. A. (Hg.) (1984), *Culture theory: Essays on mind, self, and emotion*, Cambridge, MA: Cambridge University Press.

Shweder, R. A., Mahapatra, M. u. Miller, J. G. (1987), »Culture and moral development«, in: J. Kagan u. S. Lamb (Hg.), *The emergence of morality in young children*, Chicago; University of Chicago Press.

Shweder, R. A., Turiel, E., u. Much, N. C. (1981), »The moral intuitions of the child«, in: J. H. Flavell u. L. Ross (Hg.), *Social cognitive development: Frontiers and possible futures* (288-305), New York: Cambridge University Press.

Siegal, M., u. Story, R. M. (1985), »Day care and children's conceptions of moral and social rules«, in: *Child Development* 56, 1001-1008.

Smetana, J. G. (1981), »Preschool children's conceptions of moral and social rules«, in: *Child Development* 52, 1333-1336.

Smetana, J. G. (1984), »Toddlers' social interactions regarding moral and conventional transgressions«, in: *Child Development* 55, 1767-1776.

Smetana, J. G. (1989), »Adolescents' and parents' reasoning about actual family conflict«, in: *Child Development* 60, 1052-1067.

Smetana, J. G., u. Braeges, J. (1990), »The development of toddlers' moral and conventional judgments«, in: *Merrill-Palmer Quarterly*, 36, 329-346.

Smetana, J. G., Bridgeman, D., u. Turiel, E. (1983), »Differentiation of

domains and prosocial behavior«, in: D. Bridgeman (Hg.), *The nature of prosocial development: Interdisciplinary theories and strategies* (163-183), New York: Academic Press.
Stoddart, T., u. Turiel, E. (1985), »Children's concepts of cross-gender activities«, in: *Child Development* 56, 1241-1252.
Tappan, M., Kohlberg, L., Schrader, D., Higgins, A., Armon, C., u. Lei, T. (1987), »Heteronomy and autonomy in moral development: Two types of moral judgments«, in: A. Colby u. L. Kohlberg (Hg.), *The measurement of moral judgment*, Bd. 1: *Theoretical foundations and research validation*, Cambridge, MA: Cambridge University Press.
Tisak, M. S. (1986), »Child's conceptions of parental authority«, in: *Child Development* 67, 166-176.
Turiel, E. (1978), »The development of concepts of social structure: Social convention«, in: J. Glick u. A. Clarke-Stewart (Hg.), *The development of social understanding*, New York: Gardner Press.
Turiel, E. (1983), *The development of social knowledge: Morality and convention*, Cambridge, England: Cambridge University Press.
Turiel, E., u. Davidson, P. (1985), »Heterogeneity, inconsistency, asynchrony in the development of cognitive structures«, in: I. Levin (Hg.), *Stage and structure: Reopening the debate*, Norwood, NJ: Ablex.
Turiel, E., Killen, M., u. Helwig, C. H. (1987), »Morality: Its structure, functions, and vagaries«, in: J. Kagan und S. Lamb (Hg.), *The Emergence of Morality in Young Children*, Chicago: University of Chicago Press.
Turiel, E., Nucci, L., u. Smetana, J. G. (1988), »A cross-cultural comparison about what? A critique of Nisan's (1987) study of morality and convention«, in: *Developmental Psychology* 24, 140-143.

Zur Struktur des Selbst

Harry Frankfurt
Die Notwendigkeit von Idealen*

1.

Unsere Kultur schreibt einem bestimmten Freiheitsideal einen hohen Wert zu, das als Verfügbarkeit von Möglichkeiten zu unterschiedlichen Lebensentwürfen und Modalitäten der Lebensführung begriffen wird. Seit langem sind wir darauf festgelegt, die Vermehrung von Optionen zu begünstigen. Institutionelle, technologische und ideologische Vorkehrungen stützen diese Festlegung. Sie ist unterdessen auch moralisch verankert: wir bewundern Menschen und Gesellschaften, die Freiheit fördern, und wir bedauern Praktiken und Umstände, die Freiheit einschränken. Je größer der Spielraum für individuelle Entscheidungen über den Einsatz von Mitteln und die Definition von Zwecken und je bedeutender die Bandbreite vernünftiger Alternativen, die eine Gesellschaft ihren Mitgliedern bietet, desto menschlicher und aufgeklärter scheint sie zu sein.

Unsere Vorstellung vom Ideal der Freiheit wird freilich durch Legitimitätserwägungen eingegrenzt. Auch begeisterte Anhänger der Freiheit räumen ein, daß bestimmte Handlungsmöglichkeiten in moralischer oder anderer Hinsicht unannehmbar sind. Diese Einschränkungen wurden indessen nach und nach liberalisiert. Die Vermehrung der Möglichkeiten, die durch technologische und sozialtechnische Fortschritte herbeigeführt wurde, hat zu einer erheblichen Schwächung der ethischen und sozialen Einschränkungen geführt, welche die Legitimität von Präferenzen und Handlungsweisen bestimmen. Die Erweiterung der Freiheit betrifft folglich sowohl die Handlungsoptionen als auch das Urteil über die Erlaubtheit einer Option. Die Verbindung einer grenzenlos verbesserten technischen Kontrolle mit einer zunehmend unkritischen Festlegung auf das Ideal der Freiheit hat eine Entwicklung in Gang gesetzt, an deren Ende eine Kultur steht, in der alles möglich und alles zulässig ist.

* »On the necessity of ideals«, Originalbeitrag. Übersetzung: Wolfgang Edelstein.

Auch ein weiteres Ideal genießt erheblichen Zuspruch, obwohl es sich nicht einer so weitgehenden Anerkennung erfreut wie das Ideal der Freiheit. Es handelt sich um das Ideal der Individualität, das im Sinne der Entwicklung eines starken Gefühls einer unverwechselbaren persönlichen Identität begriffen wird. Insoweit dieses Individualitätsideal für Menschen verpflichtend wird, fühlen sie sich gedrängt, ihre Persönlichkeit und ihren Charakter zu bilden und über ihre Lebensführung und Handlungsweisen selbst autonom zu entscheiden. Insoweit es Männern und Frauen gelingt, dieses Ideal zu realisieren, sind sie Menschen, die wissen, was sie wollen. Sie bilden ihre Absichten nicht durch Nachahmung, sondern durch einen individuellen, schöpferischen Prozeß, in dem ein Mensch unabhängig vom anderen entdeckt und entscheidet, was er ist.

Wenn die Bandbreite der vorhandenen und erlaubten Optionen wächst, nimmt notwendig der Umfang der Notwendigkeit im menschlichen Leben ab. Seltener werden Menschen mit Verhältnissen konfrontiert, die ihnen nach ihrer Auffassung keine andere Wahl lassen, als einer bestimmten Handlungsperspektive zu folgen. Doch führt die fortschreitende Verringerung der Notwendigkeit, wie sie durch die fortgesetzte Annäherung an das Ideal der Freiheit bewirkt wird, zur Gefährdung eben dieses Ideals. Sie gefährdet auch das Ideal der Individualität. Denn es gilt für Freiheit und Individualität gleichermaßen, daß sie Notwendigkeit *erfordern*.

2.

Meist wird unterstellt, daß die Erweiterung der Freiheit das Leben bereichert. Doch dies ist nur teilweise wahr. In der Tat könnte es sein, daß es den Genuß der Freiheit durchaus nicht fördert, wenn der Griff der Notwendigkeit gelockert wird. Wenn die Einschränkung persönlicher Optionen allzu weitgehend aufgehoben wird, so könnte dies auch eine Unsicherheit über die eigenen Interessen und Präferenzen zur Folge haben. Anstatt mit wachsender Bandbreite verfügbarer Optionen zu erfahren, daß Umfang und Intensität der eigenen Handlungsautonomie entsprechend zunehmen, kann es sein, daß ein Mensch die Erfahrung macht, daß sein Wille, zu entscheiden und zu wählen, geschwächt wird.

Mit anderen Worten: die Zunahme der Optionen, die ein Mensch hat, kann sein Identitätsgefühl schwächen. Die Aufgabe, eine große Zahl zusätzlicher Optionen zu bewerten und zu ordnen, kann seine Fähigkeit überfordern, Entscheidungen zu treffen, die in einem klaren Verständnis seiner Wertungen und Bedürfnisse begründet sind. Die persönliche Einschätzung von Interessen und Prioritäten, die einen Menschen einigermaßen befriedigend durch eine begrenzte Zahl alternativen Optionen lenkt, dürfte ihn durch eine größere Zahl von Möglichkeiten weniger zielsicher leiten. Seine Gewißheit über die eigenen Präferenzen und Vorlieben – eine Gewißheit, die sich unter der Bedingung weniger und vertrauter Optionen entwickelt hat – dürfte aus dieser Situation erheblich geschwächt hervorgehen. Das heißt: ein Mensch könnte die beunruhigende Erfahrung machen, daß er nicht mehr deutlich versteht, wer er ist. Die zuvor verläßliche Gewißheit seiner Identität könnte tief erschüttert werden.

Stellen wir uns vor, ein Mensch sei in der Lage, Optionen in einem Feld von Alternativen zu treffen, das nicht nur erweitert, sondern grenzenlos ist. Mit anderen Worten: stellen wir uns vor, daß jede denkbare Handlungsoption verfügbar und auch wählbar ist. Wenn die Grenzen, die Optionen beschränken, tatsächlich aufgehoben sind, öffnen sich Handlungsoptionen, welche die Bedürfnisse und Vorlieben der Person und damit auch die Struktur ihres Willens berühren: Sie kann jene Aspekte der eigenen Natur verändern, die bestimmen, welche Optionen sie wählt und wird so in die Lage versetzt, auch dem eigenen Willen neue Gestalt zu geben.

In diesem Fall ist ein Mensch gezwungen, seine Entscheidung zu treffen, ohne einen festen Satz an Prioritäten, Präferenzen oder anderen Auswahlprinzipien zu besitzen. Wenn er seinen Willen beliebig festlegt, besitzt er im eigentlichen Sinne keinen Willen, bis er festgelegt hat, welchen Willen er wählt. Und bis er diese Entscheidung trifft, scheint er keine willensmäßigen Voraussetzungen dafür zu erfüllen, eine wirklich eigene Wahl zu treffen: Er kann keine wirklich autonome Entscheidung treffen, bis er eine Entscheidung darüber trifft, wie er Entscheidungen treffen soll.

Wie jedoch kann er diese Entscheidung treffen? Was soll ihn bei der Wahl leiten, wenn die Willensmerkmale, die seine Wahl bestimmen sollen, gerade die Gegenstände dieser Wahl sind? Unter diesen Bedingungen gibt es keinen Fixpunkt in seinem Innern,

von dem ein autonomer Willensprozeß seinen Ausgang nehmen kann. Wenn die Grenzen fallen, die seiner Freiheit gesetzt sind, bleibt einem Menschen so geringe Willenssubstanz, daß keine Wahl, die er trifft, ihm sinnvoll als eigene Willensentscheidung zugerechnet werden könnte.
Nur wenn ein Mensch über seine Optionen im Rahmen von Beschränkungen befindet, die er nicht durch die bloße Entscheidung aufheben kann, sie aufzuheben, findet der Begriff der Selbstbestimmung oder Autonomie einen Halt. Ein Mensch, der von allen Begrenzungen frei ist, entbehrt so vollständig aller identifizierbaren Tendenzen und Einschränkungen des Willens, daß er keine Abwägungen vornehmen kann: Er kann keine bewußten Entscheidungen treffen. Wenn er überhaupt zu wählen fähig ist, werden die Entscheidungen, die er trifft, ganz und gar willkürlich sein. Sie können keine authentisch personale Bedeutung besitzen, denn sein Wille ist unbestimmt. Es besteht also ein Konflikt oder eine Spannung zwischen Freiheit und Individualität. Letztere fordert Grenzen, während erstere dazu neigt, sie aufzuheben. Im Grenzfall völliger Freiheit gibt es keine individuelle Identität. Denn ein Übermaß an Optionen zerstört den Willen. Und ohne Individualität verliert die Freiheit weitgehend ihren Sinn. Denn Handlungsspielräume bedeuten schließlich nur dem etwas, der einen eigenen Willen hat. So nimmt es nicht wunder, daß die Dinge fehllaufen angesichts der ständigen Bestrebung, sowohl eine allgemeine Zunahme der Freiheit als auch eine stete Entfaltung der Selbstbestimmung zu fordern.

3.

Welche Grenzen benötigt ein autonomer Wille? Welche willentlichen Notwendigkeiten sind es, deren Eliminierung oder Schwächung Eigenständigkeit und Individualität gefährden? Im Grunde geht es um das, worum ein Mensch sich sorgt – was ihm wichtig ist. Das ist nicht ein vorwiegend kognitiver oder affektiver Sachverhalt. Auch wenn kognitive oder affektive Erwägungen die Grundlage dafür bilden, ist Sich-um-Etwas-Sorgen nicht das Gleiche wie Meinen oder Fühlen. Es ist ein Tatbestand des Willens. Daß ein Mensch sich um etwas sorgt oder es als wichtig erachtet, besteht nicht darin, daß er bestimmte Gefühle oder

Wünsche oder Meinungen hat. Sich um etwas sorgen bedeutet, sich daran zu orientieren. Es impliziert, Aufmerksamkeit und Verhalten bewußt auf Umstände zu lenken, die das Geschick dessen betreffen, um das man sich sorgt. Ein Mensch, dem etwas wichtig ist, hat sich gleichsam darauf eingelassen, indem er sich um eine Sache sorgt, hat er sich für Verluste und Gewinne sensibilisiert, die davon abhängen, ob die Sache, die ihm wichtig ist, behindert oder gefördert wird. In anderen Worten: er identifiziert sich mit der Sache, die ihm wichtig ist.

Wenn einem Menschen bestimmte Dinge wichtig sind, kann er sich so sehr oder in solcher Weise um sie sorgen, daß er einer Art Notwendigkeit unterworfen ist. Aufgrund dieser Notwendigkeit stehen ihm bestimmte Handlungsperspektiven, die er sonst verfolgen könnte, faktisch nicht zur Verfügung. Die Tatsache, daß ihm bestimmte Dinge wichtig sind, macht es ihm unmöglich, diese Zwecke zu verfolgen. Auch wenn er die Fähigkeiten und das Wissen besitzt, diese Handlungen auszuführen, vermag er sie dennoch nicht auszuführen, weil er sich nicht dazu durchringen kann, sie auszuführen, Nicht, daß er die Kraft dazu nicht aufbringen könnte. Was er nicht aufbringen kann, ist der Wille. Er ist im Griff einer Notwendigkeit des Willens, die bestimmte Handlungen unmöglich macht, nicht indem sie ihm die Fähigkeit nimmt, sie zu vollbringen, sondern indem sie es unmöglich macht, diese Fähigkeit einzusetzen.

Betrachten wir eine Mutter, die nach sorgfältiger Überlegung zu dem Schluß kommt, daß es am besten wäre, ihr Kind für eine Adoption freizugeben, und sich entsprechend entscheidet. Wenn jedoch der Zeitpunkt, das Kind wegzugeben, gekommen ist, könnte sie entdecken, daß sie es nicht schafft – nicht weil sie die Frage erneut durchdacht hat und zu einem anderen Schluß gelangt ist, sondern einfach, weil sie sich nicht dazu durchringen kann, ihr Kind wegzugeben. Ähnlich gibt es Berichte über Offiziere, die den Befehl verweigerten, Maßnahmen zum Abwurf von Atombomben einzuleiten. Da es sich um Freiwillige handelte, waren sie sich offensichtlich der eigenen Willensbeschränkungen nicht bewußt. Als es jedoch zur konkreten Tatausführung kam, entdeckten sie, daß sie sich nicht dazu durchringen konnten, das zu tun, was sie geglaubt hatten tun zu wollen.

Man könnte sagen, daß, wenn ein Mensch einer solchen Willensnotwendigkeit unterworfen ist, für ihn bestimmte Handlungen *undenkbar* werden. Diese Handlungen sind keine echten Optionen für ihn. Er kann sie nicht ausführen, weil er durch eine Willensbeschränkung abgehalten wird; er kann nicht *wollen*, sie auszuführen. Auch wenn er denkt, daß es für ihn das Beste wäre, sie auszuführen, kann er sich nicht dazu durchringen, sie auszuführen. Er kann sich nicht in der notwendigen Weise willensmäßig zurichten. Wenn er es versucht, stößt er auf die Grenzen seines Willens. Dies zeigt sich daran, daß er nicht in der Lage ist, die Handlung auszuführen, auch wenn alle nicht willensbezogenen Bedingungen für deren Ausführung (z. B. Gelegenheit, Wissen, Können) erfüllt sind.

Ein Mensch, der sich nicht dazu bringen kann, eine bestimmte Handlung durchzuführen, steht unter dem Druck einer starken Abneigung, die sein Verhalten in bezug auf diese Handlung ganz und gar bestimmt. Indessen ist es nicht dasselbe, eine Handlung undenkbar zu finden und eine unwiderstehliche Abneigung dagegen zu empfinden. In Fällen einer Notwendigkeit des Willens ist die Abneigung nicht nur unüberwindlich. Sie wird auch in gewisser Hinsicht gutgeheißen: Ja, sie gutheißen ist der Person wichtig. Ihr Verhalten ist gerade deshalb so unfrei, weil die Person – bewußt oder unbewußt – diese Abneigung bejaht und Wert darauf legt, sie beizubehalten. So widersteht sie möglichen eigenen Bemühungen, sich dazu zu bringen zu tun, was ihr im Innersten zuwider ist.

Situationen, in denen ein Mensch eine Handlung für undenkbar hält, unterscheiden sich folglich von Situationen, in denen die Unfähigkeit zu einer bestimmten Entscheidung auf die Abhängigkeit von einer Sucht, auf Gewalt oder andere überwältigende Zwangshaftigkeiten oder Hemmungen zurückgeht. Im ersten, nicht aber im zweiten Fall ist die Unfähigkeit wirksam, weil dies der Person wichtig ist. Das erklärt auch folgende Eigentümlichkeit: Wenn ein Mensch entdeckt, daß er sich zu einer bestimmten Handlung nicht durchringen kann, weil sie für ihn undenkbar ist, erlebt er den entsprechenden Zwang nicht als Einschränkung seines Willens. Die Notwendigkeit, die seinen Willen einschränkt, wird, gegebenenfalls auch ohne sein Wissen, noch von seinem Willen bestimmt. Deshalb erlebt, wer sich einer solchen Notwendigkeit unterwirft, weniger eine Niederlage als eine Befreiung.

Natürlich können sich die Willensnotwendigkeiten ändern. Ein Mensch kann zu einem Zeitpunkt als undenkbar erleben, was ihm zu einem anderen Zeitpunkt nicht undenkbar scheint, und zwar als Folge eines Wandels der Kontextbedingungen, aus denen die Notwendigkeiten des Willens hervorgehen. Ein Mensch kann sogar planvoll und erfolgreich die Notwendigkeiten seines Willens zu ändern suchen. Doch kann er sie natürlich nicht durch bloße Willensakte ändern. Ein Mensch kann die Struktur seines Willens nicht ändern, indem er sich entschließt, das Undenkbare fortan für denkbar zu halten. Das könnte möglich sein, wenn es nur darum ginge, eine starke Hemmung oder Abneigung zu überwinden: Hemmungen und Abneigungen können manchmal durch schiere Anstrengungen des Willens überwunden werden. Doch würde ein durch Notwendigkeit wahrhaft bestimmter Wille sich so kaum ändern lassen.

Ein Mensch, für den es undenkbar ist, eine bestimmte Handlung auszuführen, mag sich wohl durch den Einsatz von Mitteln, die weniger direkt sind als die bloße Willensanstrengung, so verändern, daß die Handlung für ihn nicht mehr undenkbar ist. In manchen Fällen wird er sich jedoch nicht zu dem Versuch durchringen können, das Undenkbare denkbar werden zu lassen. Dann wird es nicht nur undenkbar für ihn sein, die betreffende Handlung auszuführen, sondern es wird für ihn bereits undenkbar sein, die Absicht zu bilden, die Willensvoraussetzungen für die Handlung zu entwickeln. Er vermag schon nicht, die Idee dieser inneren Änderung zu bejahen. Natürlich könnten veränderte Umstände eine Willensänderung bewirken. Doch kann er seinen Willen nicht durch absichtliche Anstrengung ändern. Die Notwendigkeit setzt seinem Willen eine absolute Grenze. Sie begründet seine Natur als eines ohne Zweifel durch Willen konstituierten Subjekts.

4.

Die Summe der Winkel eines jeden Dreiecks ist 180 Grad, es mag sich dabei um ein rechtwinkliges, stumpf- oder spitzwinkliges Dreieck handeln. Es ist nicht möglich, daß die Summe der Winkel des Dreiecks mehr oder weniger ist als 180 Grad. Dies ist ein notwendiges Merkmal aller Dreiecke, und es definiert zumindest teilweise die Dreieckshaftigkeit von Dreiecken; es ist eine wesentliche Voraussetzung für die Existenz eines Dreiecks. Dreiecke besitzen, so könnte man sagen, keine Wahl: Sie können nicht anders, als diese Bedingung zu erfüllen. Das Merkmal ist Teil der Definition eines Dreiecks, seiner generischen Identität als des Dinges, das es ist. Sollte einer triangulären Form dieses Merkmal irgendwie abhanden kommen, ist die Form kein Dreieck mehr.

Die Vorstellung, daß die Identität eines Dings durch seine notwendigen Existenzvoraussetzungen konstituiert wird, gehört zu den ältesten und überzeugendsten Prinzipien, die unsere Bemühungen um die Ordnung unserer Erfahrungen und die Klarheit unserer Gedanken leiten. Eine Sache verstehen heißt, das Wesentliche der Sache begreifen. Das Wesentliche einer Sache wird durch jene Merkmale konstituiert, ohne die sie diese Sache nicht sein kann. Die Begriffe der Notwendigkeit und der Identität hängen folglich eng zusammen.

Die Notwendigkeit, die ein Dreieck an seine Wesenszüge bindet, ist ausschließlich begrifflicher bzw. logischer Art. Diese Notwendigkeit hat mit der Ordnung unseres Denkens und unserer Sprache zu tun. Sie bestimmt, wie Dinge Klassen zugeordnet, wie sie identifiziert werden. Doch sie bestimmt nicht oder hat auch nur im geringsten damit zu tun, was mit den Dingen geschieht. Sie ist keine Kraft, die auf die Geschehnisse in der Welt einwirkt. Daß eine Gestalt kein Dreieck sein kann, wenn es nicht jene Merkmale besitzt, die für seine Dreieckhaftigkeit konstitutiv sind, hat keinen Einfluß auf die Dauer oder die Veränderung der Merkmale eines bestimmten Dreiecks, das heißt: auf seinen Bestand.

Wenn wir über die Identität oder »das Wesen« einer Person reden, meinen wir ebenfalls die notwendigen Merkmale dieser Person. Doch in diesem Fall handelt es sich nicht um eine bloß begriffliche Notwendigkeit. Sie hat nicht bloß damit zu tun, wie die Person zu klassifizieren oder zu beschreiben ist. Sie bestimmt die Person selbst – indem sie die Optionen begrenzt, die der Person zu treffen möglich ist.

Das Wesen eines Menschen wird durch seine notwendigen persönlichen Eigenschaften konstituiert. Es handelt sich um Eigenschaften, die spezifisch seine Person bestimmen und nicht seine Natur als biologischen Organismus oder als menschliches Wesen. Aus meiner Sicht handelt es sich insbesondere um Eigenschaften des Willens. Wenn ich von den persönlichen Eigenschaften des Willens eines Menschen rede, meine ich nicht bloß die Wünsche oder Impulse, die ihn bewegen. Solche Eigenschaften schreiben wir sogar Tieren und kleinen Kindern zu, die nicht eigentlich als Personen oder Willenssubjekte bezeichnet werden können. Die persönlichen Eigenschaften des Willens einer Person gehören zu den reflexiven, d.h. zu den Willensmerkmalen zweiter Ordnung. Sie beziehen sich auf die Anstrengungen eines Menschen, zwischen den unterschiedlichen Impulsen und Wünschen, die ihn bewegen, eine Ordnung herzustellen, indem er sich stärker mit bestimmten psychischen Eigenschaften seiner selbst identifiziert, während er sich von anderen distanziert. Personsein heißt, eine evaluative (nicht notwendig an Moral orientierte) Einstellung zu sich selbst einzunehmen. Eine Person ist ein Geschöpf, das bereit ist, die Motive seines Handelns zu bejahen oder abzulehnen, zu entscheiden, ob, worauf es Lust hat, ihm auch wichtig ist. Sie organisiert Präferenzen und Prioritäten, die Ordnung in seine Optionen bringen. Sie lenkt ihr Verhalten, nicht im Einklang mit den Wünschen, die sich zufällig am stärksten zu Geltung bringen, sondern im Einklang mit Zielen, die ihr wirklich wichtig sind. Die Notwendigkeiten des Willens, die einen Menschen bestimmen, implizieren, daß er bestimmte Dinge wollen muß und zu anderen sich nicht durchringen kann. Der Verlauf und die Struktur seines Lebens werden durch diese Notwendigkeiten wesentlich bestimmt. Sie bestimmen nicht nur seine Handlungen. Indem sie die Möglichkeiten begrenzen, die seinem Willen verfügbar sind, und weil die Eigenschaften seines Willens das Wesen eines Menschen konstituieren, bestimmen die Notwendigkeiten des Willens was ein Mensch unabweisbar sein muß. So wie das Wesen eines Dreiecks aus seinen notwendigen Eigenschaften besteht, so besteht das Wesen eines Menschen aus den Unabweisbarkeiten seines Willens. Die Grenzen seines Willens bestimmen seine Gestalt als Person.

5.

Ich beabsichtige nicht, hier eine Strukturanalyse der Notwendigkeiten des Willens vorzulegen. Die Kraft dieser Notwendigkeit dürfte in mancher Hinsicht der Macht der Liebe ähneln. Diese Macht ist paradox: Die Liebe nimmt uns gefangen; doch diese Gefangenschaft wird in mancher Hinsicht als Befreiung erlebt. Liebe ist selbstlos; doch sie macht es möglich, sich zutiefst als Selbst zu erleben. Liebe könnte nicht so befreiend oder steigernd wirken, wäre ihre Macht nicht so überwältigend und so außerhalb jeder unmittelbaren Kontrolle durch den Willen. Wir können nicht anders als lieben, was wir lieben; Liebe läßt sich nicht durch bloße Willensakte erzwingen. Der Wert einer Liebe geht mindestens teilweise darauf zurück, daß sie nicht in unserer Macht steht. Der Wert einer Liebe wäre für uns verloren, wenn wir durch Willensentscheid lieben oder nicht lieben könnten. Die Erfüllung und die Freiheit, die Liebe gewährt, hängt an der Notwendigkeit, mit der sie sich zur Geltung bringt.

Ein Mensch, der nicht liebt, hat keine Ideale. Ein Ideal ist eine Grenze. Die Ideale eines Menschen sind die Verpflichtungen, die er nicht zu verraten vermag, und die Bestimmungen, deren Verletzung für ihn undenkbar sind. Wenn einer keine Ideale hat, gibt es für ihn keine Grenzen möglicher Handlungen. Es steht ihm frei, seinen Willen nach seinen Launen zu formen und beliebige Entscheidungen zu treffen. Doch bedeutet dies nicht, daß sein Wille frei ist. Es zeigt nur, daß sein Wille anarchisch ist – ein bloßer Spielball von Impulsen und Neigungen. Ohne Ideale bestehen keine Gesetzmäßigkeiten des Willens, deren Autorität zu achten und bedingungslos anzuerkennen die Person sich verpflichtet hat. Da sie unverletzliche Grenzen nicht hat, ist sie amorph – dieser Mensch hat weder eine feste Identität noch eine bestimmte Form.

Zu behaupten, ein Mensch habe keine Ideale, bedeutet, daß es nichts gibt, was er nicht unter Umständen tun würde. Da nichts für ihn notwendig ist, ist er nichts wirklich Bestimmtes. Er kann natürlich stabile Dispositionen oder Merkmale haben oder konsistente Präferenz- und Entscheidungsmuster aufweisen. Doch solche stabilen Willensmerkmale gehen auf unpersönliche kausale Einflüsse zurück. Sie sind nicht die Folge seines Wunsches, eine bestimmte Person zu sein oder ein bestimmtes Leben zu führen. Seine Willenseigenschaften sind nicht durch seinen Willen festgelegt, sondern durch Umstände außerhalb des Willens. Der Wille eines solchen Menschen wird ganz und gar durch die Umstände, nicht durch die eigene Struktur bestimmt. Kein Willensmerkmal ist notwendig, da keines seiner eigenen Natur entspringt. Folglich kann er keine wirkliche Integrität besitzen, denn es gibt keine persönlichen Grenzen, deren Unverletzlichkeit er verteidigen könnte. Es fehlt ihm die persönliche Substanz, in der die notwendigen Bedingungen seiner Identität ihren Grund hätten. Es gibt nichts, was er wirklich ist. Was er ist, jeweils, ist bloß zufällig.

Die Ideale, welche die Substanz eines Menschen bestimmen, müssen nicht moralische Ideale sein. Moral bezieht sich ja vor allem auf die Art und Weise, wie ein Mensch mit den Interessen anderer Menschen umgeht. Die bestimmtesten Grenzen im Leben eines Menschen können mit den Imperativen der Tradition, seinem Geschmack, seinem Stil, seinem Intellekt oder der persönlichen Spielart seines Ehrgeizes zusammenhängen. Was sind die Merkmale eines Ideals, die bewirken, daß es die Grenzen und die Identität einer Person bestimmt? Die Philosophen haben diese wichtige Frage in erstaunlichem Umfang vernachlässigt. Ich werde sie hier nicht weiter verfolgen. Eine weitere wichtige und vernachlässigte Frage, die ich ebenfalls hier nicht weiterverfolgen werde, betrifft die Basis für eine vernünftige Wahl zwischen mehreren achtenswerten Idealen.

Vielleicht erscheint es unangemessen, daß Probleme der Wahl und Rechtfertigung im Zusammenhang der von mir als Notwendigkeiten beschriebenen Sachverhalte stehen sollen. Wogegen man sich nicht wehren kann, hängt, so könnte man behaupten, nicht davon ab, ob es vindiziert oder gewählt wird. Es ist wahr, daß ein Mensch nicht einfach die Grenzen seines Willens festlegen kann. Freilich darf daraus nicht der Schluß gezogen werden, daß er überhaupt keinen Einfluß darauf hat. Rationale Argumente haben sehr wohl ihren Platz bei der Analyse und Bewertung von Idealen. Selbst die Verliebtheit impliziert in der Regel anderes und mehr als die blinde Macht eines alles beherrschenden Gefühls.

6.

Vielfach heißt es, die wertvollsten Fähigkeiten der Gattung seien, daß wir denken und daß wir lieben können: Beide Fähigkeiten können nur realisiert werden, wenn ein Mensch durch eine Art Notwendigkeit bestimmt ist. Im ersten Fall handelt es sich um den kognitiven Zwang der Logik. Im zweiten Fall handelt es sich um die willensmäßige Notwendigkeit der Liebe. Die Vernunft gilt universell, ihre Imperative binden alle gleichermaßen. Liebe dagegen ist spezifisch und partikular: Wenn ich bestimmten Idealen gehorche oder jemanden liebe, werde ich daraus nicht folgern, daß jeder einen Fehler begeht, der nicht dasselbe tut. Weder läßt sich beweisen, wen man lieben muß, noch welche Ideale die Grenzen des Willens bestimmen müssen. Daraus sollte nicht hergeleitet werden, daß die Notwendigkeiten unseres Willens bloß passiv als Gegebenheit anerkannt werden müssen: als rohe Tatsachen, die Überlegung und rationale Kritik ausschließen. Das Verhältnis von Liebe und Vernunft ist ein altes philosophisches Thema. Wir wären gut beraten, es wieder aufzunehmen.*

* Eine weiterführende Diskussion einiger hier behandelter Themen findet sich in meinem Buch: *The Importance of What we Care About*, New York: Cambridge University Press 1988.

Augusto Blasi
Die Entwicklung der Identität und ihre Folgen für moralisches Handeln*

Bei dem Versuch, die Beziehungen zwischen moralischem Denken und moralischem Handeln zu bestimmen, habe ich vor ein paar Jahren ein eher skizzenhaftes Modell formuliert und es Selbst-Modell moralischen Verhaltens genannt (Blasi, 1980, 1983a). Dieses Selbst-Modell enthielt drei zentrale Thesen: a) Moralisches Denken wird dann zuverlässiger in moralisches Handeln umgesetzt, wenn es in ein Urteil persönlicher Verantwortlichkeit überführt wird; b) moralische Verantwortlichkeit ergibt sich aus der Integration von Moral in die eigene Identität oder das eigene Selbst-Empfinden; c) aus moralischer Identität rührt die psychologische Notwendigkeit her, in Übereinstimmung mit den eigenen Idealen zu handeln. Diesem Modell zufolge spielt moralische Identität also eine zentrale Rolle und gilt Stimmigkeit mit dem Selbst als grundlegende Motivationsquelle moralischen Handelns.

Der vorliegende Aufsatz läßt sich im Zusammenhang mit dieser früheren Arbeit sehen. Im Kern geht es im folgenden jedoch nicht um Moral, sondern um die Identitätsentwicklung, nämlich um die aufeinander folgenden Formen, welche Identität von Altersstufe zu Altersstufe annehmen kann. Die moralischen Implikationen dieser Transformationen werden kurz angesprochen, aber eher aus einem theoretischen als aus einem empirischen Blickwinkel; eines der Ziele dieser Abhandlung ist es, den Schwerpunkt des Modells vom moralischen Handeln auf die moralische Persönlichkeit zu verlagern.

Das Gesamtverständnis moralischen Funktionierens, das im Selbst-Modell zum Ausdruck kommt, bleibt dasselbe. Einer seiner Vorzüge liegt darin, daß es mit der alltagsweltlichen Intuition im Einklang steht, wonach Moral ein Wesenszug der Person und nicht einfach ein Ergebnis abstrakten Wissens ist. Sein wichtigstes Charakteristikum, jedenfalls in meiner Sicht, ist, daß es nicht ver-

* »The Development of Identity«, Originalbeitrag. Übersetzung: H. Jochen Bußmann.

sucht, an die Stelle moralischer Vorstellungen ein Bündel nichtkognitiver Persönlichkeitsmerkmale zu setzen: vielmehr wirkt – so die Annahme – die motivierende Kraft der Identität mit der motivierenden Kraft von Vernunft und Wahrheit zusammen. Die Zentrierung der Identitätskonstruktion auf jene moralischen Ideale, die das Individuum als objektiv überzeugend und gültig empfindet, trägt der Tatsache Rechnung, daß kognitive Elemente für moralisches Denken konstitutiv sind. Beide Aspekte – die kognitive Fundierung der Moral und ihre Integration in die Persönlichkeit – scheinen für eine adäquate Darstellung des moralischen Funktionierens unabdingbar, aber diese Kombination findet sich in keiner der gängigen psychologischen Erklärungen von Moral, weder in der psychoanalytischen noch in der Piagetschen Theorietradition.

Und doch kann dieses Modell nicht rundherum richtig sein. Das liegt im wesentlichen daran, daß Identität eine ziemlich späte Entwicklung ist, die selten vor der Mitte der Adoleszenz auftritt, während genuine Moral und sogar moralische Verantwortlichkeit eindeutig schon in der Kindheit vorhanden sind. Das Selbst-Modell wäre so zu erweitern, daß es neben Identität andere Formen moralischer Integration einschlösse, die – wie Identität – dem kognitiven Wesen von moralischen Erwägungen Genüge zu tun erlaubten. Keine dieser Fragestellungen wird hier jedoch aufgegriffen werden. Mit seinem eindeutigen Schwerpunkt auf Identität ist dieser Aufsatz als ein begrenzter Beitrag zum Verständnis der Moralpsychologie Erwachsener anzusehen.

Das Konzept der Identität

Der Begriff Identität deckt nicht nur ein einziges Konzept ab: Wenn Philosophen, Soziologen und Psychologen von Identität sprechen, neigen sie dazu, sich auf unterschiedliche Denkmuster zu beziehen. In der Psychologie ist es vor allem in der Folge von Eriksons Arbeit (z. B. 1968) weithin üblich, von Identität als einer besonderen Art des Selbst-Empfindens zu sprechen (einem bewußteren, stärker individualisierten und expliziter »bemühten«), das von der Mitte der Adoleszenz an aufzutreten beginnt. Auch ich werde dieser Konvention folgen. Es scheint mir sinnvoll, die Bedeutung desjenigen Konzepts, von dem die folgende Erörterung ihren Ausgang nimmt, durch den Vergleich mit der Eriksonschen Konzeptualisierung herauszuarbeiten, obwohl ich mich von seiner Theorie absetze.

Erikson (1968) unterschied drei Aspekte oder Komponenten von Identität: Aus einem strukturellen Blickwinkel stehe Identität für eine grundsätzlich unbewußte Reorganisation von Bedürfnissen, Motiven, Identifikationen und charakteristischen Bewältigungsstrategien; vom Sozialen her gehöre zur Identität eine neue Weise der Integration in die eigene Gesellschaft einschließlich einer mehr oder weniger selbstbestimmten Übernahme bestimmter sozialer Rollen und der eigenen kulturspezifischen Ideologie. Von diesen beiden Aspekten hänge ab, was sich als Inhalt von Identität benennen ließe, nämlich jene spezifischen Charakteristika, mit denen man sich identifiziert und die dem subjektiven Identitätsempfinden zugrundeliegen. Unter diesen Charakteristika hat sich die psychologische Forschung besonders der Berufswahl sowie politischen, religiösen und moralischen Idealen zugewendet. Man hat Erikson so interpretiert, als habe er die Ansicht vertreten, Identität sei wegen ihres unabdingbaren Bezugs auf soziale und kulturelle Integration notwendigerweise auf all diesen Thematiken aufgebaut, wenngleich die inhaltlichen Entscheidungen von Individuum zu Individuum und Kultur zu Kultur verschieden sind. Jedenfalls vom Eriksonschen Ansatz her ist dies folglich der Kontext, von dem aus sich die Integration einer kulturell tradierten Moral in die Persönlichkeit und die Motivationsbasis moralischer Ideale bei einer Person angehen läßt.[1]

Die dritte Komponente in Eriksons Konzeption bezieht sich auf eine spezielle Selbst-Erfahrung, welche die Veränderungen im Verlauf der Identitätsentwicklung begleiten und deren je spezifische Ergebnisse subjektiv einfärben soll. In der positiven Variante gehöre zu dieser Erfahrung das »Empfinden von Selbst-Gleichheit und Kontinuität«, das Gefühl innerer Einheit, das Gespür der eigenen Individualität und Einzigartigkeit, ein allgemeines Empfinden des Wohlergehens, von Sinnhaftigkeit und Tatkraft und das

1 Man darf Eriksons Theorie allerdings nicht mit einer der verschiedenen kognitivistischen Entwicklungstheorien durcheinanderbringen. Trotz seiner Betonung des Ichs und der soziokulturellen Anpassung blieb Erikson ein Psychoanalytiker, also skeptisch gegenüber der Möglichkeit, allein durch Wissen, unabhängig von den affektiven Bedürfnissen der Psyche, zu Idealen zu gelangen.

Gefühl, im eigenen Leib und in der eigenen Gesellschaft zu Hause zu sein.

Mit dem phänomenologischen Aspekt von Identität war Erikson anscheinend nicht so ganz zufrieden; so fand er beispielsweise die explizite Konzentration auf die Frage »Wer bin ich?« unnötig und mißtraute ihr sogar; überdies wußte er nicht genau, was er theoretisch mit der subjektiven Erfahrung des Selbst anfangen sollte (vgl. 1968, Kap. 5). Aber wie dem auch sei, das Spezifikum seiner Theorie liegt darin, daß sie, ohne daß dies bislang empirisch gut belegt wäre, diese drei Aspekte als unauflösbar miteinander verknüpft postuliert: Es könne kein subjektives Identitätsempfinden geben, solange die unbewußte Reorganisation von Bedürfnissen und Identifizierungen nicht erfolgreich abgeschlossen und die optimale Integration von Individualität und Autonomie einer Person und den gesellschaftlichen Erwartungen und Anforderungen nicht erreicht ist. In dieser Hinsicht kann Erikson als der letzte organismische Optimist gelten: Für ihn stand außer Frage, mindestens scheint es so, daß die große Mehrheit der Menschen eine adäquate Befriedigung ihrer unbewußten Bedürfnisse zu erreichen und ein Gefühl für ihre Wurzeln und ihre Zugehörigkeit und auch eine Empfindung der Sinnhaftigkeit in dem von ihnen gewählten Beruf und in ihren Idealen aufrechtzuerhalten vermögen, während sie zugleich an der Vorstellung von ihrer persönlichen Individualität und letztendlichen Autonomie festhalten.

Bei meinem eigenen Ansatz geht es einzig und allein um den phänomenologischen, d. h. auf Erfahrung beruhenden Aspekt der Identität. Den dynamisch strukturellen Aspekt, den Aspekt psychosozialer Adaption und kultureller Integration läßt er deshalb ebenso beiseite wie die spezifischen Inhalte, auf denen individuelle Unterschiede beruhen. Er ist absichtlich deskriptiv und enthält sich der Aufstellung theoretischer Postulate, die für Eriksons Vorgehensweise charakteristisch sind. Nach meiner Auffassung muß Identität in erster Linie in subjektiven Begriffen definiert werden, als ein spezielles, identifizierbares Selbst-Empfinden; nur so läßt sich damit beginnen, eine psychologische Theorie über die die Entwicklung vorantreibenden Faktoren und Prozesse und über die individuellen und gesellschaftlichen Konsequenzen unterschiedlicher Identitätsformen aufzubauen. Deshalb wird prinzipiell davon ausgegangen, daß die Erfahrung eines tieferen, wahreren und einheitsstiftenden Selbst sich durchaus angemessen auch um Themen herum errichten läßt, die wenig mit Berufswahl, politischen Idealen oder sexueller Orientierung zu tun haben. Dementsprechend werden die Erfahrung eines gewissen Maßes an Entfremdung von der eigenen Gesellschaft und Kultur und sogar daraus herrührende Gefühle des Unglücklichseins und geringen Selbstwerts nicht *ipso facto* als Anzeichen dafür verstanden, daß sich Identität nicht richtig ausbilden konnte oder sich in pathologischer Richtung entwickelt hat.

Bei dem von mir vorgeschlagenen Ansatz steht der phänomenologische Aspekt der Identität nicht nur mehr im Mittelpunkt, sondern wird anders gefaßt als bei Erikson. Zunächst: Identität wird weiterhin allgemein als Erfahrung einer besonders zentralen persönlichen Realität definiert, die das individuelle Selbst-Empfinden konstituiert, aber es wird die Möglichkeit von entwicklungsmäßigen Unterschieden in genau dieser Dimension postuliert. Diese Unterschiede werden dann bei den vier grundlegenden Dimensionen aufgesucht, welche die Erfahrung eines Menschen als Subjekt ausmachen, nämlich dem Kontrollbewußtsein [*sense of agency*], dem Gefühl der Einheitlichkeit als Aktor [*sense of unity as agent*], dem Gefühl der Andersartigkeit oder der Abgrenzung und der Erfahrung der Selbst-Distanzierung, wie sie etwa bei der Selbstreflexion und Selbstbeherrschung in Erscheinung tritt (Blasi, 1983b, 1988).

Wie ich anderswo dargetan habe (Blasi, 1991), ließen sich im Rahmen dieser vier Dimensionen von Selbst-Erfahrung oder ihrer Kombination eine Reihe wichtiger psychologischer Variablen begrifflich fassen: das Gefühl der Selbstbeherrschung und Verantwortlichkeit, Engagement und Einsatzbereitschaft, das Empfinden von Einzigartigkeit, Autonomieerfahrung, Selbstreflexion, das Gefühl von Einheit oder von innerer Fragmentierung. Kurzum, es wird davon ausgegangen, daß Leute sich nicht einfach nur darin unterscheiden, ob sie eine Identität entwickelt haben oder nicht, oder hinsichtlich der Thematiken, um die herum sie ihre Identität errichtet haben; sie können sich auch in der Art und Weise voneinander unterscheiden, wie sie ihre Identität erfahren und sich subjektiv dazu verhalten, selbst wenn deren spezifischer Inhalt jeweils derselbe ist. So mögen etwa einige Menschen ihre Moralität als zentral für ihr Selbst-Empfinden erachten, als entscheidend dafür, wer sie sind. Für andere jedoch sind moralische Ideale und Forderungen eben einfach da, etwas ihnen von der

Natur Vorgegebenes, auf das sie wenig Einfluß zu haben meinen; moralische Ideale stehen neben anderen Eigenarten, und alle sind sie gleich wichtig, einfach deshalb, weil es sie gibt. Wieder andere sehen dagegen in ihren moralischen Idealen etwas, für das sie sich persönlich vor anderen Idealen oder Ansprüchen entschieden haben; sie empfinden deren Fragilität und fühlen sich verantwortlich dafür, sie und damit auch ihr Selbst-Empfinden zu beschützen. Die Suche nach Unterschieden dieser Art war Gegenstand der Untersuchungen, über die weiter unten berichtet wird.

Identitätsmodi in Kategorien der Ich-Entwicklung

Zu den bemerkenswertesten neueren Arbeiten über Persönlichkeitsentwicklung aus jüngerer Zeit gehören Loevingers (1976) Theorie der Ich-Entwicklung und ihre Verfahren, diese zu messen (Loevinger, et al., 1970; Redmore et al., 1978; Loevinger, 1979). Loevinger definierte »Ich« als jenen Persönlichkeitsaspekt, der durch die Konstruktion von Bedeutungen, die man sich selbst, anderen Menschen und der umgebenden Welt verleiht, eine grundlegende Einheit schafft. Auf der Grundlage einer Integration und Neuinterpretation der Arbeiten von Theoretikern und Forschern skizzierte sie eine Abfolge von Stadien dieser umfassenden Sinnkonstruktionen. Dominante Themen, die in den verschiedenen Stadien immer wieder auftauchen, betreffen Impulskontrolle und Charakterentwicklung, interpersonale Orientierungen, bewußte Vorlieben und kognitiven Stil.
Wichtiger für die vorliegende Abhandlung ist jedoch Loevingers Methode zur Erfassung der Ich-Entwicklung. Sie beruht auf der Vervollständigung von 36 Satzanfängen. Um das Kodiersystem zu konstruieren, wurden Tausende von Antworten auf jeden Satzanfang oder jedes Item in Kategorien zusammengefaßt, und zwar allein aufgrund der Ähnlichkeiten der Oberflächenbedeutung. Des weiteren wurden die Antwortkategorien – itemspezifisch – einem der Entwicklungsstadien zugeordnet und dann in eine Stufenfolge gebracht. Die Entscheidung, eine spezifische Kategorie als zu einem bestimmten Stadium zugehörig zu erachten, wurde aufgrund zweier Hauptkriterien getroffen: der Affinität zu der theoretischen Beschreibung des jeweiligen Stadiums *und* der em-

pirischen Wahrscheinlichkeit, daß diese besondere Antwort von Befragten gegeben wurde, die aufgrund all ihrer sonstigen Antworten als in diesem Stadium befindlich erachtet wurden. Dies bedeutet: Wenn man sich alle Kategorien anschaut, die einer bestimmten Stufe der Ich-Entwicklung zugeordnet werden, und sie mit jenen aus anderen Stufen vergleicht, dann kann man damit beginnen, die jeweiligen Vorstellungen, Interessen, Einstellungen und Erwartungen miteinander zu verknüpfen und so einen Denkstil oder eine Mentalität von einiger Kohärenz zu rekonstruieren.

In meiner eigenen Arbeit (Blasi, 1983b, 1988) wurden die acht von den 36 Items ausgewählt, die häufig zu Antworten führten, die für das Selbst-als-Subjekt relevant sind. Solche Items waren etwa »Was ich an mir mag ...«, »Wenn ich wütend bin ...«, »Was mich in Schwierigkeiten bringt ...« und »Wenn ich kritisiert werde ...«. Bei jedem einzelnen Item und bei der Gruppe der acht Items insgesamt wurden die Antwort-Kategorien, die jeweils ein und demselben Stadium zugeschrieben werden, gemeinsam analysiert und in der Suche nach Mustern von Selbst-Erfahrung neu gedeutet. Die diese Analyse leitenden Fragen waren: Welche Art Aussagen werden typischerweise von Leuten gemacht, die einem bestimmten Stadium zugeordnet wurden? Welche Art von Selbst-Erfahrung legen diese Aussagen nahe? Wie erfahren sich diese Leute als Handelnde, als ganzheitliche Einheiten, als von anderen Unterschiedene und bei der Selbstdistanzierung durch Reflexion? Wie unterscheiden sich diese Erfahrungen von denen anderer, die in anderen Stadien der Ich-Entwicklung eingeordnet wurden?

Diese Analyse erbrachte Beschreibungen von Selbst-Erfahrung, die jeweils einer der Loevingerschen Haupt- oder Übergangsstadien entsprachen. Die Beschreibungen, die aus den vier höchsten Stadien der Ich-Entwicklung herrührten, scheinen für die subjektive Erfahrung von Identität besonders bedeutsam zu sein.[2] In Tabelle 1 sind sie kurz zusammengefaßt. Die erste, die hier als soziale Rollen-Identität bezeichnet wird, enthält keines der in Eriksons Konzeptualisierung zentralen Charakteristika; dieser

2 Die exakten Stadien der Ich-Entwicklung, die den Identitätsmodi zugrundegelegt wurden, sind Stadium I-3 oder konformistisches Stadium, Stadium I-3/4 oder gewissensorientiert-konformistisches Stadium; Stadium I-4 oder gewissensorientiertes Stadium; schließlich die Kombination der Stadien I-4/5, I-5 und I-6 (des individualistischen, autonomen und integrierten Stadiums).

Tabelle 1: Modi der Identität
(nach Loevingers Kategorien der Ich-Entwicklung)

Rollen-identität	Das Selbst-Gefühl basiert auf dem äußeren Erscheinungsbild, den sozialen und familiären Beziehungen und einfachen, gesellschaftlich anerkannten Empfindungen und Merkmalen. Weder Subjektivität noch Kontrollbewußtsein sind wichtige Aspekte dieser charakteristischen Merkmale. Im Gegensatz zu späteren Modi ist hier kein spezifischer Selbstaspekt als für einen Selbst-Kern, für das Gefühl innerer Einheitlichkeit konstitutiv herausgehoben.
Beobachtete Identität	Eine innere Quasi-Substanz wird entdeckt, die aus unmittelbar erlebten Empfindungen, Intuitionen und Überzeugungen gebildet ist. Dieses innere Selbst wird dem nach außen orientierten, oberflächlichen Selbst entgegengesetzt und als das eigene wahre Selbst angesehen. Zu dieser Entdeckung gehört eine wachsende subjektive Bedeutung von Selbst-Reflexion, von Selbst-Empfindungen und »Wahrhaftigkeit«. Anders als bei späteren Identitätsmodi wird das innere, das wahre Selbst als ein fertig vorliegendes Gegebenes aufgefaßt, nicht als Ergebnis eigenen Bemühens und nicht als etwas, wofür man verantwortlich ist.
Erarbeitete Identität	Ich-Ideale, Standards, Werte und eine »Lebenseinstellung« treten bei der Konstruktion des wahren Selbst an die Stelle unmittelbarer innerer Empfindungen. Identität ist nicht mehr eine Gabe der Natur, sondern etwas, was im alltäglichen Handeln erarbeitet werden muß. Aktormerkmale – daß man seine eigentlichen Ziele erreicht, seine Probleme löst und sich weiterentwickelt – werden für das Selbst-Empfinden bedeutsam.
Identität als Authentizität	Das wahre Selbst wird nicht mehr durch klare Zielvorstellungen und Ideale bestimmt. Statt dessen werden zu dominanten Merkmalen: die Entdeckung innerer Konflikte und Dichotomien; die Bestätigung der eigenen Autonomie, insbesondere gegenüber kulturellen und gesellschaftlichen Stereotypen; die eigene Beziehung zur Menschheit insgesamt und zu weltweiten Problemen; Offensein für Wahrheit und Objektivität, wenn es darum geht, das eigene Leben und die eigene Identität zu bestimmen.

Typus eines Selbst-Gefühls ist – jedenfalls in unserer Kultur – wahrscheinlich eine Art Vorläufer jener Identität, die mit der Adoleszenz assoziiert ist. Die anderen drei scheinen zu belegen, daß genuine Identität (d. h. Identität im Eriksonschen Sinne) unabhängig von ihrem Inhalt in sehr unterschiedlichen Weisen erfahren werden kann und daß die Arten dieser Erfahrung in einer Entwicklungssequenz angeordnet werden können.

Diese Identitätsmodi weisen nicht nur einen gewissen Grad psychologischer Kohärenz im Kontext einer basalen Selbst-Erfahrung auf, sondern ordnen und erhellen offenbar auch eine Reihe weiterer Untersuchungsergebnisse, welche mit der Entwicklung von Selbstbewußtheit und Selbstreflexivität zu tun haben, dem Beginn einer Aufspaltung zwischen innerem und äußerem Selbst und der Wichtigkeit von »Wahrhaftigkeit«, der Entwicklung von Autonomie und der Verbindlichkeit der eigenen Ideale für die eigene Person. Und doch konnte aus einer Reihe von Gründen den von Loevingers Studien übernommenen Beschreibungen nicht mehr als ein nur heuristischer Wert beigemessen werden. Zweck und konzeptioneller Rahmen, welche die Leitlinie für die Datensammlung in Loevingers Arbeit abgaben, haben eben wenig mit unserem Interesse an der subjektiven Erfahrung von Identität zu tun; obwohl jedes der Charakteristika, die einen bestimmten Identitätsmodus definieren, bei einer großen Zahl von Personen vom jeweils selben Stadium der Ich-Entwicklung vorhanden zu sein scheint, läßt sich überdies anhand unserer Sekundäranalyse nicht entscheiden, inwieweit der *Gesamt-Cluster* von Merkmalen bei jedem einzelnen Individuum auftritt; schließlich ist es beim gegenwärtigen Wissensstand auch noch nicht möglich, die Relation der Identitätsmodi zum chronologischen Alter festzulegen. Kurz, es schien uns weiteren und eigenständigen Beweismaterials zu bedürfen, um die Triftigkeit dieser deskriptiven Kategorien zu bestätigen.

Empirische Replikation der Identitätsmodi

Es wurden zwei Untersuchungen durchgeführt, um die folgenden Fragen zu beantworten: 1) Bilden die unterschiedlichen psychologischen Merkmale, die – aggregiert – die Beschreibung des jeweiligen Identitätsmodus ausmachen, tatsächlich auf der Individualebene empirische Cluster, d. h. sind sie allesamt bei den einzelnen Individuen präsent? 2) Unterscheiden die individuellen Merkmale jedes einzelnen Identitätsmodus und die Cluster, die sie womöglich bilden, Menschen unterschiedlicher Altersgruppen? Schwerpunkt der ersten Studie war die Unterscheidung zwischen den Identitätsmodi der beobachteten Identität und der Rollen-Identität anhand eines Vergleichs einer Gruppe von 24 Sechstkläßlern mit einer Gruppe von 24 Zwölftkläßlern. Der zweiten Studie ging es darum, den Modus der erarbeiteten Identität von früheren Identitätsmodi zu unterscheiden; sie verglich dazu zwei Gruppen von Frauen miteinander, nämlich 15 Zwölftkläßlerinnen mit 15 Erwachsenen, die zumeist in den Dreißigern waren.

Bei beiden Studien wurde eine ähnliche Strategie verfolgt. Die Beschreibung des jeweiligen Identitätsmodus war Ausgangspunkt für den Interviewleitfaden und die Festlegung der Auswertungsdimensionen. Die aus Loevingers Kategorien abgeleiteten Charakteristika der Identitätsmodi bestimmten also sowohl die wichtigsten Themen des Interviews wie die zentralen Gesichtspunkte oder Sinndimensionen für die Analyse der Antworten der Befragten. Die Auswertung und Interpretation erfolgte dann für jede einzelne Dimension separat und, soweit wie möglich, unabhängig von den je anderen Dimensionen.

Für jede Dimension wurden Antwortkategorien nach zwei Kriterien konstruiert: in erster Linie nach der Bedeutungsähnlichkeit der Antworten der Befragten; dann nach der Ähnlichkeit zwischen den Antworten der Befragten und den aus Loevinger abgeleiteten Charakteristika. Nie wurde die Möglichkeit, Altersgruppen zu differenzieren, als Richtschnur zur Definition der Kategorien benutzt. Schließlich wurden Skalen gebildet, wobei innerhalb jeder Dimension die Antwortkategorien etwa dem Entwicklungsverlauf entsprechend angeordnet wurden. Bei der Analyse der einzelnen Gesprächsprotokolle wurden alle zu einem bestimmten Thema oder zu einer bestimmten Dimension (beispielsweise dem Wesen des wahren Selbst) gegebenen Antworten gemeinsam beurteilt, zusammengefaßt und mit den Kategorien der entsprechenden Skala verglichen; diejenige Kategorie, die am besten die Antworten eines Befragten abdeckte, und die Plazierung dieser Kategorie innerhalb der Skala entschieden über den Punktwert des Befragten innerhalb der jeweiligen Dimension.

In einem letzten Schritt wurden die Punktwerte aller Befragten bei jeder einzelnen Dimension mit jenen in den anderen Dimensionen korreliert. Außerdem wurden spezifische Kategorien über mehrere Dimensionen hinweg zu globalen Indices zusammengefaßt, die den aus Loevinger abgeleiteten Identitätsmodi korrespondieren. Schließlich wurden auf jeder einzelnen Dimension oder Skala und auf dem globalen Index die Altersgruppen statistisch miteinander verglichen.

Die frühe Entwicklung von Identität

Über die erste Untersuchung, die Thema einer Senior Honors-Arbeit gewesen ist (Milton, 1988), ist ausführlicher bereits an anderer Stelle berichtet worden (Blasi und Milton, 1991). Identität, deren erste Erscheinungsform wir zu erfassen versuchten, wurde darin nicht einfach als Selbst-Definition verstanden (die es offenkundig längst vor der Adoleszenz gibt), sondern – minimal – als Erfahrung eines inneren Selbst, die die eigene Individualität fundiert. Diesem frühen Stadium von Identität scheint der Modus der beobachteten Identität zu entsprechen. Nach seiner Beschreibung besteht die entscheidende Erfahrung in der Entdeckung einer inneren psychologischen Quasi-Substanz, die als das wahre oder wirkliche Selbst gilt. Aus dieser Entdeckung scheint sich eine Reihe charakteristischer Folgen zu ergeben: die Dramatisierung der Trennung zwischen dem Inneren und dem Äußeren; die Bedeutsamkeit von Selbstreflexion und Selbstbeobachtung; ein besonderes Verständnis von Wahrhaftigkeit [*sincerity*] und »Auf-Schau-machen« [*phoniness*] und von deren Bedeutung für die eigene Person. Bei diesem Modus scheint die innerpsychische Substanz oder das wirkliche Selbst jedoch als ein natürliches und grundsätzlich unveränderliches Gegebenes verstanden zu werden, das zumeist aus spontanen Gefühlsregungen und Vorstellungen besteht, für die man nicht verantwortlich ist.

Von diesen Ideen ausgehend, explorierte das Interview die folgenden Themen: Die Unterscheidung zwischen einem inneren privaten Selbst und einem äußeren, öffentlichen Selbst und das Maß, in dem ersteres anderen Leuten zugänglich ist (*Privates Selbst*); die Identifikation und Auffassung von Aspekten der eigenen Person, die als wesentlicher und echter empfunden werden als die übrigen

(*Wirkliches Ich*); Häufigkeit, persönliche Bedeutsamkeit und Gegenstand von Selbstreflexion (*Selbst-Reflexion*); die Auffassung und persönliche Bedeutung von »Wahrhaftigkeit« und »Auf-Schau-machen« (*Wahrhaftigkeit*); die affektive Bedeutsamkeit der eigenen wichtigsten Eigenschaften für die betreffende Person (*emotionale Reaktion auf sich selbst*); schließlich das Maß, in dem man sich ändern kann oder sich zu ändern wünscht, insbesondere sein eigenes wahres Selbst (*Selbst-Veränderung*).
Um dies zu konkretisieren: Hinsichtlich des wirklichen Ich wurden die folgenden Fragen gestellt:

»Manche Leute sagen: Das ist mein wirkliches Ich; dies ist mein echtes Selbst. Was meinen sie damit? Gibt es in Deinem Selbst Anteile, die echter und wirklicher sind als andere? Kannst Du mir ein paar Beispiele dafür geben? Inwiefern wären diese Anteile ganz besonders wirklich? Wer entscheidet, was Dein wirkliches Ich ist und was nicht? Wie geht man bei einer solchen Entscheidung vor?«

Einige der die »Wahrhaftigkeit« betreffenden Fragen lauteten:

»Gelegentlich sagen wir von anderen Leuten: Er oder sie macht nur auf Schau oder ist unecht. Was heißt »auf Schau machen«? Kannst Du mir ein Beispiel dafür nennen? Könntest Du eng mit jemandem befreundet sein, den Du für nicht echt hältst? Stelle Dir vor, eines Tages schautest Du auf Dich und dächtest: Ich mache auch nur auf Schau. Was ginge Dir dann durch den Kopf? Wäre das bedeutsam für Dich? Und weshalb?«

Für die im Leitfaden angesprochenen Themenkomplexe wurden sechs Skalen entwickelt und die Antwortkategorien in jeder einzelnen Skala in einer dem vermuteten Entwicklungsverlauf entsprechenden Reihenfolge angeordnet. Folgende Skalen wurden entwickelt: wirkliches Ich, privates Selbst, Selbst-Reflexion, Wahrhaftigkeit, Selbst-Veränderung und affektive Einstellung zu den persönlichen Merkmalen. Die Antwortkategorien werden nicht im einzelnen dargestellt (sie finden sich in Blasi und Milton, 1991) – ihr wesentlicher Gehalt ist im Globalen Selbstindex zusammengefaßt.
Global-Index zur Selbst-Erfahrung. Der Index wurde durch Clusterbildung der spezifischen Antwortkategorien über die einzelnen Selbstskalen hinweg konstruiert mit der Intention, die aus der Sekundäranalyse von Loevingers Daten gewonnenen Beschreibungen der Identitätsmodi zu modellieren.
Der Global-Index umfaßt fünf Kategorien. In Kategorie 1 wird

das Selbst im eigenen Körper und den Handlungen erfahren; wahrhaftig sein heißt, über eigene Taten die Wahrheit zu sagen; ein inneres wahres Selbst ist nicht aufgebaut worden: Die eigenen Persönlichkeitsmerkmale rufen folglich keine besonderen emotionalen Reaktionen hervor. Dieses Bild entspricht weitgehend der sozialen Rollen-Identität. In Kategorie 3 wird Selbst-Erfahrung von der inneren Welt dominiert, nämlich von Gefühlen, Ansichten und Überzeugungen. Sie machen das wahre Selbst aus, weil sie spontan und von anderen Menschen unbeeinflußt sind. An seinem wahren Selbst ist einem gelegen, und man ist darauf bedacht, es nicht durch Unwahrhaftigkeit zu verraten. In diese Erfahrung des wahren Selbst sind jedoch übergreifende Werte und erstrebenswerte Ideale nicht mit eingeschlossen, so daß es folglich als weitgehend statisch und unveränderbar angesehen wird. Diese Charakteristika ähneln stark der Beschreibung der »beobachteten Identität«. Kategorie 5 umfaßt dagegen Vorstellungen, die den *Beginn* des Modus der erarbeiteten Identität nahelegen: Werte und eine persönliche Lebenseinstellung gehören zum wahren Selbst dazu und werden zum Gegenstand der Reflexion; es wird wichtig, sich in Richtung des eigenen Selbst-Ideals weiterzuentwickeln. Die Kategorien 2 und 4 sind Zwischenkategorien, in denen Aspekte der Kategorien 1 und 3 bzw. 3 und 5 miteinander kombiniert sind.

Die Ergebnisse der statistischen Analyse waren eindeutig (für eine detaillierte Darstellung vgl. Blasi und Milton, 1991): Bei jeder der Skalen ergaben sich ausgeprägt unterschiedliche Antwortverteilungen für die beiden Altersgruppen und allenfalls in den mittleren Antwortkategorien fand sich eine gewisse Überlappung. Die Unterschiede waren stets signifikant auf dem Niveau .001. Die sechs Skalen korrelierten hoch miteinander, und zwar mit einer durchschnittlichen Interkorrelation von .72. Offensichtlich erfassen die Skalen eine gemeinsame zugrundeliegende Dimension.

Schließlich ließen sich, wie Tabelle 2 zeigt, alle Protokolle in eine Haupt- oder Zwischenkategorie des Global-Index einordnen, der zwischen den Angehörigen der beiden Altersgruppen deutlich differenziert (p .00003). Mit anderen Worten, die Identitätsmodi, die aus einer Neuanalyse von Kategorien der Ich-Entwicklung gewonnen wurden, ließen sich mit einem hohen Genauigkeitsgrad empirisch abbilden.

Diese Untersuchung gab uns nicht nur die Möglichkeit, unsere

Tabelle 2: Altersunterschiede beim Global-Index für Selbst-Erfahrung

A. *Studie 1*

Altersgruppe	Kategorien des Global-Index				
	1	2	3	4	5
Sechstkläßler (N = 24)	16	7	1		
Zwölftkläßler (N = 24)		1	12	6	5

F = 54.29, p .0001

B. *Studie 2*

Altersgruppe	Kategorien des Global-Index					
	1	2	3	4	5	6
Zwölftkläßlerinnen (N = 15)	6	5	4			
Erwachsene (N = 15)	1	1	3	4	3	3

F = 24.99, p .000

Ausgangsbeschreibungen zu bestätigen, sondern lieferte uns auch ein reichhaltigeres und komplexeres Bild der beiden frühen Identitätsmodi. Darüber hinaus brachte sie manche Überraschungen und nötigte uns dazu, eine Reihe unserer Erwartungen zu revidieren. So unterschieden nicht alle Heranwachsenden, die im Modus der beobachteten Identität klassifiziert wurden, scharf zwischen ihrem inneren und ihrem äußeren Selbst, und nicht alle waren überängstlich um den fugendichten Schutz ihrer Intimsphäre besorgt, wie es Broughton (1978, 1981) behauptet hatte: Bei einigen war es so, bei anderen nicht. Auch schienen nicht alle Heranwachsenden im Modus der beobachteten Identität großen Wert auf Selbstreflexion zu legen oder sie eifrig zu praktizieren: Einige tun es, andere wieder nicht. Kurz, dieser Identitätsmodus ist mit erheblichen individuellen Variationen hinsichtlich der eigenen Einstellung gegenüber Privatheit und Selbst-Reflexion vereinbar. Schließlich äußerte eine signifikante Anzahl der Schülerinnen eine überraschende Einstellung gegenüber der Selbst-Veränderung: Sie erachteten Veränderungen ihres wahren Selbst als praktisch unmöglich und jeden Versuch, sie herbeizuführen, als künstlich, unecht und deshalb als zu verurteilen. Selbstverständlich paßt diese Haltung gut zu dem Bild von Identität als etwas Naturgegebenem, das in spontanen Empfindungen wurzelt. Sie läßt aber auch Schwierigkeiten, wenn diese Heranwachsenden sich einer psychotherapeutischen Behandlung ausgesetzt sehen.

Das Identitätsempfinden im Erwachsenenalter

Die Beschreibungen der von Loevinger übernommenen Identitätsmodi gehen davon aus, daß Identität, zumindest in ihrer subjektiven Wahrnehmung, nicht dieselbe bleibt, nachdem sie in der mittleren Adoleszenz entstanden ist. Die zweite Studie, die ebenfalls Gegenstand einer Senior Honors Arbeit gewesen ist (Glodis und Blasi, 1991), fragte nach späteren Veränderungen von Identität; sie konzentrierte sich dabei besonders auf die Beschreibung des Modus der erarbeiteten Identität und versuchte, diesen Modus von den früheren zu differenzieren. Nach dieser Beschreibung bewahrt der Modus der erarbeiteten Identität das Gefühl eines wahren inneren Selbst, das Hauptmerkmal der beobachteten Identität. Der entscheidende Unterschied liegt darin, daß das wahre Selbst nicht länger an der Gesamtheit der erlebten spontanen Empfindungen und Gedanken festgemacht ist, sondern auf jenen Idealen und Zielen aufbaut, die man sich selbst gesetzt hat. Das führt zu einer Reihe von Implikationen: Man beginnt, Ideale und Ziele als Selektions- und Organisierungsprinzipien zu verwenden; das eigene wahre Selbst ist nicht mehr ein Konglomerat aus spontanen Erfahrungen und Emotionen, die mehr oder weniger passiv hingenommen werden, sondern es setzt eine gewisse Einheitlichkeit (über das hinaus, was durch die Selbstgleichheit des Subjekts her gesichert ist) und eine aktivere Haltung im Hinblick auf die Selbstkonstruktion ein. Des weiteren sind Ideale, im Gegensatz zu Empfindungen, nicht Objekte der Beobachtung, sondern Richtlinien fürs eigene Handeln. Deshalb müßte Identität oder wahres Selbst als etwas erfahren werden, daß man in gewissem Umfang ändern und formen kann, als etwas, das für einen Verbindlichkeit hat und für das man sich verantwortlich fühlt.

Der Interviewleitfaden wurde von der Zielsetzung bestimmt, nach diesen Merkmalen zu suchen. Seine ersten drei Teile explorierten Themen, die bereits von der vorangegangenen Untersuchung abgedeckt waren, nämlich wie die Unterscheidung zwischen innen

und außen und wie das private Selbst aufgefaßt werden, das Wesen des wahren Selbst sowie Verständnis von und Einstellung gegenüber Wahrhaftigkeit und Unechtheit. Diese drei Themen würden, so dachten wir, uns dabei helfen, einen gewissen Anschluß an die Daten der ersten Untersuchung herzustellen. Drei weitere Teile explorierten Themen, die für den Modus der erarbeiteten Identität von entscheidender Bedeutung sein dürften: Einer richtete sich auf Möglichkeit und Eigenart von Veränderung im wahren Selbst und fragte danach, ob und in welcher Weise man für das eigene wahre Selbst verantwortlich ist; der nächste Teil suchte herauszufinden, was die Befragten unter Selbst-Verrat verstanden und fragte, wie sie – sollten sie sich selbst verraten – dies empfinden und bewerten würden; beim letzten Teil ging es um das Thema der Verbindlichkeit jener Aspekte und Ideale, die jede Befragte zuvor als für ihr Selbst-Empfinden bedeutsam anerkannt hatte.
Im folgenden gebe ich Beispiele für die tatsächlich gestellten Fragen. Die erste Gruppe bezieht sich auf die Veränderung des eigenen wahren Selbst und die dafür empfundene Verantwortlichkeit:

»Glauben Sie, daß Sie ihr eigenes wahres Selbst verändern können? Wie? Können Sie sich einen Zeitpunkt vorstellen, wo Sie das Bedürfnis haben könnten, ihr wahres Ich zu verändern? Manche Leute meinen, daß sie dafür verantwortlich sind, daß sie so sind, wie sie sind. Wenn Sie das sagen würden, was verstünden Sie darunter? Sind Sie für Ihr wahres Selbst verantwortlich? Wären Sie dafür verantwortlich, wenn Sie ihm in ihrem Leben nicht entsprächen?«

Die nächste Fragengruppe betrifft die Verbindlichkeit des eigenen wahren Selbst für die betreffende Person:

»Gibt es Themen, die objektiv von größerer Bedeutung sind als jene, die Sie (als sehr wichtig für Ihr Selbst-Empfinden) ausgewählt haben? Macht es Ihnen etwas aus, daß, objektiv betrachtet, die von Ihnen ausgewählten Themen nicht die wichtigsten sind? Ist das, was Sie ausgewählt haben, dermaßen wichtig, daß Sie sich wünschten, immer und unter allen Umständen genauso wie jetzt darüber zu denken? Wenn es dazu käme, daß Sie irgendwie dieser tiefsitzenden Überzeugung verlustig gingen, welche Auswirkungen hätte das auf Sie?«

Wie in der ersten Studie wurde auch hier das Interview-Material in einer Anzahl Dimensionen analysiert, wobei innerhalb jeder einzelnen Antwort-Kategorien konstruiert und dann in eine Abfolge gebracht wurden, die nach unserer Auffassung in etwa einem Entwicklungsverlauf entsprach. Fünf Skalen wurden entwikkelt: wirkliches Ich, Wahrhaftigkeit, Selbst-Verantwortlichkeit, Selbst-Verrat, Verbindlichkeit von Identität. Eine der Dimensionen, die des privaten Selbst, blieb bei der weiteren Analyse unberücksichtigt, weil sie nicht genügend individuelle Unterschiede zutage förderte, die für unsere Zwecke von Belang schienen. Das Empfinden eines Unterschieds zwischen dem Innen und dem Außen und die Wichtigkeit des privaten Selbst scheinen, jedenfalls in den von uns untersuchten Fällen, gegen Ende der Schulzeit eindeutig vorhanden. Das heißt aber nicht, daß sich spätere Entwicklungen nicht auch auf diesem Sektor finden ließen. So gibt es in unseren Daten beispielsweise Anzeichen dafür, daß für reifere Menschen ein Empfinden von einer dialektischen Beziehung zwischen dem Innen und dem Außen charakteristisch sein dürfte. Unsere Fragen waren jedoch nicht dazu bestimmt, diese Überlegung zu überprüfen.

Die Informationen aus den einzelnen Selbstskalen sind größtenteils im Global-Index der Selbsterfahrung enthalten, daher wird auf eine Darstellung der einzelnen Antwortkategorien hier verzichtet. Die sechs Kategorien, aus denen sich der Global-Index zusammensetzt, wurden in ähnlicher Weise konstruiert wie in der ersten Studie: Es wurde eine Clusterbildung der Kategorien über die fünf Selbstskalen hinweg vorgenommen, die in etwa der aus Loevinger abgeleiteten Beschreibung der Identitätsmodi entsprach.

Global-Index der Selbst-Erfahrung: In Kategorie 1 besteht das wahre Selbst aus jenen Aktivitäten, die man gewöhnlich oder gerne unternimmt. »Phony« zu sein oder sich selbst zu verraten heißt, der Spontaneität derartiger Aktivitäten Fesseln anzulegen, indem man sie an gesellschaftliche Erwartungen und sozialen Druck anpaßt. Dies ist der Bereich, wo eine Wahl getroffen und Verantwortlichkeit sich selbst gegenüber praktiziert werden kann. Die Bedeutsamkeit dieser Eigenschaften hängt von ihrem Bezug zu Konsequenzen und Zielen in der Außenwelt ab. Deshalb ist, was einen affektiv daran bindet, ziemlich begrenzt; ihr Verlust wird entweder erwartet oder ohne signifikante emotionale Reaktion betrachtet. In Kategorie 3 ist das wahre Selbst auf der inneren Welt spontaner Gefühle und Empfindungen errichtet; sie befinden darüber, welche Dinge und persönlichen Eigenschaften einem wichtig sind, und nicht umgekehrt. Diese Gefühle lassen sich weder auswählen noch steuern, aber verantwortlich ist man dafür, wie man sie durch sein Verhalten in der Außenwelt zum Ausdruck bringt. Ginge man unverantwortlich damit um, dann wäre man unecht und verriete sich selbst. Obgleich eine eindeutige und starke Anhänglichkeit an die positv bewerteten eigenen Eigenschaften ausgedrückt wird, wird ihr hypothetischer Verlust nicht als totaler Verlust der eigenen Identität empfunden, sondern eher als ein Wandel der eigenen Persönlichkeitsmerkmale. Diese Kategorie entspricht weitgehend der dritten Kategorie des Global-Index in der früheren Untersuchung und der Beschreibung der beobachteten Identität.

Kategorie 5 unterscheidet sich von der vorhergehenden Kategorie hauptsächlich hinsichtlich zweier Merkmale: Das wahre Selbst scheint ein gewisses Maß an Einheit zu erreichen, weil es auf jenen Gefühlen und Werten errichtet wird, die tiefer und gewichtiger sind; dann tritt erstmals eine aktive Haltung gegenüber der eigenen Identität auf, nicht nur, indem man auswählt, was für einen von zentraler Bedeutung ist, sondern auch, indem man einige seiner Empfindungen kontrolliert und gestaltet.

Sowohl das Empfinden vom wahren Selbst als einer Einheit wie das Verantwortlichkeitsgefühl wachsen und werden zu den konstitutiven Merkmalen von Kategorie 6; hier wird die Ausrichtung des gesamten Lebens zum zentralen Bestandteil der eigenen Identität, wobei das eigene Handeln diese sowohl herstellt als auch zum Ausdruck bringt. Der Verlust dieser Art von Identität gilt als unvorstellbar oder als gleichbedeutend mit einer totalen Selbstaufgabe; gleichzeitig gibt es häufig eine gewisse Toleranz für geringfügigen und situationsbedingten Selbst-Verrat. Schließlich schloß der Global-Index zwei Zwischenstufen ein, die Kategorien 2 und 4: erstere reflektierte Merkmale der Kategorien 1 und 3, letztere der Kategorien 3 und 5.

Die statistische Analyse erbrachte Ergebnisse mit ähnlichen Mustern wie jene, von denen im vorangegangenen Abschnitt berichtet wurde. Erstens zeigten sich bei den beiden Altersgruppen große Unterschiede in Interessen und Einstellungen, wie sie durch jede der Selbst-Skalen erfaßt wurden. All diese Differenzen zeigten eine Signifikanz von p .001 oder darunter.

Zweitens gab es eine hohe Korrelation innerhalb der fünf Selbst-Skalen mit einer durchschnittlichen Korrelation von .75. Wieder scheint sich in diesen Skalen eine ihnen gemeinsame Grunddimen-

sion auszudrücken; in Anbetracht des Überlappens der Selbst-Skalen der beiden Studien läßt sich darüber hinaus argumentieren, daß es eine grundsätzliche Kontinuität der Selbst-Erfahrung gibt, so wie sie mit der vorliegenden Methode erfaßt worden ist. Schließlich treffen nach unserem Eindruck die Kategorien des Global-Index die aus Loevinger abgeleiteten Identitätsmodi, dekken die Protokolle all unserer Befragten ziemlich genau ab und differenzieren scharf zwischen den beiden Altersgruppen (Tabelle 2). Im Gegensatz zur ersten Studie war in dieser zweiten in der höheren Altersgruppe die gesamte Bandbreite der Kategorien vertreten. In der Entwicklungspsychologie ist eine derartige Beobachtung nichts Ungewöhnliches; es zeigt sich daran, daß Leute mit zunehmendem Alter sich auch darin zu unterscheiden beginnen, ob und in welchem Tempo sie sich entwickeln. Folglich ergab sich, daß der Modus der Selbst-Erfahrung, wie er in den Interviews einiger Erwachsener auftrat, jenem Modus sehr ähnlich war, der von Adoleszenten vermittelt wurde, selbst solchen, die am unteren Ende des Kontinuums angesiedelt waren.
Das womöglich interessanteste und bedeutsamste Ergebnis dieser Studie ist, daß Heranwachsende zwar bereits in der mittleren Adoleszenz ein eindeutiges Empfinden eines individuellen inneren Selbst aufweisen und sich ihm gegenüber mit affektiver Anhänglichkeit und sogar Fürsorglichkeit verhalten, Identität aber erst dann jene Dauerhaftigkeit und Kontinuität gewinnt, die Erikson als ihr Merkmal ausgemacht hatte, wenn das Selbst-Gefühl um aktive Einsatzbereitschaft und Verantwortlichkeit für diejenigen Ideale und Merkmale herum konstruiert ist, mit welchen sich der einzelne identifiziert. In unserem Sample jedenfalls zeigt sich diese Entwicklung erst bei jungen Erwachsenen.

Reaktion auf Selbst-Verrat: Eine Validierungsstudie

In einem kürzlich veröffentlichten Aufsatz (Blasi und Oresick, 1986) haben wir behauptet, Selbst-Verrat und die bei manchen dadurch hervorgerufene Reaktion lasse sich nur aus der Perspektive der Identität verstehen; anders gesagt, ein Mensch könne die Gedanken und Empfindungen, die wir gemeinhin mit Selbst-Verrat assoziieren, nur in Verbindung mit jenen Themen erfahren, die er als zentral für sein Selbst-Empfinden erachtet.

Des weiteren hieß es, daß nicht jede beliebige Form der Identität, sondern nur eine kontrollbewußte Haltung zu ihr die Erfahrung von Selbst-Verrat ermögliche. Es genüge nicht, sich für das spezifische Geschehen des Selbst-Verrats verantwortlich zu fühlen, sondern man müsse sich für die Identität selbst verantwortlich fühlen: für ihre Konstruktion, für ihre Darstellung und für ihre Stabilisierung. Ein solches Verhältnis zur eigenen Identität fehlt bei jenen Leuten, die Identität für etwas Naturgegebenes halten, das mehr oder weniger passiv empfangen wurde und nur entdeckt und exploriert werden muß. In meiner bisherigen Terminologie gesprochen: die Reaktion auf Selbst-Verrat sollte unter jenen anzutreffen sein, die unter die Kategorie der erarbeiteten Identität fallen, nicht jedoch unter denjenigen, welche früheren Identitätsmodi angehören.
Gewisse eher indirekte Belege, daß dies der Fall sein könnte, erbrachte eine Untersuchung zur Entwicklung von Verantwortlichkeit (Blasi, 1984). Als Sechst- und Elftkläßler mit einer fiktiven Entscheidung konfrontiert wurden, die im Widerspruch zu den moralischen Überzeugungen des Protagonisten standen, faßte nur eine kleine Minderheit unter den Älteren, um die 15%, die Entscheidung als Selbst-Verrat auf, verstand Selbst-Verrat als eine Art geistigen Tod und äußerte starke negative Emotionen. Das heißt, in einem Alter, zu dem Identität schon zu einem gewissen Grad ausgebildet sein müßte, fehlte eine angemessene Reaktion auf Selbst-Verrat doch noch ziemlich weitgehend.
Bei der vorliegenden Untersuchung (für einen detaillierten Bericht siehe Blasi und Glodis, 1990) verfolgten wir eine relativ simple Strategie: Jede einzelne der Teilnehmerinnen (dieselben 30 Frauen aus der vorangegangenen Untersuchung) wurde gebeten, ein Ideal auszuwählen, das für ihr Selbst-Empfinden sehr wichtig war, mit dem sie sich besonders beschäftigte und dem sie sich stark verpflichtet fühlte (diese Formulierung wurde nahezu wortwörtlich von Frankfurt, 1987, übernommen). Die Befragten entschieden sich unter anderem für Freundschaft, Fürsorge für andere, Moral und Gerechtigkeit, Selbstvertrauen und Entwicklung und Erweiterung des eigenen Denkens und Wissens. Einige Zeit später (zwischen 6 und 10 Wochen) wurde jeder der Teilnehmerinnen eine Geschichte vorgelegt, in der die fiktive Heldin sich für eine Vorgehensweise entscheidet, die ihr in puncto Finanzen und Karriere zugute kommt, aber ihre Ideale kompromittiert. Die

Grundstruktur war bei allen Geschichten dieselbe, doch variierten sie insofern von Befragter zu Befragter, als jeweils dasjenige Ideal ins Zentrum gestellt wurde, für das die Betreffende sich zuvor entschieden hatte. Jede Befragte wurde gebeten, sich möglichst intensiv in eben diese Situation hineinzudenken, wobei die Entscheidung bereits so wie in der Geschichte gefallen war, und dann über ihre Gefühle und Gedanken zu berichten, die sie dabei erlebt hatte. Überdies wurden noch ein paar explorierende Nachfragen gestellt.

Die Reaktionen auf die Situation des Selbst-Verrats wurden nach den folgenden Dimensionen analysiert:

Positive Emotion: An- oder Abwesenheit von freudiger Erregung, Freude über die Entscheidung, Gefühl von Sicherheit und Zielstrebigkeit.

Konflikt: An- oder Abwesenheit von Ambivalenz, Streß, gedanklicher Fixierung, Druck oder Entlastung von Druck.

Starke negative Emotion: An- oder Abwesenheit von extremer Verzweiflung, Scham, tiefem Schuldgefühl, Verlust der Integrität.

Bezug zum Ideal: Ausmaß, in dem die Teilnehmerin das ursprünglich gewählte Ideal dazu einsetzt, die Entscheidung zu diskutieren und zu kritisieren (3-Punkte-Skala).

Praktische Gründe: An- oder Abwesenheit von Rechtfertigungen, die mit dem Eigeninteresse und künftigen Vorteilen begründet werden.

Moralische und altruistische Gründe: An- oder Abwesenheit von Rechtfertigungen, die mit den Rechten von Menschen oder dem Wunsch begründet werden, anderen zu helfen.

Unstimmigkeit mit dem Selbst: Ausmaß, in dem erkannt wird, daß die Entscheidung der eigenen Identität und dem eigenen Selbst-Verständnis widerspricht (3-Punkte-Skala).

Alle Teilnehmerinnen waren darüber hinaus zu ihrer Selbst-Erfahrung befragt und in jeder der Selbst-Skalen und im Global-Index, die im vorangegangenen Abschnitt beschrieben wurden, klassifiziert worden.

Die statistische Analyse ging in zwei Schritten vor sich. Zunächst wurden die verschiedenen Reaktionen auf die konkrete Situation des Selbst-Verrats miteinander korreliert. Diese Reaktionen ergaben zwei unterschiedliche, psychologisch kohärente Muster. Einige Probanden tendierten eher dazu, den Bezug der Situation auf

ihr Ideal nicht wahrzunehmen; statt dessen galt ihr Augenmerk vor allem den pragmatischen Konsequenzen der Entscheidung, zu denen sie Empfindungen von Befriedigung und Erleichterung äußerten. Andere hingegen äußerten weder positive Empfindungen noch Interesse für die pragmatische Seite der Angelegenheit; statt dessen tendierten sie dazu, die Entscheidung als tiefgreifenden Widerspruch zu ihren Idealen zu sehen, und brachten Gefühle wie Scham, Schuld und Depression zum Ausdruck.
In einem zweiten Schritt wurden die Reaktionen der Probanden auf die Selbst-Verratssituation mit ihren Werten auf den Selbst-Skalen in Beziehung gesetzt. Alle Korrelationen verliefen in der erwarteten Richtung, viele waren statistisch signifikant. Kurzum, je höher die Einstufung einer Person auf den Selbst-Skalen (d. h. je näher sie dem Typus der erarbeiteten Identität kam), desto wahrscheinlicher, daß sie ihre persönlichen Ideale erwähnte, die Rede auf Selbst-Widerspruch und Selbst-Verrat brachte und starke negative Gefühle zu sich selbst und über die Entscheidung kundtat.
Es wäre schön, wenn sich berichten ließe, daß der Modus der erarbeiteten Identität (wie er sich in den Kategorien 4, 5 und 6 auf dem Global-Index der Selbst-Erfahrung widerspiegelt) eine notwendige Voraussetzung für eine tiefgreifende Erfahrung des Selbst-Verrats ist. Obwohl eine Beziehung zwischen den beiden Variablen bei dieser Studie deutlich zu verzeichnen war, gibt es doch Ausnahmen von dieser starken Form der Voraussage, und diese Ausnahmen gehen sowohl in die eine wie in die andere Richtung. Einstweilen ist nicht klar, wie sie zu erklären wären.

Identität und moralische Motivation

Die hier vorgelegten Untersuchungen gelten unmittelbar der Entwicklung der Identität und des Selbst-Empfindens. Indirekt sind die Daten jedoch auch für die Moralpsychologie relevant, besonders für die Frage, wie objektive Moral in die Persönlichkeit integriert wird und wie sie persönlichen Wert und Relevanz für das Subjekt gewinnt.
In dieser Hinsicht läßt sich aus der Untersuchung zur Erwachsenenidentität eine eindeutige Schlußfolgerung ziehen: Die beiden Aspekte, aus denen eine konkrete Identität besteht, nämlich die spezifischen Inhalte, aus denen das Selbst-Empfinden konstruiert

wird (moralische Ideale sind *ein* derartiger Inhalt), und die Modi, in denen Identität subjektiv erfahren wird, scheinen weitgehend – wenngleich nicht vollständig – unabhängig voneinander.
Etwa zwei Drittel der 30 befragten Frauen entschieden sich entweder für Fürsorge und Mitleid oder für Moral und Gerechtigkeit als eines der beiden Ideale, die sie als von zentraler Wichtigkeit für ihr Selbst-Empfinden erachteten. Teilt man das Sample nach den Selbstaussagen in zwei Untergruppen auf, nämlich Befragte mit dem Modus der erarbeiteten Identität (Kategorien 4, 5 und 6 des Global-Index) versus solche mit einem der beiden niedrigeren Modi, dann gibt es zwischen diesen beiden Gruppen keinen signifikanten Unterschied in der Häufigkeit der Wahl moralischer Ideale als identitätskonstitutiv. Der Anteil derjenigen, die diese Wahl trafen, war in der höheren Identitäts-Modus-Gruppe zwar höher (80% zu 55%). Aber es ist ganz offensichtlich nicht nötig, bis zum Modus der erarbeiteten Identität vorzustoßen, damit man Moral als für das eigene Selbst-Empfinden zentral zu erachten vermag; umgekehrt kann man zu einem höheren Identitätsmodus kommen, ohne moralische Themen zu seinem Zentrum zu machen.
Diese Schlußfolgerung mag jedem, der mit der Unterschiedlichkeit menschlicher Anliegen Erfahrungen hat, als trivial erscheinen. Sie fordert jedoch zu der Frage heraus, woher und auf welche Weise ein starkes persönliches Interesse an Moral entsteht. Es handelt sich nicht um ein notwendiges Nebenprodukt der Entwicklung der subjektiven Identitätserfahrung. Sehr wahrscheinlich (aber es fehlt noch an eindeutigen empirischen Beweisen) ist es nicht einmal eine zwingende Folge eines tiefergehenden Verständnisses moralischer Prinzipien. Möglich – und mit einer kognitivistischen Entwicklungstheorie nicht unvereinbar – ist, daß die Themen, um die herum Identität konstruiert wird, von spezifischen Lebenserfahrungen abhängen, zu denen auch die Konfrontation mit Ansichten, Idealen und überhaupt dem Leben der eigenen Eltern, Lehrer und Freunde zählen. Möglich ist auch, daß die Wahl (falls sich denn von einer Wahl überhaupt sprechen läßt) relativ früh getroffen wird, sogar noch bevor ein erstes Identitätsgefühl auftritt, und daß die zentralen Anliegen eines Menschen dann für den Rest seines Lebens mehr oder weniger konstant beibehalten werden. Was sich dann ändern könnte, ist die subjektive Haltung eines Menschen gegenüber den Idealen, an denen

seine Identität verankert ist, also die spezifische Bedeutung, die »Wichtigkeit« und »Sorge« für eine Person gewännen.

Eine wahrscheinlichere Hypothese lautet, daß die Interaktion zwischen spezifischen Erfahrungen und entwicklungsbedingten Variablen sowohl die Inhalte wie die Modi der Identität produziert. Damit ein Mensch etwas erfährt, was dem Modus der erarbeiteten Identität nahekommt, ist es nötig, daß seine zentralen Anliegen die Möglichkeit beinhalten, daß man sie als Ideale sieht, die es zu verfolgen gilt. Der eigene Körper oder die eigene Sexualität etwa, so fundamental sie auch für das Selbst-Empfinden einer Person sind, scheinen keine adäquate Grundlage zur Hervorbringung lebenslanger Projekte und zum Aufbau höherer Identitätsmodi zu sein. Im Gegensatz dazu scheint die Moral ein idealer Boden zu sein, um die einander folgenden Formen erlebter Identität darin zu verankern. Wie dem auch sei, diese Überlegungen sind reine Hypothesen. Die allgemeinen Fragen nach dem Ursprung der zentralen Anliegen eines Menschen und nach ihrer Kontinuität und ihrem Wandel im Fortgang des Lebens sind grundsätzlich unbeantwortet; ihre Klärung erfordert gänzlich andere Methoden als die, die bei den vorliegenden Untersuchungen verwendet wurden.

Die Tatsache, daß nur einige unserer Befragten die Moral im Zentrum ihrer Identität plazierten, läßt sich nicht in der Weise deuten, daß Moral für die anderen ohne persönliche Bedeutsamkeit war. Unsere Daten scheinen vielmehr genau die gegenteilige Schlußfolgerung zu stützen, obwohl sie in dieser Hinsicht keiner präzisen Analyse unterzogen wurden. Allem Anschein nach war Moral ein wichtiges Anliegen auch für viele von denen, die ihre Identität um nicht-moralische Ideale errichten; sogar für viele der Sechstkläßler, die noch kein subjektives Identitätsempfinden ausgebildet hatten, schien sie persönlich bedeutsam zu sein. Als Implikation ergibt sich, daß es auch andere Gründe – außer der Relevanz für die eigene Identität – geben muß, weshalb Moral für Menschen bedeutsam wird. Einer dieser Gründe, der in den Interviews häufig erwähnt wurde, bezieht sich auf die Auswirkungen, die moralisches Verhalten für soziale Beziehungen haben kann, beispielsweise wie man von anderen wahrgenommen, akzeptiert und aufgenommen wird. Ein weiterer Grund sind natürlich die objektiven Konsequenzen, die sich aus moralischem oder unmoralischem Verhalten für andere Menschen ergeben.

Auf der Grundlage dieser Überlegungen könnte man argumentieren, von moralischer Identität her ließe sich keine sicherere Voraussage für moralisches Handeln machen als von anderen Formen moralischer Motivation. Weder ist es theoretisch zwingend noch empirisch evident, daß die unterschiedlichen Gründe dafür, daß Moral für eine Person wichtig ist, auf unterschiedliche Weise mit moralischer Motivation und moralischem Handeln verknüpft sind, zumindest in der großen Mehrheit moralisch relevanter Situation. Eine Ausnahme davon wäre der Fall, daß den eigenen moralischen Überzeugungen entsprechendes Handeln einem sehr schwer fällt und das Hintansetzen aller anderen Motive verlangt, mögen sie auch noch so stark sein. Nach Frankfurts (1987) Überlegungen schafft das Zentrieren der Identität um moralische oder andere Anliegen eine »willentliche Notwendigkeit«, aufgrund derer bestimmte Handlungsweisen für eine Person zu »unmöglichen« oder »undenkbaren« werden. Eine Reihe unserer Probanden, besonders solche, die sich den höheren Identätsmodi entsprechend erlebten, scheinen den Selbst-Verrat in genau dieser Weise zu betrachten. Trotzdem wäre es gewiß eine zu große Einschränkung, sowohl für die Moral wie für die Psychologie, wollte man die Bedeutsamkeit moralischer Identität nur mit der Meßlatte moralischen Verhaltens bestimmen.
Ein letzter Gesichtspunkt ist ein konzeptioneller und bezieht sich auf das Wesen moralischer Motivation. Einige mögen der Ansicht sein, daß Handeln, das von dem Wunsch motiviert wird, das eigene Selbstverständnis zu schützen und die eigene Selbstachtung zu stützen, selbst dann der Reinheit moralischer Motive Eintrag tue, wenn die damit bewahrte Identität Themen der Moral zum Zentrum hat. Diese Auffassung könnte sich auch auf Kants (1974) Konzeption eines genuin moralischen Motivs berufen (wenn auch, nach meiner Ansicht, nur, wenn man sein Werk allzu eng deutet).
Aber wie dem auch sei, wichtig ist, die hier vorgetragene Position von einer grundlegend anderen zu unterscheiden, für die Wolfs Darlegungen (in diesem Band) zur Rolle von Idealen für das Selbst beispielhaft stehen. Aus seiner Perspektive kommen Menschen zu moralischen Idealen und Werten wie zu allen anderen Idealen und Werten auch, nicht deshalb, weil sie die Welt und ihre eigene Beziehung zu ihr deuten und folglich die objektive Wichtigkeit gewisser Ideale schätzen; vielmehr geschehe dies infolge der

Funktion, welche Ideale und Werte bei der Aufrechterhaltung des Gefühls persönlichen Wohlbefindens ausüben (Wolf nennt dies Narzißmus). Diese Auffassung »funktionalisiert« – im Sinne Odiers (1947) – offensichtlich Werte. Worauf es wirklich ankommt, ist der Effekt, den Werte für das eigene Machtgefühl, die Selbstachtung und die psychische Integration haben, nicht das je Besondere der Werte selbst. Nach meinem Verständnis – und dem unserer Probanden – verhält es sich aber vielmehr so, daß moralische und andere Ideale als Herzstück der eigenen Identität gewählt werden, weil man sie als objektiv bedeutsam begreift. Demnach wäre Persönlichkeit ein Stück weit davon geformt, was man als der Hingabe und des Einsatzes wert weiß.

Schlußbemerkungen

Während ihrer ganzen Geschichte war die Beschäftigung der Psychologie mit der Moral von einer einzigen Zielsetzung geleitet, nämlich der Voraussagbarkeit moralischen Verhaltens. Die etwa fünfzig Jahre, während derer Arbeiten von Piagets und Kohlbergs kognitiv-entwicklungspsychologischen Prämissen inspiriert waren, lassen sich, so einflußreich und gewichtig sie auch gewesen sein mögen, als eine Parenthese im vorherrschenden Interesse der Psychologie verstehen, die teilweise deshalb akzeptiert wurde, weil sie mit der allgemeinen Wendung in unserem Fach zum Kognitiven hin koinzidierte. Und doch blieb die bohrendste unter den kritischen Fragen nach den Stadien des moralischen Bewußtseins: Schon gut, aber ... in welcher Beziehung stehen diese Stadien zu moralischem Handeln?

Die Frage, ob es eine moralische Persönlichkeit gibt und wie sie wohl aussehen könnte, stellte sich sehr früh, wurde aber dann bald wieder fallengelassen, vor allem aufgrund der enttäuschenden Ergebnisse der Untersuchungen von Hartshorne und May (1928-30). Aber auch da wurde die Persönlichkeit unter Verhaltensgesichtspunkten definiert, als Konsistenz im »moralischen« oder »unmoralischen« Verhalten, wobei man Moral nach konventionellen und externen Kategorien auffaßte.

Die hier vorgelegten Untersuchungen exemplifizieren ein anderes Konzept von einer moralischen Persönlichkeit und ein anderes Erhebungsverfahren: Zum entscheidenden Kriterium wird, ob und in welchem Ausmaß ein Mensch sein Selbst-Empfinden um moralische Anliegen herum errichtet. Offensichtlich sind Menschen hierbei verschieden. Sie scheinen sich aber auch in einer anderen Hinsicht zu unterscheiden, nämlich hinsichtlich der Art der Beziehung, die jemand zu seiner eigenen Identität hat, und in bezug auf die Form, in der er diese erlebt. Drei derartige Modi wurden beschrieben und mit konkreten Ausdrucksweisen in Beziehung gesetzt, von denen Menschen Gebrauch machen, wenn sie über sich sprechen.

Wie diese Identitätsmodi uns helfen könnten, Verhalten vorauszusagen, ist nicht geklärt. Aber es könnte ein Fehler sein, würde die Psychologie auf das Handeln als letztes und unanfechtbares Kriterium sowohl eines angemessenen moralischen Funktionierens wie einer befriedigenden psychologischen Erklärung abstellen. Genauso wichtig sind die unterschiedlichen Weisen, wie moralische Überzeugungen in die Persönlichkeit integriert werden. Selbstverständlich hätte sich eine genuine moralische Integration im Handeln auszudrücken, aber nicht unabdingbarerweise in jeder einzelnen Handlung, die moralische Implikationen hat. Ein zuverlässigerer Test dürfte die Art und Weise sein, in der man sein Leben auf lange Sicht hin führt. Aus dieser Perspektive könnte ein Mensch hochmoralisch sein, selbst wenn er Handlungen begeht, die moralisch fragwürdig oder geradewegs unmoralisch sind; in diesem Falle ließe sich die Integration von Moral in die Persönlichkeit an der Reaktion auf die eigene Handlung erkennen: an Bedauern, Schuld oder konkreten Anstrengungen, den Schaden wiedergutzumachen und die eigenen Werte wiederherzustellen.

Die Schwierigkeit für Psychologen, zuverlässige Daten darüber zu gewinnen, also etwa zwischen genuin moralischen und heuchlerischen Reaktionen oder selbsttäuschenden Beteuerungen zu unterscheiden, läßt sich nicht abstreiten. Aber solche Komplexität und Vieldeutigkeit ist ein intrinsisches Merkmal unseres Forschungsgegenstandes und läßt sich mit simplizistischen und direkten Strategien nicht aus der Welt schaffen.

Blasi, A. (1980), »Bridging moral cognition and moral action: A critical review of the literature«, in: *Psychological Bulletin* 88, 1-45.

Blasi, A. (1983a), »Moral cognition and moral action: A theoretical perspective«, in: *Developmental Review* 3, 178-210.

Blasi, A. (1983b), *The self as subject: Its dimensions and development*, unveröffentlichtes Manuskript, University of Massachusetts, Boston.

Blasi, A. (1984), »Autonomie im Gehorsam. Die Entwicklung des Distanzierungsvermögens im sozialisierten Handeln«, in: W. Edelstein u. J. Habermas (Hg.), *Soziale Interaktion und Soziales Verstehen* (300-348), Frankfurt am Main: Suhrkamp Verlag.

Blasi, A. (1988), »Identity and the development of the self«, in: D. K. Lapsley u. F. C. Power (Hg.), *Self, ego, and identity. Integrative approaches* (226-242), New York: Springer Verlag.

Blasi, A. (1991), »The self as subject in the study of personality«, in: D. J. Ozer, J. M. Healy, Jr. u. A. J. Stewart (Hg.), *Perspectives in personality*, Bd. 3: *Self and emotion*, London: Kingsley.

Blasi, A., u. Glodis, K. (1990), *Response to self-betrayal and the development of the sense of self*, unveröff. Manuskript, Univ. of Massachusetts, Boston.

Blasi, A., u. Milton, K. (1991), »The development of the sense of self in adolescence«, in: *Journal of Personality* 59, 217-242.

Blasi, A. u. Oresick, R. J. (1986), »Emotions and cognition in self-inconsistency«, in: D. Bearison und H. Zimiles (Hg.), *Thought and emotion* (147-165), Hillsdale, NJ: Erlbaum.

Broughton, J. (1978), »Development of concepts of self, mind, reality, and knowledge«, in: *New Directions for Child Development* 1, 75-100.

Broughton, J. (1981), »The divided self in adolescence«, in: *Human Development* 24, 13-32.

Erikson, E. H. (1968), *Identity, youth, and crisis*, New York: Norton.

Frankfurt, H. (1987), »Identification and wholeheartedness«, in: F. Schoeman (Hg.), *Responsibility, character, and the emotions. New essays in moral psychology* (27-45), New York: Cambridge University Press.

Glodis, K. u. Blasi, A. (1991), *The sense of self and identity among adolescents and adults*, unveröff. Ms., University of Massachusetts, Boston.

Hartshorne, H., u. May, M. A. (1928-1930), *Studies in the nature of character*, Band 1: *Studies in deceit*; Band 2: *Studies in service and self-control*; Band 3: *Studies in organization of character*, New York: Macmillan.

Kant, I. (1974), *Kritik der praktischen Vernunft*, Frankfurt am Main: Suhrkamp Verlag (stw 56).

Loevinger, J. (1976), *Ego development: Conceptions and theories*, San Francisco: Jossey-Bass.

Loevinger, J. (1979), »Theory and data in the measurement of ego development«, in: J. Loevinger, *Scientific ways in the study of ego development* (1-24), Worcester, MA: Clark University Press.

Loevinger, J., Wessler, R., u. Redmore, C. (1970), *Measuring ego development*, Bd. 2: *Scoring manual for women and girls*, San Francisco: Jossey-Bass.

Milton, K. (1988), *The experience of self during early and mid adolescence*, unveröff. Manuskript, University of Massachusetts, Boston.

Odier, C. (1947), *Les deux sources, Consciente et inconsciente, de la vie morale*, Neuchâtel: Éditions de la Baconnière.

Redmore, C., Loevinger, J., u. Tamashiro, R. T. (1978), *Measuring ego development: Scoring manual for men and boys*, unveröff. Manuskript, Washington University, St. Louis, MO.

Ernest S. Wolf

Selbst, Idealisierung und Entwicklung von Werten*

In diesem Aufsatz möchte ich den Beitrag der psychoanalytischen Psychologie des Selbst zur Diskussion um die Entwicklung der Werte und Ideale des Individuums untersuchen. Ehe ich auf die Entwicklung von Werten aus der Sicht eines solchen selbstpsychologischen Ansatzes eingehe, möchte ich zunächst einige Grundbegriffe der psychoanalytischen Psychologie des Selbst darstellen. Ich beginne mit einem kurzen Abriß der klassischen Freudschen Psychoanalyse als dem Hintergrund, auf dem sich die Psychologie des Selbst entwickelt hat.

Die traditionelle Psychoanalyse

In der traditionellen psychoanalytischen Theorie finden die Werte und Ideale, an denen sich eine Person orientiert, ihren Niederschlag in jenem Teil der Persönlichkeit, der als Über-Ich bezeichnet wurde (er schließt das Ichideal ein) und etwa gleichbedeutend mit dem Gewissen ist. Es ist eine Konstruktion im Rahmen des Dreiersystems von Es, Ich und Über-Ich. Die klassische psychoanalytische Theorie ging davon aus, daß die Über-Ich-Bildung zu einem ganz bestimmten Zeitpunkt der Persönlichkeitsentwicklung einsetzt, nämlich wenn unter dem Druck der Kastrationsangst die Auflösung des Ödipuskomplexes erfolgt und zielgehemmte, zärtliche Beziehungen an die Stelle der sexuellen und aggressiven Triebregungen gegenüber den Eltern treten. Bei diesem Vorgang werden Teilaspekte der Elternpersönlichkeit über einen Identifikationsprozeß in das Ich des Kindes hineingenommen. Diese nunmehr veränderten Anteile des kindlichen Ichs werden als eigene Instanz im psychischen Apparat wahrgenommen, als Über-Ich. Dies ist zugegebenermaßen eine stark vereinfachte Version der Über-Ich-Bildung, aber eine detailliertere Dar-

* »Self, idealization and the development of values«, Originalbeitrag. Übersetzung: Hella Beister.

stellung ist für unsere Zwecke nicht relevant. Festzuhalten ist, daß sich die Psychoanalytiker in aller Regel nur mit den Gedanken, Phantasien, Gefühlen und dem moralischen oder sonstigen Verhalten von Individuen befassen. Freud selber interessierte sich in erster Linie für die Rolle des Über-Ichs als einem aus dem Ödipuskomplex entstandenen Bestandteil des psychischen Apparats. Fragen der Moral *per se* schienen von geringem Interesse. Gegenüber seinen Patienten wahrte er eine Haltung interessierter Neutralität. Von seinen Kollegen erwartete er Integrität, wobei er Th. Vischer zitierte: »Das Moralische versteht sich ja von selbst.«[1] Seinem Freund Otto Pfister, einem protestantischen Pfarrer, schrieb er: »Die Ethik ist eine Art Fahrordnung für den Verkehr unter den Menschen.«[2]

Entwicklungen nach Freud

In dem halben Jahrhundert nach Freuds Tod kam es zu theoretischen Weiterentwicklungen, die zu einigen deutlich anderen Ansätzen des psychoanalytischen Denkens geführt haben. Namen wie Melanie Klein, Bowlby, Winnicott, Mahler, Lacan, Kohut, Stern und andere verbinden sich mit dem Versuch, die psychoanalytische Theorie zu modifizieren und auf den Stand neuerer Erkenntnisse zu bringen. Wir wissen jetzt mehr über den entscheidenden Einfluß der Umwelt, insbesondere während der ganz frühen Entwicklungsstadien des Individuums. Das Drängende, Triebhafte, das für einen großen Teil scheinbar irrationalen Verhaltens charakteristisch ist, läßt sich nun erklären, wenn man nicht vom Trieb als der primären Antriebskraft ausgeht. Die von Heinz Kohut (1971, 1977, 1978, 1984, 1985) vorgenommene Modifizierung der traditionellen psychoanalytischen Theorie ist als Psychologie des Selbst bekannt geworden. Die Psychologie des Selbst hat in ihren Theorien die zentrale Stellung des Selbst sowie die Rolle der Empathie für den Prozeß der Datensammlung betont. Einige unserer neueren Begriffsbildungen bringen diesen Erfahrungszuwachs aus der klinischen psychoanalytischen Praxis mit ihrem langandauernden und betont empathischen Eingehen

1 Freud, S. (1905), *Gesammelte Werke*, Bd. v, 25.

2 Freud, S. und Pfister, O., *Briefe 1909-1939*; Brief vom 24. 2. 1928, Frankfurt: S. Fischer, 1963.

auf die Lebensgeschichten unserer Analysanden zum Ausdruck. Darüber hinaus hat auch die Fülle der Beobachtungen aus der experimentellen Forschung zur Mutter-Kind-Beziehung erhebliche Auswirkungen auf das psychoanalytische Denken. Die Zusammenführung von Daten aus der klinischen psychoanalytischen Praxis und Daten aus der Forschung zur frühkindlichen Entwicklung hat sich als sehr aufschlußreich für die Entwicklung des Selbst erwiesen. Dennoch werden die Theorien der psychoanalytischen Psychologie des Selbst von einer Mehrheit der Psychoanalytiker immer noch nicht voll anerkannt, und das Werk Kohuts und seiner Kollegen bleibt umstritten.

Selbstobjekt-Erfahrungen

Was nun sind die charakteristischen Merkmale, durch die sich die heutige psychoanalytische Psychologie des Selbst vom traditionellen psychoanalytischen Denken unterscheidet? Hier wäre die Anerkennung des subjektiven Charakters unserer Daten sowie die daraus folgende Notwendigkeit zu nennen, dieser Subjektivität auch in unserer Begriffsbildung Ausdruck zu verleihen. Einfühlendes Eingehen auf die innere Erlebniswelt von Analysanden über einen längeren Zeitraum hinweg ist die spezifische Methode der Datengewinnung. Empathie wird als ein Vorgang definiert, bei dem Daten durch ›*stellvertretende Introspektion*‹ gewonnen werden, das heißt durch den Versuch der Introspektion aus dem Blickwinkel des Erlebens des Patienten.[3] Mit der Anerkennung dieser zentralen Rolle der Empathie kommt es daher bei der Theoriebildung zu einer Verlagerung, die von der Begrifflichkeit des Triebs und der seelischen Instanzen (also von Es, Ich, Über-Ich) weg- und zu dem Versuch hinführt, Theorien in der Begrifflichkeit von Selbst und Selbstschicksalen, das heißt von psychi-

3 »Empathie ist die Operation, die das Feld der Psychoanalyse definiert. Eine Psychologie komplexer psychischer Zustände ist nicht vorstellbar ohne den Gebrauch von Empathie. Sie ist ein wertneutrales Beobachtungswerkzeug ... Wir definieren sie als ›stellvertretende Introspektion‹ oder, einfacher, als eines Menschen (versuchte) Erfahrung des Innenlebens eines anderen Menschen unter gleichzeitiger Beibehaltung der Einstellung eines objektiven Beobachters« (Kohut, 1984, 174f.; deutsche Ausgabe: 251).

schen Selbst-Erfahrungen zu bilden. Statt von Es, Ich und Über-Ich sprechen wir von der Erfahrung des Selbstseins, von dem Gefühl, ganz zu sein oder auseinanderzufallen, von Leere, von der Angst, sich selbst zu verlieren, oder davon, stolz auf sich zu sein oder sich zu schämen usw. Zwar sprechen wir der Einfachheit halber vom Selbst, als wäre es ein Objekt, meinen dabei aber immer die subjektive Empfindung des Selbstseins, über die jemand seine Individualität auszudrücken versucht. Statt mit den klassischen Abwehrmechanismen (zum Beispiel Reaktionsbildung oder Projektion usw.) befassen wir uns mit dem Abwehrverhalten als einem Manöver zum Schutz vor Erfahrungen wie der Angst, sich selbst – sein Selbst – zu verlieren, oder der Scham über Schwächen des Selbst. Statt von den Trieben wie Sexualität oder Aggression als dem *primum mobile* menschlicher Motivation gehen wir nun davon aus, daß die einzige notwendig gegebene natürliche Neigung des Organismus diejenige zur Organisation psychischer Erfahrungen ist. Bestimmte Erfahrungen aktivieren die Fähigkeit des Individuums, sich zu einem Selbst zu organisieren. *Diejenigen Erfahrungen des Individuums, die sich zu einem Selbst organisieren, das heißt zu einer Struktur, die die Empfindung des Selbstseins vermittelt, haben wir Selbstobjekt-Erfahrungen genannt.* Im folgenden werde ich einen kurzen Überblick über die Grundzüge der Entstehung und Entwicklung des Selbst geben. Dann sind wir soweit, daß wir uns der Rolle der Werte und Ideale in jenem Prozeß zuwenden können, der zur Entstehung und Entwicklung des Selbst führt. Danach werden wir uns mit einigen Ereignissen befassen, die den Verlauf dieser Prozesse beeinflussen können, und damit, wie sie sich im Verhalten niederschlagen.

Die Entstehung des Selbst

Wenn man über die subjektive Erfahrung eines Neugeborenen spekuliert, kann man mit gutem Grund davon ausgehen, daß bei der Geburt noch keine Unterscheidung von Selbst und Nicht-Selbst vorhanden ist. Plötzlich, mit dem Austritt aus dem Mutterleib und dem Eintritt in die Welt, ist das Neugeborene einem raschen Crescendo neuer sensorischer Reize in vermutlich all ihren Erscheinungsformen wie Geräusch, Geschmack, Berührung, Geruch, Sehen und Selbstwahrnehmung ausgesetzt. Freud postulierte eine Reizbarriere, die das Individuum vor Desorganisation und traumatischer Reizüberflutung durch übermäßige Stimulation schützen soll, und es mag durchaus vorkommen, daß solche Reizbarrieren aktiviert werden. Im allgemeinen aber stimmen Beobachter der frühkindlichen Entwicklung darin überein, daß der Säugling alles andere als passiv empfangend ist und vielmehr aktiv nach Reizen sucht. Höchstwahrscheinlich werden durch diese Reize Entwicklungspotentiale aktiviert, mit denen der Säugling bereits auf die Welt kommt. Eines dieser Potentiale, behaupten wir, ist der Versuch, dem scheinbaren Chaos der Empfindungen einen Sinn zu geben. Vielleicht geht dabei etwas Ähnliches vor wie bei Menschen, die in ihrer Kindheit durch irgendeine zufällige Hornhautschädigung ihr Augenlicht verloren haben; wird später im Leben der Schaden chirurgisch behoben, können sie zwar plötzlich wieder ›sehen‹, erkennen aber nur ein verwirrend unorganisiertes Chaos von Blitzen, Farben, Punkten, Strichen, Licht und Dunkel. Erst allmählich lernen sie, den Wahrnehmungen von Netzhaut und visuellem Apparat einen Sinn zu geben, und erst allmählich erlangen sie wieder die wirkliche Sehfähigkeit. Ein ähnlicher Lernprozeß findet statt, wenn ein Student zum erstenmal ein anatomisches Präparat durch das Mikroskop betrachtet. Gewöhnlich vergehen Wochen, bis sich dem Studenten die Punkte, Flecken und farbigen Blitze zu erkennbaren Gewebestrukturen organisieren. In einem analogen Vorgang organisieren sich unserer Meinung nach auch die Erfahrungen eines Säuglings erst allmählich so, daß sie anfangen, für das Kind einen Sinn zu ergeben. Dann kommt der Zeitpunkt, zu dem die Wiederholung eines spezifischen Musters von Reizen erkannt wird und die Mutter bei ihrem Kind zum erstenmal ein Lächeln des Wiedererkennens beim Anblick des Gesichts der Mutter bemerkt. Ihr Geruch wird möglicherweise sogar noch früher wiedererkannt, wahrscheinlich schon nach ein paar Wochen.

Damit komme ich zu jenem ersten Grundsatz, der besagt, daß es die notwendige und angemessene Empfänglichkeit der fütternden, sprechenden, pflegenden, beruhigenden, stimulierenden Bezugsperson ist, über die der Säugling lernt, seine Erfahrungen zu einer Empfindung des Selbst gegenüber einer Empfindung des anderen zu organisieren: Entstehung einer subjektiven Empfindung von »ich« und, *pari passu*, Entstehung einer psychischen Struktur,[4] die wir als das Selbst bezeichnen können.

Spitz[5] hat belegt, daß ein Mangel an »mütterlicher Pflege, Stimulierung und Liebe« irreparable psychosomatische Schäden verursacht. Er wies nach, daß Waisenkinder, die in einer Anstaltsumgebung aufwuchsen, die für alle ihre physischen Bedürfnisse sorgte, nicht aber für die individuelle persönliche Zuwendung einer liebevollen Bezugsperson, zu Krankheiten und Tod durch Marasmus neigten. Die Überlebenden trugen irreparable Schäden davon. Wo dagegen die Pflegepersonen liebevoll mit den Säuglingen interagierten und auf sie eingingen, wuchs eine vergleichbare Population von Neugeborenen in einer für ihre physischen Bedürfnisse schlechter ausgestatteten Institution zu gesunden, kräftigen Kindern heran.

Das Selbst als Organisation von Selbstobjekt-Erfahrungen

Aus Beobachtungen wie diesen sowie aus Daten aus der intensiven wechselseitigen Beobachtung zahlreicher ›analytischer Paare‹ – Analytiker und Analysanden – in der äußerst intimen Situation einer Psychoanalyse kristallisierten sich schließlich die grundlegenden Hypothesen der psychoanalytischen Psychologie des Selbst heraus. Die Organisation der unzähligen disparaten Erfahrungen des Säuglings zur festen Einheit des Selbst entsteht durch die responsive Interaktion zwischen Säugling und Bezugsperson. Ein Beispiel zur Illustration: Eine positiv eingestellte Mutter wird ihr Neugeborenes als Person ansehen, mit ihm spielen, sich unterhalten und es entsprechend mit Namen anreden. Wir könnten metaphorisch vom werdenden Selbst des Säuglings als von einer Struktur sprechen, die sich aus vielen Bestandteilen zusammensetzt, teils aus Erinnerungen an Bilder, Gedanken und Gefühle, die von innen kommen, teils aus anderen Erinnerungen, die von außen eingedrungen sind – allesamt zusammengehalten vom Bin-

4 An dieser Stelle den Begriff ›Struktur‹ zu verwenden ist zwar passend, aber insofern veraltet, als er für eine überholte Form des Denkens steht. Struktur bedeutet hier nichts weiter, als daß die Erfahrung des Selbstseins die Eigenschaften eines bleibenden Musters hat.

5 Spitz, R. A. (1945), »Hospitalism«, in: *Psychoanalytic Study of the Child* 1, 53-74; ders., (1946), »Hospitalism«, in: *Psa. St. Child* 2, 113-117.

demittel der Empfänglichkeit der Bezugsperson. In der etwas unbeholfenen Fachsprache, mit der wir dieses Szenario beschreiben, bezeichnen wir die Bezugsperson als ein Selbstobjekt, das durch das Angebot geeigneter Selbstobjekt-Erfahrungen die Erfahrung des Kindes auslöst, ein Selbst zu sein. Der Entzug der nötigen Selbstobjekt-Erfahrungen vor der irreversiblen, kohärenten Ausbildung des auf diese Weise wachgerufenen Selbst führt zu einer schwachen Struktur und manchmal sogar zum Zerfall des Selbst.[6] Tatsächlich hat sich aus den Analysen unserer Patienten in der klinisch psychoanalytischen Praxis wie auch aus der genauen Selbstbeobachtung zu unserem Erstaunen ergeben, daß sich überhaupt niemand eines völlig kohärenten und unumstößlich festen Selbst erfreut. Zur Aufrechterhaltung der Integrität ihres Selbst brauchen Menschen immer und überall die ständige Zufuhr selbsterhaltender Selbstobjekt-Erfahrungen. Von der Wiege bis zur Bahre brauchen wir die Einbettung in ein Beziehungsgeflecht, das wir als selbsterhaltend erleben. Im Alltagsgetriebe wird die selbsterhaltende Kraft dieser Beziehungen oft mehr oder weniger stark beeinträchtigt. Als Folge davon erleiden wir ein ganzes Spektrum psychischer Höhen und Tiefen, die von ganz geringen, flüchtigen Stimmungsschwankungen, vielleicht einem Gefühl der Kränkung, bis zu schweren psychotischen Erkrankungen mit nahezu vollständigem Verlust des Selbstgefühls gehen können. Leichte Störungen des Selbst manifestieren sich in einem verhältnismäßig unbedeutenden psychischen Unbehagen, etwa einer leichten Depression oder Angst, und heilen bei Zufuhr geeigneter Selbstobjekt-Erfahrungen gewöhnlich schnell. Massive Störungen gehen mit schweren seelischen Erkrankungen und sogar psychoseähnlichem Selbstverlust einher. Massive Zerfallserscheinungen sind von heftigen Angstzuständen begleitet, und die Angst vor dem Verlust des Selbst tritt oft als unerträgliche Panik in Verbindung mit Todesängsten auf. Begreiflicherweise werden Menschen ihr möglichstes tun, um solche unerträglichen Angstzustände zu

6 Unsere Fachsprache ist nicht ohne Anklänge an idiomatische und umgangssprachliche Ausdrucksweisen, mit denen ähnliche Erfahrungen ausgedrückt werden. Wir hören Menschen oft klagen, sie hätten das Gefühl ›auseinanderzufallen‹ oder seien durch irgendetwas ganz ›aus der Fassung gebracht‹ worden. In Eugene O'Neills Stück *The Great God Brown* hören wir Browns Worte: »Der Mensch wird zerbrochen geboren. Er lebt vom Zusammenstückeln. Gottes Gnade ist der Leim.«

vermeiden: Je erregender, gefährlicher, ja lebensbedrohlicher eine Unternehmung erscheint, desto besser ist sie geeignet, von der angstmachenden inneren Erfahrung des Totseins abzulenken, indem sie Erregung schafft und die tödliche Gefahr des Verlusts des Selbst negiert. Das Motiv so mancher scheinbar irrationalen oder unmoralischen Verhaltensweisen – unmoralisch vom Standpunkt der Gemeinschaft aus – sind solche übermächtigen Selbsterhaltungsbestrebungen.

Ständiges Kopfstoßen bei Kleinkindern kann als ein Versuch angesehen werden, sich das Gefühl zu verschaffen, am Leben zu sein, ein Selbst zu sein. Ähnliches gilt für das zwanghafte, drei-, vier-, fünfmal tägliche Masturbieren mancher Heranwachsender oder Erwachsener. Waghalsige Unternehmungen, besonders bei Heranwachsenden, zeugen oft von dem Bedürfnis, in einer Zeit, in der das Selbst in Wirklichkeit stark gefährdet und am Rande des Zerfalls ist, seine Unverletzlichkeit unter Beweis zu stellen. Auch bei Spielern ist eine ähnliche Motivation anzunehmen. Die meisten von uns kennen diese innere Erfahrung des erhöhten Selbstgefühls vom Sprung vom Zehnmeterbrett oder vom Skifahren oder von irgendeiner anderen erregenden Unternehmung. Ist die erregende Gefahr für das Selbst überwiegend imaginär, betrachten wir dies als normales Verhalten. Verhaltensweisen jedoch, die sich durch reale Gefahr für einen selbst oder für andere auszeichnen, ob erkannt oder verleugnet, betrachten wir als psychopathologisch. Gerade die Labilität des Selbst läßt diese Art von Selbstbestärkungshandlungen wegen der subjektiven Erfahrung von Stärke und Größe, die sie vermitteln, für das gefährdete Selbst zwanghaft werden.

Entwicklung des Selbst und Werte

Heute scheinen sich die Säuglingsforscher darin einig, daß das werdende Selbst schon früh im ersten Lebensjahr in Erscheinung tritt. Beobachtungen von selbstpsychologisch orientierten Psychoanalytikern deuten darauf hin, daß es dann normalerweise irgendwann im achten Lebensjahr einen verhältnismäßig stabilen Grad der Stärke und Kohärenz erreicht. Welche Werte hat es, und wie wurden sie Bestandteil seiner Struktur?

Typen von Selbstobjekt-Erfahrungen

Zur Beantwortung dieser Fragen muß ich wiederum etwas weiter ausholen und die Selbstobjekt-Erfahrungen genauer betrachten, durch die das Selbst geweckt wird. Wir unterscheiden mindestens sechs Typen von Selbstobjekt-Erfahrungen, die für die Entwicklung eines kohärenten Selbst nötig sind: Idealisierung, Spiegelung, *alter ego*-, Freund-Feind-, Erfolgs- und Selbstbestätigungserfahrungen.[7]

Spiegelungs- und Idealisierungserfahrungen

»Für mich steht außer Zweifel – und nunmehr 15 Jahre der Beobachtung haben an dieser Grundüberzeugung nicht rütteln können –, daß diese [die Spiegel- und die Idealisierungsübertragung] zwei Grundbedürfnissen des werdenden Selbst entsprechen. Man braucht es, akzeptiert und gespiegelt zu werden – es muß das Leuchten in irgendeinem Mutterauge geben, das uns sagt, es ist gut, daß es dich gibt, es bedeutet mir etwas, daß du da bist, dein Dasein ist wichtig für mich. Auch das andere Bedürfnis gibt es: Jemanden in der Nähe zu wissen, der stark, klug, ruhig ist, mit dem man vorübergehend verschmelzen kann, der einen aufrichtet, wenn man verstört ist. Ursprünglich ist dies das tatsächliche Hochgenommenwerden des Säuglings durch die Mutter; später wird daraus das erhebende Gefühl, wenn man eine wichtige Person sieht, ihre Gegenwart genießt, in ihre Fußstapfen tritt, das Erhobensein durch eine große Idee oder eine herrliche Musik usw. Das ist äußerst wichtig. Und wenn ich von kulturellen Selbstobjekten spreche, von jener Entsprechung, die die individuelle Entwicklung in der Kultur des Gruppenselbst findet, dann meine ich, daß diese beiden Grundbedürfnisse hier ebenfalls, und vielleicht kollektiv, vorhanden sind.«[8]

Die Idealisierungserfahrung ist unser Begriff für das allgemeine

7 All diese unterschiedlichen Typen von Selbstobjekt-Erfahrungen sind für die Bildung eines gesunden, kohärenten, handlungsfähigen, ausgeglichenen Selbst unentbehrlich. Eine detaillierte Darstellung der normalen Entwicklungslinien und ein Abriß typischer Schicksale, die sich in ihnen niederschlagen, würde den Rahmen dieses Aufsatzes sprengen. Von den Werten des reifen Selbst aus gesehen kommt die größte Bedeutung der Entwicklungslinie der idealisierten Selbstobjekt-Erfahrungen zu.

8 Kohut, H. (1985), *Self Psychology and the Humanities*, hg. v. C. Strozier, New York: W. W. Norton, S. 226f.

Bedürfnis,[9] sich selbst als verbunden mit und akzeptiert von anderen zu erleben, die als stark, weise, ruhig, schön, gerecht usw. wahrgenommen werden, kurz, die so wunderbar sind, daß wir sie idealisieren und leidenschaftlich gern so sein möchten wie sie.[10] Wir imitieren ihr Verhalten, eifern ihren Werten nach und bilden damit einen Aspekt unserer Persönlichkeit aus. Es ist, als hätten wir den am höchsten bewerteten Teil des anderen in unser Selbst hineingenommen und zu einem Bestandteil seiner Struktur gemacht. In der metaphorischen Veranschaulichung unseres Selbst als Struktur bezeichnen wir diesen Teil des Selbst, der aus der Bewunderung einer anderen Person entstanden ist, als den *Pol der Werte und Ideale des Selbst*.

Entwicklungshemmung: die idealisierende Selbstobjekt-Erfahrung und das Wertesystem

A. C., ein 39jähriger Anwalt, kam in psychoanalytische Behandlung, weil er unter chronischen Zweifeln an seinen beruflichen Fähigkeiten litt. Angesichts seiner Leistungen, seines wissenschaftlichen Ranges und des hohen Ansehens, das er bei seinen Kollegen genoß, schienen, von außen gesehen, seine Ängste irrational. Er arbeitete viel, seine Klienten schätzten sein Engagement, und er war auch im außerberuflichen sozialen Leben beliebt. Er war glücklich verheiratet und hatte zwei Kinder. Und doch wurde er das ständige Gefühl nicht los, nicht genug zu leisten, den an ihn gerichteten Erwartungen nicht zu entsprechen. Leichte, aber chronische Scham vergiftete sein ganzes Leben.

9 Der Gebrauch des Wortes ›Bedürfnis‹ an dieser Stelle zeigt lediglich an, daß das Selbst zum Zustand der Kohärenz und zum subjektiven Gefühl von Ganzsein und Wohlbefinden nur gelangen kann, wenn durch Selbstobjekt-Erfahrungen unter Einbeziehung eines idealisierten anderen (oft nicht ganz passend als Selbstobjekt bezeichnet) jener Teil des Selbst entsteht, den wir den Pol der Ideale und Werte nennen und der ein notwendiger Bestandteil des ganzen, kohärenten und starken Selbst ist.

10 Kohut postulierte ein Bedürfnis nach psychischer Verschmelzung mit dem idealisierten Selbstobjekt, d. h. nach der Erfahrung des Einsseins mit ihm.

Er sprach oft über seinen Wunsch, aus dem Druck seines arbeitsreichen Berufslebens auszubrechen und zurückzukehren zum Frieden und den grünen Wiesen seiner heimatlichen Berge. Von seinem Vater sprach er mit spürbarer Wärme und bewunderte seine einfache, ›männliche‹ Lebensweise, bei der kräftig gearbeitet, kräftig gespielt und mit den Freunden kräftig getrunken wurde. Der Vater ging gern jagen und angeln, betrachtete aber Neugier in geistigen Dingen mit einer gewissen Geringschätzung, ganz im Gegensatz zu C.s Mutter, die seine schöngeistigen Interessen förderte. Der Vater war in C.s früher Adoleszenz plötzlich an einem Herzleiden gestorben. Es folgte eine Zeit der Verwirrung, aber dank dem Einfluß seiner Mutter brachte C. Schule und Berufsausbildung mit sehr gutem Erfolg hinter sich.
Es scheint, daß durch den frühen Tod von C.s Vater die normale Entwicklung von C.s eigenen Wertvorstellungen zu einem Zeitpunkt gestört und blockiert wurde, zu dem die Kohärenz seines Selbst noch in erster Linie davon abhing, den Vater als den bewunderten anderen zu erleben, mit dem er verschmelzen konnte, also als ein idealisiertes Selbstobjekt. Die Entwicklung seines Selbst blieb teilweise auf dieser Stufe der Identifikation mit den sichtbaren Werten seines Vaters stehen. Dank seiner Intelligenz, vielseitigen Begabung und hervorragenden Schulbildung fand C. sich schließlich in einem Milieu der oberen Mittelklasse wieder, ohne viel dafür getan zu haben. Er fühlte sich dort nie zu Hause und erlebte sich unter starken Scham- und Schuldgefühlen als fehl am Platz. Er fragte sich, ob er nicht doch nur ein »Muttersöhnchen« sei. Ein paar außereheliche Liebesaffären hatten seinem sinkenden Selbstwertgefühl aufgeholfen, und er sehnte sich danach, aus seinem Stadtberuf herauszukommen und zu dem körperlich härteren Leben der Berge seiner Kindheit zurückzukehren. Als er in Behandlung kam, drohten seine Ehe und seine Karriere in die Brüche zu gehen. Seine außerehelichen Eskapaden mochten eine Identifikation mit den Werten seines Vaters sein, wie er sie sah. Viel wichtiger aber war, daß sie einen verzweifelten Versuch darstellten, etwas von der Selbstachtung wiederzuerlangen, die mit der Fragmentierung des Selbst als Folge des Todes des Vaters verlorengegangen war. Die Rückkehr zum früheren Leben in den Bergen war eine Phantasie, die für die Sehnsucht stand, wieder mit dem Vater vereint zu sein und auf diese Weise die Verschmelzung mit dem idealisierten Selbst wiederherzustellen, die ihm dann er-

neut eine Selbstobjekt-Erfahrung verschaffen sollte, die sein zerfallendes Selbst stärken und heilen könnte.

Werte und Wertschicksale

Da das Selbst des Kleinkindes die Inhalte seiner Werte durch Identifikation mit den idealisierten Bezugspersonen (gewöhnlich den Eltern) bildet, ist zu erwarten, daß die Werte, die sein Verhalten bestimmen, stark unter dem Einfluß der Werte dieser wichtigen anderen Personen stehen. Tatsächlich wird das Kind sie bei dem Versuch, ihnen nachzueifern und die nötige Bestätigung durch sie zu erlangen, oft nachahmen. Dies bedeutet jedoch nicht, daß das Verhalten des Kindes immer in Einklang mit diesen Werten steht, die den Inhalt des Pols der Ideale des Selbst bilden, denn dieser Pol kann geschwächt sein und nicht mehr funktionieren. Eine Schwächung der Struktur des Selbst, aus welchen Gründen auch immer, kann die Orientierungskraft der Werte des Selbst unwirksam und die Person anfällig dafür machen, unmittelbare Befriedigungen statt langfristige, wertorientierte Ziele anzustreben. Zusätzlich zu den idealisierenden Selbstobjekt-Erfahrungen gibt es noch andere wichtige Erfahrungen, die Bestandteile des Selbst werden. Zum Beispiel braucht das Kind auch *Freund-Feind*-Selbstobjekt-Erfahrungen, also Erfahrungen mit einer freundlichen anderen Person, die sich dem Kind gegenüber weiter herzlich und positiv verhält, auch wenn es sein Widerstandspotential erprobt. Alle Eltern kennen das »Trotzalter«, jene Entwicklungsphase der Zweijährigen, in denen sie auf jede Anforderung mit einem entschiedenen »Nein« antworten. Der Grund für diese negative Haltung ist vermutlich das neuerworbene scharfe Bewußtsein, eine eigene Person mit eigenem Willen zu sein, ein Selbst im eigentlichen Sinne. Das »Ich-bin-ich« muß – unbewußt – getestet, das heißt an der Außenwelt erprobt werden, damit das Kind genügend Selbstvertrauen für die weitere gesunde Entwicklung gewinnen kann. Die meisten Eltern begreifen dies intuitiv und sind imstande, durch das »Trotzalter« hindurchzusteuern, ohne daß sie oder ihr Sprößling Schaden nehmen. Reagieren jedoch die Eltern unangemessen heftig oder demütigend, kann es beim Kind zu Schädigungen kommen. Manche dieser Fälle mögen damit zusammenhängen, daß ein Kind bereits besonders dickköpfig und trotzig auf die

Welt kam, oder auch damit, daß es bereits aus anderen, früheren Erfahrungen gelernt hat, besondere Angst vor einem Verlust der Integrität seines Selbst zu haben. Sehr viel wahrscheinlicher als Ursache der Schädigung des Kindes dürfte jedoch ein schwaches Selbstwertgefühl der Eltern sein, das es ihnen nicht erlaubt, dem Kind auch nur das notwendige Minimum an Eigenständigkeitserfahrungen zuzugestehen. Das geschädigte Kind lernt dann vielleicht, sich vor weiterem Schaden zu schützen, indem es seine Demütigung und Wut defensiv verbirgt, und bringt diese komplexe, defensive psychische Konstellation in das Erwachsenenalter mit. Man kann sich leicht Situationen vorstellen, in denen sich dieser offenkundig eingeschüchterte Erwachsene erneut durch irgend etwas bedroht fühlt, was (für die Außenwelt) relativ trivial, für ihn jedoch wiederum eine Demütigung ist. Um sich einigermaßen sicher zu fühlen, braucht das schwache Selbst unter Umständen eine stark feindselige Vernichtung des Urhebers der Kränkung. Ein solches Handeln dürfte natürlich gewöhnlich weder mit den Wertvorstellungen dieser Person, noch mit denen ihrer Eltern in Einklang stehen. Daher wird man als Folge eines solchen Verhaltens mit großen Scham- und Schuldgefühlen rechnen müssen.
D., ein 30jähriger Werbefachmann, wurde wegen plötzlicher, unvorhersehbarer Wutanfälle und Schimpftiraden gegen seine Mitarbeiter zur psychiatrischen Untersuchung überwiesen. Für diese Ausbrüche schien es keine vernünftige Erklärung zu geben, bis sich herausstellte, daß die Wutanfälle immer dann auftraten, wenn ein Vorschlag D.s von seinen Mitarbeitern abgelehnt oder auch nur kritisiert wurde. Weitere Nachfragen ergaben, daß D. als Kind unter der Fuchtel einer übermäßig dominanten, unbarmherzig unterdrückenden, egozentrischen Mutter gestanden hatte, so daß sein Selbst nur eine unzureichende Spiegelung erfahren hatte und daher chronisch gefährdet blieb. Es war klar, daß er als Kind nie hatte ›Nein‹ sagen dürfen und daß sein Selbstwertgefühl zerstört worden war. Selbst jetzt noch, als Erwachsener, brauchte sein schwaches Selbst die fast totale Bewunderung und Unterwerfung seiner Mitarbeiter, die er sich über die Einschüchterung verschaffte, die auf seine Wutanfälle folgte.
Dieses Einzelbeispiel habe ich nur deshalb kurz dargestellt, um zu zeigen, daß es auch bei Entwicklung normaler, gesunder Werte und Ideale Selbstschicksale geben kann, bei denen der optimale Verlauf der Entwicklung des Selbst gestört wird und ein schwa-

ches Selbst zurückbleibt, das anfällig für (sozial) nicht akzeptable Handlungsweisen ist.

Gestörte Idealisierung

Der Pol der Werte und Ideale ist eine notwendige Grundkomponente des gesunden Selbst. Fehlt dieser Pol oder ist er durch Schädigung geschwächt oder infolge von Störungen in seiner normalen Entwicklung beeinträchtigt, dann ist die gesamte Struktur des Selbst geschwächt. Das geschwächte Selbst neigt zu Fragmentierung, Kohärenzverlust und erhöhter Verletzlichkeit. Es ist wichtig zu begreifen, daß ein schwacher Wertepol nicht nur Ungewißheit über den Inhalt von Werten und Idealen nach sich zieht, sondern das richtige Funktionieren und manchmal sogar das Überleben des Selbst in Frage stellt. Das in seinen Polen geschwächte Selbst ist ein gefährdetes und verletzliches Selbst, das zu Notbehelfen greifen muß, um seinen Fortbestand zu sichern. Häufige Ursache eines geschwächten Wertepols ist die plötzliche schwere Enttäuschung durch die idealisierte Person, das heißt der plötzliche Verfall der idealisierten Selbstobjekt-Erfahrung. Zum Beispiel reagieren Kinder häufig auf den plötzlichen Tod eines Elternteils mit nahezu totaler Verleugnung. Sie verhalten sich, als wäre nichts geschehen, und man stellt fest, daß sie nicht trauern. Das Kind empfindet den Tod als Verlassenwerden und als totale Schwäche und unannehmbares Versagen des toten Elternteils. »Wie konntest du zulassen, daß *dir* das passiert?« und: »Wie konntest du *mir* das antun?« sind die vernichtenden Fragen, die plötzlich die Idealisierung zerstören. Bei einem normalen Verlauf werden die Eltern (außer bei der plötzlichen Entidealisierung beim Eintritt in die Adoleszenz) allmählich und damit ohne traumatische Folge für das Kind entidealisiert. Untersuchungen an Kindern, die früh den plötzlichen Tod eines Elternteils erlebten, zeigen jedoch lebenslange nachteilige Auswirkungen auf die Persönlichkeitsentwicklung. Als Erwachsene suchen sie zum Beispiel ständig nach verläßlichen, idealisierbaren Selbstobjekt-Erfahrungen, nur um immer wieder zu erleben, daß es keine Garantien gegen Enttäuschung gibt und daß sie mit ihrer Suche immer wieder von vorn anfangen müssen.

Noch schädlicher sind die Auswirkungen subtiler, aber chroni-

scher Erfahrungen des Zurückgewiesen- oder Nichtanerkanntwerdens durch das geachtete Selbstobjekt. Tatsächlich kann man ohne weiteres behaupten, daß einmalige, schwer traumatische Verletzungen des Selbst seltener psychopathologische Spuren hinterlassen als die wiederholten kleinen Verletzungen, die im Kontext chronisch ungenügender Selbstobjekt-Erfahrungen üblich sind.
Ganz allgemein gibt es bei jedem Fall von gestörtem Verhalten bei Erwachsenen zwei Komponenten, die den Betroffenen gewöhnlich ganz unbewußt sind: 1) die Übertragung von Bedürfnissen, Ängsten und (für das Kind) angemessenen Schutzmanövern aus der Vergangenheit in die Erwachsenensituation und 2) ein bestimmtes Handeln oder Nicht-Handeln anderer Personen, das als eine enttäuschende Selbstobjekt-Erfahrung wahrgenommen wird und diese Schutzmanöver im Verhalten reaktiviert. So wird die Erfahrung aus der Frühgeschichte des Individuums mit ihrer ganzen Gefühlsgewalt, die Werte repräsentiert, die den ersten Lebensmonaten oder -jahren entsprechen, auf der Bühne des gegenwärtigen Lebens neu inszeniert.

Die Transformation des Selbst in der Adoleszenz

Der überwiegende Teil der Menschheit hat eine Erfahrung von Adoleszenz, wie wir sie heute kennen, nie gemacht. Noch vor nicht allzulanger Zeit war für die meisten Menschen das Leben, gemessen an unseren Standards, nicht nur kurz und äußerst hart, sondern enthielt auch nicht jene Entwicklungsphase, die wir Adoleszenz nennen. Bereits in einem Alter, das wir noch als Teil der Kindheit ansehen, mußten sie wie Erwachsene leben und arbeiten. Nur das eine oder andere privilegierte Kind hatte die Mittel und die Muße, den Eintritt in die Erwachsenenverantwortung hinauszuschieben. Die meisten Heranwachsenden gingen von der Kindheit direkt in einen Status über, in dem sie den Anforderungen des Erwachsenenlebens zu genügen hatten. So wurden Bauernsöhne und -töchter Bauern wie ihre Eltern, mit deren Werten und Idealen. Nur ausnahmsweise kam ein Kind in den Genuß jener Art gemächlicher Ichbildung und Ichentwicklung, wie sie heutzutage die meisten wohlhabenden Teenager im westlichen Kulturkreis genießen. Traditionell haben die Psychoanalytiker die oft stürmischen psychischen Veränderungen in der Adoleszenz als Folgen der Pubertät und der Notwendigkeit angesehen, mit den neuen, mächtigen sexuellen Impulsen fertigzuwerden. Wolf, Gedo und Terman[11] stellten jedoch die Hypothese auf, daß die psychische Entwicklung von Heranwachsenden nicht in erster Linie Folge und Auswirkung der sexuellen Reifungsprozesse, sondern der durch kognitive Reifungsprozesse herbeigeführten veränderten Beziehungen zu den Eltern und anderen Respektspersonen sei. Dieser Theorie zufolge wird beim Jugendlichen die Idealisierung der Eltern, die ein wesentlicher und stärkender Aspekt der Kohärenz seines Selbst war, durch die plötzliche Erkenntnis ihrer Mängel unterminiert. Wenn die jungen Leute die geistigen Fähigkeiten erlangt haben, die mit Piagets Stufe der formalen Operationen verbunden ist, bemerken sie plötzlich, daß die alten Götter, die Eltern und Lehrer, auf tönernen Füßen stehen. Aufgrund dieser plötzlichen Desillusionierung, die eine Entidealisierungserfahrung ist, befinden sich die Jugendlichen in einer echten seelischen Notlage: Der Wegfall der immer benötigten, aber plötzlich nicht mehr verfügbaren selbstbestätigenden, idealisierten Selbstobjekt-Erfahrungen bedroht die Kontinuität des Selbst. In dieser Notlage holen sich die jungen Leute die Erfahrungen, die sie brauchen, bei ihren Altersgenossen. Die Adoleszenzgruppe bietet eine Kultur, die reich an Idealen und Idolen ist. Die gemeinsame Sprache, die Musik, die Helden und Schurken der Kultur der Heranwachsenden bieten nun die nötigen idealisierbaren Selbstobjekt-Erfahrungen. Neue Werte und Ideale werden Teil des Selbst. Werden dann die jungen Leute im Laufe der Jahre in ein größeres soziales Netzwerk von Selbstobjekt-Erfahrungen integriert, verliert die Bindung an die Gruppe der Gleichaltrigen an Bedeutung. Der werdende Erwachsene hat Gelegenheit gehabt, seine eigenen Wertvorstellungen zu entwickeln, die nur noch zum Teil von den Älteren übernommen sind. Vieles geht auf die Gruppe der Gleichaltrigen und ihre Idole zurück. Wenn die neue Generation heranreift, ist sie bewußt anders als die vorangegangene. Die für die Adoleszenz charakteristischen Umwandlungen des individuellen

11 Wolf, E. S., Gedo, J. E. und Terman, D. M., (1972), »On the Adolescent Process as a Transformation of the Self«, in: *Journal of Youth and Adolescence* 1, 257-272.

Selbst bringen die Möglichkeit eines relativ raschen kulturellen Wandels mit sich. Wo kultureller Wandel gewöhnlich Jahrhunderte in Anspruch nahm, kann er nun in einigen Jahrzehnten stattfinden. Eine Gesellschaft, die ihrer Jugend vor der Erwachsenenverantwortung ein Moratorium zugesteht, vergrößert die Möglichkeit, über die Adoleszenz veränderte Werte und Ideale einzuführen.

Ich habe betont, daß das Bedürfnis nach Selbstobjekt-Erfahrungen das ganze Leben hindurch anhält. Soweit wir dies aufgrund unserer Praxiserfahrung sagen können, ist das Ideal psychischer Unabhängigkeit, Selbstgenügsamkeit und Autonomie illusorisch und unerreichbar. Natürlich gibt es Individuen, die scheinbar total unabhängig von anderen sind. Eine genauere Betrachtung zeigt jedoch, daß diese Personen symbolische Repräsentationen an die Stelle der lebendigen Selbstobjekt-Erfahrungen gesetzt haben, von denen sie früher abhängig waren. Tatsächlich brauchen die meisten Erwachsenen nicht ständig die Gegenwart des benötigten Selbstobjekts, um eine konstante selbst-stärkende Selbstobjekt-Erfahrung aufrechtzuerhalten. Ich möchte dies anhand eines vertrauten Szenarios erläutern. Kleinkinder brauchen gewöhnlich die ständige Aufmerksamkeit oder Anwesenheit der Mutter, um in Sicherheit die Selbstobjekt-Umgebung erfahren zu können, die die Struktur ihres Selbst kohärent erhält. Ist das Kind etwas älter, genügt es, wenn die Mutter irgendwo im Haus zu hören ist. Gelegentliches Nachsehen, ob sie wirklich da ist, genügt dann für die Aufrechterhaltung einer stabilen Selbstobjekt-Erfahrung. Ein oder zwei Jahre später wird die Mutter sogar sagen können, sie gehe weg und komme später wieder. Von Anfang an ist es auch möglich, andere Bezugspersonen allmählich an die Stelle der Mutter treten zu lassen, wenn dabei dem Kind Gelegenheit gegeben wird, die Ersatz-Bezugs- oder Erzieherperson kennenzulernen. Dennoch ist dieser Übergang nie wirklich leicht, denn schon das Neugeborene kann bald über den Geruch die Mutter von anderen Menschen unterscheiden.

Die Richtung der Entwicklung aber ist klar: die allmähliche Verlängerung der Zeitspanne, während derer die Person, die die Selbstobjekt-Erfahrung bietet, abwesend sein kann; die allmähliche Einführung von Ersatz-Bezugspersonen; und schließlich die allmähliche Einführung nicht-menschlicher Objekte wie Schmusedecke und Teddybär (Winnicotts Übergangsobjekte), die als symbolische Vertreter des Trägers der ursprünglichen Selbstobjekt-Erfahrung herhalten müssen. Beim Erwachsenen wird dieser Prozeß des Gebrauchs von Symbolen für die nötigen Selbstobjekt-Erfahrungen zur vorherrschenden Form. Wo zum Beispiel zu einem bestimmten Zeitpunkt die Stimme der Mutter die Macht hatte, das auseinanderbrechende Selbst des kleinen Kindes zu neuer kohärenter Ruhe zu bringen, kann der Jugendliche eine verwandte Selbstobjekt-Erfahrung dadurch herbeiführen, daß er in ein Rockkonzert geht oder vielleicht selber Gitarre spielt. Der Erwachsene hat sogar noch mehr Möglichkeiten. Ich selbst kann oft mein Wohlbefinden bedeutend erhöhen, wenn ich eine bestimmte Art Musik höre. Ich kann die Reihe dieser Erfahrungen bis auf bestimmte Kindheitserinnerungen zurückverfolgen. Bei manchen ist es das Lesen, bei anderen die Zugehörigkeit zu einem Verein, und wieder andere beziehen die nötige Selbstobjekt-Umgebung aus religiösen Erfahrungen. Psychologisch gesehen ist nicht einmal der Einsiedler in der Wüste wirklich allein. Künstlerische Kreativität und geistiges Leben sind kein Luxus, auf den wir verzichten könnten. Vielmehr sind sie der Stoff selbst, aus dem unser tägliches psychisches Brot gemacht ist. So weisen wir allen möglichen kulturellen Betätigungen vor allem deshalb einen Wert zu, weil sie gebraucht werden, um Struktur und Funktion unseres Selbst zu erhalten, und weniger um des moralischen Gehalts willen, den diese Ideen und Betätigungen verkörpern mögen.

Gruppenselbst, Gruppenambitionen, Gruppenideale

In einem psychischen Vakuum können Menschen kein erfülltes, menschliches Leben leben. Wir haben gelernt, daß eine Umgebung von Selbstobjekt-Erfahrungen, geschaffen durch ein Geflecht von Selbstobjekt-Beziehungen, ein *sine qua non* der Entstehung, Entwicklung und Erhaltung eines kohärenten, gesunden Selbst ist. Mag man es für die eigene Person auch noch so sehr bestreiten, seinem inneren Erleben nach ist das Individuum immer ein soziales Individuum, das es mit Beziehungen zu anderen Personen zu tun hat. Gruppen definieren sich über gemeinsame Erfahrungen, insbesondere gemeinsame Selbstobjekt-Erfahrungen. Manche Gruppen werden gebildet, um bestimmte gemeinsame

Ziele zu erreichen, die dann die Gruppenaktivitäten bestimmen. Ein Berufsverband von Psychiatern zum Beispiel kann die Förderung dieses Berufsstandes zum Ziel haben. Solche Ziele aber stehen in enger Beziehung zu den Werten der einzelnen Mitglieder und basieren auf gemeinsamen Idealisierungen. Ganz abgesehen von den bewußten Zielen eines Zusammenschlusses mit anderen zur Verfolgung gemeinsamer Zwecke, die der einzelne beim Eintritt in eine solche Organisation im Sinn haben mag, gibt es auch noch einen anderen, weniger bewußten, aber vielleicht sogar wichtigeren Gewinn. Die Zugehörigkeit zu einer Gruppe kann der Bestätigung der eigenen sozialen Rolle, der eigenen Identität dienen, die ihrerseits die eigene Selbsterfahrung bestätigt. Diese Art der Selbstbestätigung, die das Erleben der eigenen Wichtigkeit oder vielleicht sogar Besonderheit bekräftigt, stellt einen weiteren Typ von Selbstobjekt-Erfahrung dar, die sogenannte Spiegelungserfahrung, auf die ich jetzt zu sprechen kommen möchte.[12]

Im Gegensatz zur Idealisierungserfahrung, die sich an der Größe der anderen Person festmacht, bezeichnete Kohut das Bedürfnis, um der eigenen Bedeutung und Größe willen anerkannt, bestätigt und bestärkt zu werden, als spiegelnde Selbstobjekt-Erfahrung. Die Zugehörigkeit zu einer Gruppe kann eine solche Bestätigung des eigenen Werts vermitteln. Viele Erwachsene holen sich die Selbstobjekt-Umgebung, die sie brauchen, aus Gruppenzugehörigkeiten bis hin zur Nation oder Volksgruppe. Gemeinsame Ziele und gemeinsame Ideale versorgen die Gruppenangehörigen sowohl mit spiegelnden als auch mit idealisierenden Selbstobjekt-Erfahrungen, die ihr Einzelselbst stärken. Gruppenzugehörigkeit kann jedoch auch zur Schwächung des Einzelselbst führen. Je abhängiger ein Individuum für die von ihm benötigten Selbstobjekt-Erfahrungen von der Gruppe ist, desto mehr wird es die eigenen Werte und Ideale zugunsten derjenigen verleugnen müssen, die die Gruppe vertritt. Während manche schwache Charaktere durch das Tragen einer SA-Uniform in der Kohärenz ihres Selbst gestärkt wurden, erfuhren andere eine Schwächung durch den

12 Dies ist nur ein Beispiel für eine Spiegelungserfahrung in Zusammenhang mit einer Gruppe. Die meisten Spiegelungserfahrungen sind Aspekte zwischenmenschlicher Beziehungen: das bewundernde Lächeln der Mutter, das Aufleuchten ihrer Augen, wenn sie einen ansieht, der Stolz des Vaters, weil man »aus demselben Holz geschnitzt« ist wie er, usw. Spiegelungserfahrungen sind Selbstbestätigungen.

inneren Zwiespalt, in den sie aufgrund der Zwangsmitgliedschaft in solch einer im Widerspruch zu ihren Werten stehenden Organisation gerieten. Ähnliche Probleme gehen mit der Organisation der heutigen Massengesellschaft einher. Ist man für seinen Lebensunterhalt auf die Anstellung bei einer großen Firma angewiesen, deren Moral von den Bilanzen und einem kurzfristigen Profitdenken bestimmt wird, dann gerät man leicht in die Klemme zwischen dem Festhalten an den eigenen Werten für ein anständiges Sozialverhalten und denen der Firma, bei der man den Lebensunterhalt für sich und seine Familie verdient. Tendenziell führen solche Konflikte durch die Infragestellung der Kontinuität der nötigen Selbstobjekt-Erfahrungen zu einer Fragmentierung des Selbst.

Ich könnte noch viele solcher Beispiele anführen, aber ich denke, man sieht bereits, daß auch andere als rein zwischenmenschliche Beziehungen die Integrität des Individuums gefährden können. Man kann Gruppen als Gebilde ansehen, die ein Gruppenselbst mit Gruppenambitionen und Gruppenidealen aufweisen. Kohut[13] hat auf einige Verwicklungen aufmerksam gemacht, die in den Beziehungen von Führer und Gruppe auftreten können. Ist ein Gruppenselbst bedroht, findet es unter Umständen durch charismatische oder messianische Führer zu heilenden Gruppen-Selbstobjekt-Erfahrungen. Jemand wie Churchill zum Beispiel war in seinen Reden imstande, seine eigene Stärke als nationale Gruppen-Selbstobjekt-Erfahrung zu vermitteln, die bei den nach Dünkirchen demoralisierten Briten den Umschwung herbeiführte. Aber die Gefahren einer solchen Abhängigkeit des Gruppenselbst von der Stärke und den Werten einer einzelnen Führerpersönlichkeit sind ganz offensichtlich. Während an Churchills Führung zu sehen ist, wie eine charismatische Persönlichkeit den geschwächten Ehrgeizpol eines Gruppenselbst anstacheln kann, wird an messianischen Führern wie Ghandi oder Martin Luther King deutlich, wie dem Pol der Werte und Ideale eines Gruppenselbst stärkende Selbstobjekt-Erfahrungen zugeführt werden können.

13 Kohut, H. (1976), »Creativeness, charisma, group psychology: Reflections on the self-analysis of Freud«, in: *Freud: The Fusion of Science and Humanism*, hg. v. J. Gedo u. G. Pollock, New York: International Universities Press. Auch in: *The Search for the Self: Selected Writings of Heinz Kohut*, 1950-1978, New York: International Universities Press.

Allgemein scheint sowohl das Einzel- als auch das Gruppenselbst so zu handeln, daß es seinen kontinuierlichen Fortbestand sichert. Zumindest unbewußt scheint ein Wissen vorhanden zu sein, daß diese Kontinuität der Existenz eines gesunden Selbst davon abhängig ist, daß man sich ein Minimum an kontinuierlicher Selbstobjekt-Erfahrung erhält. Alle möglichen Verhaltensweisen von Freundlichkeit, Mitleid und Rücksichtnahme bis hin zum entgegengesetzten Extrem von Gleichgültigkeit, Haß und Zerstörungswut können in den Dienst der Aufrechterhaltung der nötigen Selbstobjekt-Erfahrungen gestellt werden. Ungeachtet dessen, ob ein solches Verhalten für einen selbst oder für andere akzeptabel ist, bleibt der Angelpunkt das ichbezogene Eigeninteresse. Vielen Leuten fällt es sehr schwer, sich zu derart selbstsüchtigen Motiven zu bekennen. Die meisten machen sich großartige Illusionen über die eigenen moralischen Qualitäten, die ihnen die eigene Ichbezogenheit unakzeptabel scheinen lassen.

»Werte, also die lebenslange Notwendigkeit einer Selbstobjektmatrix, an der wir uns orientieren können, entsprechen spezifischen Selbst-Bedürfnissen. Unabhängigkeit als Wert ist schlichter Humbug. So etwas gibt es nicht. Man kann doch nicht seinen Ehrgeiz daran setzen, ohne Sauerstoff auszukommen. Dazu sind wir nun einmal nicht geschaffen. Es ist Unfug zu versuchen, die Symbiose aufzugeben und als Selbst unabhängig zu werden. Ein unabhängiges Selbst ist eines, das schlau genug ist, ein gutes Selbstobjekt-Stützungssystem zu finden und in Einklang mit seinen Bedürfnissen und dem Generationenwandel zu bleiben. Diesem System muß man sehr viel zu geben bereit sein« (Kohut, 1985, 262).

Das sieht so aus, als wollte Kohut sagen, es gebe keine Werte, die nicht ichbezogen seien. In seinem Aufsatz »On Courage« jedoch (Kohut, 1985, 5-50), in dem er sich mit dem Heldentum der Nazigegner Franz Jägerstätter und Hans und Sophie Scholl befaßt, betrachtet er Individuen, die ihre ganze Person in den Dienst ihrer idealisierten Werte stellen.

»Unter bestimmten Umständen gibt es überhaupt keine Angst vor dem Tod ... Wenn ein Mensch sein ganzes Selbst in den Dienst eines Ideals gestellt hat ... wenn ein Mensch dazu fähig ist, dann wird er ohne eine Spur von Angst sterben, ja, er wird sogar stolz sterben. Er weiß, daß er sein wahres Selbst behauptet hat und daß es weiterlebt. Als die Spartaner bei den Thermopylen starben, lautete die berühmte Inschrift: ›Wanderer, kommst du nach Sparta, sage, du habest uns liegen gesehen, wie das Gesetz es befahl.‹ Sie verloren ihr Leben, aber eben nur ihr Leben. So empfanden sie es. Biologisch gesehen verloren sie natürlich ihr Leben, aber psychologisch gesehen verloren sie nicht ihr Selbst. In den Sitten, den Grundsätzen, der Ethik des Stadtstaats Sparta lebten sie weiter. Dies ist ein Beispiel, bei dem die innere Bindung an das Ideal die Angst vor dem Tod besiegt« (Kohut, 1985, 263 f.).

Hier gibt Kohut einen ersten Hinweis auf das, was ich die postnarzißtische Stufe des Individuums nennen möchte. Unter günstigen Bedingungen kann ein starkes, kohärentes, reifes Selbst die Fähigkeit erlangen, seine Selbsterfahrung so zu erweitern, daß sie die Welt jenseits der eigenen physischen Grenzen umfaßt. Bei einem solchen postnarzißtischen Selbst dürften Einfühlungsvermögen, Humor, Kreativität und Weisheit ungewöhnlich hoch entwickelt sein. Da es stark genug ist, um auf die allzeit bereite Wachsamkeit des verwundbaren und daher defensiven Selbst verzichten zu können, kann das reife postnarzißtische Selbst die Kraft und die Freiheit haben, dem Sinn Ausdruck zu verleihen, den es seinen Beziehungen zur Welt gegeben hat. Dieser Ausdruck mag das künstlerische oder wissenschaftliche Schaffen sein oder im Bereich des Denkens liegen oder eben in den Werten, mit denen das Selbst bestrebt ist, seinem Leben auf dieser Erde einen Sinn zu geben.

Literatur

Atwood, G. u. Stolorow, R. (1984), *Structures of Subjectivity*, Hillsdale, N.J.: The Analytic Press.

Basch, M.F. (1988), *Understanding Psychotherapy*, New York: Basic Books.

Goldberg, A. (1988), *A Fresh Look at Psychoanalysis*, Hillsdale, N.J.: The Analytic Press.

Kohut, H. (1971), *The Analysis of the Self*, New York: International Universities Press; deutsch: *Narzißmus*, Frankfurt/Main: Suhrkamp 1973.

– (1977), *The Restoration of the Self*, New York: International Universities Press; deutsch: *Die Heilung des Selbst*, Frankfurt/Main: Suhrkamp 1979.

– (1978), *The Search for the Self: Selectes Writings of Heinz Kohut 1950-1978*, 2 Bde., hg. v. P. Ornstein, New York: International Universities Press.

– (1984), *How Does Analysis Cure?*, Chicago: University of Chicago Press; deutsch: *Wie heilt die Psychoanalyse?*, Frankfurt/Main: Suhrkamp 1987.
– (1985), *Self Psychology and the Humanities*, hg. v. C. Strozier, Chicago: University of Chicago Press.
– und Wolf, E. S. (1978), »The disorders of the self and their treatment«, in: *International Journal of Psychoanalysis* 59, 414-425.
Lichtenberg, J. D. (1989), *Psychoanalysis and Motivation*, Hillsdale, N.J.: The Analytic Press.
Stern, D. (1985), *The Interpersonal World of the Infant*, New York: Basic Books; deutsch: *Die Lebenserfahrung des Säuglings*, Stuttgart: Klett 1992.
Wolf, E. S. (1976), »Ambience and abstinence«, in: *Annual of Psychoanalysis* 4, 101-115.
– (1977a) »Subjektivität und Ethik in der medizinischen Praxis – Die zentrale Rolle der Einfühlung«, in: *Medizin im Widerspruch*, hg. v. J. Wunderli u. K. Weißhaupt, Olten: Walter-Verlag.
– (1977b), »The ›Irrationality‹ in a psychoanalytic psychology of the self«, in: *The Self: Psychological and Philosophical Issues*, hg. v. T. Mischel, Oxford: Basil Blackwell.
– (1978), »The disconnected self: Modern sensibility in the writings of Kafka, Sartre and Virginia Woolf«, in: *Psychoanalysis, Creativity and Literature*, hg. v. A. Roland, New York: Columbia University Press.
– (1980), »On the developmental line of selfobject relations«, in: *Advances in Self Psychology*, hg. v. A. Goldberg, New York: International Universities Press.
– (1988), *Treating the Self: Elements of Clinical Self Psychology*, New York: Guilford Press (deutschspr. Ausgabe in Vorbereitung).
– (1989a), »The self in psychoanalytic self psychology«, in: *Semiotics, Self and Society*, hg. v. G. Lee u. G. Urban, Berlin/New York: Mouton de Gruyter.
– (1989b), »Das Selbst in der Psychoanalyse: Grundsätzliche Aspekte«, in: *Selbstpsychologie. Weiterentwicklungen nach Heinz Kohut*, München: Verlag Internationale Psychoanalyse.
– und Wolf, I. P. (1979), »We perished, each alone: A psychoanalytic commentary on Virginia Woolf's ›To the Lighthouse‹«, in: *International Review of Psychoanalysis* 6, 37-47.

Gil G. Noam
Selbst, Moral und Lebensgeschichte*

1. Das moralische Urteil und die Theorie des Selbst

Kohlberg hat seine Theorie des moralischen Urteils als eine allgemeine, kognitiv-entwicklungstheoretische Neukonzeptualisierung der sozialen Entwicklung verstanden. Viele seiner Arbeiten wie »Stufe und Sequenz« (1969) und »Vom Sein zum Sollen« (1971) zeigen die paradigmatische Natur seines Werks auf. Nicht nur sollte die Philosophie wieder eine zentrale Rolle in der Psychologie spielen, sondern die Forschung zur moralischen Entwicklung sollte neue Wege zur Erforschung zentraler Bereiche der sozialen Kognition und der sozialen Entwicklung weisen. In Kohlbergs frühem Werk stand ein Konzept im Mittelpunkt, das die Entstehung und Entwicklung des Selbst beschreibt (z. B. Internalisierung, Nachahmung, Identifikation und Idealisierung). Aber weil Kohlberg seine Energie auf die Psychologie der Moral, auf moralphilosophische Fragen und auf pädagogische Interventionen im Dienste der Moral konzentrierte, nahm er die Forschung zum Selbst erst 15 Jahre nach seiner bedeutenden Abhandlung in »Stufe und Sequenz« wieder auf. Dort hatte Kohlberg die Beziehung zwischen dem moralischen Urteil und anderen Bereichen des Selbst umrissen, indem er eine grundlegende Einheit der Persönlichkeitsorganisation und der Entwicklung postulierte, die er Ich und Selbst nannte. Er forderte, angesichts der verschiedenen Stränge der sozialen Entwicklung (psychosexuelle Entwicklung, moralische Entwicklung usw.) ein einheitliches Konzept des Selbst in einer einheitlichen sozialen Welt herzustellen.

Kurz vor Kohlbergs Tod schrieben Kohlberg und Diessner (1991):

»... Folgt man der strukturalistischen Perspektive Piagets im Blick auf das rational-epistemische Subjekt, so hat Kohlbergs Ansatz den von der Struktur unterschiedenen moralischen Inhalt der Entwicklung ebenso

* Aufbauend auf: Gil Noam, »Beyond Freud and Piaget: Internal World-Interpersonal Self«, in: Wren, T., *The Moral Domain*, Cambridge: MIT Press. Originalbeitrag. Übersetzung: Hans-Joachim Eberhard und Wolfgang Edelstein.

ignoriert wie die moralische Motivation, die der moralischen Vernunft gegenübertritt. Vor allem hat er die Existenz und die Funktion des moralischen Selbst nicht zur Kenntnis genommen.«

Trotz der Vernachlässigung dieser wichtigen Entwicklungslinie hat Kohlberg eine kooperative Klärung der Ähnlichkeiten und Unterschiede zwischen seinem Werk und dem anderer Auffassungen des Selbst gefördert. In den Jahren 1982 und 1983 führten Kohlberg, Snarey und ich eine fortlaufende Diskussion über dieses Thema. Wir veröffentlichten zwei Beiträge, in denen einerseits Loevingers Theorie der Selbstentwicklung und Kohlbergs Stadien des moralischen Urteils miteinander verglichen und andererseits die Unterschiede zwischen einer Anzahl struktureller und funktionaler Theorien des Selbst herausgearbeitet wurden (Noam, Kohlberg und Snarey, 1983; Snarey, Kohlberg und Noam 1983). Wir kamen zu dem Schluß, daß eine angemessene Theorie nicht allein auf das Piagetsche Paradigma gegründet werden sollte, weil sich das Selbst auch aus funktionalen Lebensaufgaben heraus entwickelt, aus primären Bindungen und aus Formen der Bewältigung und Abwehr. Diese Fragen habe ich weiterverfolgt (z. B. Noam, 1984; Noam, 1985 b), indem ich eine konstruktivistische Selbsttheorie und Forschungslinie entwickelte.

In der Folge hat mich die Tatsache beeindruckt, daß etwa zur selben Zeit eine Anzahl verschiedener Auffassungen über das Selbst entstanden, die ein gemeinsames geistiges Erbe beanspruchten, aber recht unterschiedliche Schlüsse zogen. Diese Theorien speisen sich aus drei bedeutenden Quellen: einmal aus dem Piagetschen Denken (besonders dem frühen und dem späten Werk Piagets); zum anderen aus Kohlbergs Theorie des moralischen Urteils und aus den sozialkognitiven Theorien der Perspektivenübernahme in der Nachfolge Meads und Baldwins (z. B. Flavell, Chandler). Wer den Radius dieser verwandten Theorien erweitern wollte, konnte strukturelle und kognitive Prinzipien zur Herausbildung einer sozialkognitiven Theorie der Beziehung von ego und alter in Anspruch nehmen. Trotz vieler Bemühungen steht indessen eine allgemeine Theorie der Strukturen des Selbst (und der sozialen Kognition) noch aus. Ich glaube deshalb, daß es eine lohnende Aufgabe ist, die unterschiedlichen Ansätze zusammenzuführen, um die Kluft zwischen unseren Kenntnissen der Kognition und der »moralischen Operationen« und den weniger entwickelten Prinzipien des Selbst zu überbrücken.

Zwei theoretische Traditionen lassen sich beschreiben, die sich konzeptuell auf Kohlbergs Werk stützen, auch wenn dies nicht immer unmittelbar deutlich ist. Die Folgerungen im Hinblick auf das Selbst, die Psychologie der Persönlichkeit und die Beziehung zur moralischen Entwicklung sind jedoch unterschiedlich. Der Einfachheit halber werde ich diese Annäherungen an eine kognitive Entwicklung des Selbst hier »minimalistisch« und »maximalistisch« nennen. Schon in Kohlbergs eigenem Werk lassen sich, glaube ich, diese gegensätzlichen Positionen zum Selbst finden.

Auf der einen Seite betrachtete Kohlberg die Moral, das Selbst und die Perspektivenübernahme als *getrennte* sozialkognitive Bereiche. So definierte er z. B. die sozialkognitive Perspektivenübernahme als notwendige, aber nicht hinreichende Bedingung der moralischen Urteilsbildung. Das implizierte, daß diese Bereiche logisch und empirisch trennbar sind. Jeder Bereich kann für sich untersucht werden und folgt einer eigenen Entwicklungslogik. In dieser Tradition haben die »Minimalisten« weitergearbeitet und dem Selbst eine eigene Struktur mit eigenen Definitionen und Operationen zugeschrieben.

Zur selben Zeit schrieb Kohlberg über die moralische Entwicklung als *Aspekt* eines unteilbaren sozialen Selbst in einer sozialen Welt (Kohlberg, 1969). Er bezeichnete die soziale Perspektive bzw. die Rollenübernahme als einen Prozeß, der sowohl dem moralischen Urteil *als auch* dem Selbst als Basis dient. Aus diesem Blickwinkel ist moralische Entwicklung nur ein Aspekt des Selbst, und die Analyse der moralischen Entwicklung könnte im Prinzip als Teil einer Analyse des Selbst begriffen werden. Aus dieser Betrachtungsweise sind die »Maximalisten« hervorgegangen, die annehmen, daß strukturelle Prinzipien den Blick auf eine »Megastruktur« des Selbst, der Persönlichkeit oder des Ich freigeben, die eine Anzahl kognitiver, sozialer, emotionaler und moralischer Dimensionen enthalten.

Leider haben in beiden Traditionen nur wenige Theoretiker präzise beschrieben, was sie als Selbst begreifen. Loevinger hielt an ihrem Widerwillen gegen eine Definition des Ich (Ego) fest. So würde sich weder Theorie noch Messung ändern, wenn Loevinger das Ich als »Selbst« bezeichnet hätte, was geschehen wäre, wenn ihr Werk später entstanden wäre (Loevinger, persönliche Mitteilung). Sogar in den Schriften Kohlbergs, die gewöhnlich weit präziser sind, bleibt unklar, welche Bedeutung der Einbettung des sozialen Selbst in die soziale Welt zukommt. Trotz dieses Mangels haben alle Ansätze einen gemeinsamen Schwerpunkt: die Suche nach einem Rahmen für die Beziehung zwischen Selbst und anderen; die Auffassung, daß dieser Rahmen Organisation, Struktur und einen Entwicklungsverlauf von weniger reifen zu komplexeren Zuständen enthält; und die Überzeugung, daß das Selbst sich aus sozialen Interaktionen entwickelt.

»Minimalisten«

Es gibt eine Anzahl sorgfältig ausgearbeiteter sozialkognitiver Theorien des Selbst (z.B. Broughton, 1978; Damon u. Hart, 1982; Noam 1985b; Selman, 1980). Meistens wollen diese Ansätze die kognitiven und moralischen Theorien Kohlbergs und Piagets aus der Perspektive des Selbstkonzepts, der Selbstrepräsentation oder des Selbstverständnisses rekonstruieren. Nur selten gibt es den Versuch, das »I« der Tradition Meads und James' einzubeziehen, jedoch das »Me« wurde durchweg herausgearbeitet. Trotz erheblicher Unterschiede in der Perspektive (so im Hinblick auf Integration der Theorietraditionen und der Forschungsinstrumente) stimmen die Entwicklungsbeschreibungen im Hinblick auf viele sozialkognitive Merkmale überein (s.a. Keller u. Killen, im Druck).
Diese Gruppe von Theoretikern teilt einen gemeinsamen *kognitiv-konzeptuellen Ansatz* bezüglich des Selbst. Das Konzept weist in der Regel folgende Dimensionen auf: Eine Trennung der Kategorien des physischen und psychischen Selbst, eine Unterscheidung, die definiert, was zum Selbst und was zum Objekt/dem anderen gehört, eine Unterscheidung zwischen einer egozentrischen und einer dezentrierten Perspektive in den intra- und den interpersonellen Prozessen; einen Unterschied zwischen Psyche und Bewußtsein. Jedes Konstrukt wurde entwicklungstheoretisch rekonstruiert und trägt nach dieser Auffassung zum Entwicklungsfortschritt des Selbst bei.
Dieser Ansatz zur Analyse des Selbst hat den Vorteil, zur präzisen Definition des kognitiven Selbst und seiner Bauelemente beizutragen. Die Kategorien sind relativ klar, Struktur und Inhalt lassen sich, wenigstens zum Teil, auseinanderhalten, zwischen Kompetenz und Performanz kann eine Grenze gezogen werden. Die Di-

mensionen der Persönlichkeit, die individuelle Lebensgeschichte und die subjektiven Erfahrungen wurden dagegen ausgeschieden, um verallgemeinerungsfähige Prinzipien der Selbstentwicklung sicherzustellen.

Nimmt man an, daß diese Prinzipien gültig sind, müssen Kohlbergs Vorstellungen von harten und weichen Stufen teilweise in Frage gestellt werden. Kohlberg meinte, daß Selbsttheorien keine »harten« Kriterien für Strukturveränderungen bieten. Er führte aus, daß man eine Theorie nur dann als »hart« bezeichnen sollte, wenn man präzise zwischen Struktur und Inhalt und zwischen Kompetenz und Performanz trennen kann. Strukturen besitzen für ihn eine invariante Sequenz unabhängig von kulturellen Einflüssen; die Stufen müssen eine hierarchische Rangfolge zunehmender Differenzierung und Integration darstellen. Kohlberg schrieb den Selbsttheorien »weiche Stufen« zu, weil sie mehr auf den Inhalt und die Funktion der Persönlichkeit als auf die Strukturen der kognitiven Operationen Bezug nehmen. Als »Reflexionen des Individuums über die Psychologie des Selbst« (Kohlberg, 1984, 243) stellen sie eher selbstkonstruierte Individualtheorien als strukturelle Formen logischen Denkens dar.

Kohlberg hat nur Piagets kognitives System und seine eigene Stufenfolge der moralischen Entwicklung in die Gruppe der Theorien aufgenommen, die »harte Stufen« erzeugen. Allen anderen kognitiven, Selbst- und Persönlichkeitstheorien schrieb er »weiche Stufen« zu. Doch betrachtet man die Verfahren der »minimalistischen« Selbsttheoretiker mit ihrer Betonung der Begriffe (im Gegensatz zur Erfahrung), der Struktur (im Gegensatz zum Inhalt) und der Kompetenz (im Gegensatz zur Performanz), leuchtet nicht ein, warum ihre Theorien weniger »hart« sein sollen als die Theorie der moralischen Entwicklung. Warum sollen begriffliche Unterscheidungen im Bereich des Selbst weniger stringent und weniger »hart« sein als im Bereich des moralischen Urteils? Vielleicht läßt sich die Grenze zwischen harten und weichen Stufen eher ziehen zwischen kognitiv-begrifflichen Theorien des Selbst und jenen aus einem weiteren Blickwinkel entworfenen Konzepten der Psychologen des Selbst, die viele Persönlichkeitsdimensionen einbeziehen.

Obwohl die minimalistische Position bestimmte Vorzüge aufweist, müssen hier drei Probleme deutlich gemacht werden.

Döbert (1990) hat in Frage gestellt, ob die Theorie des moralischen Urteils tatsächlich, wie Kohlberg behauptet, so genau zwischen Struktur und Inhalt zu differenzieren vermag. Döbert macht geltend, daß viele dem Anschein nach strukturelle Komponenten nur im Zusammenhang mit spezifischen Inhalten Geltung beanspruchen können (z. B. Vertrauen auf Stufe 3). Das Problem stellt sich ähnlich, wenn nicht sogar deutlicher, für den Bereich des Selbst, weil viele konzeptuelle Differenzierungen inhaltliche Implikationen haben.

Ferner schließe ich mich der Kritik von Broughton an, das bedauernd feststellt, daß die kognitive Entwicklungstheorie trotz aller Vorzüge wesentlich schuld daran habe, daß sowohl das Selbst als auch die Gesellschaft aus der Psychologie eliminiert worden sind.

Schließlich führte die Orientierung der Theorie der Differenzierung des kognitiv-konzeptuellen Apparats zum Ausschluß jener Konstrukte, die nur indirekt mit der Selbstentwicklung zusammenhängen. Deshalb wurden andere Dimensionen der Persönlichkeit wie Bewältigung und Abwehr als strukturinkonsistent aufgefaßt. Doch viele dieser psychologischen Funktionen könnten als Aspekte der Selbstentwicklung begriffen werden und folgen einer Entwicklungslogik, die sich kognitiv rekonstruieren läßt. Häufig bleibt nur ein eklektischer Ansatz, in dem die Verbindungen zwischen verschiedenen Selbst- und Persönlichkeitsbereichen über Kreuztabellen und Korrelationen hergestellt werden. Solche Korrelationen lassen sich indes kaum interpretieren, solange der theoretische Status dieser Beziehungen ungenügend definiert ist. Villenave-Cremer und Eckensberger (1986) schreiben zu Recht: »Korrelationen zwischen Datenmengen, die auf der Grundlage verschiedener Theoriefamilien erhoben wurden, bleiben so lange bedeutungslos, als sie nicht aufgrund einer gemeinsamen theoretischen Sprache oder ›transformatorischer Konstrukte‹ theoretisch interpretiert werden können« (185). Dieses Ziel hatten die »maximalistischen« Selbsttheoretiker im Auge, denen es um die Verbindung zwischen der kognitiven Theorie, der Persönlichkeitspsychologie, der emotionalen Entwicklung und anderen selbstpsychologischen Dimensionen geht.

Wie bereits erwähnt, hat diese zweite Gruppe von Theoretikern das Paradigma von Piaget und Kohlberg in anderer Weise aufgenommen. Sie haben nicht versucht, einen sauber umrissenen Bereich der Selbsttheorie zu definieren. Statt dessen haben sie Strukturprinzipien in Anspruch genommen, um Dimensionen der Persönlichkeit, der Welteinstellungen, der Ichentwicklung und der Glaubensbilder [*faith development*] zu rekonstruieren (z.B. Fowler, 1981; Kegan, 1982; Loevinger, 1976). In diesem Prozeß wurde der streng definierte sozialkognitive Fokus zu einem eher locker definierten Rahmen für Denken und Fühlen, Urteilen und Handeln, für menschliche Intimität oder Fragen des letzten Sinns. Ich werde mich diesen Arbeiten detaillierter zuwenden, weil sie für meine Argumente im Hinblick auf eine neue Perspektive des Selbst relevant sind.

Fowler (1981) verdankt Piaget und Kohlberg die grundlegenden Entwicklungsprinzipien, die ihm das Vokabular für eine Strukturtheorie des Glaubens zur Verfügung stellen, welche Prinzipien des »Selbst« enthält. Glaubensbilder sind in Kategorien definiert, die sehr verschiedenen Dimensionen entstammen, wie intuitives Wissen, Persönlichkeit, Emotionen, und in einer »Logik der Schuld«. Diesen Konzepten ordnet er zu: Ekstase, Imagination und Symbolik, »unbewußte Strukturprozesse«, »persönliches Wissen und Handeln«, »Grenzen des sozialen Bewußtseins«, »Ort der Autorität« und »Formen des Weltzusammenhangs«. Diese Dimensionen führt er in seine Strukturtheorie als Erweiterungen des rationalistischen Modells von Piaget und Kohlberg ein.

Während Fowler eine Anzahl nichtkognitiver Prozesse und Dimensionen in seine Stufendefinitionen einträgt, unterstellt er gleichzeitig, daß die grundlegenden Prinzipien Piagets – Trennung von Struktur und Inhalt, Stufenfolge, hierarchische Integration und Differenzierung – weiterhin Gültigkeit besitzen. In Fowlers Werk läßt sich keine Erörterung der Frage finden, ob das Strukturparadigma verändert werden muß, um diese neuen Dimensionen zu erklären.

Diese wichtige Frage muß auch an Loevingers und, in jüngerer Zeit, an Kegans Arbeiten über das Ich und die persönliche Entwicklung gerichtet werden. Loevingers Stufenmodell enthält sowohl strukturelle als auch inhaltliche Dimensionen (Noam, Kohlberg und Snarey, 1983). Loevinger definiert die Stufen der Ichentwicklung zum Teil in Strukturkategorien, aber gleichermaßen wichtig sind ihr psychologische Funktionen und Motive der Selbstbestätigung, Bewältigung und Abwehr. Zum Beispiel ist die Stufe des Selbstschutzes (Delta) in erster Linie durch einen interpersonellen Stil charakterisiert, der der Verteidigung des Selbst dient, und weniger durch stufenspezifische Strukturen des Weltverständnisses. Dies hat zu der Kritik geführt, daß Loevingers Stufen des Ich keiner zugrundeliegenden Logik gehorchen (Habermas, 1976; Broughton und Zahaykevich, 1977). Ohne eine solche Entwicklungslogik ist eine Abfolge hierarchischer Stufen nicht zu rechtfertigen. Warum ist eine Stufe höher, reifer, angemessener, anpassungsfähiger oder besser als eine andere? Es bleibt unklar, warum Loevinger ein an Piaget orientiertes Modell wählt, statt anderen Entwicklungstheorien, welche die Mischung aus strukturellen, funktionalen und motivationalen Elementen ihres Konzepts ebenso gut erklären könnten, den Vorzug zu geben.

Loevinger postuliert ein unteilbares Ich, dessen Leistung sich sowohl in der Impulskontrolle, dem interpersonalen Stil, der Aktivität des Bewußtseins und den kognitiven Funktionen ausdrückt. Dennoch ist es aus der strikt strukturellen Perspektive offensichtlich, daß die verschiedenen Bereiche durch verschiedene Substrukturen gesteuert werden. Was Loevinger »kognitiven Stil« nennt, d.h., ein einzelner Aspekt der Ichentwicklung repräsentiert einen Teilbereich, der durch Piagets Stadien der kognitiven oder logischen Entwicklung definiert ist. Der interpersonale Stil und die Interessen des Selbst ähneln dem Teilbereich der Perspektivenübernahme (Selman, 1980), und Impulskontrolle und Charakter überschneiden sich mit dem Bereich des moralischen Urteils. Wir wissen mittlerweile, daß diese Bereiche einen Zusammenhang bilden. So gibt es zwischen Kognition, Perspektivenübernahme und moralischer Entwicklung das Verhältnis notwendiger, aber nicht hinreichender Bedingungen, aber es gibt keinen empirischen Beleg für die Annahme, daß Individuen in mehreren Entwicklungsbereichen die identische Stufe erreichen. Um zu einem einheitlichen Stufenwert zu gelangen, sah sich Loevinger genötigt, auf mathematische Techniken (z.B. kumulierte Häufigkeiten) eher zu setzen als auf hermeneutische Verfahren, weil die Probanden in ihrem Satzergänzungsverfahren oft eine Streuung über mehrere Stufen aufwiesen (Noam, im Druck). Im Lichte dieser Ergebnisse und angesichts des Rückgriffs von Loevinger auf empirische Beobachtungen statt auf logische Definitionen, um ihre Stufenunterscheidungen zu begründen, müssen wir die Frage aufwerfen, warum sie überhaupt ein einheitliches Stufenmodell einführt, um die vielen Dimensionen der Ichentwicklung zu beschreiben.

Kegan (1982) hat ein ähnliches System von Entwicklungsstufen des Ich eingeführt. Er postuliert eine Logik der Strukturentwicklung, die den Stufen zugrundeliegt. Für eine solche Theorie ist es unerläßlich, eine grundlegende psychologische Funktion zu definieren, die durch strukturelle Reorganisationen hindurch beobachtet werden kann. Nur eine eindeutig definierte Funktion ermöglicht es, Stufen und Übergänge strukturell zu rekonstruieren. Ohne sie ist es nicht möglich, zwischen Struktur und Inhalt zu unterscheiden.

Als vereinheitlichende Kraft bringt Kegan die Subjekt-Objekt-Beziehung in sein Modell ein. Alle anderen kognitiven Stufenmodelle gelten als durch diese »Tiefenstruktur« organisiert. Aber wieso sollte die Entwicklung von Impulsen (Stufe 1), von Bedürfnissen (Stufe 2), von interpersonellen Beziehungen (Stufe 3), die Entwicklung eines ideologischen Selbstsystems (Stufe 4) oder eines intersubjektiven Prozesses (Stufe 5) in einer psychischen Funktion vereinheitlicht sein? Eine sparsamere und datennähere Annahme sieht in jedem dieser Prozesse eine eigene psychische Funktion und eine eigene Entwicklungslogik (z. B. Impulskontrolle, Befolgen und Aushandeln von Bedürfnissen, Entwicklung der Intimität, der Autonomie usw.). Jeder dieser Prozesse besteht lebenslang und durchläuft wichtige Entwicklungstransformationen.

Weil es eine Definition der Subjekt-Objekt-Beziehung nicht gibt, wissen wir nicht, warum bestimmte Entwicklungsprozesse einbezogen und andere ausgeschlossen werden sollen. Kegans Theorie der Differenzierung von Subjekt und Objekt fordert, daß ein Individuum auf der neuen Stufe »hat«, was es auf der vorigen Stufe »war«. Man könnte psychologische Prozesse wie »Selbstwertgefühl«, »Kreativität«, »Vertrauen« usw. auf bestimmten Stufen einführen und als Aspekt der Differenzierung von Subjekt und Objekt betrachten. Bleibt man indessen bei der Funktion der Subjekt-Objekt-Beziehungen, gibt es keine Kriterien, nach denen man diese Dimensionen einführen oder ausschließen könnte.

Trotz dieser wichtigen Probleme läßt sich ohne eine übergreifende Struktur schwer erklären, warum Menschen so viel Zeit und Mühe darauf verwenden, Identität und Kontinuität des Selbst herzustellen. Übergreifende Persönlichkeitsintegration und Selbstkohärenz sind aber Teile einer romantischen Vorstellung von Ganzheit. Aus interaktionistischer Perspektive hängt Konsistenz des Selbst an den Erfahrungen und Beziehungen, die den Stoff für Transformationen bereitstellen. In einem hochdifferenzierten sozialen System ist jedoch von einer großen Variabilität der Interaktionsprozesse bei jeder Person auszugehen (siehe Döbert et al., 1977), so daß Konsistenz und Kohäsion in Entwicklungsbereichen nicht vorausgesetzt werden können. Diese Problematik wird im nächsten Abschnitt vertieft.

2. Jenseits des epistemischen Selbst

Zwei theoretische Fragen liefern Beispiele dafür, wie die klinische Entwicklungspsychologie Veränderungen der normativen Entwicklung thematisieren kann. Die erste hängt mit der Hypothese zusammen, daß eine höhere Stufe eine »bessere« sei; die zweite bezieht sich auf die grundlegende Struktur der Entwicklung. Im Gegensatz zu den Theorien der normativen Entwicklung, die davon ausgehen, daß höhere Stadien bessere Anpassungsleistungen ermöglichen als niedrige Stufen, deuten unsere Untersuchungsergebnisse darauf hin, daß reifere Stufen der Ichentwicklung auch destruktives und für die Person nachteiliges Verhalten implizieren können. Ähnliche Ergebnisse finden sich in der Literatur zur moralischen Entwicklung (Noam und Young, 1988). Unsere Ergebnisse zeigen, daß Entwicklungsverzögerung als Schutzfaktor gegen schwerwiegende innere Störungen wie Selbstmordgefahr und Depression dienen kann (Borst, Noam, Bartok, 1992). Deshalb ist es äußerst wichtig, zwischen psychischer Reife und psychischer Komplexität zu unterscheiden.
Ein weiteres Beispiel ist das Niveau der Strukturintegration, das im Piagetschen Paradigma als selbstverständlich vorausgesetzt wird. Die »maximalistischen« Theoretiker des Selbst haben Piagetsche Prinzipien weit über deren ursprüngliche Bestimmung hinaus angewandt. Piaget hat wiederholt erklärt, daß die Dimensionen der Persönlichkeit nicht nach Strukturprinzipien organi-

siert sind, sondern aus vielen komplexen und gegensätzlichen Prozessen bestehen.

Weil umfassende Selbst-, Ich- und Persönlichkeitstheorien immer mehr Inhalt subsumiert haben, ist es wenig wahrscheinlich, daß ein Stufenwechsel die verschiedenen Aspekte des Selbst und der Persönlichkeit reorganisieren und transformieren kann. So geht ein neues und komplexeres Bild interpersonaler Beziehungen nicht notwendig Hand in Hand mit besserer Impulskontrolle. Eine komplexe persönliche Identität kann dagegen gemeinsam mit einer verarmten und unentwickelten Vertrauensperspektive auftreten. Sogar innerhalb einer relativ deutlich definierten Entwicklungsdimension (z. B. der Konstruktion von wichtigen interpersonalen Beziehungen) können sehr wohl Diskrepanzen auftreten. Wahrnehmung, Wissen und Verpflichtung sind nach Fowler der »Stoff«, aus dem die Stufen gemacht sind. Aber nehmen wir Sachverhalte, die wir erforscht haben, nicht anders wahr als solche, denen wir niemals begegnet sind, und anders als Sachverhalte, die wir verinnerlicht haben? Verbleiben wir nicht oft bei früheren Formen von Beziehungen und Bedeutungen, auch wenn wir zu reiferen Verpflichtungen und Einsichten fähig sind? Skepsis, die gegenüber dem Konzept des konsistenten Selbst, der reifen Persönlichkeit oder des vollen Vertrauens geboten ist, drängt sich oft auch gegenüber einer kognitiven Struktur auf, in der gewisse Kompetenzen zwar transformationsfähig sind, andere jedoch indessen nicht (siehe Fischer, 1980).

Daß die strukturellen Konzepte über ihre kategorialen Grenzen ausgedehnt worden sind, zeigt sich an der Rolle, die das epistemische Selbst spielt. Das Selbst der Theorien von Piaget und Kohlberg ist in Begriffen universeller Strukturen der Intelligenz und der Gerechtigkeit gefaßt. Im Blick auf das moralische Bewußtsein war Kohlberg sich der Grenzen des epistemischen Selbst wohl bewußt, insbesondere bezüglich der Motivation, der Verantwortung und des Handelns. Die Zentrierung auf das epistemische Selbst erscheint abwegig, wenn man sich die psychischen Bereiche vergegenwärtigt, die Kohlberg und Piaget erforscht haben. Denn die Strukturen des Ich, des Selbst, der Persönlichkeit und des Vertrauens sind weniger mit dem epistemischen Selbst als mit Motivation und wahrgenommener Verantwortung verknüpft.

Schreiten wir von Kognition zur sozialen Kognition fort und von dort hin zu Ich, Persönlichkeit und Vertrauen, werden kognitive

Bedeutungen immer weniger als Formen logischen Denkens, denn vielmehr als basale Formen des »In-der-Welt-Seins« aufgefaßt. Das generalisierte epistemische Selbst ist jedoch nicht der Mittelpunkt des Daseins. Der Mensch, die Lebensgeschichte oder die wichtigen Bedeutungen des Selbst werden nicht durch die Stufe repräsentiert, die das kognitive oder moralische Bewußtsein erreicht hat. Das Selbst ist in spezifische Erfahrungen eingebettet, wie sie das Leben eines Menschen formen. Erst auf dieser Grundlage können wir eine angemessene Theorie entwerfen, in der auch die Strukturdimension einen angemessenen Platz findet. Im Rahmen einer solchen Theorie integriert das Selbst seinen einzigartigen Satz an Erfahrungen in biographische Muster, die im Kontext einer Gesellschaft verfügbar sind. Mittel dafür werden durch das sich entwickelnde epistemische Selbst bereitgestellt.

Was Döbert (1990) zutreffend als die Inhaltsaversion der Forscher in der Tradition von Piaget und Kohlberg bezeichnet, war ein wesentliches Hindernis auf dem Wege zu einer umfassenden Selbsttheorie. Die spezifischen und einzigartigen Erfahrungen werden wie die typischen biographischen Pfade als bloßer »Inhalt« begriffen, im Gegensatz zur Struktur, die den »Königsweg zum Bewußtsein« bereitstellt. Dies hat zu zwei Problemen geführt. Einerseits wurde das Strukturmodell viel zu sehr auf konzeptuelle Aspekte des kognitiven Selbst eingeschränkt (»Minimalisten«). Andererseits wurde eine Art »strukturaler Imperialismus« gepflegt, wo jeder neue Inhalt sofort unter Strukturgesichtspunkte subsumiert wurde (»Maximalisten«). Beide Ansätze werfen das gleiche Problem auf. Sie vernachlässigen grundsätzliche Fragen: Fügt man Kognition in ein erweitertes Persönlichkeitskonzept ein, muß sich dann das Verhältnis von Struktur und Inhalt verändern? Führen neue Begriffe und terminologische Unterscheidungen zu einer neuen Strukturdynamik der Emotionen, der Kognition und des Handelns, die zuvor als Inhalte und nicht als Strukturen begriffen wurden?

Nach meiner Auffassung haben die Kognitionstheoretiker die Strukturdynamik des Selbst vernachlässigt, indem sie das Werden des epistemischen Selbst als alleinige Repräsentanz der Struktur definierten. Dabei wurde der Karren vor das Pferd gespannt; die Lebensgeschichte wurde zum Inhalt der Struktur des epistemischen Selbst. Das heißt: Die fünf oder sechs generalisierten Perspektiven, die die Stadien des Ich oder des Selbst bestimmen, wurden zu Organisationsprinzipien für die bedeutungskonstitutiven Dimensionen der Biographie. Die Epistemologie ersetzt die Lebensgeschichte. Doch wer sich unter Zuhilfenahme der Piagetschen Begriffe der Analyse des Lebensverlaufs und der klinischen Erscheinungen zuwendet, erfährt die Kraft einer anderen, biographischen Erklärungsweise. Sie ist keine Struktur im Sinne Piagets oder Kohlbergs, aber sie enthüllt ein Muster, sie erzeugt Bedeutungen und sie liefert typische Motivationen. Die Biographie wird nicht notwendigerweise durch die reifste sozialkognitive Struktur des Ich, des Selbst, der Persönlichkeit organisiert; dennoch kann sie nicht als »Inhalt« im Piagetschen Sinne verstanden werden; es ist irreführend, sie als Inhalt zu bezeichnen, denn Biographie ist kohärent und systematisch, und sie *organisiert* Handlung, Kognition und Emotion.

Viele Autoren äußern ihre Zweifel an der Angemessenheit einer kognitiv-strukturellen Interpretation des Selbst. So meint Bruner (1986) zum Beispiel, daß wir zwar über die Paradigmatik des Denkens (das durch kognitive, logische, mathematische und wissenschaftliche Prinzipien organisiert wird) gut informiert sind, jedoch wenig über dessen narrative Struktur wüßten. Diese Struktur, sagt er, folge der Logik der Geschichte der Wechselfälle der menschlichen Intentionen.

Ein zentraler theoretischer Impuls für eine erweiterte konstruktivistische Perspektive ist von Jürgen Habermas' Arbeiten ausgegangen. Danach setzt eine Theorie des Selbst den Rückgriff auf die Biographie voraus, weil die einzigartigen Erfahrungen eines Lebens generalisierte Muster konstituieren, die sich über das Leben erstrecken; ferner fordert die Analyse der Biographie ein Verständnis der Pfade, auf denen frühere Repräsentationen des Selbst in die gegenwärtige Selbstorganisation eindringen und integriert werden.

Habermas und Ich-Identität

Als Ausgangspunkt wählt Habermas den Begriff der Ich-Identität. Für Habermas ist Identität das soziologische Äquivalent für das Ich bzw. das Selbst. Identität bezieht sich auf die symbolischen Strukturen, welche Kontinuität und Konsistenz über verschiedene soziale Kontexte hinweg und soziale Interaktion in Übereinstimmung mit der lebensgeschichtlichen Bestimmtheit der Person herstellen. Er definiert Ich-Identität als einen Beleg für die

> ... Fähigkeit des Erwachsenen, in Konfliktlagen neue Identitäten aufzubauen und diese mit den überwundenen älteren Identitäten in Einklang zu bringen, um sich und seine Interaktionen unter Anleitung allgemeiner Prinzipien und Verfahrensweisen in einer einzigartigen Lebensgeschichte zu organisieren (1976, 85).

Für Habermas folgt die Ich-Identität einem Entwicklungspfad von natürlicher Identität über Rollenidentität zur Ich-Identität. Die Strukturen des moralischen Urteils stellen wichtige Dimensionen in dieser Sequenz dar; zugleich teilen sie eine grundlegende Struktur mit der Ich-Identität, die Rollenübernahme (Döbert et al., 1977). Deshalb repräsentieren Identität und Selbst umfassendere Entwicklungsdimensionen als die Moral. Identität und Selbst repräsentieren die Spannung zwischen der Universalität der Entwicklungsstufen und der Einmaligkeit eines individuellen Lebens. Bei Habermas enthalten Selbst und Identität typische Muster der Anpassung, der Bewältigung und der Abwehr. Sie schließen neue Formen ein, die in einem immer komplexeren Feld sozialer Beziehungen Kommunikationskompetenz erzeugen.

Es gibt wichtige Parallelen zwischen den Theorien von Kohlberg und Habermas: Auch für Kohlberg teilt das Selbst mit dem moralischen Urteil eine zugrundeliegende Struktur der Rollenübernahme. Aber das Selbst ist bei Kohlberg weniger mit Bewältigung und Abwehr und mit Kommunikation und abgelegten Identitäten befaßt. Für Habermas hält die Psychoanalyse wichtige Dimensionen für eine Theorie des Selbst bereit. Er übernimmt psychodynamische Prinzipien und leistet damit einen wichtigen Beitrag zur Theorie jenes prinzipiengeleiteten moralischen Urteils und emanzipatorischen Handelns, die ein reifes Selbst charakterisieren.

An anderer Stelle habe ich Ähnlichkeiten und Unterschiede der Auffassungen von Habermas und Kohlberg über das Selbst herausgearbeitet (Noam, 1990). Ich kann hier nicht auf Einzelheiten eingehen, sondern muß mich auf die wesentlichen Punkte beschränken.

Habermas (1968) meint, die Psychoanalyse sei eine Methode, Aufklärung durch Selbstreflexion zu erzeugen: Das Handeln und das nonverbale Verhalten eines Menschen strafen die expliziten Äußerungen des Subjekts Lügen. Habermas erklärt, daß »ihr symbolischer Charakter, der sie als abgespaltene Teile einer symbolischen Struktur identifiziert, nicht auf Dauer geleugnet werden kann. Sie sind die Spuren eines verworfenen Textes, der sich seinem Autor als unverständlich darstellt« (127). Habermas beschreibt die Regeln, durch welche die private Kommunikation »öffentlich« (kommuniziert) wird (s. a. Lorenzer 1970). Durch Therapie werden systematische Verzerrungen auf zwei entwicklungsmäßig verschiedene Stufen der symbolischen Organisation zurückverfolgt. Mit anderen Worten, ein inadäquat symbolisierter Text wird *re*symbolisiert; in diesem Prozeß wird er als ein früher verlorener Teil des Selbst wieder angeeignet.

Im Gegensatz dazu impliziert Kohlbergs Gebrauch psychoanalytischer Vorstellungen nur *eine* symbolische Struktur: die kognitive und rationale. Kohlberg und die Theoretiker des Selbst in seiner Tradition haben in diesem Prozeß die andere, »entwicklungsmäßig getrennte Stufe der symbolischen Organisation« verloren. Die von Habermas thematisierte zweite Dimension des Selbst verleiht ihm am Ende eine wesentlich größere Erklärungskraft, als sie Kohlbergs Stufenkonzeption besitzt.

Die Analyse des Selbst läßt sich für Habermas nicht nur deshalb systematisch fassen, weil wir jene Theorien des »epistemischen Selbst« haben, denen Piaget und Kohlberg nachgegangen sind, sondern auch weil das Selbst eine Strukturfolge darstellt, die er »Kausalität des Schicksals« nennt. In der Hegelschen Tradition unterscheidet er die »Kausalität des Schicksals« von der »Kausalität der Natur«. Die Kausalität des Schicksals ist biographisch in dem Sinne, daß Motive, Bedeutungen und Handlungen in der Lebensgeschichte niedergelegt sind und durch die symbolische Organisation gefiltert werden. Die innere Welt des Selbst folgt nicht den Naturgesetzen, sondern bildet eine invariable Lebensgeschichte, die durch die Macht der Reflexion aufgelöst werden kann.

Die Fähigkeit des Menschen, die »Kausalität des Schicksals« zu überwinden, verleiht der Ich-Identität in Habermas' theoretischen Überlegungen zu Autonomie und Emanzipation eine herausragende Rolle. Im Blick auf die Moral erklärt Habermas wiederholt, daß das prinzipiengeleitete moralische Urteil keine hinreichende Bedingung für die Freiheit von Konventionen ist. Er stellt fest:

»... solange sich das Ich von seiner inneren Natur abschnürt und die Dependenz von Bedürfnissen, die auf angemessene Interpretationen noch warten, verleugnet, bleibt die noch so sehr durch Prinzipien geleitete Freiheit gegenüber bestehenden Normensystemen in Wahrheit unfrei« (Habermas, 1976, 74).

Diese Passage wirft die Frage auf, wie eine Theorie des Selbst und der Moral beschaffen sein muß, in der sie nicht von ihrer eigenen Geschichte getrennt und Teil ihrer inneren Natur sind. Dies ist eine zentrale Aufgabe, wenn man sich dem moralischen Urteil und dem Handeln in Begriffen einer Entwicklung des Selbst nähert. Nach Habermas stellen frühere Lösungen von Entwicklungskrisen kritische Standards für die dem Selbst jeweils verfügbaren Lösungen dar. Eine Theorie, die zwischen den transformatorischen und den biographischen Dimensionen des Selbst vermittelt, steht jedoch aus. So kann Erikson, der das Interesse an der frühen Entwicklung mit dem Interesse an der Ichentwicklung im Wandel psychosozialer Aufgaben verbindet, weder eine systematische Beschreibung noch eine adäquate Erklärung ihres wechselseitigen Einflusses liefern (Erikson, 1968).

Eine intensive theoretische Reflexion ist für diese Aufgabe erforderlich. Unsere konstruktivistische Theorie des Selbst soll einen Abschnitt auf diesem Weg darstellen. Drei Schritte sind hierfür nötig: Im ersten Schritt geht es darum, sich von der überassimilativen Konzeption der »maximalistischen« Theoretiker zu lösen und mit den »Minimalisten« jene fundamentalen Operationen des Selbst zu spezifizieren, die zurecht in kognitiv-entwicklungstheoretischen und strukturellen Begriffen definiert werden. Ich beschreibe diese Operationen als Entwicklungsfolge der Selbstkomplexität, die auf der Tiefenstruktur der Selbstperspektiven beruht.

Der zweite Schritt besteht darin, eine Methode zu definieren, mit deren Hilfe diese Bedeutungs- und Erfahrungsgestaltungen untersucht werden können: Sie bilden eine psychische Organisation, die sich von der Organisation struktureller Stufen deutlich unterscheidet, obwohl beide aufeinander bezogen sind. Hierfür wähle ich den Begriff der »Biographie«, weil dieser Begriff in der Psychologie nicht zu sehr belastet ist. Er bringt zum Ausdruck, daß Erfahrungen und Beziehungen zu wenigen Mustern gerinnen; daß die Fäden, aus denen der Teppich des Lebens gewoben ist, über Zeit und Ort hinweg Form und Kohärenz besitzen.

In einem dritten Schritt müssen diese Organisationsprinzipien des Selbst miteinander in Beziehung gesetzt werden. Dieser Schritt stellt die größte Herausforderung dar. Diese Beziehung liefert uns einen unentbehrlichen und bisher vermißten Schlüssel zum Verständnis der Selbstprozesse, die die moralische Entwicklung einschränken oder fördern. Mit Hilfe dieses Schlüssels beginnen wir zu verstehen, welche Kompetenz an jedem Punkt der Entwicklung Ursache einer Veränderung der »Kausalität des Schicksals« ist. Die Theorie der Biographie und der Transformation wurde in einer Anzahl von Publikationen vorgestellt (Noam, 1986a, b; 1988a, b, c), hier kurz nur einige Gesichtspunkte.

3. Biographische Themen und die Transformation des Selbst in der Entwicklung

Wie die kognitiven Selbsttheorien enthält der hier präsentierte, stark von Baldwin und Mead beeinflußte Rahmen die Auffassung, daß (1) das Selbst sozial konstituiert ist; (2) das Selbst grundlegend durch die »Rollenübernahme« organisiert ist; und daß (3) das Selbst auf Internalisierungen aufgebaut ist.
Einige Worte zur Bedeutung der Internalisierung in der Selbstentwicklung: Wie bekannt ist, entwickeln sich für Mead und Baldwin das Selbst des Kindes und sein Wissen über andere zur selben Zeit. In Baldwins Theorie des »bipolaren Selbst« ist das Selbst eine Einverleibung jenes anderen, das zuvor außerhalb des Selbst war. Dieser Gedanke macht die Internalisierung zu einem fundamentalen Prozeß der Selbstentwicklung, eine Auffassung, die sich auch in der Entwicklungs- und Sozialisationstheorie von Vygotsky (1986) finden läßt: »Wir sind uns unserer selbst bewußt, wir sind uns der anderen bewußt, und in gewisser Weise kennen wir die anderen; und das deshalb, weil wir in der Beziehung zu uns in derselben Position sind wie die anderen zu uns« (Vygotsky, 1979). Vygotsky betrachtet die intrapsychischen Prozesse als verinnerlichte interpersonelle Beziehungen. Er schreibt beispielsweise: »Jede Funktion in der kindlichen kulturellen Entwicklung erscheint zweimal: zuerst auf sozialer Ebene und später auf der individuellen; zuerst zwischen Menschen (interpersonell) und dann innerhalb des Individuums (intrapsychisch)« (Vygotsky, 1978). Diese Gedanken bringen ihn in enge Nachbarschaft zu den Symbolischen Interaktionisten.
Für Mead und Baldwin stellen Imitation und Identifikation die Wege dar, auf denen sich die Internalisierung vollzieht. Diese Prozesse wurden an anderer Stelle beschrieben (Noam, Kohlberg und Snarey, 1983). Für unsere Zwecke ist es hier nur wichtig, daran zu

erinnern, daß der Symbolische Interaktionismus die Internalisierung als Teil des normalen und kontinuierlichen Austauschs zwischen Eltern und Kindern sowie zwischen Gleichaltrigen begreift. Internalisierung stellt folglich nicht wie in der klassischen Psychoanalyse eine Reaktion auf Frustration oder Verlust dar.
Während der Internalisierung nur eine positive und normalitätsbezogene Auffassung angemessen erscheint, kann nur eine umfassende Selbsttheorie die typisch negativen Konsequenzen der Internalisierung einbeziehen. Die klinische Beobachtung zeigt, daß eine kritische und das Selbst in Frage stellende Perspektive vor allem internalisierte Interaktionsmuster repräsentiert, die weiterhin im Selbst existieren. Aus diesem Grund hat die Geschichte der sozialen Interaktionen und ihre Internalisierung als Biographie bedeutender Beziehungen für unsere Analyse großes Gewicht.
Wir beginnen unerforschtes Land zu betreten, wenn wir die allgemeinen Prinzipien, die Baldwin und Mead eingeführt haben, in Richtung auf ein überdauerndes biographisches Selbst erweitern. Wie können wir in sozialentwicklungstheoretischer Perspektive die Rolle internalisierter Beziehungen verstehen? Gibt es eine Biographie der Beziehungen des Selbst zu anderen, die die Vorlieben eines Menschen, seine Erfahrungen und sein Selbstverständnis weiterhin formen? Wie bezieht sich diese biographische Dimension des Selbst auf die Entwicklung der Rollenübernahme und auf weitere Internalisierungen im Verlauf des Lebens? Wenn diese Fragen eine Antwort finden sollen, müssen wir den Entwicklungsverlauf der Komplexität des Verhältnisses von Selbst und anderen (Schemata) und die biographische Struktur (Themata) analysieren.

Schemata: Selbstperspektiven und die Entwicklung der Selbstkomplexität

Ausgehend von den bei Mead und Baldwin eingeführten Prinzipien schlage ich vor, den Entwicklungsverlauf der Schematisierung des Verhältnisses von Selbst und anderen begrifflich zu fassen. Durch die reziproke Assimilation und Akkommodation von Organismus und Umwelt werden dem Selbst zunehmend komplexere Perspektiven auf das Selbst und die bedeutsamen anderen abgefordert. Dabei handelt es sich nicht bloß um kognitive Selbst-

Schemata, obwohl ihre Entwicklung durch kognitive Fortschritte ermöglicht wird. Auf jeder neuen Entwicklungsebene kommen typische Affekte, Bedeutungen und Motivationen zum Vorschein. Jede Stufe bringt neue Stärken und Möglichkeiten hervor, zurückliegende Verletzungen aufzuarbeiten. Aber jedes neue System von Selbstkomplexität kann auch zu neuen Schwächen oder zu komplexeren Formen von alten Fehlentwicklungen führen. Aus diesem Grund kann man höhere Stadien der Selbstkomplexität nicht besseren oder reiferen psychologischen Anpassungsvorgängen gleichsetzen. So kann Selbstkomplexität im Dienste der Selbsttäuschung gebraucht werden oder zu neuen Entfremdungen führen. Nichtsdestoweniger weist eine hierarchische Ordnung von Selbstkomplexität auf das Potential lebenslanger Transformationen der Perspektiven hin, aus denen wir uns und wichtige andere betrachten. Frühere Veröffentlichungen haben diese Stufenbeschreibungen detailliert erörtert (z. B. Noam, 1988 c; Noam, Powers, Kilkenny und Beedy, 1991).
Selbstkomplexität baut auf der zugrundeliegenden Logik der *Selbstperspektive* auf. Aber die Selbstkomplexität ist nur eine Seite des sich entwickelnden Selbst. Die andere Seite bildet die Struktur der Bedeutung der Biographie. Dieser Begriff deutet an, wie wichtig die Theorien von Baldwin, Mead, Kohlberg und Selman zu Rollenübernahme und sozialer Perspektive für die vorliegende Konzeption sind. Besonders Selmans (1980) Operationalisierung dieser Konzepte in seinen Untersuchungen zur Entstehung der Perspektivenübernahme in Kindheit und Adoleszenz hat zu diesem Konzept beigetragen. Dennoch hat er ebensowenig wie andere, die den Ansatz der Rollenübernahme oder der sozialen Perspektive verfolgt haben (z. B. Chandler, 1973; Flavell, 1977), den Schritt zur Entwicklung einer expliziten Theorie des Selbst getan. Ich führe hier den Begriff »soziale Perspektive« ein, um den Aspekt der sozialen Perspektivenübernahme hervorzuheben, der die Logik des interpersonalen Selbst ausmacht.

Trotz situativer Variabilität und erheblicher Entwicklungsdiskontinuitäten hat jeder Mensch existentielle Themen, die ihm helfen, die vielen Ereignisse, Beziehungen und Kontexte, die in seinem Leben auftreten, zu organisieren. Wegen der Organisationsleistung dieser Themen fasse ich sie als biographische Strukturen und bezeichne sie als »Themata«. In unserem Kontext bezieht sich der Begriff Themata auf Lebensthemen, die einen Rahmen für Wissen, Erfahrungen und Beziehungen zwischen Mensch und Umwelt bereitstellen. Folgerungen aus dieser Konzeption sind: (1) vielfältige Lebenserfahrungen werden in Form zentraler interpersoneller und intrapsychischer Modelle der Anpassung organisiert; (2) diese Muster können in Begriffen einiger grundlegender existentieller Themen beschrieben und definiert werden; (3) sie haben eine gewisse Dauer in Zeit und Raum; (4) sie tragen zur Organisation von Verhalten, Kognition und Affekt bei.

Insbesondere dieser letzte Punkt lenkt die Aufmerksamkeit auf die Entwicklungsperspektive der sozialen Kognition und jener Theorien, in denen einer komplexen Selbstorganisation strukturierende Kraft zugeschrieben wird. Lebensthemen stellen den strukturellen Rahmen für unsere Welterkenntnis bereit. Lebensthemen stellen als Konstruktionen von Bedeutungen Momente der Entstehung des Selbst dar, jedoch keine objektiven Beschreibungen der Lebensgeschichte. Jeder Kliniker oder Forscher macht die Erfahrung, daß es unmöglich ist, den qualitativen oder quantitativen Effekt bestimmter Ereignisse auf Patienten oder Probanden vorherzusagen. Sie lernen, daß es die Bedeutungen sind, die die Menschen diesen Ereignissen zuweisen, die ihnen ihre bildungsmächtigen oder traumatischen Eigenschaften verleihen. Und nur jene Bedeutungen, die Kontinuität besitzen, sollten als biographische Themen gelten. Aus diesem Grund benutze ich den Begriff *Biographie* im Gegensatz zur gelebten Lebensgeschichte. Der Terminus Biographie hebt hervor, daß diese Konstruktionen das Sein eines Menschen noch immer formen. Einmal zur *Lebensgeschichte* geworden, haben sie oft ihre organisierende Gewalt verloren. Dies führt uns zur zweiten Frage, zur Internalisierung.

Der Grund, warum die Biographie lange nach dem Auftreten der Ereignisse und der Ablösung des sozialen Kontextes die Erfahrungen noch immer formt, liegt in der Internalisierung von Erfahrungen und Handlungen. Interessanterweise ist das derselbe Prozeß, durch den Schemata konstituiert werden. Schemata sind jedoch durch eine generalisierbare Logik des Wissens, des Verständnisses und der Rollenübernahme definiert. Thematische Strukturen richten sich auf die Internalisierung spezifischer Beziehungen und Beziehungsmuster. Die affektive Valenz und die kognitive Leistung der Schemata sind an Bedeutungen gebunden, die durch Generationen, Familienkonstellationen und Lebensumstände übermittelt werden.

Aus diesem Grunde liegt es nahe anzunehmen, daß sich Themata eher auf spezifische Biographien beziehen und nicht auf allgemeine Strukturen der Biographie. Weil sich Internalisierung und soziale Konstruktion stets aus der Selbstperspektive im Blick auf bedeutende andere in Freundschaften, Familien und Gemeinschaften herausschälen, treten Themen individuell hervor. Sie sind Zeichen der Identität, so wichtig wie der Name; durch sie unterscheidet sich ein Leben von allen anderen. Die Biographie ist der persönliche Ausdruck der Bedeutungen eines gelebten und entfalteten Lebens. Nichtsdestoweniger gibt es verallgemeinerbare Muster. Jedes einzelne Leben kann in Richtung auf die vielen Leben, die das Individuum fest in seine Kohorte und in den historischen Augenblick einbetten, verallgemeinert werden. Jedes einzelne Leben läßt sich auch im Hinblick auf die epistemischen Strukturen verallgemeinern.

Wenn man die Beziehung zwischen dem Allgemeinen und dem Besonderen aufdeckt, stellen das biographische und das epistemische Selbst eine besondere Herausforderung dar. Die Theorie der Biographie und der Transformation unterstellt, daß die frühere Lebensgeschichte nicht einfach wiederholt wird. Wir können keine Lebensgeschichte finden, die nicht zugleich durch die reifsten Entwicklungspositionen des Selbst gefiltert ist. Es gibt keinen Ausdruck des Selbst, der in einem leeren Raum existiert, abgelöst von seiner Genese. Jedes Organisationsniveau erfordert seine eigenen Beschreibungen und Erklärungen. Die beiden Strukturen haben ihre je spezifischen Formen, aber jede Struktur wirkt sich auf die andere aus. Jeder der beiden Rahmen ist unvollständig, und wir müssen unser Augenmerk auf beide richten, um zu einer umfassenden Sicht des Selbst zu kommen.

4. Entwicklungsbeeinträchtigungen: Einkapselungen und Problemverläufe

Es gibt zwei wesentliche Mechanismen, mittels derer Lebensthemen der Biographie Entwicklungsbeeinträchtigungen erzeugen und mit komplexeren Entwicklungsniveaus des Selbst in Wechselwirkung treten. Es handelt sich einerseits um »Einkapselungen« und andererseits um »Problemverläufe«.

Einkapselungen sind alte Bedeutungssysteme, die durch die Selbstkomplexität gesteuert werden, die zu dem Zeitpunkt dominant war, als sich die Einkapselungen bildeten. Störungen aufgrund früher internalisierter Umwelten und bedeutsamer anderer sind oft mit machtvollen Bedeutungen und starken Gefühlen verbunden. Menschen bleiben ihnen auch dann verhaftet, wenn sie nicht mehr brauchbar sind und Schmerzen und Konflikte im Selbst hervorrufen. Die Loslösung von ihnen wird oft als Verlust empfunden, der den erwarteten Entwicklungsgewinn in den Schatten stellt. Auch wenn gegenwärtige zwischenmenschliche Beziehungen Möglichkeiten der Transformation zur Verfügung stellen, kann oft nur eine partielle Transformation vollzogen werden, die sich nicht auf alle Aspekte des Selbst erstreckt. Hier liegt die Quelle der Einkapselungen verborgen.

Wie erwähnt, stimmt die Annahme, daß sich Individuen nur in einigen Bereichen entwickeln und folglich auf mehreren Entwicklungsniveaus gleichzeitig funktionieren, mit Ergebnissen der neopiagetschen Forschung (z. B. Fischer, 1980) überein. Die meisten Erklärungen für Entwicklungsasynchronien lauten, daß eine nur partielle Transformation auf ein Defizit an Gelegenheiten zurückgeht, neue Fähigkeiten zu erproben. Von dieser Selbstperspektive aus schlage ich eine zusätzliche interpersonale Interpretation für die auftretenden Diskrepanzen vor: Internalisierte Beziehungen können einen Menschen davon abhalten, mit neuen Situationen und Reaktionen zu experimentieren. Deshalb muß z. B. die Impulskontrolle oder die Fähigkeit, Bedürfnisse aufzuschieben, nicht notwendig ein reifes Stadium erreicht haben, wenn das Verständnis interpersoneller Beziehungen ein solches Stadium erreicht hat.

Das Modell der Einkapselungen entspricht nicht der psychoanalytischen Theorie der Fixierung. Auch wenn Aspekte des Selbst an einem allgemeinen Entwicklungsschub nicht teilhaben, ist es unerläßlich, die Entwicklungskontinuität des Selbst zu verstehen und wahrzunehmen, welche Teile des Selbst bei einem Fortschritt auf entwickeltere Positionen zurückgelassen wurden. Fixierungen beziehen sich auf frühe Erfahrungen, während Einkapselungen auf jedem Entwicklungsniveau auftreten können. Schließlich stellt die Überassimilierung einen Prozeß dar, der nicht unbedingt zur »wirklichen Vergangenheit«, sondern zur konstruierten Biographie zurückführt.

Einkapselungen stellen Konzepte dar, die weniger Regressionen als vielmehr systematisch verzerrte Sichtweisen gegenüber dem Selbst und der Welt darstellen. Sie sind an Lebensthemen geknüpft, in denen biographisch konstituierte Sichtweisen die sie steuernden Überzeugungssysteme begründen. In diesem Kontext ist eine Überzeugung ein Bedeutungssystem, das nicht mehr an der Realität getestet wird, sondern einer inneren Logik folgt, die weniger entwickelt ist als die reiferen Stufen der Selbstkomplexität. In der Therapie, in Tests oder in Tiefeninterviews springt gewöhnlich die Tatsache ins Auge, daß bestimmte Überzeugungssysteme, auch wenn sie einer genauen Überprüfung nicht standhalten, doch einen großen Einfluß auf einen Menschen ausüben. Die Entwicklungskontinuität wird diese Grundüberzeugungen beeinflussen, aber ein Teil der Energie, die benötigt wird, diese weniger differenzierten Gedanken und Gefühle aufrechtzuerhalten, kommt nicht dem reifsten Aspekt des Selbst zugute.

Abhängig vom Entwicklungsstand, auf dem die Einkapselungen entstanden sind, können sie entweder einen eher »physischen« Bezug realisieren (auf magischem Denken basieren, auf das Körperselbst und auf Bilder des körperlichen Überlebens während physischer Trennungen gerichtet sein), an konkretem Handeln orientiert sein (auf einem Standpunkt basieren, in dem das Selbst sich an der Welt ausrichtet oder es nötig hat, die Welt durch Täuschungen zu manipulieren, um Bedürfnisbefriedigung zu erreichen) oder auf psychologische Prozesse bezogen sein (ein Zustand, in dem Bedürfnisse in symbolischer Form über Identifikation mit anderen ausgedrückt werden).

Während Einkapselungen sich auf hierarchische Diskrepanzen im Selbst beziehen, verweisen die »Problemverläufe« auf die Thematik einer mangelhaften Anpassung, die gemeinsam mit der Entwicklung der Selbstkomplexität eine Entwicklungstransformation durchgemacht hat. Im Verlaufsmodell werden die negativen biographischen Themen auf immer komplexere Stufen übersetzt. Sie helfen uns zu verstehen, wie es möglich ist, auf einem komplexen Entwicklungsniveau zu stehen und doch wenig angepaßt zu sein. Mit der zunehmenden Entwicklung der Selbstkomplexität steigt die Möglichkeit größerer Komplexität auch des negativen Selbstbildes und eines stärker internalisierten und schädlichen Selbsthasses.

Steht ein Individuum beispielsweise auf der Mutuell-Einschließenden Stufe 3 (Noam 1988 b, c, d), erwartet man, daß Themen der Selbstdefinition über Gruppenmitgliedschaft bearbeitet werden. Wir erwarten Sorgen bezüglich der Akzeptanz des Selbst durch die anderen. Im Gegensatz dazu erwarten wir auf der Reziprok-Instrumentellen Stufe 2 Handlungen, die ein Bedürfnis nach konkreter Kontrolle und Herrschaft erkennen lassen. Hier liegt der thematische Fokus auf Zustimmung oder Widerstand gegen Regeln, die andere dem Selbst vorschreiben. Es herrscht die allgemeine Einstellung gegenüber dem anderen, daß er entweder »auf meiner Seite« ist oder daß er »meine Freiheit« einschränkt. Diese Themen dürfen indes nicht als Funktion allein der Entfaltungskontinuität des Selbst verstanden werden. Für einen Menschen auf der Mutuell-Einschließenden Stufe ist es wichtig zu entscheiden, ob die Sorge um die Akzeptanz durch biographische Themen aufgeheizt wird, ob das Selbst verlassen wird, oder ob es Liebe nicht verdient. Vielleicht glaubt ein Mensch deswegen nicht an die Möglichkeit von Beziehungen, weil frühere Erfahrungen mit anderen schmerzhaft gewesen sind. In diesem Fall ist das Bedürfnis nach konkreter Kontrolle mit der Vorstellung verbunden, daß die Preisgabe der Kontrolle dazu geführt habe, verlassen zu werden. Biographische Themen werden folglich transformiert, bleiben jedoch innerhalb eines Problemverlaufs.

Schlußfolgerungen

In diesem Beitrag wurde ein Rahmen eingeführt, der dem Werk von Kohlberg und von Habermas sowie den Symbolischen Interaktionisten zu Dank verpflichtet ist. Es wurden Ideen präsentiert, die notwendige Schritte zu einer neuen Entwicklungstheorie aufzeigen. Ich habe zu zeigen versucht, daß die Beiträge von Kohlberg und von Habermas Folgerungen haben, nicht nur für den moralischen Bereich, sondern auch für die soziale Entwicklung und die Entwicklung des Selbst. Im Hinblick auf das Selbst bleiben Kohlberg und die sozialkognitive Schule zu eng an spezifische Verkürzungen des Piagetschen Paradigmas gebunden. Das epistemische Subjekt wurde zum »einzigen Repräsentanten« des Selbst, was zu einem Verlust zentraler biographischer und lebensgeschichtlicher Dimensionen führte. Obwohl die Maximalisten dieses Problem lösen wollten, haben sie es verschärft, denn die definierten »harten Stufen« wurden unangemessen auf »weiche Stufen« übertragen; strukturelle Kategorien wurden auf psychologische Inhalte ausgedehnt, während andererseits das Selbst eine bloß epistemische Einheit blieb, die sich in fünf oder sechs Stufen manifestiert. Als Konsequenz gingen das biographische Selbst und die Dimensionen der Lebensgeschichte noch weiter verloren.

Habermas' Ideen zu Identität und Ichautonomie stellen wichtige Bausteine für eine erweiterte soziale Entwicklungstheorie bereit. Vom kognitiv-entwicklungstheoretischen Modell beeinflußt, schlägt er eine rationale Rekonstruktion der Psychoanalyse vor, die einen umfassenden Beitrag zur Beziehung zwischen moralischer Entwicklung und Ichautonomie zu leisten in der Lage ist. Er stellt das epistemische Subjekt in einen Kontext, wo die persönliche Identität und die »Kausalität des Schicksals« eine kritische Rolle dabei spielen, die Beziehung zwischen Autonomie und moralischem Urteil zu bestimmen. Eine umfassende Theorie des Selbst und spezifische Ansätze zur Analyse der Beziehung zwischen der biographischen Komponente in der persönlichen Identität und den allgemeinen Strukturen des epistemischen Subjekts stehen jedoch noch aus.

Erste Schritte in diese Richtung gibt es indessen. Der hier beschriebene Ansatz stellt eine konstruktivistisch orientierte Erweiterung dar, indem er die qualitative Reorganisation des Selbst auf biographische Themen bezieht. Als Beispiel können wir auf die Beziehung zwischen moralischem Urteil und moralischem Handeln hinweisen. Obwohl diese Beziehung häufig Gegenstand des Nachdenkens und der Forschung gewesen ist, wissen wir nach wie vor wenig darüber, wer die Kraft hat, moralisch zu handeln. Solange das moralische Urteil nicht als ein Teilbereich der Bedeutungen erfaßt wird, die es im Leben eines Menschen hat, wird der Fortschritt ausbleiben müssen. Gefordert ist eine angemessene Theorie des Selbst.

Beim Aufbau eines neuen Rahmens formen wir Freuds Beobachtungen über den Wiederholungszwang in der Biographie um und befreien sie von der pathologischen Sichtweise und der unnötigen Beschränkung auf die frühe Kindheit. Gleichzeitig definieren wir Piagets entkörperlichtes epistemisches Subjekt neu. Damit gehen wir nicht nur über Freud und Piaget hinaus, sondern zu ihren ursprünglichen Fragen und Beobachtungen zurück und gewinnen ihre tiefen vor fast 100 Jahren gewonnenen Einsichten über das Selbst für unsere eigenen Fragen zurück.

Literatur

Baldwin, J. M. (1906), *Social and ethical interpretations in mental development*, New York: Grune & Stratton.

Borst, S., Noam, G., Bartok, D. (1991), »Adolescent suicidality – A clinical developmental perspective«, in: *American Academy of Child and Adolescent Psychiatry* 30, 796-803.

Broughton, J. (1978), »The development of concepts of self, mind, reality«, in: *New Directions in Child Development*, Band 1: *Social Cognition*, San Francisco: Jossey-Bass, 1979.

Broughton, J. u. Zahaykevich, M. (1977), »Review of J. Loevinger's Ego Development«, in: *Telos* XXXII, 246-53.

Bruner, J. (1986), *Actual minds, possible worlds*, Cambridge, MA: Harvard University Press.

Chandler, M. (1973), »Egocentrism and antisocial behavior: The assessment and training of social perspective-taking skills«, in: *Developmental Psychology* 9, 326-332.

Damon, W. u. Hart, D. (1982), »The development of self-understanding from infancy through adolescence«, in: *Child Development* 53, 841-864.

Döbert, R. (1990), »Against the neglect of ›content‹ in the moral theories of Kohlberg and Habermas: Implications for the relativism-universalism controversy«, in: T. Wren (Hg.), *The moral domain*, Cambridge, MA: MIT-Press, 71-108.

Döbert, R., Habermas, J. u. Nunner-Winkler, G. (1977), »Zur Einführung«, in R. Döbert, J. Habermas u. G. Nunner-Winkler (Hg.), *Entwicklung des Ichs*, Köln: Kiepenheuer & Witsch.

Erikson, E. (1950), *Childhood and society*, New York: Norton.

Erikson, E. (1968), *Insight and responsibility*, New York: Norton.

Fischer, K. W. (1980), »A theory of cognitive development: The control and construction of hierarchies of skills«, in: *Psychological Review* 87, 477-531.

Flavell, J. H. (1977), *Cognitive development*, Englewood Cliffs, NJ: Prentice Hall.
Fowler, J. W. (1981), *Stages of faith*, New York: Harper & Row.
Habermas, J. (1968), *Erkenntnis und Interesse*, Frankfurt/Main: Suhrkamp.
Habermas, J. (1976), »Moralentwicklung und Ichidentität«, in: J. Habermas, *Zur Rekonstruktion des Historischen Materialismus*, Frankfurt/Main: Suhrkamp.
James, W. (1890), *Principles of psychology*, New York: Holt.
Kegan, R. (1982), *The evolving self*, Cambridge, MA: Harvard University Press.
Keller, M. u. Killen, M. (im Druck), »Development of social cognition«, in: *International Encyclopedia of Education*, 2. Aufl., Oxford: Pergamon Press.
Kohlberg, L. (1969), »Stage and sequence: The cognitive-developmental approach to socialization«, in: D. Goslin (Hg.), *Handbook of socialization, theory and research* (347-480), New York: Rand-McNally.
Kohlberg, L. (1971), »From is to ought: How to commit the naturalistic fallacy and get away with it in the study of moral development«, in: T. Mischel (Hg.), *Cognitive development and epistemology*, New York: Academic Press.
Kohlberg, L. (1984), *The psychology of moral development*, San Francisco: Harper & Row.
Kohlberg, L. u. Diessner, R. (1991), »A cognitive-developmental approach to moral attachment«, in: J. Gewirtz u. J. Kurtines (Hg.), *Moral development*, Hillsdale, NJ: Erlbaum.
Loevinger, J. (1976), *Ego development*, San Francisco: Jossey-Bass.
Lorenzer, A. (1970), *Sprachzerstörung und Rekonstruktion*, Frankfurt/Main: Suhrkamp.
McCarthy, T. (1978), *The critical theory of Jürgen Habermas*, Cambridge: MIT Press; deutsch: Kritik der Verständigungsverhältnisse zur Theorie von Jürgen Habermas, Frankfurt: Suhrkamp Verlag 1980.
Mead, G. H. (1934), *Mind, self and society*, Chicago: University of Chicago Press; deutsch: Geist, Identität und Gesellschaft. Aus der Sicht des Sozialbehavionismus, Frankfurt/Main: Suhrkamp 1968.
Noam, G. (1984), *Self, morality and biography: Studies in clinical-developmental psychology*, Dissertation, Harvard University, Cambridge, MA.
Noam, G. (1985 b), »Stage, phase and style: The developmental dynamics of the self«, in: M. Berkowitz u. F. Oser (Hg.), *Moral education: Theory and application*, Hillsdale, NJ: Lawrence Erlbaum.
Noam, G. (1986 a), »Borderline personality disorders and the theory of biography and transformation (Part 1), in: *McLean Hospital Journal* 11, 19-43.

Noam, G. (1986 b), »The theory of biography and transformation and the borderline personality disorders: A developmental typology (Part 2), in: *McLean Hospital Journal* 11, 79-105.

Noam, G. (1988 a), »A constructivist approach to developmental psychopathology«, in: E. Nannis u. P. Cowan (Hg.), *Developmental psychopathology and its Treatment (New Directions in Child Development* 39), 91-122.

Noam, G. (1988 b), »The self, adult development and the theory of biography and transformation«, in: D. Laplsey u. C. Power (Hg.), *Self, ego and identity*, New York: Springer.

Noam, G. (1988 c), »The structual theory of biography and transformation: Foundation for clinical-developmental therapy«, in: S. Shirk (Hg.), *Cognitive development and child psychotherapy*, New York: Plenum Press.

Noam, G. (1988 d), »Self-complexity and self integration: Theory and therapy in clinical-developmental psychology«, in: *Journal for Moral Education* 17, 3, 230-245.

Noam, G. (1990), »Beyond Freud and Piaget: Internal world – interpersonal self«, in: Wren, T., *The moral domain*, Cambridge: MIT-Press, 360-400.

Noam, G. (im Druck), »Ego development: true or false«, in: *Psychological Inquiry*.

Noam, G., Hauser, S., Santostefano, S., Garrison, R., Jacobson, A., Powers, S. u. Mead, M. (1984), »Ego development and psychopathology: A study of hospitalized adolescents«, in: *Child Development* 55, 184 bis 194.

Noam, G., Kohlberg, L. u. Snarey, J. (1983), »Steps toward a model of the self«, in: B. Lee u. G. Noam (Hg.), *Developmental Approaches to the Self*, New York: Plenum Press.

Noam, G., Powers, S., Kilkenny, R. u. Beedy, J. (1991), »The interpersonal self in lifespan-developmental perspective«, in: R. Lerner, P. Baltes u. D. Featherman (Hg.), *Lifespan-Development and Behavior* (Bd. 10), Hillsdale, NJ: Erlbaum.

Noam, G. u. Young, C. (1988), »Social cognition and psychological dysfunction: A critical review of ego and moral development«, unveröff. Manuskript, Harvard University.

Selman, R. L. (1980), *The growth of interpersonal understanding: Developmental and clinical analyses*, New York: Academic Press; deutsch: Die Entwicklung des sozialen Verstehens, Frankfurt/Main: Suhrkamp 1984.

Snarey, J., Kohlberg, L. u. Noam, G. (1983), »Ego development«, in: *Developmental Review* 3, 303-338.

Villenare-Cremer, S. u. Eckensberger, L. H. (1986), »Zur Rolle affektiver Prozesse im moralischen Urteil«, in: F. Oser, W. Althof u. D. Garz

(Hg.), *Moralische Zugänge zum Menschen, Zugänge zum moralischen Menschen*, München: Kindt Verlag.
Vygotsky, L. (1978), *Mind in society*, Cambridge, MA: Harvard University Press.
Vygotsky, L. (1979), »Consciousness as a problem of psychology of behavior«, in: *Soviet Psychology* 170, 29-30.
Wren, T. (1990), *The moral domain*, Cambridge: MIT Press.

Moralisches Selbst und moralische Motivation

Anne Colby und William Damon
Die Integration des Selbst und der Moral in der Entwicklung moralischen Engagements*

Einführung

Wie verhalten sich diese Ziele und Werte zu den Vorstellungen, die Sie von sich selbst haben – zu Ihrer Person, zu Ihrer Identität?
Ja, das ist ein und dasselbe. Ich bin das, was ich tun kann und wie ich mich fühle – jeden Tag, jeden Moment ... Es fällt mir schwer, was ich bin, von dem, was ich tun möchte, und dem, was ich tue, abzugrenzen.
Cabell Brand, Amerikanischer Geschäftsmann und Sozialreformer

In einer Lebensgeschichte können persönliche und moralische Ziele in vielfältiger Weise koordiniert werden. Sie können segmentiert werden, etwa wenn wir unser Einkommen in Beträge für uns und Beträge für wohltätige Zwecke aufteilen. Sie können miteinander konfligieren, etwa wenn jemand vor einen Bus springt, um ein Kind zu retten; oder umgekehrt, jemand betrügt eine ältere Witwe und verpraßt deren Geld. Die Ziele können jedoch auch integriert werden. Dann herrscht das Gefühl vor, daß die am stärksten motivierenden Ziele ununterscheidbar von den eigenen moralischen Überzeugungen sind: das heißt, was mir dient, dient der Moral und *vice versa.*

Bei den meisten Menschen findet sich eine minimale Integration von persönlichen und moralischen Zielen, beispielsweise wenn sie gegenüber ihren eigenen Kindern oder anderen für sie wichtigen Menschen selbstlos handeln. Bei der Mehrzahl finden sich jedoch auch viele Konflikte zwischen dem, was sie am liebsten tun würden, und dem, was sie vom moralischen Standpunkt aus als die beste Handlungsweise empfinden. Obwohl sie aufrichtig das Rechte tun möchten, wollen sie gleichzeitig andere Dinge, welche damit in Konflikt stehen. Ein hoher Grad der Integration von persönlichen und moralischen Zielen ist nicht typisch, hat aber eine besondere Bedeutung sowohl für die menschliche Entwick-

* »The uniting of self and morality in the development of extraordinary moral commitment«, Originalbeitrag. Übersetzung: Matthias Junge.

lung als auch für das soziale Handeln. Im folgenden werden wir einige Menschen vorstellen, bei denen diese Integration auf Dauer gelungen ist. Sie haben an unserer Studie über moralische Vorbilder (moral exemplars) teilgenommen, und wir bezeichnen sie als ungewöhnlich, weil sie in ihrem Leben und ihren Überzeugungen ein außerordentliches Engagement in moralischen Fragen und eine außergewöhnliche Befähigung zu wirkungsvollem sozialen Handeln zeigten.

Unseres Erachtens ist die Integration oder der Konflikt zwischen persönlichen und moralischen Zielen für die Diskussion um Moral und Selbst zentral, weil Ziele ein wichtiger Bestandteil der eigenen Identität oder des Selbstkonzeptes sind. Viele unserer Befragten sind sich – wie das einleitende Zitat zeigt – der engen Beziehung zwischen ihrem Gefühl persönlicher Identität und ihren (moralischen) Zielen bewußt. Wir glauben, daß die Koinzidenz integrierter Ziele und erfolgreichen sozialen Handelns bei diesen außerordentlichen Individuen nicht zufällig ist. Vielmehr gehen wir davon aus, daß sie ein weitreichendes Prinzip der Beziehung von moralischem Urteil und Verhalten verdeutlicht: *Wenn eine Übereinstimmung zwischen Selbst und Moral wahrgenommen wird, dann folgt daraus eine direkte und voraussagbare Verbindung zwischen Urteil und Verhalten ebenso wie eine große Sicherheit in den aus dem Urteil abgeleiteten Handlungsentscheidungen.* Wie oben bemerkt unterstellen wir, daß Ziele eine zentrale Komponente des Selbst sind. Wenn also moralische und persönliche Ziele integriert sind, dann sind moralische Ziele zentral für das Selbst. Das aufgeführte Prinzip wird – wie wir später zeigen werden – am deutlichsten bei hochmoralischen Individuen sichtbar. Aber es kann generell auch auf menschliches Verhalten und Entwicklungsprozesse im Normalbereich angewendet werden (siehe Blasi, 1980, 1983).

Damon und Hart haben in einer Untersuchung zur Entwicklung des Selbstkonzeptes Phasen in Kindheit und Jugend beschrieben, in denen das Konzept von Moral und Selbst miteinander verbunden werden (Damon, 1984; Damon u. Hart, 1988). Aus diesen Untersuchungen geht hervor, daß Moral und Selbst in den ersten Lebensperioden getrennte konzeptuelle Systeme mit geringer Integration sind. Wenn Kinder sich darauf beziehen, wer sie sind und was sie sein möchten, dann greifen sie im allgemeinen nicht auf ihre moralischen Ziele oder Überzeugungen zurück; statt dessen verwenden sie die Oberflächenmerkmale ihrer physischen, sozialen, aktiven oder psychologischen Selbstvorstellungen. Kinder sprechen oftmals über das, was gerecht ist, und das, was sie tun würden (oder auch sollten), als ob es sich um vollständig getrennte Bereiche handele. Diese generelle Trennung wird am Ende der Kindheit aufgehoben, daraus ergibt sich eine engere Verbindung zwischen den moralischen Zielen des Kindes und seinen Ich-Zielen und außerdem ein etwas stärkerer Zusammenhang zwischen moralischem Urteil und Handeln. Belege hierfür finden sich sowohl in unseren eigenen Studien über das Verteilungsverhalten von Kindern als auch in der Burtonschen Reanalyse der Daten von Hartshorne und May (Damon, 1984; Burton, 1963).

Trotzdem finden sich bei den meisten Menschen auffallende Diskrepanzen zwischen Moral und Selbst. In Damon und Harts Selbstkonzept-Studie zeigten nur zwei Befragte eine hohe Neigung, ihre Identität unter Rekurs auf ihre moralischen Überzeugungen zu definieren (Damon und Hart, 1988). Damon und Harts Längsschnittdaten umfaßten jedoch nur die späte Jugend; möglicherweise hätte sich bei der Erfassung auch des Erwachsenenalters ein stärkerer Entwicklungstrend zur Integration nachweisen lassen. Aber die Annahme, daß Moral und Selbst bei einigen Individuen in weit größerem Umfang integriert sind als bei anderen, scheint plausibler. Außerdem ist der Grad der Integration eine Dimension der Persönlichkeitsentwicklung, die eher vom Selbstgefühl als von der Natur der moralischen Überzeugungen einer Person geprägt wird.

Angesichts dessen möchten wir behaupten, daß Moral und Selbst relativ getrennte konzeptuelle Systeme sind, die zwar im Laufe einer normalen Entwicklung etwas enger zusammenwachsen, aber doch weiterhin bei den meisten (wenngleich nicht bei allen) Individuen verhältnismäßig unverbunden bleiben. Mehr noch: Es ist nicht möglich, das Ausmaß der Integration beider Systeme einfach durch die Untersuchung individueller moralischer Urteile abzuschätzen, und zwar weil das moralische Urteil einer Person nicht *die Bedeutung von Moral in ihrem Leben* bestimmt. Um diese letztgenannte Schlüsselqualität zu erfassen, müssen wir nicht nur wissen, wie eine Person Moral beurteilt, sondern auch, wie die Person das Verhältnis zwischen ihrem Selbst und ihren moralischen Überzeugungen sieht.

Menschen mit inhaltlich ähnlichen Moralvorstellungen unterscheiden sich möglicherweise in der persönlichen Identifikation mit diesen moralischen Überzeugungen. Steht Moral für jemanden im Zentrum seiner persönlichen Identität, dann kann er durch seine moralischen Überzeugungen und Werte stark motiviert werden. Andere wiederum mögen ähnlich erhabene Vorstellungen vom Guten vertreten, aber diese Vorstellungen bleiben für ihre eigenen Lebensaktivitäten peripher.

Damit wird nicht behauptet, daß die inhaltlichen Moralvorstellungen für die Frage nach der Zentralität von Moral völlig bedeutungslos sind. Sicherlich gibt es moralische Positionen, die es eher erschweren, bei kritischen Anlässen die persönliche Verantwortlichkeit zu verneinen. Unsere eigene Konzeptualisierung einer prinzipiengeleiteten Moral bietet einige Beispiele für solche handlungsleitenden Standpunkte (Colby und Kohlberg, 1987). Nach dieser Beschreibung können prinzipiengeleitete Standpunkte nur durch Rationalisierung und/oder Re-Interpretation der Tatsachen vom Selbst getrennt (oder von den Handlungsimplikationen gelöst) werden.

Obwohl also die Inhalte der eigenen moralischen Überzeugungen konzeptuelle Grenzen dafür setzen, wie Moral im Rahmen des eigenen Lebens verortet wird, gibt es noch beträchtliche Variationsmöglichkeiten innerhalb dieser Grenzen. Mit anderen Worten, moralische Überzeugungen enthalten häufig bereits Implikationen für die Frage ihrer Anwendung, aber diese Implikationen decken nicht alle Umstände ab und bieten bestenfalls Teillösungen für konkrete Probleme. Dies gilt sowohl für die höchste Ebene moralischer Urteilsbildung als auch für die weniger hoch entwikkelten Niveaus. Letztlich beruht moralisches Handeln auf etwas, das über die moralischen Überzeugungen selbst hinausweist. Es beruht zum Teil darauf, ob und in welchem Ausmaß moralische Fragen für die Selbstdefinition einer Person wichtig sind. Wir werden im folgenden zeigen, daß bei einigen Menschen solche Fragen für das Gefühl, wer sie sind, eine absolute und unabweisbare Bedeutung haben; der Grund dafür liegt allerdings nicht in den besonderen Inhalten ihrer moralischen Überzeugungen.

Wenn das Ausmaß der Einheit von Moral und Selbst eine eigenständige, von den inhaltlichen Moralvorstellungen unabhängige Persönlichkeitsdimension ist, dann müßte eine solche Integration bei Personen mit unterschiedlichsten moralischen Überzeugungen zu finden sein. Tatsächlich kamen wir genau zu diesem Ergebnis. Überdies fanden wir in unserer Untersuchung Belege für unsere Beobachtung, daß eine solche Integration eine stabile Verbindung zwischen moralischem Urteil und Handeln konstituieren kann. Das liegt darin begründet, daß diese Einheitlichkeit eine bestimmte moralische Orientierung fördert: Individuen, die ihr Selbst durch moralische Ziele definieren, sind eher geneigt, Ereignisse als moralische Probleme zu interpretieren, für die jemand die Verantwortung übernehmen muß und deren Lösung unvermeidlich sie selbst etwas angeht. So wie diese Personen keine Trennung von moralischen und persönlichen Zielen kennen, so gibt es für sie auch keine Diskrepanz zwischen Urteil und Verhalten. Die Einheit der Ziele liefert einen unwiderstehlichen Aufruf zum Engagement und ein Gefühl der Sicherheit in bezug auf weitere Handlungsentscheidungen. Wenn die eigenen persönlichen Entscheidungen determiniert erscheinen, dann besteht nur wenig Raum für Zögern und Selbstzweifel.

Die psychologische Untersuchung moralischer Vorbilder

Während der gesamten Menschheitsgeschichte haben herausragende Menschen für den Rest der menschlichen Gattung moralische Werte verkörpert. Von den Propheten bis hin zu Gandhi, Mutter Theresa oder Martin Luther King sind immer wieder einzelne Menschen für eine große Schar von Anhängern zu »moralischen Vorbildern« geworden. Dabei ist interessant, daß diese Menschen oftmals umstrittene und zu ihrer Zeit auch unpopuläre Ideen vertreten. Und dennoch haben sie zweifellos einen großen Einfluß auf die gesellschaftliche Entwicklung.
Wir behaupten, daß das moralische Verhalten und die moralischen Überzeugungen gewöhnlicher Menschen oftmals durch diese besonderen Individuen beeinflußt werden, welche die höchsten moralischen Ideale ihrer Zeit personifizieren, und zwar weil alle moralischen Entscheidungen unausweichlich im Kontext aktueller interpersonaler Beziehungen entwickelt werden. Moralische Ideen haben nur insoweit verhaltensrelevante Bedeutung, als sie in diesem Kontext aktiv interpretiert werden. Die Personifizierung moralischer Ideale ist ein machtvolles und »gebrauchsfertiges« Mittel für solche Interpretationen, denn sie zeigt unmittelbar

Konkretisierungen von Handlungskonsequenzen in der dramatischen Form eines charismatischen Lebens auf.
Menschen lassen sich stärker von Lebensgeschichten als von abstrakten Idealen faszinieren. Wenn ein öffentlich sichtbares Leben eine würdige moralische Idee repräsentiert, dann können die Menschen in vielerlei Hinsicht dadurch beeinflußt werden. Manchmal geschieht dies durch Aufklärung, indem das vorbildliche Leben auf moralische Probleme hinweist, die zuvor nicht als solche begriffen wurden. Viele der Taten Jesu waren in dieser Hinsicht instruktiv. Ein anderes Mal wirkt ein außergewöhnliches Leben durch seinen Beispielcharakter, so wenn Bischof Tutu selbst unter Androhung physischer Gewalt standhaft an seinem pazifistischen Weg festhält. Solche Vorbilder können anderen helfen, mehr gemäß den Idealen zu leben, die sie zwar haben, aber nur schwer umsetzen können.
Um diese Art weitreichenden sozialen Einflusses zu erfassen, greifen wir auf ein sozialpsychologisches Modell zurück, das die dynamische Wechselwirkung zwischen individuellen und sozialen Einflüssen erfassen kann; dafür bieten sich Moscovicis Arbeiten über die Beziehungen zwischen Minderheiten und Mehrheiten an. Anders als die meisten zeitgenössischen Psychologen hat Moscovici den gestaltenden Einfluß starker Individuen auf die Gesellschaft im ganzen betont: »... neue oder extreme Sichtweisen, die per Definition von Minderheiten vorgetragen werden, üben viel eher eine anziehende Wirkung aus, als daß sie zurückgewiesen werden« (Moscovici, 1976). Unser eigenes Interesse richtet sich auf die Fälle, in denen die »neue oder extreme Sichtweise« ungewöhnlich ist, weil sie eine hochentwickelte Moralität aufweist. Wir meinen, daß diese Fälle Bestimmung und Reichweite des moralischen Lebens abstecken.
Selbst dynamische Modelle wie das Moscovicis bleiben ungenügend, solange sie keine entwicklungsbezogene Komponente umfassen. Es ist nicht nur wichtig zu fragen, wie Individuum und Gruppe sich von Situation zu Situation wechselseitig beeinflussen, sondern auch, wie das Individuum dauerhafte Muster des moralischen Denkens und des Verhaltens entwickelt. Die Antwort auf die letztgenannte Frage verlangt ein *Entwicklungs*modell – ein Modell, welches, ebenso wie gute sozialpsychologische Modelle, die dynamische Wechselwirkung zwischen Individuum und Gruppe erfaßt. Im Gegensatz zu rein sozialen Modellen betonen

Entwicklungsmodelle darüber hinaus, was Individuen aus ihren Erfahrungen mit Gruppen lernen.
Dieser Aufsatz geht der Frage nach, wie Individuen Muster moralischer Vorstellungen und moralischen Verhaltens im Laufe ihres Lebens ausbilden. Wir sind davon überzeugt, daß diese Frage fruchtbar mit Hilfe eines Modells beantwortet werden kann, welches auf dem dynamischen Wechselspiel von Moralentwicklung und sozialen Bedingungen aufbaut. Im folgenden greifen wir auf unsere Untersuchung über moralische Vorbilder zurück und präsentieren einige unserer vorläufigen Ergebnisse.
Unsere Analyse basiert auf einem Modell der sozial vermittelten Entwicklungsveränderung. Dieses Modell setzt eine schrittweise Transformation von Zielen durch den Einfluß sozialer Prozesse und die Aktivität des sich entwickelnden Individuums voraus. Der Vorteil gegenüber einem Piagetschen Ansatz liegt darin, daß es die Einverleibung eines neuen Systems von in Kommunikation mit anderen entwickelten Motiven beschreibt und Veränderungen nicht bloß als den Erwerb neuen Wissens auffaßt. Es setzt weiterhin voraus, daß die neuen Perspektiven kooperativ im Verlauf vieler Verhandlungen zwischen Personen erarbeitet (oder »ko-konstruiert«) werden. Das heißt auch, daß alle neuen Ideen ihre Form dem Zusammenspiel zwischen externer Anleitung und innerlicher Wertvorstellung verdanken.
Wir nennen diese Vorstellungen »Zieltheorie« [*goal theory*], und wir meinen, daß dieser Ansatz mehr Erfolg verspricht als kognitive Entwicklungstheorien, denen zufolge Individuen Vorstellungen entwickeln, indem sie die Funktionsweise der Welt zu begreifen suchen und neue Vorstellungen einfach auf der Revision alter Vorstellungen im Lichte neuer Beobachtungen der Realität beruhen.

Moralischer Wandel im Leben außergewöhnlicher Individuen

Während der letzten drei Jahre untersuchten wir eine Reihe von moralisch vorbildlichen Individuen. Wir entwickelten die Kriterien zur Definition dieser Gruppe aufgrund von Interviews mit zwanzig herausragenden Moralphilosophen, Gelehrten, Theologen und religiösen Führern unterschiedlichster ideologischer Ausrichtung. Dabei ergaben sich folgende Kriterien:

1. Ein anhaltendes Engagement für moralische Ideale oder Prinzipien, darunter eine universalistische Achtung vor der Menschheit, oder wiederholte Belege für moralische Charakterstärke.
2. Die Bereitschaft, in Übereinstimmung mit den eigenen moralischen Idealen oder Prinzipien zu handeln, d.h. Konsistenz von Absichten und Handlungen und von Zielen und Mitteln eigener Handlungen.
3. Die Bereitschaft, Selbstinteressen um der moralischen Werte willen aufs Spiel zu setzen.
4. Eine Tendenz, inspirierend auf andere zu wirken und so diese zu moralischem Handeln zu bewegen.
5. Eine realitätsgerechte Einschätzung der Bedeutung der eigenen Person im Verhältnis zum Weltganzen; eine relativ geringe Aufmerksamkeit für das eigene Ego.

Unsere Experten identifizierten 86 lebende Amerikaner, die diesen Kriterien entsprachen, und wir arrangierten mit 24 von ihnen Interviews. Die Gruppe bestand je zur Hälfte aus Männern und Frauen unterschiedlichster rassischer, ethnischer, bildungs- und sozioökonomischer Herkunft mit einer großen Spannweite religiöser und politischer Orientierungen. Aus pragmatischen Gründen waren alle Teilnehmer an der Studie Amerikaner.

Das Interview enthielt einen extensiven Fragenkomplex über persönliche Erfahrungen und Überzeugungen. In diesem Teil explorierten wir Ereignisse und Einflußfaktoren, die den Charakter der Befragten geprägt haben könnten, kritische Lebensentscheidungen, die sie getroffen hatten, und die Gefühle und Gedanken während dieser kritischen Entscheidungsphasen. Der zweite Teil des Interviews bestand aus zwei moralischen Dilemmata Kohlbergs mit den üblichen Testfragen.

Wir benutzten das lebensgeschichtliche Material, um die Phänomenologie moralischer Selbstverpflichtung zu verstehen und um die Bedeutung der Aktivitäten dieser Menschen in ein Verhältnis zu ihren moralischen Werten, Überzeugungen und zentralen Lebenserfahrungen zu setzen. Unter anderem waren wir an den kognitiven Strategien interessiert, die sie verwandten, um ihr moralisches Engagement trotz vielfältiger Widerstände durchzuhalten. Für dieses Anliegen verwendet man zweckmäßigerweise gut erprobte klinische Interviews, welche die Sicht der Person auf sich und ihre Arbeit herausarbeiten. Wir versuchten in dieser Studie nicht, empirische Evidenz über die Korrelation von Verhaltens-

entscheidungen und Persönlichkeitsfaktoren oder kritischen frühen Erfahrungen zu gewinnen. Dafür wären prospektive Daten, Verifizierung der Selbstdarstellungen und andere Quellen der Information usw. notwendig.
Die Anwendung der von uns »Zieltheorie« genannten Konzepte auf die Analyse des Fallmaterials ist ein Versuch, eine Entwicklungstheorie der Zieltransformation darzustellen und weiterzuführen. Beim jetzigen Stand der Modellentwicklung kann es kein Versuch sein, die Theorie zu testen: Es ist unsere Absicht, einige Einsichten in das Leben dieser Menschen zu gewinnen und eine Analyse anzubieten, welche mit ihrer Art und Weise der Lebenskonzeption vereinbar ist.

Fallstudie: Virginia Foster Durr

Um unseren theoretischen Ansatz anhand eines Beispiels zu illustrieren, werden wir einen Fall relativ detailliert darstellen. Wir beschreiben das Leben von Virginia Foster Durr, einer Frau aus einer angesehenen Familie in Montgomery, Alabama, im Süden der Vereinigten Staaten. Zum Zeitpunkt des Interviews, 1988, war sie 84 Jahre alt. Wie die meisten weißen Oberschichtkinder in den Südstaaten hatte sie als kleines Kind ein enges Verhältnis zu den schwarzen Dienern der Familie und deren Kindern, wurde jedoch, als sie älter wurde, von diesen getrennt. Obwohl sie diese Trennung damals und auch später gelegentlich kritisch in Frage stellte, übernahm sie doch die vorherrschende Einstellung zur Rassentrennung. Als Erwachsene wurde sie dann eine der Hauptfiguren der schwarzen Bürgerrechtsbewegung in den USA. Seit ihrem dreißigsten Lebensjahr kämpfte sie für das Wahlrecht und gegen die Rassentrennung, seit den 50er Jahren auch gegen die antikommunistische Bewegung.
Als Mädchen liebte Virginia ihr schwarzes Kindermädchen sehr und spielte häufig mit deren Tochter und den Kindern der anderen schwarzen Bediensteten. Diese harmonische Situation endete endgültig an ihrem siebten Geburtstag: Ihr wurde verboten, die schwarzen Kinder zu ihrem Geburtstagsfest (das auf der Plantage ihrer Großmutter stattfinden sollte) einzuladen, und der daran anschließende Familienstreit führte zum Fortgang von Virginias Kindermädchen.

»Mir wurde gesagt, daß keines der schwarzen Kinder zu der Party kommen könne. Nur weiße Kinder – vollkommen Fremde, die sie in Union Springs aufgegabelt hatten. Daraufhin hatte ich am Morgen einen Wutanfall, und letztlich erlaubten sie mir, am Morgen eine Grillparty und am Nachmittag das Geburtstagsfest zu veranstalten. Die Grillparty mit den schwarzen Kindern würde im Hinterhof, die Party mit den weißen Kindern im Vorgarten stattfinden. Wir hatten das Grillfest, und alles schien gut zu laufen. Eines der kleinen schwarzen Mädchen zerteilte das Huhn und bot Elisabeth (Virginias Kusine) ein Stück an. Elisabeth sagte ... ›Gib du mir kein Huhn mit deinen schwarzen Händen. Ich werde kein Huhn essen, das deine schwarzen Hände berührt haben, du kleine Niggerin.‹ Ich sagte zu Elisabeth: ›Fahr zur Hölle!‹ Ich war rasend vor Wut. Sehen Sie, das schwarze Mädchen war die kleine Tochter des Kindermädchens, Sarah. Sie und ich hatten immer zusammen gespielt. Ich war mit ihr aufgewachsen. Als der Nachmittag kam, ging ich zu der Geburtstagseinladung mit all diesen fremden weißen Kindern. Ich bekam erneut einen Wutanfall und heulte und schrie. Ich schlug auf den Kuchen ein und wurde wieder ins Bett gebracht. An diesem Abend sagte meine Tante beim Essen, daß ich das böseste Kind sei, das sie je gekannt habe« (Durr, 1985, 17).

Im Lauf des Familienkrachs äußerte sich Virginias Tante beleidigend über das Kindermädchen. Das Kindermädchen, das die Beleidigung zufälligerweise mithörte, verließ ruhig das Haus und kam nie zurück. Virginia beschreibt diesen Vorfall als schreckliches Trauma in ihrem Leben.

Dieses Ereignis offenbart die Willensstärke und geistige Unabhängigkeit, die Virginia ihr Leben lang charakterisiert haben. Wohl hatte Virginia die vorherrschende Meinung über die Rassenbeziehungen internalisiert. Ein späterer Vorfall aus ihrer Zeit als College-Studentin verdeutlicht, wie sie sich die rassistischen Vorurteile der Kultur, in der sie aufwuchs, zu eigen gemacht hatte. Beim Übergang zu ihrem zweiten Studienjahr am Wellesley College zog Virginia in das Studentenwohnheim ein; am ersten Abend ging sie zum Essen in den Speisesaal herunter.

»Am ersten Abend ging ich zum Speisesaal, und ein Negermädchen saß an meinem Tisch. Mein Gott, ich fiel fast um. Ich konnt's nicht glauben. Ich konnte es absolut nicht glauben ... Ich stand sofort auf, marschierte aus dem Raum, ging die Treppen hinauf und wartete darauf, daß die Direktorin kommen würde ... Ich sagte ihr, ich könne unmöglich mit einer Negerin an einem Tisch essen. Ich sei aus Alabama, und mein Vater würde einen Schlaganfall bekommen« (Durr, 1985, 56).

Die Direktorin erklärte ihr ruhig, daß sie nach den Collegeregeln einen Monat lang an diesem Tisch zu speisen hätte, andernfalls müßte sie das College verlassen. Das war das erste Mal, daß Virginias Wertorientierungen in Frage gestellt wurden, und sie war die ganze Nacht wach und quälte sich mit dem Dilemma ab. Sie hatte Angst, ihren Vater zu verärgern, gleichzeitig genoß sie Wellesley sehr und wollte liebend gerne dort bleiben.

»Jetzt hatte ich die Zeit meines Lebens in Wellesley. Es ging mir noch nie so gut wie zu dieser Zeit. Ich war in einen Jurastudenten aus Harvard verliebt, den Mannschaftsführer des VMI (Militärinstitut von Virginia), und ich fühlte mich wie im siebten Himmel. Aber mir war beigebracht worden, daß ich eine schreckliche Sünde gegen die Gesellschaft beginge, wenn ich an einem Tisch mit einer Negerin essen würde. Beim Morgengrauen erkannte ich, wenn niemand Daddy davon erzählte, könnte alles in Ordnung gehen. Das war das einzige Ergebnis, zu dem ich kam. Ich hatte kein großes Gespür fürs Prinzipielle. Ich hatte nicht mit meiner Seele gerungen« (57f.).

Virginia blieb in Wellesley und aß einen Monat am Tisch mit dem schwarzen Mädchen, welches sie zu mögen und zu respektieren begann.

»Das war das erste Mal, daß ich merkte, daß einige Leute meine Einstellungen für verfehlt hielten und daß sie im Wellesley College nicht geduldet wurden. Diese Erfahrung hatte entscheidenden Einfluß auf mich« (58).

Zwar veränderte das Erlebnis im Speisesaal Virginias Rassenansichten nicht über Nacht, es nährte jedoch die Zweifel an den Vorstellungen, mit denen sie aufgewachsen war. Aber Virginia konnte nach dem zweiten Studienjahr nicht auf das College zurückkehren. Ihre Familie hatte einen ernsten finanziellen Rückschlag erlitten und konnte es sich nicht mehr leisten, sie aufs College zu schicken. Virginia kehrte nach Birmingham zurück, um in die Gesellschaft eingeführt zu werden und sich nach einem Ehemann umzusehen. Bald darauf traf sie Clifford Durr, und sie heirateten innerhalb eines Jahres. Als Präsident Franklin Delano Roosevelt einige Jahre später ins Weiße Haus einzog, wurde Clifford Durr, ein Rechtsanwalt, nach Washington berufen, um die Leitung des Programms zur Rekapitalisierung der Banken in der ›Reconstruction Finance Corporation‹ zu übernehmen. 1933 zogen die Durrs nach Washington. Nach ein oder zwei Jahren der Häuslichkeit wurde Virginia in die politische Szene Washingtons hineingezogen und begann gegen die Wahlsteuer zu agitieren, was sie die nächsten fünfzehn Jahre in Anspruch nehmen sollte. Sie und Clifford waren mit den meisten der politischen Schlüsselfiguren dieser Zeit befreundet, und Virginia wurde durch diese Kontakte sehr beeinflußt. In dieser Zeit erneuerte sie auch einige Freundschaften aus der Collegezeit, insbesondere die Freundschaft mit Clark Howell Foreman. Virginia hatte den Harvard-Studenten aus Atlanta, Georgia, in Wellesley kennengelernt, und als zwei Südstaatler wurden sie sehr gute Freunde. Clark Foreman wurde später eine wichtige Figur in Roosevelts Politik des »New Deal«.

Als Virginia ihre Freundschaft mit Clark Foreman in Washington wieder aufnahm, stellte sie fest, daß sich seine Auffassungen seit seinen Studientagen grundlegend verändert hatten. Er war Augenzeuge eines Lynchmords gewesen, war durch England und Rußland gereist und hatte dort studiert. Clark Foreman war mittlerweile von der Rassengleichheit überzeugt und aktiv an den Integrationsbemühungen in Washington, D.C., wo zum damaligen Zeitpunkt noch Rassentrennung herrschte, beteiligt. Virginia Durr beschreibt eine Episode mit Clark Foreman, in der es um sein Verhältnis zu den Schwarzen ging und die für Virginia offensichtlich eine Art Wendepunkt darstellte:

»An diesem Sonntag Nachmittag, als er zu uns nach Hause kam, begann er uns zu erzählen, was er so tat und tun wolle. Naja, mein Gott, ich bekam sofort einen Wutanfall! Ich konnte es nicht glauben. Wir gerieten in den heftigsten Streit, den man sich in seinem Leben vorstellen kann. Clark ist gelegentlich nicht sehr taktvoll. Er sagte: ›Weißt Du, Du bist nur ein weißes, bigottes, vorurteilbeladenes, provinzielles Mädchen aus den Südstaaten.‹ Oh, das traf mich. Ich wurde wütend und sagte: ›Du verleugnest die ganze Tradition des Südens. Du, ein Howell aus Georgia, verleumdest alles. Was denkst Du über den Bürgerkrieg? Für was standen wir? Für die Vorherrschaft der Weißen natürlich.‹ Als er ging, meinte Cliff: ›Naja, ich denke nicht, daß Du ihn je wiedersehen wirst.‹ Erstaunlicherweise rief er uns in der nächsten Woche an und lud uns zum Abendessen ein« (104).

Die Durrs begannen sich sehr eng mit den Foremans anzufreunden und lernten durch sie einige berühmte Afroamerikaner kennen.

Während der folgenden 15 Jahre in Washington war Virginia durch den Kampf gegen die Wahlsteuer und die damit verbundenen politischen Aktivitäten, einem aktiven Familienleben – sie hatte inzwischen drei Kinder – und einem sozialen Leben, das um die Nachbarschaft und Washingtons politische Szene kreiste, in Anspruch genommen. 1941 wurde Clifford Durr Beauftragter der ›Federal Communication Commission‹.

Nach dem Ende des Krieges und Roosevelts Tod begann die antikommunistische Stimmung zu eskalieren. Das Komitee für Antiamerikanische Aktivitäten Joseph McCarthys hatte auch während des Krieges weitergearbeitet, und nach dem Krieg institutionalisierte Präsident Truman den Loyalitätserlaß (loyalty order): Jeder, der für die Regierung arbeitete, sollte auf mögliche Verbindungen zu Kommunisten hin überprüft werden. Alle Regierungsangestellten hatten den Treueid zu leisten. Clifford Durr war mit diesem Loyalitätserlaß ganz und gar nicht einverstanden und fand, daß diese Überprüfungsprozedur den fundamentalsten bürgerlichen Freiheitsrechten widersprach. In den Untersuchungen wurde den Beschuldigten nicht mitgeteilt, wer sie beschuldigt hatte, und viele verloren ihre Arbeit aufgrund unbewiesener Unterstellungen von kommunistischen Verbindungen. Durr sprach häufig gegen das Komitee und den Loyalitätserlaß und beschloß letzten Endes, daß er seine Arbeit für die Regierung in diesem Klima der Angst und der Verdächtigungen nicht fortführen könne. Als sein Vertrag auslief, lehnte er eine Wiederernennung ab.

Da Virginia nicht nach Alabama zurückkehren wollte, eröffnete Clifford 1948 eine Kanzlei in Washington und wurde einer der wenigen Rechtsanwälte, die sich auf die Verteidigung von Menschen spezialisierten, die kommunistischer Verbindungen beschuldigt wurden. Die emotionalen Kosten dieser Arbeit waren hoch, und schließlich entschloß sich Clifford, Washington zu verlassen. In Denver übernahm er eine Stellung als Rechtsberater für die Versicherungsgesellschaft der Farmervereinigung. Während der Fahrt von Washington nach Denver verschlimmerte sich sein chronisches Rückenleiden derart, daß er sich nach seiner Ankunft in Denver einer Operation unterziehen mußte. Er blieb über einen Monat im Krankenhaus, die Durrs mußten – da sie nicht versichert waren – den gesamten Erlös aus dem Verkauf ihres Washingtoner Hauses zur Begleichung seiner Krankheitskosten aufwenden.

Clifford war noch im Krankenhaus, da wurde Virginia in einen Vorfall verwickelt, der ihn später seine Stellung kosten sollte. Der

Koreakrieg dauerte zu dieser Zeit an, und Virginia erhielt eine Postkarte von Linus Pauling und einigen anderen bedeutenden Wissenschaftlern mit der Bitte, auf einer Antwortkarte anzugeben, ob sie die Bombenangriffe auf den Yalufluß in Korea befürwortete oder ablehnte. Die Bombenangriffe über dem Yalu wurden als militärische Provokation gegenüber China angesehen, und Virginia gab auf der Karte an, daß sie die Bombenangriffe ablehnte. Sie unterschrieb und schickte die Karte zurück.

Kurz nachdem Clifford – noch auf Krücken – zu seiner Arbeit zurückgekehrt war, veröffentlichte die *Denver Post* eine Titelgeschichte mit der Schlagzeile »Frau des Rechtsberaters der Versicherungsgesellschaft der Farmervereinigung unterzeichnet rote Petition«. Daraufhin verlangte der Vorstand der Gesellschaft, daß Virginia einen Widerruf der Aussage unterschrieb, der in der *Denver Post* veröffentlicht werden sollte. Falls sie ablehnte, würde Clifford seine Arbeitsstelle verlieren. Das stellte ein ernstes Dilemma für Virginia dar. Einerseits wollte sie die Arbeit ihres Mannes und das Wohl der Familie nicht gefährden, andererseits war sie über den Koreakrieg gut informiert und lehnte ihn entschieden ab. Bevor Virginia Zeit für eine Lösung des Problems fand, kam Clifford herein. Ihm war mit Entlassung gedroht worden, wenn er Virginia nicht zu der geforderten Unterschrift überreden würde. Er hatte dem Vorstand der Farmervereinigung mitgeteilt, daß er seiner Frau die Unterzeichnung eines solchen Briefes niemals gestatten würde, und das Büro als Arbeitsloser verlassen.

Ohne Einkommen und ohne Ersparnisse und angesichts von Cliffords ernsten Gesundheitsproblemen beschlossen die Durrs, nach Alabama zurückzukehren und bei Cliffords Eltern zu leben. Nachdem Clifford wieder vollständig genesen war, eröffnete er eine Kanzlei in Montgomery, und Virginia arbeitete als seine Sekretärin. Clifford wurde dafür bekannt, daß er bereit war, mittellose Schwarze zu vertreten, und oftmals ging es in den Streitfällen um schwerwiegende Ausbeutung von Schwarzen durch vermeintlich respektable weiße Bürger von Montgomery. Er befaßte sich mit polizeilichen Übergriffen, Lohn- und Versicherungsbetrug. Obwohl Virginia zu Beginn der fünziger Jahre ihre meiste Energie der Arbeit in der Kanzlei und ihrer Familie widmete, blieb sie in der Bürgerrechtsfrage engagiert und war an führender Stelle an den frühen Bemühungen um Rassenintegration in Montgomery beteiligt.

Nach einigen Jahren fällte der Supreme Court das geschichtsträchtige Urteil, Rassentrennung in den Schulen sei unrechtmäßig – »die Hölle war los. Da gab es keine Alternative. Man mußte aufstehen und mitmachen oder weggehen. Wir gingen nicht« (272). Virginia beteiligte sich am Rat für humane Beziehungen, der einzigen gemischtrassigen Gruppe in Montgomery und engagierte sich für die Aufhebung der Rassentrennung in Montgomery. Wie immer schätzte sie die Gelegenheit zur Zusammenarbeit mit Gleichgesinnten sehr hoch. »Es war eine ungemeine Erleichterung für mich, die Möglichkeit, an so etwas teilzunehmen, mit Menschen zusammenzusein, die gegen die Rassentrennung waren« (272).

Der Widerstand gegen die Integration von Montgomery war heftig; es gab Anschläge auf die Kirchen und Häuser vieler schwarzer Führer und ihrer weißen Sympathisanten. Es waren schwierige Zeiten für die Durrs, und sie entschieden sich, ihre beiden jüngeren Töchter im Norden zur Schule zu schicken, um sie vor den andauernden Verhöhnungen, die sie sowohl von Lehrern als auch von anderen Kindern erdulden mußten, zu schützen. Obwohl Clifford viele reizvolle Arbeitsangebote von Universitäten und Kanzleien aus dem Norden der USA erhielt, empfanden Virginia und er Alabama als ihr Zuhause und lehnten es ab wegzugehen. Während der sechziger Jahre blieben die Durrs weiterhin in der Bürgerrechtsbewegung sehr engagiert. Unter anderem beherbergten und verköstigten sie Dutzende von Studenten und anderen Protestierenden, die – auf dem Weg nach Selma und zu anderen Demonstrationen – durch Montgomery kamen. In dieser Zeit empfand Virginia ihr Leben wie »in einem Sturm«. Aber trotz der Gewalt und der Turbulenzen dieser Zeit war doch das Gefühl vorherrschend, daß der Kampf um die Bürgerrechte langsam gewonnen wurde. Die meisten der wichtigen Prozesse um Rassentrennung, an denen Clifford beteiligt war, wurden schließlich gewonnen. Virginia bezog daraus einen tiefen Respekt vor dem Gesetz, »wenn es funktioniert«, und ihr schien, daß es im großen und ganzen funktionierte.

Trotz dieses Vertrauens in einige Teile des amerikanischen Rechtssystems ist sich Virginia der Grenzen des Rechts in bezug auf eine endgültige Lösung der Probleme von Rassismus und Armut bewußt. Beim Nachdenken über das Erreichte nimmt sie deutlich wahr, wie weit der Weg noch ist und wie schwer er sein wird.

»Ich wünschte, ich könnte hoffnungsvoller sein und mit der Schlußbemerkung enden: ›Wir kommen jetzt in das Land Kanaan. Wir sind durch die Wüste gegangen und haben das Rote Meer überquert.‹ Aber ich bin wie Moses. Ich erblickte das gelobte Land, aber ich bin nie dort gewesen, und ich werde nie hinkommen. Es ist traurig, denn ich würde sehr gerne lange genug leben, um eine Veränderung zu sehen, eine wirklich tiefgreifende Veränderung. Ich denke nicht, daß ich es je erleben werde, weil, ich denke, das braucht eine schrecklich lange Zeit« (333).

Wir gehen jetzt zur Analyse dieses Beispiels und den auf der Grundlage der umfassenderen Stichprobe gewonnenen Generalisierungen über.

Anwendung der Zieltheorie auf das Fallbeispiel

In einem früheren Beitrag (Damon und Colby, 1987) haben wir anhand der Analyse einer experimentellen Studie und am Beispiel des sowjetischen Physikers Andreij Sacharow das Konzept der »Zieltheorie« als Modell der Konzeptualisierung moralischen Wandels durch soziale Einflüsse eingeführt. Für die Analyse Sacharows benutzten wir biographische Materialien aus Sekundärquellen. Wenden wir uns nun der Anwendung der »Zieltheorie« auf das Leben Virginia Durrs zu.

Um noch einmal zu betonen, was wir zu Beginn dieses Beitrages sagten: Wir gehen davon aus, daß menschliches Wissen und Verhalten von Beginn an durch Interaktion motiviert, organisiert und kommuniziert wird. Wir haben angedeutet, daß Entwicklung durch die schrittweise Transformation von Zielen induziert wird. Das Modell verbindet eine graduelle Transformation von Zielen durch soziale Einflüsse mit der aktiven Beteiligung des Individuums. Es unterstellt, daß neue Perspektiven im Zuge vieler Verhandlungen zwischen Menschen kooperativ geformt werden. Das bedeutet, daß alle neuen Ideen ihre Form dem Zusammenspiel von äußerer Führung und inneren Überzeugungen verdanken. Individuelle Entwicklung wird durch soziale Einflüsse zwar stimuliert und angeleitet, aber doch nicht völlig bestimmt.

Ein Vorteil der »Zieltheorie« für die Erklärung von Veränderungen liegt darin, daß sie die fruchtlose Trennung von Kognition und Affekt vermeidet, die andere Entwicklungserklärungen belastet hatte. Ein Ziel ist ein affektiv geladenes Motiv, und gleichzeitig Teil einer umfassenden intellektuellen Perspektive. Das ist der Grund, warum echte Zielsubstitutionen in der Kindheit oder im Erwachsenenalter einige Zeit benötigen. Zielsubstitution schließt eine durch soziale Einflüsse mitbedingte, graduelle Transformation der eigenen Sichtweise auf die eigenen Handlungen in der sozialen Realität ein. So gesehen, zwingt sie die Entwicklung an der kognitiven und affektiven Front zusammen.

Wir wissen nicht, was es einigen Menschen erlaubt, sich moralisch weiterzuentwickeln, während andere im Erwachsenenalter keine wesentlichen Fortschritte mehr machen. Das ist eine unserer Fragestellungen bei der Untersuchung außergewöhnlich moralischer Menschen. Sicherlich, im Falle Virginia Durrs sehen wir hauptsächlich die Geschichte einer Offenheit für moralischen Wandel. Wiewohl ihre neuentstehenden Wertorientierungen nicht ausschließlich selbstinitiiert waren, so reflektieren sie dennoch das, was man eine »aktive Rezeptionsbereitschaft« für bestimmte soziale Einflüsse nennen könnte.

Virginia Durrs Offenheit für Veränderungen war keine blinde Aufnahmebereitschaft für jede Art von Einfluß – das belegt beispielhaft ihr energischer Widerstand gegen den Druck, den Antikommunisten nachzugeben oder die vorherrschenden rassistischen Ansichten ihrer Freunde in Alabama zu übernehmen. Statt dessen scheint sie aus einem tiefen Respekt vor Ehrlichkeit und Wahrheit und dem Wunsch nach Konsistenz zwischen ihren Überzeugungen und zentralen Wertorientierungen zu erwachsen.

Aus diesem Grund ist es wichtig zu betonen, daß Virginia Durr sich bei jedem Schritt ihres wachsenden Engagements für die Bürgerrechtsbewegung aktiv entschied, vorwärts zu gehen und sich nicht zurückzuziehen. Konsequenterweise müssen wir daraus schließen, daß die Richtung und Form ihres moralischen Wachstums durch das kontinuierliche Wechselspiel zwischen ihr und der gewählten Gemeinschaft ko-konstruiert war. Der soziale Einfluß in Durrs Leben kann nicht verstanden werden, ohne daß man weiß, was sie selbst zu diesem Prozeß beitrug.

Wir werden nun aus dem Anfangsteil des Interviews zitieren, um zu illustrieren, in welcher Weise ihre sozialen Erfahrungen mit ihren Werten, Vorstellungen und Charakterzügen interagierten und so zu dem beschriebenen Entwicklungsweg führten.

AC: Nun, bevor ich mit den vorgesehenen Fragen beginne, würde ich gerne etwas mehr darüber hören, daß Sie, wie Sie sagten, keine Entscheidungen getroffen haben. Könnten Sie das noch ein wenig ausführen. Sie haben es ja einige Male erwähnt ...
VD: Mmh, wir treffen, ich denke, wir treffen Entscheidungen an jedem Tag unseres Lebens. Aber was die Entscheidungen anbelangt, mich, sagen wir, an den Rassenkämpfen im Süden zu beteiligen, so war es keine Entscheidung. Es war etwas, das über einige Jahre wuchs, und so führte eines zum anderen. Aber ich habe nie (wie Paulus auf dem Weg nach Damaskus) gedacht, daß ich einen Fingerzeig des Schicksals bekommen habe und plötzlich der Weg erleuchtet war. Es war eher so, daß ich über den Zeitraum von einigen Jahren hinweg begann, meine Gefühle zu ändern. Und das gilt für vieles – für so viele Dinge. Ich veränderte mich, wenn die Dinge geschahen. Besser gesagt, Dinge geschahen, und ich veränderte mich, weil sie geschahen.

Später im Interview sagt sie:

VD: Und eigentlich denke ich nicht, daß sich viel in meinen Einstellungen verändert hat, bis ich 1933 nach Washington ging. Zu dieser Zeit war ich dreißig Jahre alt ... Was mich wirklich veränderte, meine ich, war die Tatsache, daß ich als ehrenamtliche Mitarbeiterin in das nationale demokratische Frauenkomitee eintrat. Wissen Sie, damals, das ist typisch für die Südstaatler, das ist –, selbst wenn man ein Freund der Schwarzen wird, man beutet sie aus, andauernd. Mein Ehemann verdiente nicht mehr als 6500 $ im Jahr, aber wir hatten einen Koch, dem zahlte ich, wenn ich mich recht erinnere, 12 $ die Woche, und ich hatte ein Kindermädchen und einen Gärtner, jemanden, der die Wäsche machte, und das Kindermädchen bekam 12 oder 15 $ die Woche. Aber dafür hatte ich Zeit, ehrenamtlich in der Frauengruppe des nationalen demokratischen Komitees mitzuarbeiten, und so wurde ich zu dieser Zeit ein Anhänger der Roosevelts. Und im demokratischen Komitee traf ich mit schwarzen Frauen auf einer gleichberechtigten Ebene zusammen. Das war also meine erste Begegnung mit schwarzen Frauen auf einer vollkommen gleichen Basis. Und Frau Roosevelt war oft dort. Aber das Wesentliche war, DC war segregiert. Heute können sich die Menschen nicht mehr daran erinnern, daß der Distrikt von Columbia genauso segregiert war wie Alabama. Alle Regierungsgebäude waren getrennt, und DC war getrennt. Und so gab es eine Bewegung zur Aufhebung der Rassentrennung im Distrikt von Columbia, und diese Mrs. (Mary Church) Terrell, sie war eine schwarze Frau, deren Ehemann Richter gewesen war, sie ging vor Gericht. Sie ging in irgendein Lokal, und die Leute wollten sie nicht bedienen, und diese beiden jungen Rechtsanwälte waren bei ihr. Sie brachten den Fall vor den Gerichtshof, und sie gewannen. So wurde die Rassentrennung in DC abgeschafft. Und so, sehen Sie, sah ich, daß es im Distrikt von Columbia gelang. Aber,

natürlich, ich sah, daß es mit der Rückendeckung durch den Supreme Court und der Unterstützung des Justizministeriums, der Hilfe von Frau Roosevelt, dem demokratischen Komitee und so weiter geschah.
AC: Diese Erfahrung veränderte Sie stark?
VD: Ja, das veränderte mich stark. Und dann begannen die demokratischen Frauen ihren Kampf gegen die Wahlsteuer, weil die Frauen aus dem Süden deswegen nicht wählten. Natürlich wählten die armen Weißen nicht, die Schwarzen wählten überhaupt nicht, und nur 10 oder 12 Prozent der Bürger waren wählbar. So wurde ich in den Kampf hineingezogen, und das brachte mich in Kontakt mit einer Menge schwarzer Frauen und Männer und vielen anderen Leuten, auch das war sehr erhellend. Aber ich hatte damals wiederum den Rückhalt von Frau Roosevelt und des Weißen Hauses. Und es dauerte Jahre, bis alles durchgesetzt war.
AC: Als sie soviel Energie für den Kampf gegen die Wahlsteuer einsetzten, was denken Sie, was trieb Sie an, das zu tun?
VD: Ich dachte, das Wahlrecht sei etwas, was jeder haben sollte.

So wie die »Zieltheorie« hier angewendet wird, setzt sie keine Richtung der Veränderung voraus. In vielen Fällen folgen Individuen Entwicklungspfaden, die besser als Verfall denn als Entwicklung zu beschreiben sind. Soziale Einflüsse sind komplex und multidirektional. Welcher der zahlreichen Einflüsse am sichtbarsten ist und welcher Art er ist, hängt vom kognitiven Bezugsrahmen ab, den ein Individuum an die Interpretation der Moral heranträgt, sowie von seinem Charakter und seinen Wertorientierungen. Im Falle von Virginia Durr mag ihr kognitiver moralischer Bezugsrahmen (welcher einer klassischen Stufe 5 des moralischen Verständnisses von Recht und Gerechtigkeit im Sinne Kohlbergs entsprach) sie für bestimmte Einflüsse offener gemacht haben als für andere. Spätestens als sie sich ernsthaft in der Bürgerrechtsbewegung engagierte, ging sie die moralischen Fragen auf der Basis eines kognitiven moralischen Bezugssystems an, in dessen Zentrum der Wert des Rechts und gerechter Verfahren zum Schutz fundamentaler Bürgerrechte stand. Gleichzeitig war ihr bewußt, daß viele Gesetze ungerecht waren, daß sie gebrochen und dann durch die Gerichte überprüft werden mußten. Sie verstand ihre Arbeit gegen die Wahlsteuer deutlich in diesem Bezugsrahmen, und die Stärke ihrer Opposition gegen Joseph McCarthy und die Antikommunisten beruhte im wesentlichen auf dem Bewußtsein, daß die Antikommunisten elementare Freiheiten und das Recht auf faire Gerichtsverfahren verletzten. Natürlich war sie im Rahmen ihrer Tätigkeit in Cliffords Kanzlei auch häufig mit der

Überprüfung der Verfassungsmäßigkeit segregationistischer Verordnungen und Gesetze befaßt. Man kann die Bedeutung, die ihre Arbeit für sie hatte, nicht verstehen, ohne sie in den Kontext ihres kognitiv-moralischen Deutungsrasters einzuordnen. Das heißt jedoch nicht, daß sie alle impliziten Annahmen ihres Denkens offenlegte, als sie gefragt wurde, warum sie so handelte, wie sie es tat. Ihre Interpretation der Situation und dessen, was richtig und falsch ist, ist eng verknüpft mit diesem kognitiv-moralischen Deutungssystem, aber wenn sie gefragt würde, warum sie so handelte, wie sie es tat, würde sie einfacher antworten und etwa sagen, daß sie es tat, weil es richtig war, weil jeder das Wahlrecht haben sollte, oder daß die Menschen nicht nach Rassen getrennt werden sollten.

Wir finden in der Geschichte von Virginia Durr wichtige kontinuitätsstiftende Verbindungslinien zwischen den verschiedenen Phasen ihres Lebens und ihrer Familie sowie ihrer Herkunft aus den Südstaaten. Aber insgesamt ist ihr Leben eher eine Geschichte dramatischen Wandels denn eine der Kontinuität. Vielleicht waren die zwei Jahre als Studentin im Wellesley College die erste wirklich bedeutsame Phase der Veränderung. Der Vorfall, der sie zwang, mit der jungen schwarzen Frau an einem Tisch zu essen, säte Zweifel in Virginias Denken und erschütterte die felsenfesten Überzeugungen, in denen sie aufgewachsen war.

Virginias Erfahrung im Speisesaal von Wellesley und später ihre Beteiligung an der Frauenarbeitsgruppe sowie dem Kampf gegen die Wahlsteuer bieten ausgezeichnete Beispiele für Zielveränderungen, die sich in Virginias Entwicklung abspielten. Ihre Zustimmung dazu, mit der schwarzen Studentin an einem Tisch zu essen, beruhte ersichtlich auf dem Ziel, weiterhin in Wellesley bleiben zu können, und zwar vor allem, um ihr aktives und unterhaltsames soziales Leben fortsetzen zu können. Das Ergebnis war keine schlagartige Veränderung ihrer Denkweise über die Rassenbeziehungen und die Bürgerrechte. Aber der Vorfall lenkte Virginia einen erkennbaren Schritt in diese Richtung. Sie war erstmals gezwungen, mit einer gebildeten Afroamerikanerin aus der Mittelklasse zu interagieren und erkannte, daß dieses Mädchen intelligent und zivilisiert war. Sie wurde sich bewußt, daß ihre Sicht der Rassentrennung von der Gemeinschaft, der sie sich angeschlossen hatte und auf die sie sehr stolz war, nicht geteilt wurde. Sie begann zu zweifeln.

Der Kampf um die Wahlsteuer liefert ein noch besseres Beispiel, da er sich über einen langen Zeitraum erstreckte. Virginia schloß sich der Frauengruppe der Demokraten an, weil sie an der Aufregung um Washingtons New Deal teilhaben, die Gelegenheit, mit Eleanor Roosevelt zu arbeiten, wahrnehmen und einige interessante Frauen kennenlernen wollte. Sie engagierte sich bald intensiv im Kampf für das Frauenwahlrecht, aber anfänglich kümmerte sie sich nicht um Rassenprobleme. Im Zuge der Koalitionsbildung zur Wahlrechtsfrage begann Frau Durr bald, eng mit Organisationen von Schwarzen und herausragenden schwarzen Frauen wie Mary McLeod Bethune zusammenzuarbeiten. Die Aktivitäten des Komitees verletzten die Gesetze über die Rassentrennung. Ihre durch liberale Freunde in Washington, etwa Clark Foreman, angeregte intellektuelle Bewußtwerdung zusammen mit der Möglichkeit und Notwendigkeit, mit Schwarzen eng zusammenzuarbeiten, führte zu einer Transformation ihrer Ziele, die ihr Leben in dramatischer Weise veränderte – ja, sie selbst fundamental veränderte. Wie alle unsere Befragten war auch Virginia Durr offen für moralischen Wandel, und in dem Maße, in dem sie sich auf Erfahrungen und die Menschen, denen sie begegnete, einließ, erweiterte und vervollkommnete sie ihre Ziele.

Soziale Einflüsse spielen eine zentrale Rolle sowohl bei der Transformation der Überzeugungen und Ziele von Virginia Durr als auch bei der Aufrechterhaltung ihrer Motivation und Energie. Wir haben bereits den Einfluß der liberalen neuenglischen Einstellungen der Fakultät und der Verwaltung des Wellesley Colleges diskutiert. In Wellesley wählte Virginia Südstaatler zu ihren engsten Freunden, und auf diese Art schwächte sie die Wirkung des »Kulturschocks«, mit dem sie konfrontiert war, ab. Diese Freunde aus dem Süden wiederum waren natürlich solche, die bewußt eine Schule wie Wellesley und Harvard ausgewählt hatten und selber durch die neue Umwelt beeinflußt wurden. Ihre Beziehung zu Clark Foreman illustriert die schrittweise Natur der Transformation. Sie bekam engen Kontakt mit Clark in ihrer Zeit am College, weil beide aus dem Süden kamen und ihre Herkunft als einen wesentlichen Teil dessen verstanden, was sie waren. Während sie nach Alabama zurückkehrte, studierte Clark in England und reiste durch Europa und Rußland, nachdem er in Georgia erschüttert Zeuge eines Falles von Lynchjustiz geworden war. Als sie Clark Foreman in Washington wiedertraf, konnte er ihre

rassischen Ansichten beeinflussen, wie es kein Nordstaatler gekonnt hätte, weil sie wußte, daß er aus dem gleichen sozialen Kontext kam und ihre Sichtweise verstand, da er die Grundannahmen früher selber geteilt hatte.
Zweifelsohne hatte ihr Ehemann, Clifford Durr, in ihrem Erwachsenenleben den größten sozialen Einfluß auf sie. Sie respektierte, ja verehrte zutiefst ihren Gatten, in dem sie eine Persönlichkeit von höchster Integrität sah. Cliffords und Virginias Einstellungen zur Rassenfrage wandelten sich gemeinsam, und sie unterstützten sich gegenseitig voll in dem Prozeß ihrer zunehmenden Einbindung in den Kampf um die Bürgerrechte und gegen die antikommunistische Bewegung. Bei dem Vorfall in Colorado in Zusammenhang mit dem Korea-Krieg unterstützte Clifford vorbehaltlos ihre Entscheidung, den Protestbrief zu unterzeichnen und einem Widerruf zu widerstehen. Er und Virginia teilten gleichermaßen die Gewißheit, daß man nicht sein Wort zurücknehmen oder seine Prinzipien opportunistisch verwässern sollte. Nachdem Clifford der FCC (Federal Communication Commission) gekündigt hatte, bereitete es ihm einige Schwierigkeiten, eine neue Anstellung zu finden. Als ihm eine sehr lukrative Stelle einer in der Wall Street ansässigen Firma, die mit Informationen handelte und seine politischen Verbindungen nutzen wollte, angeboten wurde, lehnte er diese ohne Zögern ab. Diesen Vorfall beschreibend, merkte Virginia an: »Die Idee, Cliff könne hinter seine Prinzipien zurückgehen, ist undenkbar. Cliff war ein Mensch von absoluter Prinzipientreue und achtete nie viel aufs Geld« (218). Später, in den turbulentesten Zeiten des Kampfes für die Integration Alabamas, war es oftmals Cliff, der darauf bestand, daß sie in Alabama bleiben und kämpfen sollten, anstatt sich in den Norden zurückzuziehen. In der langen Ehe von Clifford und Virginia war der moralische Einfluß sicher wechselseitig und positiv, sie bestärkten und unterstützten jeweils die höchsten Werte des anderen.
Es ist interessant anzumerken, daß die formenden und motivierenden sozialen Einflüsse auf Virginia Durr nicht nur von ihren Gesinnungsgenossen, sondern auch von ihren Opponenten ausgingen. Sei verweist oft darauf, wie wichtig ihr eine enge Zusammenarbeit mit ähnlich denkenden Menschen in der Arbeit zur Wahlsteuer und Integration war. Ebenso evident, wenn auch weniger explizit ist der anregende Effekt der Mobilisierung gegen

ihre Opponenten. Virginia fühlte oftmals intensiven Ärger über die Konservativen und die antikommunistischen Kräfte, mit denen sie es zu tun hatte. Sie empfand den Konformitätsdruck auf sehr persönliche Weise, und dieser Druck stärkte ihren Widerstandswillen. Ihre diesbezüglichen Gefühle waren denen ähnlich, die die Geburtstagsfeier in der siebenjährigen Virginia hervorgerufen hatte, auch damals hatte sie auf den wachsenden Konformitätsdruck mit zunehmender Gehorsamsverweigerung reagiert.

Vorläufige Ergebnisse aus der Gesamtstichprobe

Aufgrund des autobiographischen Interviewmaterials ist es möglich, die Zieltransformation aller unserer Befragten in ähnlicher Weise, wie wir es für Virginia Durr aufgezeigt haben, zu rekonstruieren. Mehr noch: Wir fanden andere auffallende Ähnlichkeiten in den verschiedensten Gruppen, die wir untersuchten. Alle diese Gemeinsamkeiten erwachsen direkt oder indirekt aus dem Phänomen der Integration von persönlichen und moralischen Zielen und der Zentralität dieser Ziele für das Selbstverständnis der Individuen, wie wir sie einleitend diskutierten. Die auffallendsten thematischen Übereinstimmungen sind die Urteilssicherheit, das heißt das Fehlen von Zweifeln, Zögerlichkeiten oder inneren Konflikten; eine relative Gleichgültigkeit gegenüber möglichen Gefahren oder negativen Konsequenzen; die Abwesenheit eines Gefühls besonderer moralischer Couragiertheit; eine positive Einstellung gegenüber dem Leben sowie tiefempfundene Freude an der eigenen Arbeit.

Moralischer Affekt. Alle moralischen Vorbilder in unserer Untersuchung waren sich ihrer moralischen Entscheidungen sehr sicher. Selbst in Zeiten ernster persönlicher Risiken empfanden sie kaum Furcht oder Zweifel, und wenn prinzipielle Fragen auf dem Spiel standen, so ging es ihnen nicht um Prüfung und Gewichtung von Konsequenzen. Die Kategorie der »moralischen Courage«, die wir in eine unserer Fragen nach den persönlichen Gefühlen einbrachten, bedeutete ihnen wenig. Es scheint, daß sie Prinzipientreue nicht als eine Sache der Entscheidung ansahen (das heißt, sie erwogen andere Alternativen nicht ernstlich), und so glaubten sie nicht, daß man couragiert sein müßte, um moralische

Entscheidungen zu treffen. Das war ein auffallendes Ergebnis, weil viele dieser Menschen sich durch die Umsetzung ihrer Werte in Gefahr brachten.

Dieser Befund stimmt mit den von Haste (1986) dargestellten Ergebnissen ihrer Studie über moralisches Engagement überein. Von einer Stichprobe engagierter sozialer Aktivisten berichtet sie, daß diese Person charakterisiert seien durch Sicherheit, Gewißheit und Zweifelsfreiheit. Bei ihnen zeigten sich ebenfalls nur geringe Abweichungen zwischen ihren moralischen Überzeugungen und ihren Handlungen.

Auch bei Virginia Durr kommt die große Sicherheit ihrer Überzeugung und deren motivierende Bedeutsamkeit während des gesamten Interviews deutlich zum Ausdruck. In diesem Punkt ist sie prototypisch für unsere Gruppe. Wie so viele der anderen verneint sie, ihre Überzeugungen in Frage gestellt oder mit ihnen gerungen zu haben. Sie wußte, was das Richtige war, und wußte, daß *sie* dafür verantwortlich war, es auszuführen. Potentielle Kosten und Gefahren ignorierte sie weitgehend, oder zumindest rechnete sie sie nicht strategisch gegen mögliche Gewinne auf, wenn sie moralische Entscheidungen traf. Wie die übrigen Befragten nahm sie sich selbst nicht als couragiert wahr. In dieser Hinsicht ist sie wiederum prototypisch:

AC: Als Sie an all diesen Dingen arbeiteten, gab es da nicht Zeiten, zu denen Sie nicht sicher waren, was Sie tun sollten? Es scheint, daß Ihnen oftmals klar war, was Sie tun sollten, aber gab es nicht auch Momente, in denen Sie sich wirklich in einem Dilemma befanden, Mühe hatten, eine Entscheidung zu treffen, oder es schwierig fanden?

VD: Nein, an so etwas kann ich mich nicht erinnern. Ich erinnere mich, daß manche sagten: »Du kannst nicht so selbstgerecht sein, du bist so selbstgerecht. Du weißt, daß du recht hast.« Gut, ich wußte, daß ich recht hatte, daß es Unrecht war, irgend jemandem das Wahlrecht zu verweigern. Ich fühlte, daß die Rassentrennung falsch war. Darüber hatte ich niemals irgendwelche Zweifel. Sehen Sie, man kann gar nicht anders, Sie werden schrecklich kritisiert, wenn Sie Dinge tun, die gegen die Mehrheit sind. Wenn Sie nicht wissen, daß Sie recht haben, dann gibt es nichts, worauf Sie sich verlassen können. Ich wußte, ich lag richtig. Ich war immer überzeugt davon; ich hatte niemals irgendwelche Zweifel.

[...]

AC: Es scheint, daß Sie viele andere Menschen als couragiert bezeichnen, aber sich selbst nicht. Sie sagten, daß die kleinen schwarzen Kinder, die zur Schule gingen, Courage zeigten, auch ihr Ehemann und all diese Men-

schen, aber Sie würden von sich selbst nicht sagen, couragiert gehandelt zu haben ...
VD: Nein, weil ich tat, was ich fühlte tun zu müssen, aber ich empfand nie, daß ich es aus Courage tat, daß ich mutig sei. Es war nur etwas, was ich tun mußte. Aber ich hatte nie das Gefühl eines besonderen Triumphes.

Zu sagen, daß Virginia sich sicher war, Recht zu haben, und nicht beabsichtigte, von ihrer Position abzurücken, heißt nicht zu behaupten, daß sie immun gegenüber dem Schmerz sozialer Mißbilligung und Auseinandersetzungen war. Dafür war sie noch genug die Dame aus dem Süden, und die Mißbilligung ihrer früheren Freunde bedeutete ihr mehr als jemandem, der seiner Kultur entschiedener den Rücken zugewandt hätte. Trotz der Sicherheit, so handeln zu müssen, wie sie es tat, war Frau Durr, auch als sie mit 84 Jahren zurückschaute, nicht frei von Bedauern. Sie bedauerte nicht das Fehlen von Geld oder die fehlende Leichtigkeit ihres Lebens, auch nicht die Unruhe im Kampfgetümmel. Aber sie bedauerte, zu wenig Zeit für ihre Kinder gehabt zu haben, und sie bedauerte das Leid, das ihre jüngeren Kinder während der schwersten Zeiten in Alabama erfahren mußten. Doch im Rückblick auf diesen Druck und die Not in dieser Zeit meinte sie: Wäre sie erneut vor die Situation gestellt, so würde sie – trotz dieses Bedauerns – ohne Zweifel dieselben Entscheidungen treffen:

VD: Meine Kinder blicken sicher nicht glücklich auf Montgomery zurück. Zu schwer und zu viele Drohungen, zu arm und keine wirklichen Vergnügungen. Irgendwie ist das traurig, daß die Kinder auf so viele unglückliche Jahre zurücksehen. Und man fühlt sich schuldig, daß man sie in eine solche Lage gebracht hat.
AC: Würden Sie wirklich, wenn Sie sich an die Dringlichkeit dessen, was da vor sich ging, erinnern, glauben, Sie würden andere Entscheidungen treffen?
VD: Naja, da gab es keine Wahl.

Neben dieser Selbstsicherheit demonstrierten unsere moralischen Vorbilder eine ausgeprägt positive Einstellung zum Leben und sagten über sich selbst, sie hätten Glück gehabt, selbst dann, wenn ihre objektiven Lebensumstände gekennzeichnet waren durch Elend, Armut, Diskriminierung, unerwartete Trauerfälle und sonstige Unglücksfälle. Sie sprechen überzeugend von der wirklichen Freude, die sie aus Aktivitäten, wie etwa der Erziehung verhaltensauffälliger Stadtjugendlicher oder drogensüchtiger Kinder, gewannen.

Wir merkten bereits an, daß die Haltung von Virginia Durr zu Fragen der Ausbeutung von Frauen, Schwarzen und Armen durch heftige Wut charakterisiert ist, ebenso ihre Beziehungen zu ihren politischen Gegnern. Dies kontrastiert scharf mit der Haltung einiger anderer Befragter, die die Bedeutung von Liebe und Vergebung betonten. In gewissem Sinne hatte Virginia Durr nicht dieselbe Art von »positiver Einstellung«, wie wir sie bei den meisten anderen fanden. Diese Orientierungsunterschiede können mit Unterschieden in der Art ihrer Arbeit zu tun haben. Virginia Durrs hauptsächlicher Beitrag bestand im *Kampf gegen* ein mächtiges Establishment, wogegen einige der anderen, die am deutlichsten die Haltung von Liebe und Vergebung verkörperten, Mildtätigkeit gegenüber Armen übten. Obwohl sich bei beiden Aufgaben eine Beziehung sowohl zum Unterdrücker wie zum Unterdrückten ergibt, so wandte sich Durr in erster Linie dem Unterdrücker zu und die, die direkt mit den Armen arbeiteten, den Unterdrückten. Eine andere Quelle dieser Differenz mag die Rolle der Religion im Leben unserer Befragten sein. Viele der Interviewten sind tief religiös, und einige streben ausdrücklich an, Christus nachzueifern, hingegen spielt Christlichkeit im Leben von Frau Durr nur eine minimale Rolle. In anderer Hinsicht ähnelte Frau Durr den anderen; sie liebte ihre Arbeit, »sie genoß es, im Kampfgetümmel zu sein«, sie empfand nie Selbstmitleid angesichts schwieriger Lebensumstände und ihrer bescheidenen finanziellen Verhältnisse; und sie vermochte häufig, eine schwierige Situation noch in eine positive zu verwandeln.

Moralisches Urteil. Die Werte, die unsere Befragten bei den gängigen Verfahren zur Erhebung der moralischen Urteilsfähigkeit erzielen, sind über die Spannbreite des Entwicklungsniveaus Erwachsener verteilt. Wie bereits bemerkt, sind die Einheit zwischen persönlichen und moralischen Zielen, eine enge Verknüpfung der eigenen moralischen Überzeugungen und des Selbstgefühls, eine tiefe Selbstsicherheit und das Fehlen von inneren Konflikten in moralischen Fragen ebenso charakteristisch für Befragte auf Kohlbergs Stufen 3 und 4 wie für Personen mit prinzipiengeleitetem moralischen Urteil. Das heißt nicht, daß die kognitiv-moralischen Deutungsmuster unserer Befragten für die Art ihrer Beiträge irrelevant sind. Vielmehr sehen wir eine enge Beziehung zwischen dem Tätigkeitsgebiet und dem moralischen Deutungssystem unserer Befragten.

Angesichts der Tatsache etwa, daß Virginia Durr ihr Leben der Arbeit für soziale Gerechtigkeit und Rechtsfragen widmete, überrascht es nicht, daß ihr moralisches Urteil der Stufe 5 entspricht. Sehr wohl aber entsteht die Frage nach der Einflußrichtung und dem Zusammenhang ihrer sozio-moralischen Entwicklung mit ihrem Eingebundensein in die oben beschriebenen politischen Aktivitäten. Beispielsweise ist es möglich, daß ihre politischen Erfahrungen zu ihrer kognitiven Moralentwicklung beitrugen und diese wiederum die Weiterentwicklung ihres politischen Engagements förderte. Da wir jedoch nur über retrospektive Daten verfügen, können wir Fragen dieser Art nicht beantworten.
Bei anderen Befragten finden sich moralische Urteile auf den Stufen 3 und 4 im Kontext eines selbstlos den Armen gewidmeten Lebens. Diese Personen sind zumeist tief religiös, und es ist denkbar, daß ihre religiösen Überzeugungen ihnen als eine Art Anker dienen, so wie moralische Prinzipien für Menschen wie Virginia Durr. (Andere Personen in unserer Stichprobe sind sowohl tief religiös als auch auf Stufe 5, so daß eine das moralische Urteil religiöser Menschen unterschätzende Auswertungsverzerrung auszuschließen ist.)
Bei der Erklärung ihrer Lebensentscheidungen verweisen – stufenunabhängig – alle moralischen Vorbilder in ihren Begründungen auf Handlungen, Ereignisse oder Umstände und nicht auf Generalisierungen oder Abstraktionen. Es ist, als glaubten sie, daß die Handlungen und Situationen für sich selber sprächen, so daß es nicht nötig sei, die ihren moralischen Entscheidungen zugrundeliegenden Werte oder Prinzipien zu explizieren. Dies ist wiederum ein auffallender Befund, weil in anderen Untersuchungen Erwachsene, die intellektuell keineswegs überlegen waren, dazu tendierten, ihre moralischen Überzeugungen verbal recht ausführlich zu explizieren. Aber eingebunden in die Handlungserzählungen unserer Befragten finden sich sehr wohl moralische Prinzipien und Werte, denen sie sich eng verbunden fühlen. Diese Werte und Prinzipien lassen sich aus den Erzählungen herauslesen, und genau das war ein Ziel unserer Analyse der Interviews. Um erneut zu zitieren:

AC: Wenn Sie über die Ziele nachdenken, die sie hatten – und ich denke, wir haben ein bißchen darüber gesprochen, was ihre Ziele waren –, meinen Sie, daß diese wesentlich moralische Ziele sind?
VD: Ich weiß nicht, ob das moralische oder demokratische Ziele waren.

Sicherlich, das Wahlrecht und das Recht, nicht ausgegrenzt zu werden, sind meiner Meinung nach sicherlich moralische Ziele, aber ich habe sie nie, mittendrin habe ich sie nie als irgendwie moralische Ziele gesehen. Für mich waren sie einfach etwas, das getan werden mußte.

Zusammenfassung

Die Intention dieses Aufsatzes war es, eine bestimmte Sichtweise auf das Zusammenspiel von interpersonellem Einfluß, moralischer Entwicklung und dem Selbst zu entwerfen. Zur Annäherung an diese Probleme konstruierten wir, ausgehend von der Vorstellung reziproken sozialen Einflusses, ein Entwicklungsmodell. Dieses Modell ist vereinbar mit sozial-psychologischen Ansätzen der Beschreibung des dynamischen Wechselspiels von Individuen und Gruppen, aber es betont stärker die lebenslange Entwicklung der Individuen im Kontext vielfältiger Gruppenerfahrungen. Eine zentrale zugrundeliegende Behauptung unseres Modells ist, daß das Individuum während des Entwicklungsverlaufs einen aktiven Anteil an der Gestaltung seiner Gruppen hat. Wir nannten unsere Verbindung von Sozialpsychologie und Entwicklungsperspektive einen »Zieltransformations«-Ansatz.
In der in diesem Beitrag präsentierten Fallgeschichte wie auch in anderen, die wir analysierten, kann man nachzeichnen, wie sich im Laufe der Entwicklung von Individuen ihre Ziele ändern und weiterentwickeln. Im Zuge dieser Transformationen werden persönliche Ziele zu moralischen Zielen, und moralische Ziele werden zunehmend wichtiger für das Selbstgefühl der Individuen. In diesem Prozeß sind die moralischen Ziele allmählich immer weniger vom Selbstinteresse zu unterscheiden und gewinnen somit zunehmend an motivierender Kraft. Trotz der beträchtlichen individuellen Unterschiede zwischen unseren 24 Befragten fanden wir in dieser Hinsicht auffallende Gemeinsamkeiten in der Gruppe. Und dies, davon sind wir überzeugt, liefert die wichtigste Erklärung für die innere Einheit und Moralbezogenheit, die wir in unserer ungewöhnlichen Befragtengruppe fanden.

Literatur

Blasi, A. (1980), »Bridging moral cognition and moral action: A critical review of the literature«, in: *Psychological Bulletin* 88, 1-45.

Blasi, A. (1983), »Bridging moral cognition and moral action: A theoretical view«, in: *Developmental Review* 3, 178-210.

Colby, A. u. Kohlberg, L. (1987), *The measurement of moral judgement*, New York: Cambridge University Press.

Burton, R. V. (1963), »Generality of honesty reconsidered«, in: *Psychological Review* 70, 481-499.

Damon, W. u. Colby, A. (1987), »Social interaction and moral change«, in: W. Kurtines u. J. Gerwitz (Hg.), *Moral development through social interaction*, New York: Wiley.

Damon, W. u. Hart, D. (1988), *Self-understanding in childhood and adolescence*, New York: Cambridge University Press.

Damon, W. (1984), »Self-understanding and moral development in childhood and adolescence«, in: J. Gerwitz u. W. Kurtines (Hg.), *Morality, moral behavior, and moral development*, New York: Wiley.

Durr, V. F. (1985), *Outside the magic circle: An autobiography of Virginia Foster Durr*, New York: Simon & Schuster.

Haste, H. (1986), »Moralisches Engagement. Die Funktion der Gefühle im Urteilen und Handeln«, in: W. Edelstein u. G. Nunner-Winkler (Hg.), *Zur Bestimmung der Moral. Philosophische und sozialwissenschaftliche Beiträge zur Moralforschung*, Frankfurt/Main: Suhrkamp, 377-406.

Moscovici, S. (1976), *Social influence and social change*, London: Academic Press.

Mordecai Nisan
Bilanzierte Identität
Moralität und andere Identitätswerte*

Das folgende Dilemma, das die Teilnehmer einer Pilotuntersuchung als realistisch und glaubhaft einschätzten, wurde 150 israelischen Studenten vorgelegt:

Dr. Barnea wurde eingeladen, sein Freisemester als Forscher an einem bekannten Forschungsinstitut in den Vereinigten Staaten zu verbringen. Das Institut besitzt ein einzigartiges Forschungslaboratorium, in dem Dr. Barnea schon seit Jahren gerne einmal arbeiten wollte. Er ist sich bewußt, daß dies eine besondere Chance ist, seine Forschungen durchzuführen und seine Pläne in die Tat umzusetzen; eine Chance, die sich ihm möglicherweise nie mehr bieten wird. Dr. Barnea ist das einzige Kind seiner alten Eltern, die ihn jedoch nicht würden begleiten können. Er weiß, seine Abreise würde ihnen großen Kummer bereiten.

Den Untersuchungsteilnehmern wurde dann folgende Frage gestellt: »Was ist, von einem moralischen Standpunkt aus betrachtet, in dieser Situation die richtige Handlung?«, und es wurden zwei Entscheidungen angeboten: »zu fahren und die begehrte Forschungsarbeit durchzuführen« oder »in Israel zu bleiben, damit die Eltern nicht allein bleiben müssen«. Etwa 70% wählten die zweite Antwort. Nach ihrer Begründung befragt, erklärten sie erwartungsgemäß, daß Dr. Barnea eine moralische Verpflichtung habe, seinen alten Eltern beizustehen. Die meisten Befragten verspürten ein Bedürfnis zu erklären, warum diese Verpflichtung so wichtig war, und erwähnten z. B. die elterliche Investition in die Erziehung ihres Kindes, den Kummer, den ihnen die Abreise verursachen würde, und die Pflicht, seine Eltern zu ehren.
Die Untersuchungsteilnehmer wurden dann mit folgender Frage konfrontiert: »Sie wurden gefragt, welche Handlung aus moralischer Perspektive die richtige wäre. Was würden Sie aber tun, wenn Sie dieser Situation wirklich gegenüberstünden?« 30% der Befragten, die es von einem moralischen Standpunkt aus für richtig hielten, die Eltern nicht allein zu lassen, würden, vor die Wahl

* »Balanced Identity: Morality and other Identity Values«, Originalbeitrag. Übersetzung: Peter Burgard.

gestellt, ins Ausland gehen. Eine ähnliche Verteilung ergab sich für eine andere Gruppe von Befragten, die gefragt wurden: »Was würden Sie Dr. Barnea raten zu tun?« Mit anderen Worten, ein beachtlicher Prozentsatz von Personen zeigte eine Diskrepanz zwischen moralischem Urteil und Handlungswahl. Nach ihrer Begründung befragt, erwähnten diese Befragten Gesichtspunkte der Selbstverwirklichung (Verwirklichung von Zielen, Wünschen und die eigene Entwicklung) und machten meist deutlich, daß derartige Erwägungen auch dann Gültigkeit besäßen, wenn sie den Eltern Kummer verursachten (natürlich wurden auch andere Überlegungen vorgebracht, z. B. daß die Eltern selbst an der Entwicklung ihres Sohnes interessiert seien).

Eine ähnliche Diskrepanz zwischen moralischem Urteil und moralischer Handlungswahl brachten Antworten auf drei weitere Dilemmata zutage. Eines davon lautete:

Arie hatte mit dem Auto seines Vaters die Geschwindigkeitsbegrenzung übertreten. Ein Polizeiauto verfolgte ihn, aber es gelang ihm zu entkommen. Nachdem er den Wagen in einer Seitenstraße geparkt hatte, ging er nach Haus und erzählte seinem Vater, was geschehen war. Ein solches Verhalten ist nicht typisch für Arie, der ansonsten ein gesetzestreuer Bürger ist. In der Erwartung einer Vorladung zur polizeilichen Vernehmung steht sein Vater vor folgendem Dilemma: Sagt er die Wahrheit, kann Arie zu einer Gefängnisstrafe verurteilt werden. Sagt er, jemand habe anscheinend den Wagen gestohlen, wird Arie entlastet. Der Vater weiß, daß die Polizei nicht herausfinden kann, ob er lügt. Die Frage lautet, ob man der Polizei die Wahrheit sagen oder lügen sollte.

85% der Befragten glaubten, daß, von einem moralischen Standpunkt aus betrachtet, der Vater der Polizei sagen sollte, daß sein Sohn schuldig sei. Von diesen sagten jedoch 40%, daß sie selbst eher lügen würden, als zu gestehen, daß ihr Sohn schuldig sei. Diese Entscheidungen basierten auf unterschiedlichen Rechtfertigungen wie: Liebe zum Sohn, Furcht vor dem, was mit ihm geschehen könnte, persönliche Bindung an den Sohn. Viele Befragte erwähnten, daß diese Gesichtspunkte das moralische Urteil außer Kraft setzen würden.

Diese Befunde liefern die Basis für einige zueinander in Wechselbeziehung stehende Argumente. Zuallererst erhellen sie die Unterscheidung zwischen einem *Urteil,* das in einer gegebenen Situation richtige ist, und der tatsächlichen *Handlungswahl.* Befragte, die urteilten, Dr. Barnea sollte das moralische Ziel, bei seinen Eltern zu bleiben, verfolgen, antworteten unmittelbar danach und im Gegensatz zu dem von ihnen anerkannten moralischen Anspruch, daß sie ihm raten würden, seine Forschungen weiterzuführen. Da die Handlungswahl unmittelbar nach dem Urteil getroffen und begründet wurde, erscheint die Annahme plausibel, daß sich die Befragten des Widerspruchs in ihren Antworten bewußt und darüber hinaus bereit waren, ihn zu akzeptieren; einige haben dies sogar explizit gerechtfertigt. Dies weist darauf hin, daß Urteil und Wahl von verschiedenen Prinzipien oder Erwägungen geleitet sind und daß sie zwei unterschiedliche Entscheidungen begründen.

Es sollte angemerkt werden, daß die dargelegte Unterscheidung zwischen Urteil und Wahl nicht durch einige gemeinhin akzeptierte Interpretationen erklärt wird. Die Unterscheidung ist nicht die zwischen prinzipiellem Urteil und der Wahl in einer aktuellen Situation mit hinzukommenden Randbedingungen. Jedes der obengenannten Urteile bezog sich auf einen bestimmten Handelnden und eine bestimmte Situation, und zwischen den Fragen nach dem Urteil und der Wahl wurde keine neue Information hinzugefügt. Hier wird auch nicht die bekannte Diskrepanz zwischen Urteil und Verhalten behandelt. Die widersprüchlichen Antworten unserer Befragten resultierten nicht aus einer Verleugnung moralischer Verpflichtung, wie z. B.: »Ich bin mir der moralischen Verpflichtungen in dieser Situation bewußt, aber sie bedeuten mir nichts.« Die Diskrepanz kann auch nicht der Willensschwäche zugeschrieben werden (»Ich weiß, daß man dies und das tun sollte, aber ich kann nicht entsprechend diesen Normen leben.«). Befragte, die eine Diskrepanz zwischen Urteil und Wahl an den Tag legten, boten Erklärungen an, die deutlich machen, daß sie mit Dr. Barneas Eltern mitfühlten, daß es ihnen leid täte, sie zurückzulassen, daß sie die moralische Unzulänglichkeit bedauern und daß sie versuchen würden, die Situation, so gut es ginge, zu verbessern (Besuche, Telephonanrufe, Vorkehrungen für die Versorgung). Trotzdem würden es diese Befragten vorziehen, die Eltern zu verlassen. Wie einer von ihnen schrieb: »Obwohl es mein Gewissen belastet und ich weiß, daß meine Eltern leiden werden, muß ich diese einzigartige Gelegenheit, mich selbst zu entwickeln, ausnutzen.« Die Wahl wird als rechtfertigbar angesehen, und tatsächlich unterbreiten die Befragten dafür Gründe, die weiter unten eingehender diskutiert werden.

Ein zweites Argument, das durch unsere Befunde gestützt wird, lautet: Bei der Rechtfertigung der Wahl, die vom moralischen Urteil abweicht, kommen gewisse Gegenerwägungen ins Spiel. Sie werden als von moralischen Erwägungen verschieden, aber gleichrangig und konkurrierend angesehen. Eine Person drückte dies so aus: »Obwohl ich, von einem moralischen Standpunkt aus betrachtet, bei meinen Eltern bleiben sollte, ist in diesem Fall die Bedeutung der Erfüllung meiner Wünsche wichtiger.« Obwohl einige wenige Befragte erklärten, daß Menschen eine moralische Verpflichtung haben, sich selbst zu verwirklichen, glaubten die meisten, daß Überlegungen bezüglich Selbstverwirklichung und der persönlichen Entwicklung nicht-moralischer Natur seien. Dennoch ist dieser Typus von Überlegung moralischen Erwägungen ähnlich, insofern er eine Bedeutung von »sollte« anspricht.
In der Tat leitete kaum jemand die Wahl, seine Eltern zurückzulassen (im Fall des Dr. Barnea) oder die Polizei zu belügen (im Fall von Aries Vater), aus Wünschen, Bedürfnissen oder der Kalkulation unmittalbarer Vorteile und Belohnungen ab. Alle Erklärungen wurden als Rechtfertigungen vorgebracht, die nicht nur ein Recht, sondern in manchen Fällen sogar eine Verpflichtung zur Wahl der nicht-moralischen Alternative implizierten: »Es wäre ein Verbrechen, wenn ein Mensch wie Dr. Barnea eine solche Gelegenheit zur Forschung, nach der er sein ganzes Leben gestrebt hat, nicht wahrnehmen würde.« Sowohl bei moralischen als auch bei nicht-moralischen Erwägungen geht es also um die Frage: »Was sollte man tun?«
Drittens weisen die moralischen Wahlentscheidungen der Befragten und die Tatsache, daß sie diese rechtfertigen, darauf hin, daß im Gegensatz zu einer verbreiteten philosophischen Auffassung (z. B. Baier, 1958) nicht-moralische Erwägungen (eines gewissen Typs) moralische Erwägungen außer Kraft setzen können. Es muß betont werden, daß die Unterscheidung zwischen moralisch und nicht-moralisch von den Befragten selbst eingeführt wurde. Natürlich kann man argumentieren (wie ich glaube, daß es Hare, 1952 getan hat), daß die außer Kraft setzende Überlegung per definitionem die »moralische« sei, da sie diejenige ist, die als entscheidend angesehen wird. Dieses Argument soll hier jedoch nicht grundlegend diskutiert werden, da es für das vorliegende Thema nicht einschlägig ist. Es mag genügen, darauf hinzuweisen, daß unsere Befunde es von einem phänomenologischen Standpunkt

aus in Frage stellen. Viele Befragte gehen davon aus, daß moralische Überlegungen durch andere Überlegungen beiseite geschoben werden können.

Die drei vorgebrachten Argumente ergänzen einander. Das Argument, daß moralisches Urteil und moralische Wahl von verschiedenen Prinzipien geleitet wird, steht in enger Beziehung zu der Annahme, daß die moralische Wahl von Überlegungen beeinflußt ist, die zwar als außermoralisch, aber nichtsdestotrotz als wünschenswert, gültig und gerechtfertigt angesehen werden. Das Gewicht dieser Erwägungen bzw. das Bedürfnis, sie gegen moralische Überlegungen aufzuwiegen, generieren notwendigerweise den Bedarf eines Metaprinzips, das eine Entscheidung ermöglicht, wenn moralische und nicht-moralische Erwägungen im Konflikt stehen.

Obwohl das moralische Urteile leitende Prinzip (oder die Kombination von Prinzipien) nicht geklärt ist, scheint es doch einige charakteristische Merkmale zu haben. Ein solches Merkmal, das für Philosophen eine zentrale Rolle spielt und auch deutlich in den Äußerungen von nachdenklichen Befragten enthalten ist, ist die unpersönliche Natur des moralischen Urteils, im Sinne der Nichtbeachtung individueller Interessen und Neigungen. Diesem Merkmal unterliegt die Überzeugung, daß das moralische Urteil für jede Person in einer gleichartigen Situation gilt. In der Tat wiesen viele Befragte bezüglich des Dilemmas, dem sich Aries Vater gegenübersah, auf dieses Charakteristikum hin. Sie gaben zu bedenken, daß, vom moralischen Standpunkt aus betrachtet, der Vater seine besondere Beziehung zum Sohn außer acht lassen und der Polizei die Wahrheit sagen müßte. Persönliche Überlegungen wie Selbstverwirklichung und Vater-Sohn-Beziehung wurden als außermoralisch angesehen.

Bei einer moralischen Wahl hingegen mißt das Individuum sowohl moralischen als auch außermoralischen Überlegungen Gewicht bei. Dabei bedarf es eines Prinzips, das eine Entscheidung zwischen den beiden Alternativen ermöglicht. Dies ist das besondere Prinzip, das der moralischen Wahl zugrunde liegt. Im folgenden werde ich auf der Basis der Analyse der Natur nicht-moralischer Erwägungen einige Vorschläge hinsichtlich dieses Prinzips machen.

Die verschiedenen Formen des Wünschenswerten

Die psychologische Moralforschung basiert auf einer dichotomen Unterscheidung von moralischen und nicht-moralischen Erwägungen. Letztere beziehen sich auf individuelle Wünsche und Präferenzen des Individuums sowie langfristige Nutzenerwägungen, und sie implizieren keine Anrechte oder Verpflichtungen. Moralische Erwägungen hingegen verpflichten das Individuum oft, entgegen den eigenen Vorlieben zu handeln. Sie werden allgemein als Einschränkungen und Begrenzungen nicht-moralischer Erwägungen angesehen. In den meisten, wenn nicht in allen Fällen gelten als moralisch diejenigen Erwägungen, bei denen es um zwischenmenschliche Beziehungen – zwischen dem Selbst und anderen oder zwischen dem Selbst und der Gesellschaft – geht.

Diese dichotome Unterscheidung, wohl ein Produkt jüdisch-christlicher Kultur, hat die Moralpsychologie seit jeher bestimmt. Deutlich manifestiert sich diese Unterscheidung in der Freudschen Trennung zwischen dem Über-Ich und anderen Strukturen der Persönlichkeit. Freud benutzte sogar das Konzept der Identifikation, um die Entwicklung starker moralischer Ansprüche, die im Gegensatz zu persönlichen Präferenzen stehen, zu erklären. Dieselbe dichotome Unterscheidung unterliegt auch den kognitiven Theorien von Piaget und Kohlberg. Diese Denkschulen gehen davon aus, daß die gleiche Logik, der zufolge Kant der Moral einen absoluten Anspruch zuschreibt, das Individuum über die Stufen seiner individuellen Moralentwicklung führt. Diese Logik basiert auf der Position der Unparteilichkeit, die Kohlberg (1973) »moral musical chairs« nannte. Hoffman (1984) und Gilligan (1982), die behaupteten, daß diese Position nicht als die alleinige Grundlage der Moral dienen könne, fügten Elemente hinzu, die mit persönlichen Gefühlen in Beziehung stehen – Empathie und Sympathie, Rücksichtnahme und Verantwortung. Derartige Elemente erlauben es, sowohl den moralischen Anspruch als auch die obengenannte dichotome Unterscheidung abzuschwächen. Inhaltlich scheint die Argumentation von Hoffman und Gilligan jedoch die Dichotomie zu verstärken: die moralischen Gefühle, die sie diskutieren, betreffen die Beziehung zwischen dem Individuum und anderen, und dies ist das deutlichste inhaltliche Merkmal moralischer gegenüber nicht-moralischen Erwägungen.

Die Dichotomie zwischen moralischen und nicht-moralischen Erwägungen hat die Unterscheidung zwischen moralischer Wahl und moralischem Urteil verwischt. Diese Dichotomie hat dazu geführt, daß sich die Forschung auf zwei Typen moralischer Konflikte konzentrierte: auf den Konflikt zwischen einer moralischen und einer unmoralischen Erwägung und den zwischen zwei moralischen Erwägungen, die zu unterschiedlichen Lösungen führen. Psychoanalytische und lerntheoretische Ansätze der Moral haben den ersten Konflikttyp behandelt. Dieser begründet einen Verhaltenskonflikt, der eine Wahl zwischen Akzeptanz und Zurückweisung der Moral beinhaltet. Ich behaupte hingegen, daß ein »moralischer Konflikt« typischerweise im Kontext der Akzeptanz von Moral empfunden wird. Der zweite Konflikttyp, allgemein als moralisches Dilemma bezeichnet, wurde im Rahmen der kognitiven Entwicklungstheorie behandelt. Dieser Konflikttyp, der in der Neuzeit zuzunehmen scheint, erlaubt im allgemeinen keine moralische Wahl; er verlangt vom Individuum vielmehr, das Dilemma zu lösen und die eine richtige Lösung zu *entdecken,* und weniger, aus einer Anzahl akzeptabler Lösungen eine *auszuwählen.*

Im Unterschied zu den obengenannten Konflikttypen bewirken die Dilemmata, denen Dr. Barnea und Aries Vater gegenüberstanden, das Gefühl, daß es eine Wahl zwischen zwei rechtfertigbaren Alternativen gibt; daß – obwohl vom moralischen Standpunkt aus betrachtet nur eine Antwort richtig sein mag – auch für die Alternative eine akzeptable Rechtfertigung existiert; daß es nicht eine »richtige« Lösung gibt, sondern daß das Individuum eine Wahl treffen muß. Dieses Empfinden einer moralischen Wahl spiegelt sich auch in den Antworten auf Fragen, die am Ende unserer Untersuchung gestellt wurden, wider. Die Untersuchungsteilnehmer wurden gebeten, das erste Dilemma noch einmal zu lesen und ihre früheren Antworten zur Auffrischung ihres Gedächtnisses noch einmal abzuschreiben. Sodann wurden sie gefragt: »Glauben Sie, daß jede Person in dieser Situation die gleiche Antwort wie Sie geben sollte?« Annähernd die Hälfte verneinte dies und erklärte, daß verschiedene Menschen, je nach ihren Gefühlen, der Situation, in der sie sich befinden, und ihren Lebensentwürfen, unterschiedliche Entscheidungen treffen könnten. Es soll wiederholt werden, daß in allen dargebotenen Dilemmata die große Mehrzahl der Befragten dahingehend übereinstimmte, daß es eine moralische Antwort gebe (z. B. im Falle von Aries Vater, die Wahrheit zu sagen). Dennoch glaubten sie auch, daß das Dilemma keine richtige Lösung habe und daß Raum für eine Wahl vorhanden sei. Die Wahl bestehe zwischen einer Entscheidung für die moralische und einer Entscheidung für die nicht-moralische Erwägung, wobei letztere, wenn sie gegen die erste aufgewogen würde, als rechtfertigbar und gültig anzusehen sei. In der Tat waren die Entscheidungen vieler Befragter, trotz entgegengesetztem moralischen Urteil, von nicht-moralischen Erwägungen angeleitet.

Diese Befunde weisen auf eine Art von Handlungsbegründung hin, die zwischen moralischen Ansprüchen und persönlichen Präferenzen liegt – Erwägungen, die einen Geltungsanspruch, wenngleich keinen starken, beinhalten. Wir werden sie, in Entlehnung eines in den Sozialwissenschaften eingeführten Begriffs (z. B. Rokeach, 1973), als »Wert«-Erwägungen bezeichnen. Derartige Überlegungen beziehen sich auf die Wahrnehmung dessen, was wünschenswert ist, im Gegensatz zu dem, was gewünscht wird. Sie beziehen sich auf die Vorstellung, daß man auch dann in einer bestimmten Art und Weise handeln sollte, wenn dies den eigenen Bedürfnissen widerspricht. Dieses Konzept eines »Wertes« unterscheidet sich einerseits von persönlichen Präferenzen (Nucci, 1981) und andererseits von moralischen Verpflichtungen. Im Gegensatz zu persönlichen Präferenzen konfrontiert es das Individuum mit einem Anspruch, der jedoch – anders als ein moralischer – nicht verpflichtend ist.

Die vorgeschlagene Unterscheidung zwischen den Begriffen Moral, Wert und persönlicher Präferenz findet sich bereits bei Kindern im Alter von 10 Jahren (Nisan, 1988, 1989). Kinder in diesem Alter geben an, daß sie glauben, Kinder sollten zu bestimmten (wünschenswerten) Verhaltensweisen (wie Bücherlesen, Freundschaften schließen und unabhängig werden) erzogen und ermutigt, aber nicht verpflichtet werden. Im Falle einer Unterlassung dieser Verhaltensweisen sollten sie nicht bestraft werden. Dem stehen Verhaltensweisen gegenüber, von denen die Kinder glauben, daß es unnötig sei, sie zum Ziel der Erziehung zu machen, etwa fernsehen und Verhaltensweisen wie schlagen oder lügen, deren Vermeidung und Bestrafung sie für verpflichtend halten. Auf die Bitte zu erklären, warum man (nicht) dahingehend erzogen werden sollte, den jeweiligen Verhaltensweisen zu entsprechen, gaben die Kinder drei Arten von Begründungen: wertorientierte Antworten, die sich auf den langfristigen Nutzen und die Entwicklung des Kindes beziehen; moralbezogene Antworten, welche die Wohlfahrt anderer und der Gesellschaft thematisieren, und »Persönliche-Präferenz«-Antworten, die sich auf individuelle Bedürfnisse beziehen. Das heißt: die Unterscheidung zwischen Verhaltensweisen, die man ausführen »sollte«, die man ausführen »muß«, und solchen, die »dem Individuum überlassen sind«, entspricht den vorgetragenen Erklärungen.

Es erübrigt sich zu sagen, daß die Unterscheidung zwischen den drei Typen von Handlungsbegründungen nicht absolut trennscharf ist und daß es Grauzonen gibt. Über Pflichten hinausgehende, »supererogatorische« Handlungen sind dafür ein besonders treffendes Beispiel. Obwohl dem Bereich der Moral nahestehend, da sie die Wohlfahrt anderer betreffen, sind sie durch die Art des Anspruchs der Wertsphäre näher, da sie erstrebenswert, aber nicht verpflichtend sind. Den obengenannten wertbezogenen Verhaltensweisen wird, wie dem moralischen Verhalten, ein intrinsischer Wert, unabhängig von den Wünschen des Kindes und seiner Kultur, zugesprochen. Die befragten Kinder glaubten also, daß Menschen auch dann zum Lesen von Büchern erzogen werden sollten, wenn sie in einem Land lebten, in dem die meisten Menschen keine Bücher lesen. Sie sehen den Wert des Bücherlesens in den »objektiven« Merkmalen der menschlichen Natur verankert. Ihre Wahrnehmung von »Werten« gründet in der Tat auf ihrer Sicht universeller Bedingungen für die langfristige Wohlfahrt und Entwicklung von Kindern.

Während Moral und Werte, so wie sie oben beschrieben wurden, als intrinsisch gültige Werte angesehen werden, also als unabhängig von individuellen Lebensumständen, gibt es auch Vorstellungen von dem, »was man tun sollte«, die als kontingent gelten – z. B. Vorstellungen hinsichtlich »persönlicher Projekte«, um einen Ausdruck von Williams (1981) zu verwenden. Die meisten Untersuchungsteilnehmer verneinten die Frage, ob Kinder dazu ermutigt werden sollten, an einem freiwilligen Astronomiekurs teilzunehmen. Interesse an Astronomie wird als persönliche Vorliebe angesehen, und es steht dem Individuum frei, an einem solchen Kurs teilzunehmen oder nicht. Dies ist jedoch anders, wenn klar ist, daß Astronomie im Leben eines Individuums eine hohe Priorität hat. In einer Befragung (Nisan, 1986) wurde eine Gruppe

israelischer Untersuchungsteilnehmer mit folgender Personenbeschreibung konfrontiert:
»Der siebzehnjährige Danny interessiert sich sehr für Astronomie. Dieses Thema spielt in seinem Leben eine so wichtige Rolle, daß Danny sich sein Leben nicht vorstellen kann, ohne diesem Interesse nachzugehen.« Einer anderen Gruppe wurde folgende Beschreibung vorgelegt: »Der siebzehnjährige Danny interessiert sich ein wenig für Astronomie.« Dann wurde beiden Gruppen folgende Situation vorgelegt: »Eines Tages wird ein Vortrag über ein interessantes astronomisches Thema angeboten. Am gleichen Tag findet ein Fußballspiel statt, das Danny sehr gerne sehen würde.«
Daraufhin wurde beiden Gruppen eine Anzahl von Fragen gestellt, darunter die folgende: »Wie sehr meinst Du, daß Danny zu dem Vortrag gehen sollte?« Die Frage wurde (auf einer 9-Punkt-Skala von 1 = »überhaupt nicht« bis 9 = »sehr stark«) von 120 Befragten beantwortet. Die Ergebnisse zeigten, daß die Befragten nachdrücklicher für den Besuch der Vorlesung plädierten, wenn für den Jungen Astronomie ein zentraler Teil seines Lebens war (Mittelwert = 6.5), als wenn er sich nur ein wenig dafür interessierte (Mittelwert = 5.7). Ähnliche Ergebnisse ergaben sich für andere Geschichten vergleichbarer Struktur. Ein persönliches Projekt scheint also eine »Sollte«-Wahrnehmung bezüglich dieses Projekts zu erzeugen. Kinder glauben, daß das Individuum sich diesem persönlichen Projekt auch dann widmen sollte, wenn der diesbezüglichen Aktivität kein intrinsischer Wert in dem Sinne zugeschrieben wird, daß sie von jedermann anzustreben sei.
Ein anderer Typus eines bedingten »Sollens« wird durch das Engagement für eine Gruppe oder eine bestimmte Sache generiert. Während ein persönliches Projekt gewöhnlich auf die Entwicklung des Selbst ausgerichtet ist, bezieht sich dieses Konzept von »sollte« auf eine Gruppe oder eine das Individuum transzendierende Zielvorstellung. In der oben beschriebenen Untersuchung wurde folgende Schilderung vorgegeben: »Für den siebzehnjährigen Yosi ist die Tatsache, daß er Jude ist, außerordentlich wichtig. Yosi empfindet sein Judentum als zentralen Faktor seines Lebens, und er kann sich selbst nicht beschreiben, ohne sich auf diesen Aspekt seiner Persönlichkeit zu beziehen.« Eine andere Gruppe von Befragten erhielt folgende Beschreibung: »Der siebzehnjährige Yosi hat ein gewisses Interesse an seinem Judentum gewon-

nen.« Nach der jeweiligen Beschreibung des Jungen wurde folgende Information gegeben: »Eines Tages wird Yosi mitgeteilt, daß an einem bestimmten Abend eine Spendensammlung zugunsten der jüdischen Kultur in der Sowjetunion durchgeführt wird. Für den gleichen Abend ist jedoch ein Fußballspiel angekündigt, das Yosi sehr gerne sehen würde.« Dann wurden die Befragten gebeten, auf einer 9stufigen Skala die folgende Frage zu beurteilen: »Wie sehr denkst Du, daß sich Yosi an der Spendensammlung beteiligen sollte?« Wie im oben beschriebenen Fall von Danny wurden die Antworten auf das Ausmaß von Yosis persönlichem Engagement bezogen. Wenn Yosis Judentum als außerordentlich wichtig für ihn bezeichnet wurde, empfanden die Befragten viel eher, daß er helfen sollte (Mittelwert = 6.8), als wenn er nur ein gewisses Interesse daran hatte (Mittelwert = 5.1). Diese Ergebnisse legen nahe, daß von Menschen erwartet wird, daß sie in Übereinstimmung mit ihren Wertorientierungen oder ihren emotionalen Bindungen und auch in Übereinstimmung mit ihren persönlichen Projekten handeln.

Kurz gesagt, zwischen persönlichen und moralischen gibt es noch andere Arten von Erwägungen. Abhängig von den Projekten und dem persönlichen Engagement des Individuums, werden manche als intrinsisch, andere als kontingent gültig wahrgenommen. Obwohl alle zu einer außerhalb des Bereichs der Moral liegenden Kategorie von Überlegungen gehören, enthalten sie dennoch einen gewissen Anspruch. Dieser Anspruch unterscheidet sie von persönlichen Präferenzerwägungen und verleiht ihnen eine Gültigkeit, die das Individuum transzendiert. Überdies gibt er diesen Erwägungen einen normativen Status, und selbst dann, wenn dieser schwächer ist als der moralische Anspruch (da er das Individuum nicht verpflichtet), gewährt er dem Individuum ein »Sonderrecht«, sich ihm gemäß zu verhalten. Zumindest können Werterwägungen als »Partner« von moralischen Erwägungen betrachtet werden, und im Konflikt zwischen beiden werden erstere nicht vorbehaltlos oder vollständig aufgegeben.

Die Erhaltung der Identität – Quelle der moralischen Motivation

Moralische Verpflichtungen und »universelle« Werte beinhalten einen Anspruch, der als intrinsisch gültig und unabhängig von persönlichen Wünschen und sozialen Konventionen wahrgenommen wird. Man glaubt, daß sich ihre Gültigkeit aus der Kraft der Vernunft ableitet; nach gründlicher Überlegung muß sie jeder akzeptieren. Diese Gültigkeit bezieht sich auf ein unparteiisches Urteil im »Urzustand« (Rawls, 1971). Mit anderen Worten, sie gilt für eine Person, die ein moralisches Urteil fällt.

Analog kann man von einem Werturteil sagen, daß es, angesichts der Wahl zwischen »wünschenswertem« und bedürfnisorientiertem Verhalten, bestimmt, wie man urteilen sollte. Auch Werturteile werden von einer erhöhten Warte aus getroffen (z. B. von einem Standpunkt, der die gesamte Entwicklung des Individuums jenseits von Überlegungen des Hier und Jetzt betrachtet), und es wird angenommen, daß sie durch den Geltungsanspruch des Wertes bestimmt werden. Es bleibt jedoch die Frage bestehen, welche Gültigkeit moralische Verpflichtungen und Werte für den Handelnden selbst (im Gegensatz zum Schiedsrichter) haben? Warum sollte man glauben, daß die Diktate der Vernunft tatsächlich für einen selbst verpflichtend sind? Warum erzeugen Überlegungen, die aus einer unparteiischen oder zeitlosen Position heraus getroffen werden – von einer Warte, die dem Individuum fremd ist –, ein wirksames Gefühl der Verpflichtung und setzen dieses in Gang? Dies ist im Kern die Frage: »Warum moralisch sein?«, die zahlreiche Philosophen beschäftigt hat. Die entsprechende psychologische Frage ist die nach der moralischen Motivation.

Auf den ersten Blick scheint die Frage noch komplexer, wenn man sie auf die beiden obengenannten Typen »persönlicher« Werte bezieht. Warum sollten Menschen glauben, daß sie in Übereinstimmung mit ihren persönlichen Projekten und Selbstfestlegungen handeln »sollten«, wenn diese keine objektive Gültigkeit besitzen? Es ist mein eigenes Engagement und mein eigenes Projekt, und wenn ich keine Lust habe, entsprechend zu handeln, dann habe ich doch das Recht, es zu lassen. Die Untersuchung dieses Problems liefert einen Schlüssel zu der motivationalen Basis, die dem »wünschenswerten« Verhalten zugrundeliegt. Durch die

Aufforderung zu erklären, warum man in Übereinstimmung mit eigenen Selbstfestlegungen und Projekten handeln »muß«, wurden die Befragten in große Verlegenheit gebracht. Ihre Begründungen beinhalten Abwandlungen folgender Argumente: »Wenn es so wichtig für diese Person ist, dann sollte sie es tun.« Oder: »Wenn er nicht tut, was für ihn so wichtig ist, dann ist er rückgratlos.« Diese Begründungen gelten nicht für beliebige Präferenzen. Wenn z. B. Danny gerne fernsieht, glauben wir nicht, daß er dies tun sollte, anstatt ein Fußballspiel anzusehen. Vielmehr erwarten wir, daß Menschen Projekte, die ihnen sehr wichtig sind und einem tief verwurzelten Engagement entspringen, auch verfolgen. Versäumen sie dies, so können wir das nicht als neutrales Verhalten wahrnehmen, da diese Projekte und Engagements wichtige Bestandteile des Selbst sind. Solange das Individuum sie nicht aufgegeben hat, zeigt ihre Nichtverfolgung eine Mißachtung und sogar eine Verleugnung eines Teils des Selbst an. Wenn solches aufgrund einer persönlichen Entscheidung und nicht aus Gründen der Unfähigkeit geschieht, kann es als Einschränkung des Selbst angesehen werden.

Die Erwartung, daß das Individuum in Übereinstimmung mit persönlichen Projekten und Selbstfestlegungen handeln sollte, leitet sich aus deren besonderer Stellung ab, d. h. sie sind wesentliche Komponenten der »persönlichen Identität«. Obwohl viele über die Fragwürdigkeiten des Begriffs »Identität« geschrieben haben (z. B. Blasi, 1984), »können wir ihn trotzdem einfach zugrunde legen, da jedermann ungefähr versteht, was er bedeutet« (Brown, 1986, 551). In der Sozialpsychologie (Stryker, 1987) wird die Identität einer Person meist mit ihren Selbstdefinitionen gleichgesetzt, mit demjenigen, was jemand als die wesentlichen Charakteristika seiner selbst wahrnimmt, d. h. diejenigen Merkmale, die sie oder ihn zu einer einzigartigen Person machen. »Identitätskomponenten« sind – abhängig vom Ausmaß, in dem die Person glaubt, daß ihre Veränderung das eigene Selbst tangiert – für das Individuum unterschiedlich wesentlich. In diesem Sinne sind persönliche Projekte und Bindungen überragend wichtige Identitätskomponenten, und die Erwartung, daß eine Person in Übereinstimmung mit ihnen handele, bedeutet nichts anderes, als daß »sie ›sie selbst‹ sein sollte«. Die Einschätzung, daß ein Verhalten »wünschenswert« sei, und die Motivation, dementsprechend zu handeln, beruhen folglich auf derselben Grundlage – der Ein-

schätzung des Verhaltens als einer wesentlichen Komponente der eigenen persönlichen Identität.
Empirische Belege unterstützen die Annahme, daß der Anspruch und die motivationale Kraft persönlicher Projekte und persönlicher Selbstfestlegungen durch das Streben nach Erhalt und Verwirklichung des Selbst erklärt werden. Horenczyk (1989) fand heraus, daß in einer Situation, in der die jüdische Identität angesprochen wurde, männliche und weibliche Teenager, denen man Gelegenheit zur Verwirklichung ihrer jüdischen Identität gab (z. B. indem sie einen Aufsatz über dieses Thema schrieben), ein höheres Maß an Selbstwertschätzung und Befriedigung zeigten als eine vergleichbare Gruppe, der diese Möglichkeit nicht gegeben wurde (diese Gruppe sollte einen Aufsatz über amerikanische Identität schreiben). Tatsächlich war die Selbstwertschätzung der »nicht-verwirklichten« Gruppe am Ende der Untersuchung geringer als die einer Kontrollgruppe, deren jüdische Identität nicht angesprochen worden war. Diese Ergebnisse legen nahe, daß das Ansprechen einer Identitätskomponente ein Bedürfnis hervorruft, diese Komponente zu verwirklichen oder ihr Ausdruck zu geben. Dieses Bedürfnis resultiert nicht aus einem Wunsch, die Selbstwertschätzung zu steigern, wie Tajfel (1981) vorgeschlagen hat, sondern vielmehr aus dem Bedürfnis, die eigene Identität zu erhalten.
Auf den ersten Blick scheint sich diese Erklärung nicht auf die moralische Motivation anwenden zu lassen. Im Gegensatz zu persönlichen Projekten und Selbstfestlegungen wird unterstellt, moralische Erwägungen erschienen dem Individuum feindselig und seien ihm fremd. So werden sie schließlich bei der Unterscheidung von persönlichen und moralischen Überlegungen eingeführt. Im Kontext dieser Unterscheidung werden moralische Erwägungen als die persönlichen blockierend wahrgenommen oder als Ausdruck einer kalten, distanzierten »Vernunft«. Dennoch behaupten wir, daß moralische Motivation unter Rekurs auf persönliche Identität erklärt werden kann, und wir verlangen eine Revision der vorherrschenden Konzeption, daß Vernunft und/oder Mitgefühl die motivationale Basis moralischer Erwägungen sind.
Moral wird zweifelsohne als ein sehr wesentliches Element der Identität angesehen. In einer unserer Untersuchungen wurden Jugendliche und Erwachsene mit verschiedenen Identitätskomponenten (z. B. Moralität, Geschlecht, Nationalität, Ideologie, Ge-

sichtszüge) konfrontiert, und sie sollten angeben, inwieweit eine Veränderung einer dieser Komponenten sie zu anderen Menschen machen würde bzw. sie unverändert ließe. Bei Jugendlichen wie Erwachsenen erhielt Moral den höchsten Wert (der ein großes Ausmaß an Selbstveränderung anzeigte). Unter der Annahme, daß Moral eine außerordentlich wichtige Identitätskomponente ist und daß Menschen danach streben, ihre Identität zu bestätigen und zu verwirklichen, scheint es folglich vernünftig, daß sie glauben, nicht nur moralisch handeln zu *sollen,* sondern auch zu *müssen.* In Übereinstimmung mit den obengenannten Befunden zur jüdischen Identität läßt sich erwarten, daß moralisches Verhalten zu einem Gefühl persönlicher Befriedigung und Erfüllung führt und daß nicht-moralisches Verhalten Gefühle von Zorn und einen Verlust von Selbstwertschätzung zur Folge hat.

Diese Interpretation moralischer Motivation entwirft ein Bild der Moralität, das sich von einigen in der Moralpsychologie verbreiteten Konzeptionen klar unterscheidet. In unserer Sicht ist Moral weder ein feindseliges Agens, wie im psychoanalytischen Ansatz, noch ein »überzeugender Philosoph«, wie im kognitivistischen Ansatz, noch ein besorgter empathischer Agent, wie dies Hoffman und Gilligan vorschlagen. Moralität bezieht sich vielmehr auf den innersten Kern des Individuums – auf das, was jemand wirklich ist und zu erhalten sich bemüht.

Bilanzierte Identität

Wir haben dafür plädiert, daß das Bestreben, die eigene Identität zu erhalten und zu verwirklichen, Menschen dazu motiviert, sich in Übereinstimmung mit ihrer Einschätzung, wie man handeln »sollte«, zu verhalten. Dies deutet auf ein Prinzip hin, das die Handlungswahl in moralischen und/oder Wertdilemmata anleitet – die Erhaltung der eigenen persönlichen Identität. Bevor wir untersuchen, wie dieses Prinzip tatsächlich funktioniert, sollen einige Folgerungen aus unserem Argument betrachtet werden.

Erstens, das Prinzip der Erhaltung der eigenen persönlichen Identität legt nahe anzunehmen, daß eine quantitative Dimension zur Taxierung moralischer Grundsätze und Werte existiert. Personen, die von diesem Prinzip geleitet sind, betrachten nicht, ob sie das Richtige oder das Falsche getan haben – ob das Verhalten erlaubt, verboten oder geboten ist –, sondern vielmehr *in welchem Ausmaß* eine Handlung ihre persönliche Identität verletzt oder bestätigt. Ganz gewiß gibt es Handlungen, die so bedrohlich für die Identität sind, daß das Individuum sie nicht in quantitativen Begriffen bewertet; sie sind »undenkbar«. Derartige Handlungen beinhalten im allgemeinen ernsthafte moralische Vergehen (wie Mord) oder die Verletzung zentraler menschlicher Werte, und ihre Ausführung macht einen »unmenschlich«. Dennoch gibt es viele Alltagshandlungen, die in quantitativen Begriffen hinsichtlich des Ausmaßes betrachtet werden, mit dem sie die eigene Identität verletzen.

Zweitens liefert das Prinzip der Erhaltung der eigenen persönlichen Identität einen Standard zum Vergleich verschiedener Werte, die moralischen Werte eingeschlossen. Der Vergleich qualitativ verschiedener Werte, die nicht auf eine Nutzenskala reduziert werden können, ist eines der komplexesten Probleme im Bereich der Werte. Tatsächlich aber vergleichen Menschen durchaus qualitativ verschiedene Werte, und sie scheinen zu glauben, daß der Vergleich ein *fundamentum in re* hat. Wir schlagen ein solches Fundament vor, nämlich das Ausmaß der Verletzung der eigenen persönlichen Identität. Scheinbar stellten unsere Befragten gerade diese Art von Vergleich an, wenn sie angaben, daß die Preisgabe ihrer Moral sie in »sehr großem« Ausmaß verändern würde, während ein Wechsel des Geschlechts sie nur zu einem »großen« Ausmaß verändern würde. Diese Art von Vergleichen scheint mehr Relevanz für moralische Entscheidungen als für moralische Urteile zu besitzen.

Drittens schlagen wir vor, daß moralische Entscheidungen und Wertentscheidungen eher persönlich als unparteiisch sind. Im Gegensatz zum moralischen Urteil, das als »richtig« und »objektiv« angesehen wird (so daß von allen, die richtig denken, erwartet wird, daß sie zum gleichen Urteil kommen), sind moralische Entscheidungen und Wertentscheidungen Gegenstand ureigenster individueller Bewertung, die auf die Erhaltung der persönlichen Identität zielt. Folglich erwarten wir, daß allgemein akzeptiert wird, daß Menschen sich nicht nur hinsichtlich ihrer Bewertungen konkreter Handlungen und ihrer eigenen Handlungswahl unterscheiden, sondern auch, daß je nach persönlicher Identität des Handelnden unterschiedliche Entscheidungen richtig sein können.

Die obengenannten Implikationen bilden die Grundlage für die folgenden Prinzipien, von denen wir glauben, daß sie die Wahl zwischen Wertüberlegungen leiten. Betrachten wir zunächst den »einfachen« Fall wertbasierten (»wünschenswerten«) Verhaltens im Gegensatz zu Verhalten, das auf persönlichen Präferenzen (d. h. Nützlichkeit) begründet ist. In einem solchen Fall lautet die Frage: In welchem Ausmaß muß eine Person ihre Identität aktiv bestätigen, wenn doch gilt, daß die Verwirklichung persönlicher Identität unbegrenzt ist? Diese Frage verweist auf eine Ähnlichkeit zwischen gewissen über die Pflicht hinausgehenden (supererogatorischen) Verhaltensweisen und einem Verhalten, das eine Identitätskomponente ausdrückt. Wenn einige der erstgenannten Verhaltensweisen (wie Kant es ausgedrückt haben würde) unvollkommene Pflichten sind, dann sind letztere unvollkommene Werte. Wie im Falle supererogatorischen Verhaltens gehen wir davon aus, daß das Individuum nach einer Art ausbalancierter Verwirklichung strebt, die jede einzelne Identitätskomponente in befriedigendem, aber nicht notwendigerweise maximalem Ausmaß realisiert. Obwohl dieses Prinzip eindeutig keine vollständige Antwort auf die oben gestellte Frage liefert, deutet es eine Richtung an, die in ihren Forschungsimplikationen interessant ist.

Der obengenannte Vorschlag impliziert, daß das Individuum ein geringeres Bedürfnis zur Verwirklichung einer gegebenen Identitätskomponente haben wird, wenn es sie kürzlich verwirklichen konnte, als wenn es sie seit langem nicht verwirklichen konnte. Diese Hypothese beruht auf der Annahme, daß die Bilanz über die Zeit hinweg berechnet wird. Dies war in der Tat das Ergebnis zweier Untersuchungen der Tendenz zur Verwirklichung jüdischer Identität bei Schülern höherer Schulen in New York (Horenczyk, 1989).

In der ersten Untersuchung erhielten die Teilnehmer Fragebogen, die zwei Geschichten enthielten. Der erste Teil jeder Geschichte beschrieb ein Paar von Akteuren, von denen einer seine jüdische Identität verwirklicht hatte und der andere nicht. Der zweite Teil beschrieb eine Situation, die einige Tage später entstanden war und in der jeder Akteur mit einem Konflikt zwischen der Aufforderung zur Beteiligung an einer mit jüdischer Identität in Beziehung stehenden Aktivität (wie z. B. dem Verteilen einer jüdischen Zeitung) und einer »Versuchung« (z. B. zu einer Party zu gehen) konfrontiert wurde. U. a. wurde gefragt: »Wie richtig findest Du es, zur Party zu gehen und nicht beim Verteilen der jüdischen Zeitung zu helfen?« In einer anderen Version des Fragebogens, in der von beiden Akteuren gesagt wurde, daß sie sich entschlossen hätten, nicht in Übereinstimmung mit dem Anspruch jüdischer Identität zu handeln, wurden die Teilnehmer der Untersuchung gefragt: »In welchem Maße sollte sich der Akteur schuldig fühlen?« Die Ergebnisse belegen eine Struktur »jüdischer Identitätsbalance«. Die Befragten waren eher gewillt, einem Akteur, der erst kürzlich seine jüdische Identität verwirklicht hatte, zu erlauben, der »Versuchung« zu erliegen, als einem, der dies nicht getan hatte. Sie glaubten auch, daß ersterer sich weniger schuldig fühlen sollte, nicht an der Freiwilligenaktion teilgenommen zu haben.

Die zweite (weiter oben bereits beschriebene) Studie untersuchte den Effekt der Bilanz im tatsächlichen Verhalten zweier Gruppen 16jähriger Schüler. Die jüdische Identität beider Gruppen wurde absichtlich angestachelt, aber nur einer Gruppe wurde die Gelegenheit zur Verwirklichung ihrer Identität gegeben. Bei einer Kontrollgruppe wurde die jüdische Identität weder angeregt noch wurde ihr die Gelegenheit zur Verwirklichung ihrer Identität gegeben. Alle Untersuchungsteilnehmer wurden gefragt, ob sie sich für ein Forschungsprojekt zur Untersuchung jüdischer Identität interviewen lassen würden, und falls ja, wieviel Zeit (zwischen 15 und 45 Minuten) sie dafür zu opfern bereit wären. Die Ergebnisse zeigten, daß die Befragten der »verwirklichten« Gruppe am wenigsten gewillt waren, am Interview teilzunehmen, und daß jene der »nicht-verwirklichten Gruppe« bereit waren, sich am längsten interviewen zu lassen. Hieraus läßt sich vermuten, daß die Mitglieder der Gruppe, der Gelegenheit zur Identitätsverwirklichung gegeben wurde, eine befriedigende Bilanz erreicht hatten und kein Bedürfnis zur weiteren Verwirklichung verspürten. Dagegen waren die Mitglieder der Gruppe, deren Identität angeregt, aber nicht verwirklicht wurde, im Vergleich zur Kontrollgruppe bei einer negativen Bilanz angelangt, die sie durch die Bereitschaft, sich längere Zeit interviewen zu lassen, korrigieren wollten.

Unsere Befunde werden durch Studien zur Moral (Nisan, 1985; Nisan u. Horenczyk, 1989) bestätigt, die zeigten, daß Menschen beim Versuch, zu einer »moralischen Balance« zu gelangen, bereit sind, sich selbst und anderen moralische Abweichungen *zu erlauben* – und zwar mehr nach der Ausführung guter Taten und weniger nach der Ausführung schlechter Taten. Dies führt uns zu der

Annahme, daß Menschen beim Versuch, eine Identitätsbalance herzustellen, von sich selbst ein bestimmtes Realisierungsniveau *verlangen*, das im Falle vorausgegangener Verwirklichung niedriger und im Falle vorausgegangener Nicht-Verwirklichung höher ist.

Das dargestellte Prinzip der Erreichung einer befriedigenden Balance bezieht sich auf »einfache« Situationen, in denen das Individuum zwischen der Verwirklichung und Nicht-Verwirklichung einer Identitätskomponente wählen muß. Aber gilt dieses Prinzip auch in einer komplexen Situation, wenn alle Handlungsalternativen eine moralische oder wertbezogene Abwägung erfordern (»Was sollte man tun?«) Der übliche Lösungsweg für solche Dilemmata lautet, daß die Wahl auf der Grundlage einer Wertehierarchie getroffen wird (dies ist z. B. die Annahme von Rokeach, 1973); folglich wird erwartet, daß eine moralische Erwägung eine nicht-moralische außer Kraft setzt. Während dies für Urteile weitgehend richtig zu sein scheint, ist es indessen für eine Wahl nicht notwendigerweise wahr. Statt dessen schlagen wir vor, daß der Konflikt zwischen »Sollte«-Überlegungen auf der Basis des Prinzips »balancierter Identität« entschieden wird. Entsprechend diesem Prinzip wird das Individuum jene Alternative wählen, die eine »ausbalancierte Identität« optimiert, d. h. ein Gleichgewicht zwischen all seinen Identitätskomponenten herstellt.

Wenn zwei »Sollte«-Werte konfligieren, impliziert die Präferenz einer Erwägung eine Absage an die andere und verletzt somit denjenigen Aspekt der eigenen Identität, der mit der zurückgewiesenen Erwägung verbunden ist. In Dr. Barneas Fall verletzt die Entscheidung, ein Freisemester zu nehmen, die moralische Erwägung, die eigenen Eltern zu ehren, die ein wichtiges Element seiner Identität ist. Andererseits verneint die Entscheidung, bei den Eltern zu bleiben, die Werterwägung, das eigene persönliche Projekt zu realisieren, das ebenso als wichtige Identitätskomponente angesehen wird. Wir gehen davon aus, daß das Individuum diejenige Alternative wählen wird, die seiner Einschätzung nach seine allgemeine aktuelle Identitätsbilanz am wenigsten stört. Mit anderen Worten, die Wahl wird nicht durch eine vergleichende Bewertung und Abwägung der »konkurrierenden« Werte getroffen (was allem Anschein nach im Prozeß des Urteilens stattfindet), sondern es werden vielmehr die derzeitigen Bedeutungen der Alternativen für die individuelle Identität in Betracht gezogen.

Diese Argumentation geht davon aus, daß das Handeln eines Individuums eine spezifische Bedeutung für seine Identität hat, die über eine »objektive« Bewertung des Verhaltens hinausgeht. Das Ausmaß dieser Bedeutung hängt sowohl von der einzigartigen Struktur der Identität der einzelnen Person (von der relativen Wichtigkeit, die sie jeder Identitätskomponente beimißt) als auch von ihrer derzeitigen »Identitätsbilanz« ab – d. h. von dem Ausmaß, in dem unverzichtbare Komponenten innerhalb eines angemessenen Zeitraumes verwirklicht wurden. Dies führt zu der Hypothese, daß ein Individuum, das kürzlich eine bestimmte Identitätskomponente verwirklicht hat, eher bereit sein wird, auf die Verwirklichung eben dieser Komponente zu verzichten, und es vorziehen wird, sich auf eine andere, noch nicht verwirklichte Komponente zu konzentrieren. Das Prinzip der bilanzierten Identität kann also unsere Befunde erklären, daß Menschen manchmal nicht-moralische Erwägungen gegenüber moralischen Erwägungen vorziehen (wie in den zu Beginn des Kapitels vorgestellten Dilemmata von Dr. Barnea und Aries Vater). Jene Befragten, die ihre Präferenz für die nicht-moralischen Erwägungen äußerten, glaubten anscheinend, daß die Wahl der moralischen Alternative ihrer Identität insgesamt geschadet haben würde. Wir glauben, daß die Entscheidung beide die moralische Bilanz beeinflussende Aspekte berücksichtigt: sowohl das unterschiedliche Gewicht jeder einzelnen Erwägung und Handlung für die Identität des Individuums als auch situative Faktoren (wie kürzliches Verhalten).

Weiterhin nehmen wir an, daß das Individuum die Wahlentscheidungen von anderen auf der Basis ihrer einzigartigen Identitätsstrukturen rechtfertigt – d. h. es gibt keine für jedermann »richtige« Wahl. Wenn die Wahl einer Person vom Prinzip der Identitätsbilanzierung geleitet ist und wenn man anerkennt, daß jede persönliche Identität eine einzigartige Struktur besitzt, dann wird man auch akzeptieren, daß diese Person auf der Basis ihrer Identität einen berechtigten Grund für und ein Recht zu ihrer Wahl hat. Je zentraler eine Angelegenheit für die Identität einer Person ist, desto eher wird anerkannt, daß sie ein Recht hat, eine identitätsbezogene Erwägung vorzuziehen.

Die obengenannten Hypothesen wurden in mehreren Untersuchungen überprüft. In einer Studie wurden Studenten drei Dilemmata vorgegeben, von denen jedes einen Konflikt zwischen zwei verschiedenen Werten beinhaltete: (1) Dr. Barneas Dilemma zwischen einer moralischen Erwägung und der Selbstverwirklichung; (2) ein Dilemma zwischen einer nationalen Erwägung (Arbeit an einer für die eigene Nation wichtigen Forschungsfrage) und der Selbstverwirklichung (das Arbeitsangebot einer Universität anzunehmen); und (3) ein Dilemma zwischen einer moralischen und einer nationalen Erwägung. Den Untersuchungsteilnehmern wurden zwei Versionen der genannten Situationen vorgegeben. In einer Version hatte der Protagonist beträchtliche Zeit der Verwirklichung des ersten Wertes gewidmet, in der anderen Version hatte er beträchtliche Zeit in die Verwirklichung des zweiten Wertes investiert (z. B.: »Bis jetzt hat Dr. Barnea zu Lasten seiner wissenschaftlichen Arbeit viel Zeit damit verbracht, sich um seine Eltern zu kümmern«). Die Untersuchungsergebnisse waren gemischt. Zum Teil wegen verschiedener Interpretationen der Aussage, die sich auf das vergangene Verhalten bezog. (»Die Tatsache, daß die Person so viel Zeit mit der Fürsorge für ihre Eltern verbracht hat, zeigt, daß die Eltern für sie sehr viel wichtiger sein müssen als die Forschungsarbeit.« »Wenn er bis jetzt seinen Eltern nicht viel Zeit gewidmet hat, dann werden sie ihn wohl nicht so sehr brauchen.«) Dennoch zeigte eine große Zahl von Befragten eine deutliche Tendenz, auf der Basis des Prinzips der Identitätsbilanzierung zu wählen. Das heißt, wenn der Protagonist bis zu einem gegebenen Zeitpunkt auf den Wert »X« konzentriert war, gab es eine Tendenz, ihm zu raten, den Wert »Y« zu wählen. Einige der von den Befragten angebotenen Erklärungen wurden explizit mit dem Prinzip der Identitätsbilanzierung begründet. Z. B.: »Bis jetzt hat Dr. Barnea hauptsächlich seine Verpflichtungen gegenüber seinen Eltern erfüllt. Nun verdient er es, eine Verpflichtung sich selbst gegenüber zu erfüllen.«

Ähnliche Befunde ergaben sich hinsichtlich persönlicher Projekte. Wenn Yosi als sehr an Astronomie interessiert charakterisiert wurde, waren die Befragten mehr gewillt zu akzeptieren, daß er in einer Prüfung zur Aufnahme in einen begehrten Astronomiekurs gemogelt hatte, als wenn er nur mit einem oberflächlichen Interesse an Astronomie beschrieben wurde. Die gleichen Befunde zeigten sich auch bei zwei anderen Themen (Aktivität in einer Jugendgruppe und Spendensammlung für das sowjetische Judentum).

Die empirischen Befunde unterstützen unsere These, daß ein

Konflikt zwischen »Sollte«-Erwägungen durch das Prinzip der Identitätsbilanzierung entschieden wird. Es erübrigt sich zu sagen, daß das Prinzip und das gesamte theoretische System viele Fragen aufwerfen, die hier nicht behandelt werden können: Was bestimmt ein zufriedenstellendes Niveau einer Identitätskomponente und die Gewichtung einzelner Handlungen? Welche Komponenten sind in der Identität einer Person enthalten, und besteht zwischen ihnen eine kompensatorische Beziehung? Schließlich gibt es Fragen bezüglich der Einzelheiten der Anwendung und der Validität des Prinzips, wie etwa die Unterscheidung zwischen moralischem Urteil und moralischer Wahl, sowie kultureller Korrelate des Prinzips (unter der Annahme, daß wir es hier mit einer kulturellen Wahrnehmung zu tun haben).

Schlußfolgerungen

Ein wichtiger Test für das vorgestellte Modell ist seine Fähigkeit, Merkmale der moralischen Wahl in einem zusammenhängenden theoretischen Rahmen zu erklären. Im folgenden skizzieren wir einige Merkmale, die durch das Modell erklärt werden können.

Zum ersten bringt die Neigung, mehr als eine Wahlentscheidung oder mehr als eine Verhaltensweise in einem moralischen oder Wertedilemma zu rechtfertigen, Psychologen, die sich mit Moral beschäftigen, wahrscheinlich in Verlegenheit. In unseren Untersuchungen wie auch im Alltagsleben werden oft mehrere Handlungsentscheidungen als akzeptabel angesehen. Selbst wenn zwei Menschen hinsichtlich einer Entscheidung verschiedener Ansicht sind, verdammen sie nicht notwendigerweise die des anderen. Dies mag merkwürdig erscheinen, da nichts mehr Kritik erregt als unmoralisches Verhalten. Wenn man eine Wahl getroffen hat und dabei voraussetzt, daß sie die richtige ist, wie kann man dann eine andere akzeptieren?

Zweitens, wie erklärt man das untrügliche Gefühl, daß wir eine moralische Wahl haben? Das moralische Urteil beinhaltet keine Wahl, sondern sucht vielmehr nach einer allein richtigen Lösung. Das Gefühl, daß man eine moralische Wahl treffen muß, tritt im allgemeinen erst auf, nachdem man bezüglich der Moralität der Handlung zu einem Urteil gekommen ist. Es bezieht sich folglich auf die Entscheidung, wie man handeln soll. Dabei wird »moralische Wahl« in verschiedenen Bedeutungen gebraucht. Einmal geht es um eine Wahl zwischen einer moralischen und einer unmoralischen Handlung, wie etwa, wenn jemand kaltblütig erwägt, einen Mord zu begehen, um einen Trieb zu befriedigen. Für jeden, der einen moralischen Standpunkt einnimmt, gibt es hierbei keine »Wahl«; der rechte Weg ist offenkundig. Zum anderen geht es um Fragen der folgenden Form: »Kann ich mir eine kleinere Übertretung erlauben, ohne moralisch schlecht zu werden?« Diese Wahl beinhaltet das *Niveau* der moralischen Bilanz, das ein Individuum sich selbst abverlangt (Nisan, 1985). Eine derartige Wahl ist eindimensional (*Wieviel* verlange ich von mir selbst?) und erschöpft keinesfalls den gesamten Bereich moralischer Wahlsituationen. In Wirklichkeit ist die moralische Wahl mehrdimensional – d. h. eine Wahl zwischen mehreren Alternativen, von denen jede nach einer befriedigenden Balance drängt. Eine angemessene Beschreibung moralischer Wahl muß dies vernünftig erklären können.

Drittens wird eine moralische Wahl oft eher von einem instinktiven Gefühl als von einer klaren, rationalen Erwägung geleitet, was wir allgemein jedoch nicht als störend empfinden. Vielmehr betrachten wir das Vertrauen auf instinktive Gefühle als angemessen; die Aussage »So empfinde ich das!« wird oft als vernünftig akzeptiert. In vergleichbarer Weise empfinden wir, daß bestimmte Handlungsweisen jenseits des Denkbaren sind – »sie sind einfach indiskutabel« und kommen überhaupt nicht in Frage.

Viertens ziehen moralische Wahlen häufig Gefühle der Reue und Schuld nach sich. Nachdem das Individuum eine Frage reiflich überlegt und entschieden hat, daß es in einer bestimmten Art und Weise handeln sollte, und dies aus vollem Herzen getan hat, kann es sich dennoch unbehaglich fühlen. Wenn das Individuum weiß, daß es eine Wahl zwischen verschiedenen Alternativen hatte und mit dieser Wahl zufrieden ist, warum hat es dann solch ein Unbehagen?

Auf andere Aspekte wurde bereits hingewiesen: Wie erklärt man die Diskrepanz zwischen moralischem Urteil und moralischer Wahl, oder treffender, daß die »unmoralische« Wahl dennoch als rechtfertigbar angesehen wird? Wie sind Menschen in der Lage, qualitativ verschiedene Werte, die inkommensurabel zu sein scheinen, zu vergleichen und zwischen ihnen auszuwählen? Warum erscheint das moralische Urteil als von einem äußeren Prinzip geleitet und die moralische Wahl nicht?

Der hier vorgeschlagene Ansatz scheint zu diesen Fragen Antworten zu liefern. Wir erklären Wertkonflikte und moralische Wahlentscheidungen im Rahmen von Identitätskomponenten, deren Wichtigkeit für das Individuum eher durch seine Geschichte und seine persönlichen Projekte als durch intrinsische Merkmale bestimmt ist (obwohl gewisse Identitätskomponenten, auf Grund ihrer intrinsischen Merkmale, für alle oder jedenfalls die meisten Mitglieder einer gegebenen Kultur gelten). Die moralische Wahl ist auf dem Prinzip der Erhaltung der Identitätsbalance gegründet. Da sich Menschen im Inhalt ihrer Identität und dem Gewicht der Identitätskomponenten unterscheiden, kann erwartet werden, daß sie sich auch in ihren Wahlentscheidungen unterscheiden. Da dies der einzige Weg ist, die eigene Identität zu erhalten, wird auch akzeptiert, daß dies so sein sollte. Toleranz und Akzeptanz verschiedener Wahlentscheidungen reflektieren also die Überzeugung, daß jedes Individuum eine einzigartige Identität hat und sich bemühen sollte, diese aufrechtzuerhalten.

Unser Modell erklärt ebenfalls, warum divergente moralische Wahlentscheidungen derselben Person zu verschiedenen Zeiten als akzeptabel angesehen werden. Die Balance der Identitätskomponenten kann sich in Abhängigkeit von eigenen kürzlich ausgeführten Handlungen, Anforderungen, die an einen gestellt werden, oder sogar situativen Faktoren verändern. Ein persönliches Ereignis (wie der Tod des eigenen Vaters) oder ein nationales Ereignis (wie ein Krieg) kann eine spezifische Identitätskomponente in den Vordergrund rücken und ein tiefes Bedürfnis hervorrufen, diese auszudrücken. Eine Person trifft ihre Wahl entsprechend der gegenwärtigen Bilanz ihrer Identitätskomponenten. Diese Wahl zielt auf die Erreichung einer optimalen oder befriedigenden Identitätsbalance zum gegebenen Zeitpunkt.

Angesichts eines Wertekonflikts muß entschieden werden, welche Identitätskomponente einer anderen vorgezogen werden soll. Dies ist eine wirkliche Wahl, da sie Elemente der eigenen Identität betrifft und nicht nur äußerliche Alternativen. Diese Art von Wahl kann nicht auf der Basis eines rationalen Urteils angesichts einer Wertehierarchie getroffen werden; sie wird vielmehr, basierend auf der persönlichen Bewertung der eigenen Identitätsbalance, weitgehend als Antwort auf die eigenen Gefühle gefällt.

Das Prinzip der Identitätsbilanzierung erlaubt somit, nicht-moralische Erwägungen moralischen Erwägungen dann vorzuziehen, wenn man zu dem Schluß kommt, daß die Wahl der nicht-mora-

lischen Alternative die Balance der Identität weniger stören wird. Diese Art der Wahl kann nicht als »entfremdet« angesehen werden, da sie erfordert, daß das Individuum zwischen seinen eigenen Identitätskomponenten auswählt. Es ist das Individuum, das entscheidet und die Folgen seiner Handlung trägt – wobei eine dieser Folgen eine Veränderung seiner Identitätsbalance ist. Dies – so meinen wir – ist der Grund, warum sich Menschen manchmal, nachdem sie eine Wahl getroffen haben, unwohl fühlen – selbst dann, wenn sie mit ihrer Wahl zufrieden sind. Indem das Individuum einer Identitätskomponente den Vorzug gibt, kann es eine andere Komponente aus dem Gleichgewicht bringen – und es ist nur natürlich, daß dies manchmal zu Unbehagen führen kann.
Selbstverständlich ist nicht jede moralische Wahl vom Prinzip der Identitätsbilanzierung geleitet. Oft können Wertedilemmata umgangen und durch soziale Konventionen »gelöst« werden. Zum Beispiel entscheiden viele Menschen, ihre alten Eltern in einer Institution unterzubringen, weil dies einer anerkannten Norm entspricht, und nicht aufgrund einer reiflich überlegten Wahl. In anderen Fällen entscheiden Menschen auf der Basis des moralischen Urteils – d. h., sie vergleichen die Alternativen, aber sie gewichten ihre Bedeutung nicht im Hinblick auf eine ausgeglichene Identität. Dies geschieht hauptsächlich in hypothetischen Situationen oder in Situationen, die für den Befragten nicht wichtig sind. In einigen Fällen jedoch werden Menschen (einige mehr als andere) bewußt gemäß dem Prinzip der Identitätsbilanzierung wählen. Ein beeindruckendes Beispiel, das einige der obengenannten Themen anspricht, ist folgende Antwort auf das berühmte, von Sartre beschriebene Dilemma (das eine Wahl zwischen dem Verbleiben bei der eigenen Mutter und der politischen Untergrundarbeit im Rahmen der Résistance beinhaltet):

»Weh ihm, wenn er wählt, bei seiner Mutter zu bleiben, und weh ihm, wenn er wählt, in den Untergrund zu gehen. Damit er sich zufrieden fühlen kann, würde ich ihm sagen, daß, wenn er bis jetzt bei seiner Mutter geblieben ist, nun die Zeit gekommen ist, seine Pflicht gegenüber seinem Land zu erfüllen. Persönlich würde ich wählen, bei meiner Mutter zu bleiben – aber in einem solchen Fall muß jeder nach seinen Gefühlen handeln. Jeder, der so handelt, verdient Billigung, gleich, welche Wahl er trifft.«

Baier, K. (1958), *The moral point of view*, New York: Oxford University Press (deutsch: *Der Standpunkt der Moral*, Düsseldorf: Patmos-Verlag, 1974).

Blasi, A. (1984), »Moral identity: Its role in moral functioning«, in: W. M. Kurtines u. J. Gewirtz (Hg.), *Morality, moral behavior and moral development*, New York: Wiley.

Brown, R. (1986), *Social psychology*, 2. Auflage, New York: Free Press.

Gilligan, C. (1982), *In a different voice*, Cambridge, MA.: Harvard University Press (deutsch: *Die andere Stimme: Lebenskonflikte und Moral der Frau*, München: Piper, 1988).

Hare, R. M. (1952), *The language of morals*, New York: Oxford University Press (deutsch: *Die Sprache der Moral*, Frankfurt: Suhrkamp, 1983).

Hoffman, M. (1984), »Empathy, its limitations and its role in a comprehensive moral theory«, in: W. M. Kurtines, J. Gewirtz (Hg.)., *Morality, moral behavior and moral development* (283-302), New York: Wiley.

Horenczyk, G. (1989), *Actualization of national identity*, Dissertation, The Hebrew University of Jerusalem.

Kohlberg, L. (1973), »The claim to moral adequacy of a highest stage of moral judgment«, *Journal of Philosophy* 70, 630-646.

Nisan, M. (1985), »Limited morality: A concept and its educational implications«, in: M. W. Berkowitz u. F. Oser (Hg.), *Moral education: Theory and application* (403-420), Hillsdale, N. J.: Erlbaum.

Nisan, M. (1986), *Personal project and commitment to a group as sources of a feeling of ought*, unveröff. Manuskript.

Nisan, M. (1988), »The child as a philosopher of values: Development of a distinct perception of values in childhood«, in: *Journal of Moral Education* 17, 172-182.

Nisan, M. (1989), *The child's distinction between value, morality and personal preference*, unveröff. Manuskript.

Nisan, M. u. Horenczyk, G. (1989), »Moral balance: The effect of prior behavior on decision in moral conflict«, in: *British Journal of Social Psychology*, 29, 29-42.

Nucci, L. (1981), »Conceptions of personal issues: A domain distinct from moral or social concepts«, in: *Child Development*, 52, 114-121.

Rawls, J. (1971), *A theory of justice*, Cambridge, Mass.: Harvard University Press (deutsch: *Eine Theorie der Gerechtigkeit*, Frankfurt: Suhrkamp, 1975).

Rokeach, M. (1973), *The nature of human values*, New York: The Free Press.

Stryker, S. (1987), »Identity theory: Development and extensions«, in: K. Yardley u. T. Honess (Hg.), *Self and Identity: Psychosocial perspectives* (89-103), Chichester: Wiley.

Tajfel H. (1981), *Human groups and social categories,* Cambridge, UK: Cambride University Press.
Williams, B. (1981), *Moral luck*, Cambridge, UK: Cambridge University Press (deutsch: *Moralischer Zufall*, Meisenheim: Hain, 1984).

Leo Montada
Moralische Gefühle

Psychologische Indikatoren moralischer Normen*

Als empirische Wissenschaft hat die Psychologie nicht den Anspruch, eine universalistische Ethik zu begründen. Stattdessen untersucht die Moralpsychologie interindividuelle Unterschiede und intraindividuelle Veränderungen bezüglich der Inhalte und Strukturen moralischer Normen, ihrer Generalität oder Spezifität, der Flexibilität oder Rigidität ihrer Anwendung, ihrer Entwicklung, Sozialisation und Internalisation. Sie untersucht weiter, wie unterschiedlich Menschen ihre Normen begründen und rechtfertigen, wie unterschiedlich sie diese Normen einhalten, wie sie auf Übertretungen reagieren und wie die moralischen Normen das Erleben, Urteilen und Handeln von Menschen beeinflussen. Um diese Fragen zu untersuchen, braucht es eine Konzeption dessen, was moralische Normen psychologisch bedeuten und wie sie psychologisch repräsentiert sind.

»Was meinen wir, wenn wir sagen, daß man so oder so handeln soll oder muß bzw. nicht darf (und zwar einfachhin und nicht mit Rücksicht auf eine bestimmte Absicht)? Und: Wie kann man Aussagen dieser Art begründen?« (Tugendhat, 1984, 3). Kant (1838) hat drei Arten von Regeln (Maximen oder Imperativen) als Grundformen der Praxis unterschieden: die technischen oder die Regeln der Geschicklichkeit, die pragmatischen oder die Regeln der Klugheit, die moralischen oder die Regeln der Sittlichkeit. Während die Regeln der Geschicklichkeit und der Klugheit nicht Selbstzweck sind, sondern immer nur eine Mittelfunktion haben und dadurch nur unter bestimmten Voraussetzungen, also hypothetisch gelten, gelten die moralischen Regeln der Sittlichkeit ohne Voraussetzung bestimmter Zwecke, sie gelten nicht hypothetisch, sondern kategorisch.

Was repräsentiert nun psychologisch diese kategorische Qualität des Guten und des Bösen? Was sind die psychologischen Indikatoren der »wirksamen Existenz« einer moralischen Regel einer

* Originalbeitrag.

Person? Wir können lesen, was ein Philosoph als universell geltende moralische Norm ansieht, und wir können in das Gesetzbuch einer Gesellschaft schauen, um zu erfahren, welche Gesetze hier gelten und welche Strafe bei Übertretung angedroht wird. Aber wie erfahren wir, welche moralischen Normen eine Person hat, welche Normen sie als kategorisch geltend ansieht?

In der Sprache der Theorie sind moralische Normen hypothetische Konstrukte, die nicht direkt beobachtbar sind. Ihre »Existenz« muß von Indikatoren und Beziehungen zwischen beobachtbaren Variablen erschlossen werden. Was sind adäquate Indikatoren der Moral, der wirksam existierenden moralischen Normen einer Person? (1) Ist es das Wissen über die soziale Existenz moralischer oder gesetzlicher Normen einer Gesellschaft? (2) Ist es normentsprechendes Verhalten? (3) Ist es moralisches Urteilen in Kohlbergs Sinn?

Ich glaube: nein. (1) Das Suchbild ist nicht soziale Geltung, sondern subjektive Geltung im Sinne einer kategorischen Verpflichtung. Wissen um die soziale Geltung ist nicht indikativ: Es impliziert nicht persönliche Zustimmung oder Annahme. Auch der Ethnologe oder der Kriminelle oder der Amoralische (wenn es ihn gibt) wissen um soziale Normen, was aber nicht heißt, daß sie diese für gut oder für verpflichtend halten.

(2) Auch das Verhalten und Handeln ist nicht indikativ, wofür ich zwei Gründe anführen will: Dasselbe Verhalten kann moralisch oder zweckorientiert sein, was erst durch eine Motivanalyse zu diagnostizieren ist. Man kann sich entscheiden, seinen Feind nicht zu töten, (a) weil man einer moralischen Norm folgt oder (b) weil man nicht weiß, wie man es bewerkstelligen soll, oder (c) weil man Rache oder Strafe fürchtet oder (d) weil man sich als großherzig darstellen will oder (e) weil man ihn braucht usw. Normabweichendes Verhalten beweist nicht die Nichtexistenz moralischer Überzeugungen. Bevor »abweichendes« Verhalten als indikativ für das Fehlen moralischer Normen angesehen werden kann, müßte zumindest geklärt werden, (a) ob das Handlungssubjekt ein moralisches Dilemma erlebt hat und eine Handlungsentscheidung entsprechend einer zweiten Norm traf, der in der gegebenen Situation Priorität eingeräumt wurde, (b) ob die Normabweichung Schuldgefühle ausgelöst hat oder nicht, (c) ob das Handlungssubjekt glaubwürdige Ausreden aus der Verantwortlichkeit geltend machen könnte oder macht.

(3) Das Niveau des moralischen Urteilens *sensu* Kohlberg ist nicht indikativ, weil auch einander widersprechende Normen auf demselben Niveau begründet werden können, weil dieselbe Norm auf verschiedenen Niveaus verschieden begründet werden kann und, vor allem auch, weil die Begründungen eine subjektive Verpflichtung nicht implizieren: Wir können Begründungsargumente verstehen und vortragen, ohne die begründete Norm für uns selbst als verpflichtend zu übernehmen.

Es ist natürlich eine wichtige Frage, wie die moralischen Normen begründet sind, nicht nur für die Moralphilosophie, sondern auch für die Moralpsychologie, da jede moralische Norm den Anspruch auf objektive Geltung impliziert, und diese Geltung muß im Zweifelsfalle oder bei Widerspruch begründet werden. Eine moralische Norm, die das Subjekt nicht überzeugend begründen oder rechtfertigen kann, ist zumindest in offenen sozialen Systemen ein Kandidat für Veränderung. Aber zu einem gegebenen Zeitpunkt kann eine moralische Norm wirksam sein, ohne daß das Subjekt über Begründungen nachgedacht hat. Die wirksame »Existenz« moralischer Regeln ist nicht an ihre ethische Begründung gebunden. Eine persönliche Norm kann sich in einem ethischen Diskurs als schlecht begründet oder gar als falsch erweisen und trotzdem wirksam im Sinne eines kategorischen Imperativs sein.

Was sonst könnte Indikator für die wirksame Existenz einer moralischen Norm sein? Ich schlage moralische Gefühle vor. Der Ausdruck »moralische Gefühle« mag mißverständlich sein. Ich will nicht Gefühle als moralisch oder unmoralisch qualifizieren. Und ich denke auch nicht, daß die gefühlsmäßigen Bewertungen, die ich »moralische Gefühle« nenne, eine Begründung für moralische Normen darstellen oder ersetzen. Was ich meine, ist, daß Gefühle die psychische Existenz moralischer Normen anzeigen.

Das muß nicht unverträglich mit Kants Position sein, der Gefühle als schwankend und kapriziös ansah, gefühlsmäßig motiviertes Handeln deshalb als unzuverlässig, inkonsistent, nicht prinzipiengeleitet und irrational. Kant meinte, daß wir uns, um eine klare Sicht zu erlangen, was in einer Situation richtig und falsch ist, von unseren Gefühlen distanzieren müßten. Er meinte, daß wir die Gefühle erleiden, daß sie nicht unter unserer Kontrolle und daher jenseits unserer Verantwortlichkeit liegen und daß Gefühle sich auf spezifische Personen in spezifischen Umständen richten und ihnen schon von daher Generalität und Universalität, die für eine vernunftgemäße Moral kennzeichnend sind, fehlen: Gefühle seien nicht auf Prinzipien gegründet, sie seien insofern nicht unparteilich, sondern parteilich (Kant, 1838).

Ich werde nicht versuchen, moralische Normen auf Gefühlen aufzubauen, was Blum (1980) diskussionswürdig tat, als er Altruismus auf die Gefühle der Empathie und Freundschaft gründete. Ich wiederhole, daß ich Gefühle nur als Indikatoren für die wirksame psychische Existenz moralischer Normen ansehe, deren Rationalität, Unparteilichkeit und Universalität ohnehin in Frage stehen und nur mit einer endlosen Reihe von Spezifikationen und gerechtfertigten Ausnahmen konsensfähig sind. Die meisten Menschen lassen Anzeichen moralischer Normen erkennen und haben nie über deren Generalität, Unparteilichkeit und Universalität philosophiert.

»Moralische Gefühle«

Wir kennen emotionale Bewertungen über Abweichungen von moralischen Normen: *Schuldgefühle*, wenn das Subjekt selbst eine persönliche moralische Norm verletzt hat, *Empörung*, wenn eine andere Person in den Augen des Subjektes eine moralische Pflicht verletzt hat. Wenn Handlungen (oder Unterlassungen) moralischen Normen entsprechen, erwarten wir *moralische Befriedigung*, und wir erwarten *moralische Bewunderung* für moralische Handlungen (oder Unterlassungen) einer anderen Person. Die Übereinstimmung von Handeln und Normen ist allerdings oft nicht durch sehr prägnante gefühlsmäßige Bewertungen begleitet. In Fällen, in denen die Übereinstimmung sozusagen selbstverständlich ist, ist nicht mit Befriedigung oder Bewunderung zu rechnen. Der Schiedsrichter im Sport, der seine Pflicht tut und den Wettkampf korrekt leitet, Regelverstöße ahndet, gibt keinen Anlaß für Gefühle, und dasselbe gilt für normales pflichtgemäßes Handeln des Subjektes. Wenn aber pflichtgemäß gehandelt wird trotz erheblicher innerer Widerstände, Kosten, Versuchungen oder Nötigungen, dann ist moralische Befriedigung, bzw. Bewunderung oder Respekt zu erwarten. Wer auch unter Folter die politischen Freunde nicht verrät, wird moralische Befriedigung erleben, vielleicht auch der Alkoholiker, der sich geschworen hat, abstinent zu bleiben, und einer Versuchung erfolgreich widerstanden hat. Schließlich ist die *Befriedigung über Sühne, gerechte Strafe, Wiedergutmachung und über die Bitte um Entschuldigung* als moralisches Gefühl zu nennen: Sie zeigt, daß die Verletzung einer moralischen Norm ein Bedürfnis nach Ausgleich und Gerechtigkeit schafft.

Von diesen Gefühlen werde ich exemplarisch nur Schuldgefühle und Empörung (oder Zorn) in einigem Detail behandeln. Zuvor will ich kurz die zugrundeliegende Konzeption von Gefühlen nennen, die (noch) nicht das allgemeine Verständnis ist. Dieses entspricht eher der Sichtweise, die auch Kant über Gefühle hatte.

Ich stimme mit Kants Konzeption insofern nicht überein, als ich Emotionen nicht als kapriziös, inkonsistent, unzuverlässig ansehe, sondern als vorhersehbare, verstehbare Antwort auf eine erkannte, erinnerte oder vorgestellte Realität. Während der letzten Jahre wurde mehr und mehr erkannt, daß Emotionen Kognitionen, Erkenntnisse, implizieren. Emotionen können als spezifische Bewertungen spezifischer Erkenntnisse über ein Ereignis, eine Handlung, eine Leistung, eine Person in einer spezifischen Situation usw. angesehen werden. Jede Emotion setzt ein spezifisches Muster von Kognitionen voraus. Diese Muster der Kognitionen will ich für die beiden moralischen Emotionen Schuld und Empörung skizzieren.

Kognitive Modelle für die Gefühle Schuld und Empörung

Schuldgefühle entstehen, wenn das Gefühlssubjekt erkennt, eine moralische Norm verletzt zu haben durch Handlung oder Unterlassung und für die Normverletzung verantwortlich zu sein. Verantwortlichkeit setzt die Freiheit der Wahl zwischen Alternativen, z. B. zwischen Handlung und Unterlassung, voraus. Verantwortlichkeit ist nicht gegeben, wenn ein Verhalten *verursacht* war durch interne oder externe Bedingungen, z. B. durch äußere Umstände, Unfähigkeit oder physischen Zwang. In diesen Fällen ist das »Subjekt« nicht frei, sondern Objekt von Ursachen. Verantwortlichkeit ist eine notwendige Voraussetzung für Schuld, nicht aber eine hinreichende. Es gibt »verantwortliche« Abweichungen von einer moralischen Norm, die durch gute Gründe gerechtfertigt sind, z. B. durch den Grund, ein noch größeres Unrecht zu vermeiden. In diesen Fällen sind keine Schuldgefühle zu erwarten.

Die Intensität der Schuldgefühle hängt von weiteren, ethisch allenfalls marginalen oder irrelevanten Umständen ab, z. B. davon, ob eine andere Person durch die unmoralische Handlung oder Unterlassung Schaden erlitten hat, und wer diese andere Person ist. Alltagsbeobachtungen zeigen, daß Schuldgefühle stärker sind, wenn eine andere Person leidet und wenn diese dem handelnden Subjekt nahesteht. Wenn nur das Subjekt selbst und niemand sonst Opfer der eigenen Normverletzung ist, sind Schuldgefühle seltener (vielleicht auch, weil das Subjekt seine Handlungsweise durch das erlittene Leid oder die Verluste und Nachteile als gesühnt betrachtet). Man stelle sich einen Autofahrer vor, der durch Fahrlässigkeit und überhöhte Geschwindigkeit einen Unfall verursacht. Es macht einen Unterschied, ob jemand verletzt ist oder nicht und wer verletzt ist: eine nahestehende Person, der Fahrer selbst, eine fremde Person oder der ärgste Feind.

Es gibt Fälle von Schuldgefühlen, die wir »existentielle Schuld« genannt haben, die nicht durch vorwerfbares eigenes Handeln ausgelöst wurden, sondern durch erfahrene Vorteile. Nicht jeder ist glücklich, wenn er derjenige ist, der eine Katastrophe überlebt hat, der einer Verfolgung entkommen ist oder der auf der Sonnenseite der Welt lebt. Einige dieser »Glücklichen« fühlen sich schuldig, was man z. B. an Überlebenden von Konzentrationslagern (von Baeyer et al., 1964) oder in Hiroshima (Lifton, 1967) beobachtet hat. Die »glückliche« Rettung wird nicht freudig genossen, sondern als eine Verletzung der Solidarität mit den Opfern und eine Verletzung der Gerechtigkeit erlebt. Einem Vorschlag von Hoffman (1976) folgend, haben wir den Terminus »existentielle Schuld« benutzt, um Menschen zu charakterisieren, die ein schlechtes Gewissen hatten, weil sie in relativ vorteilhaften Lebensumständen leben, die sie – verglichen mit den Benachteiligungen anderer – nicht völlig verdient haben (Montada et al., 1986; Montada u. Schneider, 1989, 1990).

Wenn andere eine moralische Norm verletzen, sind *Empörung oder Zorn* zu erwarten. Auch hier ist die Zuschreibung von Verantwortlichkeit eine Voraussetzung. Glaubwürdige Ausreden aus der Verantwortlichkeit und akzeptable Rechtfertigungsgründe dämpfen die Empörung. Wie für Schuldgefühle, ist es für Empörung relevant, ob es ein Opfer der vorwerfbaren Handlung gibt und wer das Opfer ist. Empörung wird wahrscheinlicher und intensiver, wenn wir selbst oder andere, die unsere Sympathie haben, beeinträchtigt oder geschädigt werden.

Auf der Basis kognitiver Gefühlsmodelle können Hypothesen über antezedierende Anlässe, Bedingungen und Voraussetzungen von Emotionen entwickelt werden. Zur Bildung der relevanten Kognitionen, auf denen die Emotion basiert, z. B. über Verantwortlichkeit, können beitragen: Persönlichkeitsmerkmale (z. B. Kontrollüberzeugungen), Einstellungen (z. B. Vorurteile gegen Personen), Wertorientierungen (z. B. soziale Verantwortlichkeit, Pflichtauffassung), Ansprüche (z. B. Gewohnheitsrechte, Vertragsrechte, aus dem sozialen Status und aus sozialen Rollen abgeleitete Rechte) und anderes mehr.

Die Zuschreibung von Verantwortlichkeit ist nicht regellos. Als erstes muß man sich diese Regeln vergegenwärtigen (vgl. auch Tedeschi u. Ries, 1981; Semin u. Manstead, 1983). Um Verantwortlichkeit zu bestreiten, sind folgende Argumente möglich: (1) Bestreiten der Verursachung (»Ich habe das nicht getan.«), (2) Bestreiten des Handelns (»Das, was wie eine Handlung aussah, war lediglich der Effekt physischer Ursachen, von Ermüdung, von Drogeneinwirkung, von Unfähigkeit usw.«), (3) Bestreiten der Vorhersehbarkeit (»Ich konnte das nicht vorhersehen.«), (4) Bestreiten der Absicht (»Ich habe diese Effekte meines Tuns nicht beabsichtigt und gewollt.«).

Aber selber wenn Verantwortlichkeit nicht bestritten wird, impliziert das noch nicht Schuld, denn der Handelnde kann Rechtfertigungen seines Tuns haben. Rechtfertigungen sind nicht Ausreden aus der Verantwortlichkeit, sondern Gründe, die die Schuld mindern oder aufheben. Verschiedene Kategorien von Rechtfertigungen können unterschieden werden (vgl. auch Semin u. Manstead, 1983; Tedeschi u. Ries, 1981): (1) Verweis auf die Verantwortlichkeit dritter Personen, z. B. von Autoritäten, (2) Verweis auf die Priorität übergeordneter Ziele und Werte. Diese können in konfligierenden eigenen Interessen bestehen (z. B. die eigene Sicherheit, die »Wahrung des Gesichtes«, wesentliche eigene Entwicklungsziele usw.) oder in konfligierenden politischen, moralischen, religiösen Werten: die Verletzung einer Norm kann gerechtfertigt werden, wenn ein größeres Unrecht dadurch vermieden wird. Eine Handlung kann auch als Wiederherstellung der

Gerechtigkeit durch Strafe, Sühne oder Vergeltung gerechtfertigt werden.

Empörung kann nicht nur durch glaubwürdige Ausreden aus der Verantwortlichkeit und akzeptable Rechtfertigungen gedämpft werden, sondern auch durch eine Bitte um Entschuldigung. Eine vollständige Entschuldigung ist nach Goffman (1963) charakterisiert durch folgende Komponenten: (1) Das Handlungssubjekt drückt emotionale Betroffenheit wegen der begangenen Normverletzung aus, (2) schreibt sich die Verantwortlichkeit hierfür zu, (3) akzeptiert den Schuldvorwurf als berechtigt, bringt also keine Rechtfertigung vor, (4) bestätigt implizit oder explizit die verletzte Norm als gültig und (5) äußert gute Vorsätze des Einhaltens der moralischen Norm in der Zukunft. (6) Die Bitte um Entschuldigung impliziert auch, daß es Sache des Opfers ist, der Bitte zu entsprechen oder nicht, und daß Verzeihung eine Gnade ist, die das Opfer gewähren kann, ohne daß hierauf ein Anspruch besteht.

Die Authentizität der Emotionen als Indikatoren moralischer Regeln

Emotionen werden als Widerfahrnisse angesehen, die das Subjekt passiv erleidet. Das Subjekt erlebt die Emotionen nicht als eine aktive, frei gewählte Handlungsweise, sondern als eine Reaktion, die durch gegebene Anlässe ausgelöst wird (Brandtstädter, 1985). Es kann sein, daß das Handlungssubjekt selbst zu den Anlässen beigetragen hat, wie z. B. im Fall der Schuld, aber wenn der Anlaß einmal existiert, wird er als Ursache der Emotion wahrgenommen. Deshalb erlebt das Subjekt die Emotion als Widerfahrnis. Beschreibungen von Emotionen wie »Panik überfiel mich«, »Wut kochte in mir hoch«, »Neid flog mich an«, »Schuld befiel mich« zeigen diese passive, reaktive Erfahrung von Emotionen. Wir sagen nicht »Ich werde mich jetzt empören« oder »Ich will mich jetzt schuldig fühlen«. Bis hin in die Strafrechtsdogmatik gelten Affekte als Widerfahrnisse, die als Ausrede aus der Verantwortlichkeit und damit als schuldmindernde Verhaltens*erklärungen* angesehen werden.

Ich habe an anderer Stelle diese Widerfahrensthese in Zweifel gezogen und auf die Möglichkeiten der Kontrolle von intensiven Affekten, auf die Möglichkeiten ihrer Reduktion und Veränderung und auf die Möglichkeiten, sich selbst für die Auslösung und die Dämpfung von Gefühlen zu entscheiden, hingewiesen (Montada, 1989). Tatsächlich alimentieren wir Gefühle, indem wir Anlässe in entsprechender Weise interpretieren und diese Interpretationen immer wieder ins Bewußtsein rufen. Wenn man Gefühle vermeiden oder verändern will, wird man ansetzen an diesen Interpretationen und subjektiven Erkenntnissen über die Situation. Ich werde darauf zurückkommen. Hier jedoch ist festzuhalten, daß nach allgemeiner Ansicht und Erfahrung Emotionen Widerfahrnisse sind, die durch spezifische Anlässe (Handlungen, Ereignisse, Situationen) ausgelöst sind, daß sie als unkontrolliert angesehen werden, daß sie als nicht willentliche Reaktionen auf die Kognition einer Realität erfolgen.

Obwohl das, wie ich glaube, eine einseitige Sicht ist, trägt sie zur Authentizität moralischer Emotionen als Indikatoren der Existenz moralischer Regeln bei. Selbstverständlich schließt das nicht aus, daß Emotionen nur vorgetäuscht und nicht erlebt werden, das ist ein Problem der Validität und Zuverlässigkeit ihrer Erfassung. Die verbreitete Überzeugung, daß Emotionen Widerfahrnisse sind, kann zu ihrer Echtheit beitragen.

Es gibt ein zweites Merkmal von Emotionen, das zu ihrer Authentizität beiträgt. Wie gesagt, beruhen Gefühle auf spezifischen Sichtweisen des Anlasses, Erkenntnissen über die Anlaßsituation. Es ist charakteristisch für Gefühle, daß die zugrundeliegenden Sichtweisen subjektiv nicht hypothetisch, sondern assertorisch gelten. Die Erkenntnis über den Anlaß wird nicht in Frage gestellt, sondern als wahr unterstellt. Wer sich empört, weiß, daß andere einen Anspruch oder eine Norm sträflich verletzt haben, und fragt nicht vorsichtig, ob das so sei. Das jugendliche Mädchen, das sich über das Gebot ihrer Eltern empört, um elf Uhr nachts von der Party nach Hause zu kommen, fragt nicht, ob die Eltern gute Gründe für dieses Gebot haben. Sie weiß mit Gewißheit, daß sie selbst das Recht hat, autonom zu entscheiden, und daß die Gründe ihrer Eltern irrational sind. Wer sich schuldig fühlt, weiß mit Gewißheit, daß er eine geltende Norm verletzt hat, daß er verantwortlich hierfür ist und daß er keine überzeugenden Rechtfertigungsargumente hat. Ich habe vorgeschlagen, daß man die Intensität von Emotionen dadurch reduzieren könnte, daß man die in der Emotion implizierten assertiven Urteile durch hypothetische Urteile oder durch Fragen ersetzt (Montada, 1989).

Es gibt ein drittes Merkmal von Emotionen, das in diesem Zusammenhang wichtig ist. Emotionen setzen Erkenntnisse über Anlässe voraus oder implizieren diese, sind aber nicht identisch mit diesen Kognitionen, sondern stellen eine engagierte Bewertung dar. Die übliche Frage in dieser Hinsicht ist: »Wie werden *kalte* Kognitionen zu *heißen* Emotionen?« Emotionen gehen mit erhöhter physiologischer Aktivierung einher. Von einem kognitionspsychologischen Standpunkt aus ist die Antwort, daß die Anlässe, auf die man emotional antwortet, persönlich wichtig sind, daß eine persönliche Betroffenheit gegeben ist (Arnold, 1960). Lazarus hat für die Analyse emotionaler Antworten die Unterscheidung zweier Bewertungsschritte vorgeschlagen. Mit »primary appraisal« meint er die Bewertung, daß eine gegebene Situation das Subjekt betrifft, daß sie relevant und wichtig ist. Dieses »primary appraisal« wird gefolgt durch ein »secondary appraisal«, das die Möglichkeiten des Subjekts, mit der Anlaßsituation umzugehen und diese zu meistern, zum Gegenstand hat (Lazarus, Averill u. Opton, 1970). Es ist eine richtige Regel in vielen Psychotherapieschulen, auf die Emotionen der Klienten einzugehen, da sie die Themen und Probleme indizieren, die diesen wirklich wichtig sind.

Diese Merkmale von Emotionen qualifizieren moralische Emotionen als Indikatoren der wirksamen persönlichen moralischen Normen. Die Erfahrung von Schuld oder Empörung impliziert die sichere Erkenntnis, daß eine moralische Norm, die man für richtig hält, verletzt wurde, und dieses Faktum wird als ein wichtiges angesehen. *Die emotionale Reaktion beweist die persönliche Betroffenheit, und diese Betroffenheit der eigenen Person beweist die Identifikation mit der verletzten Norm:* Das Erleben moralischer Emotionen ist etwas anderes als ein Lippenbekenntnis oder eine lediglich intellektuelle Zustimmung zu einer moralischen Regel, sondern *indiziert, daß die entsprechende moralische Norm Teil der persönlichen moralischen Identität, des Selbst, ist.* Dies erlaubt es, im Unterschied zu lediglich intellektueller Zustimmung zu einer moralischen Norm, verschiedene *Einlassungen* vorherzusagen.

Können wir etwas über die Moralität einer Person sagen ohne Anzeichen einer solchen Betroffenheit, einer »Verwicklung« des Ich und einer wirklichen persönlichen Einlassung? Was sonst sollte der Charakter der Verpflichtung und des Unbedingten einer moralischen Norm bedeuten? Was sollte verpflichtend bedeuten, ohne daß Abweichungen mit persönlicher Betroffenheit und Engagement erfahren oder beobachtet werden? Würde das Fehlen dieser persönlichen Betroffenheit nicht bedeuten, daß es nicht die Moral des Subjektes war, die verletzt wurde, vielleicht irgendjemandes Moral, aber nicht die des Subjektes? Die operationale Definition von »verpflichtend« ist die Zurechenbarkeit von Schuldvorwurf und Sanktion im Falle der Abweichung (wenn diese nicht entschuldigt wird): Schuldgefühle sind Schuldvorwurf an sich selbst, Empörung ist Schuldvorwurf gegenüber anderen.

Probleme der Ermittlung des Inhalts der persönlichen moralischen Normen

Mit der Beobachtung moralischer Gefühle – falls sie valide ist – ist nur die Existenz von moralischen Normen, nicht aber deren Inhalt und Struktur und die Struktur ihrer Begründung aufgewiesen. Gefühle haben nur Hinweisfunktion, die Normen selbst müssen auf andere Weise erfaßt werden. Sie sind sicher nicht immer bewußt in dem Sinne, daß sie sprachlich formuliert wären, ihre Anwendung auf bestimmte Konstellationen reflektiert und kommunizierbar wäre.

Gefühle basieren auf Kognitionen oder sie implizieren diese als Konstituenten (Brandtstädter, 1985). Moralische Emotionen erfordern als Konstituenten (1) Kognitionen über die eigenen moralischen Regeln, (2) Kognitionen über normentsprechendes und -verletzendes Handeln, (3) Kognitionen über die Verantwortlichkeit des Handelnden und (4) Kognitionen über eventuelle Rechtfertigungen. Jedoch können diese Kognitionen nicht immer als reflektiert, verbalisiert und bewußt angesehen werden. Diesbezüglich gibt es breiten Konsens bei Emotionsforschern. Epstein (1984) und Ellis (1979) sprechen z. B. von vorbewußten Kognitionen (preconscious cognitions), Solomon (1976) von Vorreflektionen (prereflections), Beck (1976) von automatischen Kognitionen, Arnold (1960) von Intuitionen. Die Klärung moralischer Emotionen bietet so eine Chance, mehr über die eigene Moral zu erfahren. Epstein (1984) bezeichnete die Analyse von Emotionen als den Königsweg zu den vorbewußten Kognitionen einer Person.

Die Fokussierung auf moralische Emotionen ist ein induktiver

Weg der Identifizierung der operativen moralischen Regeln einer Person. Wenn eine Person direkt gefragt würde, welches ihre moralischen Maximen seien, wird sie vermutlich ihre Antworten auf einem eher abstrakten Niveau geben, während moralische Emotionen Evaluationen konkret realisierbar, beschriebener oder vorgestellter Anlaßsituationen darstellen. Während beobachtete moralische Emotionen beweisen, daß eine moralische Maxime in einer gegebenen Situation tatsächlich angelegt wird, erlauben Aussagen über moralische Maximen auf einem abstrakten Niveau keine Voraussagen, in welchen konkreten Situationen sie tatsächlich angelegt werden. Angenommen, ein Zuschauer eines Fußballspiels ist empört über den Schiedsrichter, weil dieser ein offensichtliches Foulspiel nicht ahndete. Verschiedene Hypothesen über die relevante moralische Regel des Zuschauers sind möglich, z. B. die folgenden: (1) Ein Schiedsrichter hat die Pflicht, jede Verletzung der Spielregeln unparteilich zu ahnden. (2) Der Schiedsrichter hat die Pflicht, »meine« Mannschaft nicht zu benachteiligen. (3) Der Schiedsrichter hat die Pflicht, einen Spieler zu strafen, der wiederholt foul gespielt hat. (4) Der Schiedsrichter hat die Pflicht, keine der beiden Mannschaften zu benachteiligen und keine Mannschaft zu bevorteilen.

Voraussagen über Empörung in einem zweiten Fall könnten auf diesen Hypothesen gegründet werden. Empörung kann davon abhängen, wer foul gespielt hat, kann von der Zahl der vorausgegangenen Fouls eines Spielers abhängen oder kann davon abhängen, ob der Schiedsrichter zuvor Fouls der anderen Mannschaft strikt geahndet hat oder nicht, also ob der Verzicht auf Strafe in diesem Fall als ausgleichende Gerechtigkeit zu werten ist oder nicht.

Natürlich setzt die Identifikationen der wirksamen moralischen Regeln durch die Beobachtung emotionaler Antworten wiederholte Beobachtung in unterschiedlichen Situationen voraus, aber es ist zweifelhaft, ob die Befragung von Personen, die nicht in konkreten Anlaßsituationen involviert sind, zur Identifikation ihrer operativen moralischen Regeln führt. Die Befragten werden allgemeine Regeln formulieren, ohne konkrete Anlaßsituationen für ihre Anwendung zu spezifizieren, ohne Ausnahmen zu spezifizieren, ohne Rechtfertigungen und Ausreden anzugeben, die sie zu akzeptieren bereit wären, ohne die Bedeutung von Einstellungen gegenüber dem Handelnden und dem Opfer anzugeben usw. Wenn man den erwähnten Zuschauer nach dem Grund seiner Empörung über den Schiedsrichter fragt, wird er vielleicht antworten, daß der Schiedsrichter einen Regelverstoß nicht geahndet hat. Wir wissen aus dieser Antwort noch nicht, ob die für Schiedsrichter geltende Norm generell angewandt wird oder ob und wie ihre Anwendung zu spezifizieren ist.

Moralische Emotionen sind nicht nur Indikatoren der Existenz moralischer Regeln. Sie sind Evaluationen einer komplexen Konstellation, die viele Komponenten enthält. Es muß Regeln geben für die Anwendung moralischer Regeln in spezifischen Fällen. Als Beispiel wähle ich moralische Empörung über einen Verleumder, der den Anspruch des Verleumdeten auf Achtung seiner sozialen Integrität verletzt hat durch unwahre Behauptungen. Welches sind weitere relevante Gesichtspunkte?

- Der Verleumder ist geistig gesund und verantwortlich. Es wäre ein anderer Fall, wenn er z. B. an einem paranoiden Wahn litte.
- Die verleumderische Handlung der anderen Person war nicht durch eine internale (z. B. Haß) oder externale Ursache (z. B. eine Erpressung) bedingt, sondern war frei gewählt, es war Absicht, die verleumdete Person zu schädigen, zumindest war eine Schädigung vorhersehbar.
- Der Verleumder weiß, daß die Behauptung unwahr ist. Wenn ihm der Inhalt der Verleumdung glaubwürdig als wahr zugetragen worden wäre, könnte auch dies als Entschuldigung angesehen werden.
- Es gibt keine Rechtfertigung für die Verleumdung, wie z. B. daß es sich um die Vergeltung einer vorherigen Schädigung handelte.
- Die Verleumdung ist mit einiger Wahrscheinlichkeit schädlich für die verleumdete Person: Wenn z. B. niemand die Anwürfe glaubte oder wenn alle wichtigen Personen den Verleumder einen Lügner nennen würden, der die Geschichte aus Neid oder Rachegefühlen erfunden hat, dann wäre bei der verleumdeten Person eher Schadenfreude zu erwarten als Empörung.

In die Empörung fließen also mehr Komponenten ein als nur die Kognition, daß eine moralische Regel (in diesem Fall Achtung der sozialen Integrität anderer Menschen) verletzt wurde. Nicht jede Verletzung einer moralischen Regel wird Empörung hervorrufen. Moralische Emotionen sind nicht Bewertungen abstrakter Regeln, sondern Bewertungen von Regeln in einem Handlungs- oder Interaktionskontext. Diese kontextuellen Aspekte sind mannigfaltig: Personwahrnehmungen, Kausalerklärungen, Verantwortlichkeitszuschreibungen, Hypothesen über die Effekte einer Normverletzung, Einstellungen gegenüber dem Handelnden und dem Opfer, das Selbstkonzept, Aspekte des sozialen Systems und so fort. Die Verletzung einer Regel ist eine notwendige, aber nicht hinreichende Bedingung für Empörung, fehlende Empörung ist also kein Beweis dafür, daß keine Normverletzung erkannt wurde.

Identifikation moralischer Regeln über Kognitionen oder Gefühle?

Das »oder« in dieser Überschrift ist kein ausschließendes. Emotionen haben Kognitionen über Gegebenheiten als Voraussetzungen oder implizieren diese. Diese Kognitionen müssen, wie bereits gesagt, nicht reflektiert sein und nicht objektiv wahr sein, sie müssen nicht verbalisiert, bewußt und kommunizierbar sein. Nichtsdestoweniger sind sie funktional in der Entstehung von Emotionen. Die Explikation der in Emotionen implizierten Kognitionen ist eine Voraussetzung, sie rational zu reflektieren, ihre Realitätsangemessenheit zu prüfen sowie zu prüfen, ob andere die Gegebenheiten genauso sehen, ob es gleichermaßen plausible oder gar plausiblere alternative Sichtweisen gibt usw.
Moralische Emotionen haben eine erlebnismäßige Authentizität, sie sind assertorische, nicht tentative Bewertungen einer Gegebenheit, einer Handlung oder einer Situation. Das beweist nicht, daß die wirksamen moralischen Regeln richtig oder gut im Sinne intersubjektiven Konsenses sind. Sie werden nur subjektiv als richtig und verpflichtend angesehen und gefordert. Die von Freud beschriebenen Neurotiker können moralisch unreif sein, die Mitglieder einer devianten Subkultur, aber auch die Mitglieder einer Majorität, die die Staatsmacht hat, mögen moralische Regeln und Ansprüche haben, die in einem idealen Diskurs über Normen als unhaltbar qualifziert würden.
Wie die wirksamen moralischen Regeln einer Person entwickelt und verändert werden können, ist eine interessante – hier ausgesparte – Frage. Verschiedene Strategien der Bildung und der Veränderung moralischer Regeln können in verschiedenen Typen der Moralität resultieren, die auf Dimensionen wie »strikt versus flexibel«, »begründet versus unreflektiert«, »heteronom oder autonom« und so fort beschrieben werden können.

Tabelle 1: Moralische Emotionen in einem Netzwerk von Bedingungen und Folgen (zur Erhaltung der Übersichtlichkeit sind keine Pfade eingezeichnet).

Hintergrundvariablen (distale Prädiktoren)	Kognitionen über die konkrete Anlaßsituation (proximale Prädiktoren)	Moralische Emotionen	Motivationen und Handlungsweisen
Überzeugungen bezüglich Moralnormen, Überzeugungen bezüglich Gerechtigkeit	Was sind die moralischen Verpflichtungen in der Situation?		Verantwortliche anklagen, bestrafen
	Wer hat Verpflichtungen verletzt?		Wiedergutmachung leisten
Allgemeine Wertorientierungen			gute Vorsätze fassen
Allgemeine Weltsicht und Sicht der menschlichen Natur	Wie ist die Verantwortlichkeit einzuschätzen?		Sühne leisten
	Gibt es Rechtfertigungen für die Pflichtverletzung?	Empörung	Hilfe für das Opfer fordern
Einstellungen gegenüber dem Täter			Vergeltung fordern
Einstellungen gegenüber dem Opfer	Wer ist das Opfer?		Moralische Emotionen ändern durch: – Neuinterpretation des Falles, z. B. dem Opfer Selbstverschuldung vorwerfen, Ausreden und Rechtfertigungen akzeptieren – Veränderungen relevanter Hintergrundvariablen, z. B. Einstellungen zum Opfer oder Täter ändern, Moralnormen liberalisieren
Wahrgenommene Eigenschaften des Täters	Sind die Nachteile des Opfers verdient oder unverdient?	Schuld	
Aspekte des Selbstkonzeptes, z. B. Zentralität von Fairness, von sozialer Verantwortlichkeit, Selbstkonzept der Fairness, Kontrollüberzeugungen, Pflichtauffassung	Ist das Opfer selbstverantwortlich?		
	Bereut der Täter seine Handlungsweise?		
	Bittet der Täter um Verzeihung?		
Eigenschaften des Gefühlssubjekts, z. B. moralische Ängstlichkeit, Autoritarismus, Zivilcourage			

Wie moralische Emotionen geändert werden können, ist eine zweite Frage. Das ist nicht nur geleistet durch eine Veränderung moralischer Regeln, sondern auch durch eine Veränderung der Regeln für ihre Anwendung und durch die Veränderung von Kognitionen in spezifischen Fällen. Wieder sind verschiedene Ansätze zu unterscheiden. Viele Kognitionen tragen zur Auslösung einer spezifischen Emotion bei, und viele Faktoren tragen – wie oben gesagt – zur Bildung von Kognitionen bei (z. B. Persönlichkeitsmerkmale, Einstellungen, Weltsichten bis hin zu Urteilsheuristiken). Einige dieser Faktoren sind in Tabelle 1 aufgelistet. Diese Tabelle enthält distale und proximale Prädiktoren für moralische Empörung bzw. Schuld, und sie enthält verschiedene Motivationen und Handlungstendenzen, die aus Empörung oder aus Schuld resultieren mögen. Diese Tabelle bietet eine Heuristik für die Konzeption empirischer Untersuchungen, für die Formulierung spezifischer theoretischer Pfadmodelle und damit für das Verständnis moralischer Emotionen und nachfolgender Motivationen und Handlungsweisen.

Empirische Untersuchung moralischer Emotionen

Die wirksamen moralischen Regeln einer Person sind nicht direkt beobachtbar. Sie müssen erschlossen werden. Hypothesen über irgendeinen einzelnen Indikator sind fehleranfälliger als Hypothesen, die auf einem ganzen Netzwerk von Beziehungen zwischen beobachtbaren Variablen beruhen, z. B. moralischen Emotionen, normverletzenden Handlungen, Zuschreibungen von Verantwortlichkeit, Ausreden und Rechtfertigungen, Entschuldigungen usw. In Tabelle 1 sind Elemente eines solchen Netzwerks aufgelistet und in Form eines Pfadmodells geordnet.
Die Validität irgendeines isoliert erfaßten einzelnen Indikators ist viel fragwürdiger als ein sinnvoll zu interpretierendes Zusammenhangsmuster zwischen mehreren Indikatoren. Ein Beispiel: Die Aussage einer Person, Hilfsbereitschaft sei eine wichtige persönliche Norm für sie, kann subjektiv wahr oder falsch sein. Wenn sie subjektiv wahr ist, ist noch nicht spezifiziert, in welchen Fällen diese Norm angewendet wird und in welchen Fällen nicht. Diese Spezifikationen können Dimensionen einschließen wie psychologische Nähe und soziale Einstellungen zu Menschen in Notlagen,

eigene Kausalbeiträge zu der bestehenden Notlage, eigene und die Verantwortlichkeiten Dritter zur Hilfeleistung, Fähigkeiten, Möglichkeiten und Ressourcen zur Unterstützung, konfligierende Motivationen und Pflichten und so fort. Sehr wenige Menschen sind fähig, auf einem abstrakten Niveau solche Spezifikationen zuverlässig und gültig zu leisten. Deshalb ist die Erfassung von Handlungsintentionen und tatsächlich geleisteter Hilfe in konkreten Fällen unabdingbar, und zwar zusammen mit einem multiplen Netzwerk von Variablen, wie das in Tabelle 1 skizziert ist. Die psychologische Bedeutung moralischer Emotionen wird durch ihre Beziehungen zu anderen Variablen eines solchen Netzwerkes valider erkennbar.
Die Variablen, die motivationale Folgen moralischer Emotionen reflektieren, bieten weitere Informationen, die für die Bestimmung der psychologischen Bedeutung (Validität) relevant sind: Empörung kann zu Vorwürfen disponieren, zu Strafen, zu Bekräftigungen der Geltung einer verletzten Norm im allgemeinen, zu Forderungen nach Wiedergutmachung usw.; Schuld kann disponieren zur Bitte um Vergebung, zu Sühneleistungen, zu Wiedergutmachungsversuchen oder zur Ausführung kompensatorischer guter Taten gegenüber dritten Personen. Moralische Emotionen können auch durch geeignete Bewältigungsstrategien (z. B. Neuinterpretation der Anlaßsituation) gedämpft oder abgebaut werden. Die Liste der möglichen Bewältigungsstrategien ist lang: Persönliche Normen können verändert werden, ihre Anwendung kann neu spezifiziert werden, Verantwortlichkeitszuschreibungen können verändert werden, Normverletzungen können gerechtfertigt werden, gute Vorsätze können hilfreich sein usw. Auch Bewältigungsversuche sind Indikatoren der Betroffenheit und bestätigen, daß die Gefühle Bewertungen einer für das Subjekt wichtigen und bedeutungsvollen Situation sind. Sie reflektieren die Involviertheit und damit den Bezug zum Selbst.

Arnold, M. B. (1960). *Emotion and personality*, Bd. 1: *Psychological aspects*, New York: Columbia University Press.

Baeyer, W. R. von, Haefner, H., u. Kisker, K. P. (1964), *Psychiatrie der Verfolgten*, Berlin: Springer.

Beck, A. T. (1976), *Cognitive therapy and the emotional disorders*, New York: International Universities Press.

Blum, L. A. (1980), *Friendship, altruism, and morality*. London: Routledge and Kegan Paul.

Brandtstädter, J. (1985), »Emotion, Kognition, Handlung: Konzeptuelle Beziehung«, in: E. D. Lautermann u. L. H. Eckensberger (Hg.), *Emotion und Reflexivität*, München: Urban und Schwarzenberg.

Ellis, A. (1979), *Die rational-emotive Therapie*, München: Pfeiffer.

Epstein, S. (1984), »Controversial issues in emotion theory«, in: P. Shaver (Hg.), *Review of personality and social psychology* (64-88), Beverly Hills: Sage Publication.

Goffman, E. (1963), *Stigma: Notes on the management of spoiled identity*, Englewood Cliffs, NJ: Prentice-Hall (deutsch: *Stigma. Über Techniken der Bewältigung beschädigter Identität*, Frankfurt/Main: Suhrkamp 1967).

Goffman, E. (1971), *Relations in public*, Harmondsworth: Penguin (deutsch: *Das Individuum im öffentlichen Austausch*, Frankfurt/Main: Suhrkamp 1974).

Hoffman, M. L. (1976), »Empathy, role-taking, guilt, and development of altruistic motives«, in: T. Lickona (Hg.), *Moral development and behavior* (124-143), New York: Holt, Rinehart & Winston.

Jones, E. E., u. Nisbett, R. E. (1971), *The actor and the observer: Divergent perceptions of the causes of behavior*, Morristown, NJ: General Learning Press.

Kant, I. (1838), *Grundlegung zur Metaphysik der Sitten. Kritik der praktischen Vernunft. Nebst den Abhandlungen zur Philosophie der Geschichte*, Leipzig: Modes & Baumann (*Werke* 4).

Lazarus, R. S., Averill, J. R., u. Opton jr., E. M., (1970), »Toward a cognitive theory of emotion«, in: M. B. Arnold (Hg.), *Feelings and emotions* (207-232), New York: Academic Press.

Lifton, R. J. (1967), *Death in life. Survivors of Hiroshima*, New York: Random House.

Montada, L. (1989), »Bildung der Gefühle?«, in: *Zeitschrift für Pädagogik 35*, 293-312.

Montada, L., Schmitt, M., u. Dalbert, C. (1986) »Thinking about justice and dealing with one's own privileges: A study on existential guilt«, in: H. W. Bierhoff, R. Cohen u. J. Greenberg (Hg.), *Justice in social relations*, New York: Plenum Press.

Montada, L., u. Schneider A. (1991), »Justice beliefs and emotional reactions toward disadvantaged and victimized people«, in: *Social Justice Research 4* (im Druck).

Montada, L. u. Schneider, A. (1991), »Justice and prosocial commitments«, in: L. Montada u. H. W. Bierhoff (Hg.), *Altruism in social systems*. Toronto: Hogrefe & Huber.

Semin, G. R. u. Manstead, A. S. R. (1983), *The accountability of conduct. A social psychological analysis*, New York: Academic Press.

Solomon, R. C. (1976), *The passions*, New York: Anchor Press.

Tedeschi, J. T. u. Ries, M. (1981), »Verbal strategies in impression management«, in: C. Antaki (Hg.), *The psychology of ordinary explanations of social behaviour* (271-309), London: Academic Press.

Tugendhat, E. (1984), *Probleme der Ethik*, Stuttgart: Reclam.

Gertrud Nunner-Winkler
Die Entwicklung moralischer Motivation*

Einleitung

Kohlbergs Theorie der moralischen Entwicklung basiert auf der Annahme einer grundlegenden Einheit von moralischer Motivation, moralischem Urteil und Handeln, wobei das präkonventionelle Niveau einem instrumentalistischen, das postkonventionelle Niveau einem sokratischen Moralverständnis folgt. In dieser Theorie ist das Selbst nur ein Kürzel für diese basale Einheit, die sich im Entwicklungsverlauf auf universelle Weise verändert. Neuere Forschungen legen eine Rekonzeptualisierung nahe: Das Selbst wird als Steuerungszentrum begriffen, das eigene Willensfestlegungen trifft, also ›second-order desires‹ aufbaut und sich an Wertorientierungen bindet, die seine Lebensentscheidungen anleiten und seine persönlichen Projekte bestimmen. Wenngleich universell das Selbst oder die Person dadurch konstituiert sind, *daß* Selbstbindungen vorgenommen werden (vgl. Frankfurt, in diesem Band), so unterscheiden sich die Menschen doch stark im *Inhalt* der gewählten Werte, wobei einige die Erfüllung moralischer Ziele zu ihrem persönlichen Projekt machen (vgl. Colby und Damon, in diesem Band).

Die Forschungen, von denen im folgenden berichtet wird, folgen dem zweiten Verständnis von Selbst. Moralische Motivation wird als second-order desire konzeptualisiert: als Selbstbindung an die Erfüllung moralischer Normen, die analytisch vom moralischen Wissen unabhängig ist. Gegenstand ist die Rekonstruktion der Entwicklung moralischer Motivation. Dabei zeigt sich, daß bereits im ›präkonventionellen‹ Alter einige Kinder – diejenigen, die ein moralisches Selbst aufgebaut haben – ein sokratisches Moralverständnis besitzen: Sie wissen um die intrinsische Geltung moralischer Regeln und haben ein intrinsisch moralisches Motiv aufgebaut: Sie wollen das Rechte tun, *weil* es das Rechte ist. Wenn sich diese These eines frühen genuinen Moralverständnisses halten ließe, worin könnte dann moralische Entwicklung überhaupt

* Originalbeitrag.

noch bestehen? Moralische Entwicklung würde nach dieser Konzeption vor allem soziokognitive Entwicklung sein: die Entwicklung eines vertieften Verständnisses der Motive und Intentionen anderer Personen, des Sinns und der Funktionsweise von Institutionen, der Konsequenzen und Kosten von Veränderungen im individuellen Verhalten oder in institutionellen Arrangements. Ein solch vertieftes Verständnis könnte dann eine zunehmend angemessenere, konkret kontextuierte und flexible Anwendung moralischer Normen anleiten, deren wesentlicher Sinn – nämlich die Bereitschaft, Schädigung in unparteilicher Weise zu vermeiden oder gar das Gute zu befördern – längst verstanden und persönlich angeeignet ist.

Der Argumentationsgang ist wie folgt aufgebaut: Einleitend wird Kohlbergs Beschreibung des präkonventionellen Moralverständnisses mit widersprechenden Forschungsergebnissen kontrastiert und die zentrale These einer Unabhängigkeit von moralischem Wissen und moralischer Motivation entfaltet (1). Moralische Motivation wird operationalisiert durch Emotionszuschreibungen zu einem hypothetischen moralischen Übeltäter. Der erste Argumentationsschritt besteht in dem Versuch, diesen Operationalisierungsvorschlag als angemessen auszuweisen. Einleitend werden die zugrundeliegenden theoretischen Überlegungen kurz skizziert (für eine ausführliche Explikation vgl. Montada, in diesem Band (2.1), dann werden das Verfahren im Detail beschrieben (2.2) und experimentelle Ergebnisse dargestellt, die die Grundannahme stützen, daß Emotionszuschreibungen als Indikator für moralische Motivation gelesen werden können (2.3). In einem zweiten Schritt werden die Begründungen der Emotionszuschreibungen analysiert, um die inhaltlichen Motive für Normkonformität zu rekonstruieren. Zunächst werden einige mögliche Motive, wie sie in der philosophischen und psychologischen Literatur diskutiert werden, benannt (3.1) und sodann die empirischen Ergebnisse dargestellt. Diese zeigen, daß es bereits im präkonventionellen Alter ein genuin moralisches Motiv gibt: den Wunsch, das Rechte zu tun, weil es das Rechte ist (3.2). Im nächsten Abschnitt wird belegt, daß dieses moralische Motiv nicht mit spontanen altruistischen Neigungen gleichzusetzen ist, sondern sich am besten als Ergebnis des Aufbaus moralischer second-order desires deuten läßt (4). Abschließend wird moralische Entwicklung als zweistufiger Lernprozeß beschrieben (5): Universell erwerben Kinder moralisches Wissen – doch sie differieren stark in ihrer Bereitschaft, das Befolgen dieser moralischen Einsichten auch zu einem persönlich wichtigen Ziel zu machen.

1. Die genetische Unabhängigkeit von moralischem Wissen und moralischer Motivation

Kohlbergs Theorie der moralischen Entwicklung basiert auf der Piagetschen Annahme eines kognitiv-affektiven Parallelismus: Auf jeder Stufe werden strukturgleiche Gründe für die *Geltung* moralischer Normen und die *Motive* ihrer Befolgung konzeptualisiert. Auf präkonventionellem Niveau sind moralisches Wissen und moralische Motive instrumentalistisch: »Richtig ist ein buchstabengetreuer Gehorsam gegenüber Regeln und Autoritäten, ... Strafvermeidung; die Gründe dafür, das Richtige zu tun, sind der Wunsch, Strafe zu vermeiden, und die Macht der Autoritäten« (Kohlberg, 1981, 409 f.). Diese Beschreibung eines präkonventionellen Instrumentalismus, die zwar in mehreren Untersuchungen empirische Bestätigung fand (vgl. Damon, 1982; Blasi 1984), wurde von unterschiedlichen Positionen her kritisiert. So zeigte etwa Turiel (1983) in einer Serie sorgfältig angelegter Experimente, daß bereits kleine Kinder moralische von konventionellen Normen und bloßen Klugheitsregeln klar unterscheiden, und zwar nach den gleichen Kriterien, die auch die Philosophen verwenden: kategorische und universelle Geltung. Kinder unterstellen, daß die ›moralischen‹ Normen (die die direkte Schädigung anderer untersagen) in allen Kulturen und zu allen Zeiten eine straf- und autoritätsunabhängige Geltung besitzen. Bereits kleine Kinder scheinen also über ein angemessenes ›moralisches Wissen‹ zu verfügen, sofern sie verstehen, daß moralischen Regeln intrinsische Gültigkeit zukommt. Auch Beobachtungsstudien im Rahmen der Altruismusforschung warfen Zweifel am frühkindlichen Instrumentalismus auf: Übereinstimmend wird dort belegt, daß bereits sehr kleine Kinder spontan altruistisches Verhalten an den Tag legen: Sie teilen, sie helfen, und sie trösten andere Kinder in Not (vgl. Eisenberg, 1982, 1986). Und in einem hypothetischen Freundschaftsdilemma fanden Keller und Edelstein (1986), daß präkonventionelle Kinder genuin altruistische Überlegungen anstellten. Auf der Basis ihrer empirischen Ergebnisse haben Keller

und Edelstein, auf der Grundlage theoretischer Überlegungen hat Döbert (1987) ein Gegenmodell zu Kohlbergs Instrumentalismusthese entworfen. Danach gilt – wiederum unter Annahme eines kognitiv-affektiven Parallelismus – das kleine Kind als moralisch kompetenter Aktor: ausgestattet mit intrinsischem moralischem Wissen und intrinsischer moralischer Motivation (für eine Kritik daran vgl. Nunner-Winkler, 1989).
Im folgenden will ich die Annahme des kognitiv-affektiven Parallelismus bestreiten und auf der Basis eigener Forschungsergebnisse die These vertreten, daß moralische Entwicklung einen zweistufigen Lernprozeß darstellt: der erste Schritt ist der frühe und universelle Erwerb moralischen Wissens, der zweite ist der langsame, mühevolle Prozeß des Aufbaus moralischer Motivation. Kinder durchlaufen diesen zweiten Lernprozeß in unterschiedlicher Art und Weise: einige schließen ihn schnell ab, andere brauchen lange; einige entwickeln eine tief verankerte und umfassende moralische Motivation, andere ein eher oberflächliches und eng umgrenztes Engagement für den Bereich der Moral; wieder andere schließlich bleiben auf Dauer moralisch desinteressiert. Einige werden durch Empathie motiviert, andere durch Achtung vor dem Gesetz, andere durch den Wunsch nach der Aufrechterhaltung persönlicher Integrität. Kurz: Kinder unterscheiden sich in der Entwicklungsgeschwindigkeit, der Intensität und im Inhalt ihrer moralischen Motivation. Die Beschreibung der Entwicklung moralischer Motivation und die Analyse des Inhalts moralischer Motive stehen im Zentrum der Forschungsarbeiten, die ich im folgenden vorstellen möchte.

2. Die Erfassung moralischer Motivation

2.1 Theoretische Vorüberlegungen

Die im folgenden darzustellenden Forschungsarbeiten basieren auf der These, daß Emotionszuschreibungen zu einem hypothetischen Übeltäter als Indikator für moralische Motivation gelesen werden können. Diese Hypothese ist aus zwei theoretischen Annahmen über die Bedeutung und Funktion von Emotionen abgeleitet: 1. Emotionen gelten als – wenngleich globale und vorschnelle – kognitive Urteile. 2. Diese Urteile beziehen sich auf die

Aspekte einer Situation, die eine besonders hohe subjektive Bedeutsamkeit besitzen (Solomon, 1976, 1984; zu einer detaillierten Darstellung dieser indikativen Funktion von Emotionen siehe Montada, in diesem Band). Die Plausibilität dieser Annahmen sei an einem alltagsweltlichen Beispiel illustriert: Wenn ich meinen Liebhaber beobachte, wie er den Arm um eine entzückende junge Frau legt, empfinde ich plötzliche, heftige Eifersucht. Diese ist Korrelat des intuitiven, impliziten Urteils: Ich werde von jemandem hintergangen, der mir sehr wichtig ist. Diese Emotion klingt sofort ab, wenn der kognitive Gehalt des Urteils sich ändert: etwa wenn ich erfahre, daß diese junge Frau seine Schwester ist. Andererseits wird die Emotion gar nicht aufkommen, wenn der Vorfall mir wenig bedeutet, weil ich etwa ohnehin meines Liebhabers überdrüssig geworden bin.

Aufgrund dieser Überlegungen wurde folgendes Verfahren zur Erhebung moralischer Motivation entwickelt: Den Kindern wurden hypothetische Bildgeschichten vorgelegt, in denen ein (gleichgeschlechtlicher) Protagonist sich in einem Konflikt zwischen einer moralischen Norm und einem persönlichen Bedürfnis befindet. Nachdem das moralische Wissen der Kinder erfragt worden war, wird gezeigt, daß der Protagonist die Norm übertritt und sein Bedürfnis befriedigt. Sodann wurden die Kinder nach ihrer Emotionszuschreibung zum Protagonisten befragt, d. h., sie sollten sagen, wie sie glaubten, daß dieser sich nunmehr fühlen werde. In ihrer Antwort mußten die Kinder also auf einen der beiden simultan zutreffenden Aspekte der Handlungssituation des Protagonisten (Regelübertretung, Bedürfnisbefriedigung) fokussieren (also entweder sagen: ›fühlt sich schlecht, weil er etwas Falsches getan hat‹, oder aber: ›fühlt sich gut, weil er gekriegt hat, was er wollte‹). Nach der forschungsleitenden Grundannahme sollte sich diese Emotionszuschreibung, d. h. die relative Bedeutung, die der Normübertretung bzw. der Bedürfnisbefriedigung zugemessen wurde, als Indikator für moralische Motivation lesen lassen.

Die folgenden beiden Antworten auf die Frage nach der Emotion des Protagonisten, der die legitime Bitte eines anderen Kindes um Hilfe bei einem Leistungswettbewerb (um die Wette Matheaufgaben lösen bzw. Plätzchen backen) erfüllte bzw. abschlug, mögen als erste Illustration der unterstellten Interpretation von Emotionszuschreibungen als Urteil über die subjektive Bedeutsamkeit moralischer Normen dienen.

VP 003/4 (Alter: 6-7 J.):

(Wie fühlt sich Protagonist, der bei Mathe-Aufgaben half?): »Es kommt nicht so darauf an, wieviele Aufgaben er selber gelöst hat. Was *wichtig* ist, daß alle Kinder lernen, wie man sie löst. (Protagonist) fühlt sich *gut, weil sie helfen konnte.*«

VP 149/2 (Alter 4-5 J.)

(Sollte Protagonist helfen?): »Ja.« (Warum?): »Weil (Bittsteller) sicher auch viele Plätzchen backen will.« (Wie fühlt sich Protagonist, der nicht geholfen hat?): »Klasse, weil er nicht helfen brauchte. Ihm ist es egal, ob (Bittsteller) Plätzchen machen kann oder nicht.«

2.2 Empirische Vorgehensweise

Im einzelnen wurden die Daten wie folgt erhoben: Im Rahmen einer Längsschnitt-Untersuchung (Weinert und Schneider, 1986) wurden 213 Kindern im Alter von 4-5 und 203 Kindern im Alter von 6-7 Jahren Bildgeschichten vorgelegt (Nunner-Winkler u. Sodian, 1988 b, 1991), in denen ein (gleichgeschlechtlicher) Protagonist, um eigene Bedürfnisse zu befriedigen, moralische Pflichten verletzt bzw. in einem Fall unter Verzicht auf eigene Bedürfnisbefriedigung erfüllt (vgl. Tabelle 1).

Um eine Konfundierung moralischer Orientierungen mit Autoritäts- oder Freundschaftsverständnis zu vermeiden, kamen in den Geschichten ausschließlich Spielkameraden und weder enge Freunde noch Erwachsene vor. Folgende Maße wurden erhoben: Kenntnis und Verständnis moralischer Regeln, Emotionszuschreibung, Emotionsbegründung (vgl. Tabelle 2).

2.3 Ergebnisse

Zunächst zum *moralischen Wissen* (Regelkenntnis und -verständnis). Selbst die jüngsten Kinder wissen, daß Stehlen verboten ist, und die meisten erachteten auch die positiven Pflichten für verbindlich. Fast alle Kinder führten intrinsisch moralische Gründe für die Gültigkeit der Regeln an. Die meisten verwiesen entweder auf die Verpflichtung, die Rechte anderer zu achten und moralische Gebote zu erfüllen (›Das gehört dem, da muß man zuerst fragen; man sollte teilen/helfen‹) oder auf den Wunsch des Protagonisten, moralisch zu sein und zu handeln (›Sonst ist sie ein

Tabelle 1: Aufgaben zur Moralentwicklung

Geschichte	Typus von Pflichten	Inhalt
Geschichte 1: Diebstahl	negative Pflicht	Prot. entwendet heimlich und unentdeckt einem anderen Kind Süßigkeiten.
Geschichte 2: Cola teilen	positive Pflicht	Prot. teilt an einem heißen Tag seine Cola nicht mit einem durstigen Kind, das ihn bittet, trinken zu dürfen.
Geschichte 3: Preis teilen	positive Pflicht	Zwei Kinder bauen um die Wette einen Turm. Beide Türme sind gleich hoch. Der Schiedsrichter spricht ungerechterweise Prot. den Preis zu. Prot. teilt nicht mit dem benachteiligten Kind.
Geschichte 4: Helfen	positive Pflicht	Kinder backen um die Wette Plätzchen. Ein Kind weiß unverschuldet nicht, wie das geht. Es bittet (Nicht-Helfer) um Hilfe. Der will sich nicht stören lassen und hilft nicht; es bittet (Helfer), der hilft.

Dieb; sonst hat sie ein schlechtes Gewissen‹). Einige bezogen sich auf die Bedürfnisse des anderen Kindes (›[Das Opfer] ist traurig/durstig/will auch einen Preis‹). Besondere Freundschaftsverpflichtungen (›Freunden sollte man helfen‹) oder externe Sanktionen seitens der Spielkameraden, Erwachsener oder sozialer Institutionen (›Die anderen mögen ihn/sie nicht mehr / die Mutter/Lehrerin schimpft / die Polizei kommt‹) hingegen wurden selten erwähnt. Einige Kinder brachten ein zweites Argument vor, in dem Sanktionen etwas häufiger benannt wurden. Allerdings ist zu beachten, daß der Verweis auf Sanktionen oft als Indikator für die faktische Geltung einer Norm und nicht als Legitimationsgrund für ihre Gültigkeit intendiert war. Durkheim machte diese unterschiedliche Bedeutung von Sanktionen explizit: »Wenn wir eine moralische Regel durch die Sanktion definieren, die mit ihr verknüpft ist, so heißt das nicht, daß wir das Gefühl moralischer

Tabelle 2: Maße in den Moralentwicklungs-Aufgaben

Variable	Testfragen	Aufgaben
Regelkenntnis	›Darf man die Süßigkeiten nehmen oder darf man das nicht?‹	Geschichte 1
	›Muß man teilen/helfen oder braucht man das nicht?‹	Geschichten 2, 3, 4
Regelverständnis	›Warum darf man einem anderen nichts wegnehmen?‹	Geschichte 1
	›Warum muß man in der Situation teilen/helfen?‹	Geschichten 2, 3, 4
Emotionszuschreibung		
– moralischer Übeltäter	›Wie fühlt sich Prot. (der stahl, nicht teilte, nicht half)?‹	Geschichte 1, 2, 3, 4
– moralischer Held	›Wie fühlt sich Prot. (der half)?‹	Geschichte 4
Emotionsbegründung	›Warum fühlt Prot. sich, wie er/sie sich fühlt?‹	Gechichte 1, 2, 3, 4

Verpflichtung als Folge der Sanktion ansehen. Ganz im Gegenteil, gerade weil die Sanktion vom Verpflichtungsgefühl abgeleitet ist, kann sie letzteres symbolisieren.« (Durkheim 1966, 425 f.). Unter Berufung auf eine analoge Unterscheidung bei Piaget sieht Döbert (1987) gerade in dem Versäumnis, theoretisch zwischen der konstitutiven und der indikativen Funktion von Sanktionen zu unterscheiden, die eigentliche Erklärung für die Tatsache, daß jüngeren Kindern ein instrumentalistisches Regelverständnis unterstellt wurde (vgl. auch Keller und Edelstein 1986). Ich stimme mit Döbert in diesem Punkt überein und lese die Daten (die sich mit Turiels sorgfältiger kontrollierten Ergebnissen decken) als Beleg für die Behauptung, daß bereits kleine Kinder die intrinsische Gültigkeit moralischer Regeln verstehen.

Doch nun zur entscheidenden Frage, der Frage nach der *Emotionszuschreibung*. Wie glauben Kinder, daß der Protagonist, der eine moralische Regel, die sie kennen und angemessen verstehen,

im Dienste eigener Interessen verletzt, sich fühlen werde? Unabhängig von ihrer gemessenen Intelligenz erwarteten etwa die Hälfte der Kinder im Alter von 6-7 Jahren (und etwa 60% im Alter von 4-5 Jahren), daß sich der moralische Übeltäter ›gut‹, ›lustig‹, ›wohl‹ fühlen werde – weil er die Süßigkeiten hat / die Cola allein trinken kann / den Preis behalten kann / die Aufgabe ohne Störung erledigen kann. Dies ist ein überraschendes Ergebnis: Erwachsene erwarten, daß ein Übeltäter sich schlecht fühle und daß auch Kinder dies annehmen (vgl. Zelko et al. 1986).
Die Stabilität dieses Ergebnisses wurde in einer Reihe kleinerer Querschnitt-Untersuchungen mit jeweils ca. 20-30 Kindern im Alter von 4-8 Jahren überprüft (vgl. Nunner-Winkler u. Sodian, 1988 a). Es zeigte sich, daß jüngere Kinder einem Protagonisten auch dann eine positive Emotion zuschrieben, wenn dieser einen gravierenden Regelverstoß begeht, ohne dadurch selbst einen physisch handgreiflichen Gewinn zu erzielen (z. B. ein anderes Kind, das er ärgern will, von der Schaukel stößt, so daß es sich verletzt, ohne aber selbst schaukeln zu wollen), und ihm eine negative Emotion zuschrieben, wenn er in einer moralischen Konfliktsituation einer Versuchung widersteht (z. B. die Süßigkeiten nicht stiehlt, die er haben will). Diese amoralischen Emotionszuschreibungen haben ihren Grund nicht in einem unzureichenden Verständnis moralbezogener Emotionsbegriffe: Kinder erwarten, daß (selbst ein böswilliger) Protagonist sich schlecht fühlt, wenn er ein anderes Kind versehentlich verletzt oder beobachtet, wie es sich selbst verletzt, d. h. sie kennen (zumindest Vorformen von) Reue und Mitleid. Sie erwarten aber, daß er sich wohl fühlt, wenn er genau das Kind verletzt, das er verletzen wollte – und dies, obwohl sie sehr wohl wissen, daß nach einer Regelübertretung Reue besser ist als Freude. Diese Ergebnisse legen folgendes Emotionsverständnis jüngerer Kinder nahe: Jüngere Kinder erwarten mehrheitlich, daß ein Protagonist sich gut fühlt, wenn er erfolgreich das tut, was er tun will, auch wenn dies die Übertretung einer moralischen Regel impliziert (d. h. die Süßigkeiten stiehlt, die er haben will; das Kind verletzt, das er ärgern will) und sich schlecht fühlt, wenn er nicht tut, was er tun will (die Süßigkeiten nicht nimmt, die er haben will), oder tut, was er nicht will (ein anderes Kind versehentlich verletzt). Es zeigt sich also bei jüngeren Kindern eine Diskrepanz zwischen ihrem durchaus angemessenen Verständnis der Geltungsgründe moralischer Regeln

und ihren unangemessenen Emotionszuschreibungen zu einem hypothetischen Übeltäter bzw. – da jüngere Kinder einem Protagonisten die gleichen Emotionen zuschreiben, die sie selbst in der gegebenen Situation zu empfinden erwarten (vgl. Barden et al., 1980) – zu ihren eigenen, erwarteten emotionalen Reaktionen.

Wie dargelegt, lautete die – theoretisch abgeleitete – Hypothese, daß Emotionszuschreibungen zu einem Übeltäter als Indikator für moralische Motivation gelesen werden könnten, d. h. als Indikator für die Bereitschaft, Normen, die bekannt und wohl verstanden sind, im Handeln auch unter eigenen Kosten durchhalten zu wollen. Diese Hypothese bedarf noch einer empirischen Überprüfung. Wenn sie gilt, dann sollten sich in realen moralischen Konfliktsituationen Verhaltensunterschiede zwischen Kindern mit überwiegend moralischen bzw. amoralischen Emotionszuschreibungen zeigen. Dies wurde in zwei Experimenten (Asendorpf und Nunner-Winkler 1992) an einem Teil der Kinder aus der beschriebenen Längsschnitt-Untersuchung überprüft; als weiteren möglichen Einflußfaktor, der Verhaltensunterschiede erklären könnte, wurde Schüchternheit, ein Persönlichkeitsmerkmal, das Asendorpf (1990) im Längsschnittsample reliabel erhoben hat, kontrolliert (Asendorpf u. Nunner-Winkler, im Druck). Im ersten Experiment nahmen 88 Kinder (im Alter von 5-6 Jahren) einzeln an einem Ratespiel mit dem Versuchsleiter teil. Die Kinder sollten Tiere raten, die unter einem Tuch verdeckt in einem Körbchen lagen. Für erfolgreiches Raten war ihnen ein Preis versprochen worden, und alle Kinder erlebten zunächst etliche Fehlschläge bei ihren Rateversuchen. Dann verließ der Versuchsleiter unter einem Vorwand kurzfristig den Raum und eröffnete somit dem Kind die Möglichkeit zu mogeln. Das Verhalten des Kindes in dieser Situation wurde durch einen Einwegspiegel hindurch gefilmt. Im zweiten Experiment wurden 42 Gruppen mit je drei (einander unbekannten) Kindern zusammengestellt. Die Kinder sollten sich untereinander über die Aufteilung knapper Ressourcen einigen (ein Kind konnte einen attraktiven Film ansehen, eines durch ein Kaleidoskop schauen, das dritte Kind konnte nur den beiden anderen Kindern zusehen). Als ›unmoralisches Verhalten‹ galt im ersten Experiment, wenn ein Kind unter das Tuch schaute oder die versteckten Tiere durch das Tuch hindurch zu ertasten suchte, im zweiten Experiment alle Versuche der Kinder, die eigenen Interessen ohne Rücksicht auf die Interessen der anderen durchzusetzen (vor die Filmbox hintreten, ein anderes Kind beiseite schieben, nach dem Kaleidoskop greifen, verbal nur immer wieder die eigenen Interessen artikulieren). Die Ergebnisse beider Experimente bestätigen die Hypothese: die Zahl moralischer Emotionszuschreibungen, aber auch Schüchternheit lieferten signifkante unabhängige Beiträge zur Verhaltenserklärung; im zweiten Experiment gab es darüber hinaus noch einen signifikanten Interaktionseffekt: ›moralische‹ (wie auch schüchterne) Kinder mogelten signifikant seltener im ersten Experiment. Im zweiten Experiment war die Zahl unmoralischer Akte minimal in Triaden mit zwei oder drei Kindern aus den Quartilen mit den höchsten Werten in Schüchternheit oder moralischer Emotionszuschreibung und stieg überproportional an mit der Zahl von Kindern pro Triade, die weder schüchtern noch ›moralisch‹ waren. Umgekehrt gelesen: schon unter den ›präkonventionellen‹ Kindern gibt es etliche, die unmoralische Handlungen aufgrund moralischer Erwägungen unterlassen.

3. Moralische Motive

3.1 Theoretische Vorüberlegungen

Falls moralische Emotionszuschreibungen zu einem Übeltäter in der Tat als Indikator für moralische Motivation gelten können, dann lassen sich die *Emotionsbegründungen* als Hinweis darauf lesen, welche Motive aus der Sicht jüngerer Kinder moralisches Handeln anleiten. Was ist moralisches Handeln? Behavioristische Ansätze, die sich ausschließlich auf beobachtbare Kriterien stützen, setzen moralisches mit normkonformem und unmoralisches mit abweichendem Verhalten in eins. Normkonformität wird dabei als Resultat einer je individuellen Verstärkungsgeschichte begriffen und gilt als rein strategisch, d. h. durch den Wunsch, Strafe zu vermeiden oder Belohnung zu gewinnen, motiviert (Skinner 1974; Geiger 1962 a, b). Auch im Utilitarismus basiert die Klassifikation ›moralisch/unmoralisch‹ auf einer objektiven Verhaltensbeobachtung aus der Außenperspektive. Verhalten ist ›moralisch‹, wenn seine (aus der unparteilichen Perspektive der 3. Person beurteilten) positiven Konsequenzen die negativen überwiegen.
Andere Ansätze bestreiten, daß die Klassifizierung einer Handlung als moralische aus der Beobachterperspektive vorgenommen wer-

den könne: der Rekurs auf Handlungsmotive sei unverzichtbar. Um ein Beispiel zu geben: altruistisches Verhalten kann objektivistisch definiert werden als Verhalten, das die Interessen von Alter auf Kosten von Ego fördert. Genau diese Definition wird auch in der Soziobiologie verwendet, einem Bereich, in dem die Beobachtung aus der Außenperspektive der einzig mögliche Zugang zum Feld ist (Boormann u. Levitt, 1980). Manifestes Verhalten kann jedoch auf ganz unterschiedliche Weise motiviert sein. Wenn ich etwa einen bedürftigen Kollegen finanziell unterstütze, so mag dieser manifest ›altruistische‹ Akt durch ganz unterschiedliche und zum Teil amoralische Erwägungen motiviert sein: Vielleicht möchte ich im Kollegenkreis als besonders großzügig gelten, vielleicht meinen Kollegen demütigen (unmoralische Handlung), ihn von mir abhängig machen oder seine Zuneigung ›kaufen‹ (strategisches Verhalten); vielleicht aber möchte ich in der Tat seine Not lindern (altruistisches Motiv), tun, wozu ich mich verpflichtet fühle (Achtung vor dem Gesetz), oder meine Selbstachtung erhalten, indem ich das Rechte tue (persönliche Integrität).

Der Philosoph Strawson (1962) hat darauf hingewiesen, daß Menschen nicht nur an den Konsequenzen des Verhaltens anderer interessiert sind, sondern auch und vor allem an ihren Haltungen ihnen gegenüber. So etwa werde ich, wiewohl der Schmerz der gleiche ist, ob du mich versehentlich oder in böswilliger Absicht verletzt hast, nur im letzteren Falle mit Empörung reagieren; und obgleich der Vorteil, den ich aus deiner Handlung ziehe, der gleiche sein mag, ob er beabsichtigt oder nur ein zufälliges Nebenprodukt deiner eigeninteressierten Handlungen war, werde ich Dankbarkeit nur im ersten Falle empfinden. Strawson vertritt die These, daß solche Emotionen, die Reaktionen nicht auf die Konsequenzen von Handlungen anderer, sondern auf ihre Haltung darstellen (Empörung, Dankbarkeit, egalitäre Liebe), für menschliche Beziehungen konstitutiv sind (vgl. auch Habermas, 1983). Eine ähnliche Schlußfolgerung läßt sich auch aus einer soziologisch orientierten Analyse der notwendigen Bedingungen für die Aufrechterhaltung sozialer Beziehungen ziehen. Individuen haben nicht nur an ihrem gegenwärtigen, sondern auch an ihrem zukünftigen Wohlergehen Interesse. Daher möchten sie sich darauf verlassen können, daß andere sie nicht schädigen – und zwar nicht nur dann, wenn dies zufällig ohnehin in ihrem Interesse liegt, sondern auch in Zukunft und auch wenn dies Kosten verur-

sacht. Ein Minimum an wechselseitigem Vertrauen ist eine notwendige Bedingung für das soziale Leben (vgl. Döbert u. Nunner-Winkler 1982[3], 25 ff.).
Dennoch gibt es auch unter Theorien, die darin übereinstimmen, daß nur motivierte Handlungen (und nicht nur äußerlich beobachtbares Verhalten) als moralisch oder unmoralisch gelten können, keineswegs Konsens über den Typus von Motiven, der eine ›moralische‹ Handlung konstituiert. Für Kant (1959) zählen allein solche Handlungen als moralisch, die durch ›Achtung vor dem Gesetz‹ motiviert sind, für Schopenhauer (1840) kann eine Handlung nur insoweit als moralisch gelten, als sie durch eine unmittelbare Sorge um das ›Wohl und Wehe‹ des anderen gespeist ist. Eine aristotelische Antwort auf die Frage nach moralischer Motivation wird auf ein individuelles Interesse an der eigenen Würde und Integrität verweisen. Auch in psychologischen Theorien werden unterschiedliche Motive für ›moralisches‹ Verhalten diskutiert. Kohlbergs frühe Moralstufen ähneln der behavioristischen Beschreibung: präkonventionelle Kinder – so die Annahme – befolgten moralische Regeln, um Strafen zu vermeiden oder persönliche Interessen zu befriedigen. Freud sieht moralisches Verhalten motiviert durch Angst vor internen Über-Ich-Sanktionen (die als internalisierte elterliche Gebote zu verstehen sind). In der Ich-Psychologie wird angenommen, daß Individuen im Verlauf einer heftigen Adoleszenzkrise ein rigide internalisiertes Überich überarbeiten können und hinfort sich durch ich-nähere Ich-Ideale motivieren lassen (Jacobson, 1974; Blos, 1962). Hoffman (1982) sieht – wie Schopenhauer – die Quelle von Moral in der angeborenen Fähigkeit zu spontaner Empathie, die im Verlaufe der Entwicklung in genuine Sympathie transformiert wird. In ähnlicher Weise begreifen auch Keller und Edelstein (1986) freundschaftliche Beziehungen als die entscheidende Erfahrung für den Aufbau moralischer Motivation. Blasi (1984) lokalisiert den Ursprung moralischer Motive in dem Wunsch, persönliche Integrität zu gewinnen.
Ausgangspunkt der folgenden Analyse ist die These, daß Emotionsbegründungen Rückschlüsse auf die von Kindern unterstellten Motive für normkonformes Verhalten erlauben. In der Längsschnittuntersuchung erwarteten etwa ein Viertel der Kinder im Alter von 4-5 und etwa die Hälfte der Kinder im Alter von 6-7 Jahren, daß der Übeltäter sich nach der Regelübertretung schlecht

Tabelle 3: Prozentuale Anteile der Kinder, die dem Übeltäter eine Emotion zuschreiben und begründen (n = 203, Alter 6-7)

Emotion des Übeltäters	Gesch. 1 *Diebstahl* %	Gesch. 2 *Cola teilen* %	Gesch. 3 *Preis teilen* %	Gesch. 4 *Helfen* %
– *amoralisch*	*49*	*46*	*56*	*63*
ohne Begründung	7	3	7	1
naiv	34	12	39	33
explizit	8	31	8	4
Bezug auf Leistungsmotivation				24
nicht einordenbar			2	1
– *ambivalent/Trennung von Emotion und Bewertung*	*5*	*2*	*3*	*5*
– *moralisch*	*46*	*49*	*34*	*28*
ohne Begründung		4	4	1
Regelorientierung	12	18	15	16
Opferorientierung	2	4	6	3
Sanktionsorientierung	15	4	1	1
moralische Bewertung	11	10	6	4
Freundschaft	2			
nicht einordenbar	4	8	2	3
– *keine Angaben; weiß nicht*		*3*	*7*	*4*

amoralisch
ohne Begründung: (Protagonist) ›fühlt sich gut‹ – keine Begründung
naiv: ›fühlt sich gut, weil er/sie die Süßigkeiten/die Cola/den Preis hat‹
›fühlt sich schlecht, weil die Süßigkeiten/die Cola aus sind/er/sie Bauchweh hat‹
explizit: ›fühlt sich gut, weil er/sie gestohlen/nicht geholfen/nicht geteilt hat; die Cola/den Preis allein behalten konnte‹
Leistungsmotiv: ›fühlt sich gut, weil er/sie so viele Plätzchen gebacken hat‹
ambivalent: ›fühlt sich gut und schlecht‹
Trennung Emotion/Bewertung: ›fühlt sich gut, aber es war schlecht, was er/sie getan hat‹

moralisch
ohne Begründung: ›fühlt sich schlecht‹ – keine Begründung
Regelorientierung: ›fühlt sich schlecht, weil er/sie gestohlen/nicht geteilt/nicht geholfen hat;
weil man nicht stehlen darf/teilen/helfen sollte‹
Opferorientierung: ›schlecht, weil (Opfer) traurig/durstig ist‹
Sanktionsorientierung: ›schlecht, weil die anderen ihn/sie nicht mehr mögen/die Mutter/Lehrerin schimpft/die Polizei kommt‹
moralische Bewertung: ›weil er/sie etwas Böses getan hat/ein Dieb ist‹
Freundschaft: ›weil ein Freund traurig ist/weil man einem Freund nichts wegnehmen/mit ihm teilen/ihm helfen sollte‹

fühlt. In Tabelle 3 finden sich die Emotionsbegründungen der Kinder im Alter von 6-7 Jahren.

3.2 Empirische Ergebnisse

Es zeigt sich, daß Sanktionen kaum erwähnt werden, allerdings etwas häufiger in Geschichte 1, in der es um die Übertretung einer negativen Pflicht geht. Dies mag überraschen angesichts der Tatsache, daß in Geschichte 1 die Regelübertretung heimlich und unentdeckt begangen wurde, während in den anderen Geschichten die Übertretung öffentlich stattfand (sofern der Protagonist die Bitten offen zurückwies). Es könnte anzeigen, daß die Kinder (wie Kant) negativen Pflichten eine höhere Verbindlichkeit zusprechen. Die meisten Kinder erwarteten, daß der Übeltäter sich schlecht fühlt, weil er eine Regel übertreten hat (Regelorientierung), etwas Böses getan oder sich wie ein schlechter Mensch verhalten hat (moralische Bewertung). Nur wenige Kinder verweisen auf das konkrete Leid des Opfers und noch weniger auf Freundschaftserwägungen. Einige Implikationen dieser Ergebnisse seien festgehalten:

1. Kohlbergs Behauptung, präkonventionelle Kinder hätten ein ausschließlich instrumentalistisches Verständnis moralischer Motivation, ist differenzierungsbedürftig. Ein instrumentalistisches Verständnis haben nur jene Kinder, die amoralische Emotionen zuschreiben. Diese Kinder fokussieren auf ihre eigenen Interessen und werden daher in Kohlberg-Dilemmata (die Handlungsempfehlungen in Entscheidungssituationen erfragen, in denen Autoritäten involviert sind und auch das Risiko institutioneller Sanktionen häufig unabweisbar ist) eine Kostenkalkulation anstellen, in der ein möglicher Gewinn gegen das Strafrisiko abgewogen wird. Wenn Kinder jedoch erst einmal moralische Emotionen zuschreiben – und wie die Daten belegen, tun dies etliche bereits im ›präkonventionellen‹ Stadium –, dann unterstellen sie, daß der Protagonist nicht durch strategische, sondern durch genuin moralische Überlegungen motiviert ist. Dies gilt zumindest für die ›moralischen Frühentwickler‹ (ob dies auch für die ›Spätentwickler‹ zutrifft, wird längsschnittlich zu überprüfen sein). Der meist genannte Grund für Normkonformität ist nicht die Erwartung von negativen oder positiven Sanktionen (Akzeptanz

oder Ablehnung durch Gleichaltrige, Strafe oder Belohnung durch Erwachsene), sondern vielmehr der Wunsch, das Rechte zu tun. Selbst wenn Kinder Sanktionen erwähnen, dann begreifen sie diese häufig nicht als einziges oder vorrangiges Motiv, sondern eher als zusätzlichen Gesichtspunkt oder eine weitere Handlungskonsequenz in der gegebenen Situation. So etwa erwarteten VP 002/004 (Alter 6-7 J.) für den Übeltäter (in Geschichte 3): »schlechtes Gewissen und Angst – schlechtes Gewissen, weil (das Opfer) traurig ist, und Angst, daß (das Opfer) das den anderen erzählt und sie Ärger kriegt.«

2. Keller und Edelstein (in diesem Band) vertreten die These, daß die Entwicklung des Freundschaftsverständnisses und die zunehmende Einbindung in Freundschaftsbeziehungen eine zentrale Quelle moralischer Entwicklung darstelle. In der Tat belegen ihre Ergebnisse einen Zusammenhang zwischen einer zunehmenden Differenzierung des Freundschaftskonzepts und ansteigender Bereitschaft, in einem hypothetischen Dilemma die moralische Handlungsoption zu präferieren. Dieser Zusammenhang mag allerdings auch daraus resultieren, daß das von ihnen verwendete Freundschaftsdilemma nicht nur von der universalistischen Pflicht, Versprechen zu halten, handelt, sondern darüber hinaus auch von besonderen (Fürsorge-)Verpflichtungen, die nahe Freunde einander schulden. Die vorliegenden Daten jedenfalls, in denen die moralischen Konflikte nicht miteinander befreundete Kinder involvierten, zeigen, daß für Kinder Freundschaftserwägungen kein zentraler Aspekt moralischer Motivation sind. Davon bleibt allerdings der zweite Teil der These, daß nämlich reale Freundschaftserfahrungen den Aufbau moralischer Handlungsbereitschaft fördern könnten, unberührt. Diese auch von Kohlberg vertretene These, die auch durch die von Krappmann (in diesem Band) bei älteren Kindern durchgeführten Beobachtungsstudien zu Konfliktlösungsverhalten eine gewisse Bestätigung findet, ist im Rahmen der hier vorgelegten Forschungen, die ausschließlich mit hypothetischen Interviews und experimentellen Konfliktsituationen arbeiten, nicht überprüfbar.

3. Nur wenige Kinder benennen altruistische Erwägungen, d. h. beziehen sich auf die Bedürfnisse oder das Leiden des Opfers, wenn sie die Reuegefühle des Übeltäters zu erklären suchen. Schopenhauers Festlegung, daß nur die durch Identifikation mit dem Wohlergehen anderer motivierten Handlungen als moralisch

zu gelten hätten, entspricht also nicht dem Verständnis von Moral, das Kinder aufbauen, und muß – sieht man sich die tatsächlich als motivierend erlebten Beweggründe an – wohl als zu restriktiv gelten. Auch Hoffmans These, daß moralische Motivation aus Empathie entspringt, findet keine Bestätigung.

Für die Erklärung moralischen Handelns verweisen Kinder also nicht auf konkrete (egoistische oder altruistische) Erwägungen; vielmehr unterstellen sie ein formales Motiv. Dieses Motiv läßt sich beschreiben als generalisierter Wunsch, das Rechte zu tun. Was in einer gegebenen Situation richtig ist, muß in einem konkret kontextuierten moralischen Urteilsprozeß jeweils neu geklärt werden. Aus gesamtgesellschaftlicher Perspektive ist ein solches rein formales Motiv ›funktional‹: es läßt die Flexibilität zu, die notwendig ist, damit in der Normanwendung sowohl der Komplexität konkreter Situationen und Kontextbedingungen als auch den Veränderungen im Wissen und in den Wertorientierungen, die sich der individuellen Entwicklung, aber auch dem sozialen Wandel verdanken, Rechnung getragen werden kann. Nach dieser Konzeption bedeutet moralische Sozialisation nicht – wie bei Parsons (1964) – die gelungene kulturelle Überformung ›natürlicher‹ Bedürfnisse, so daß das Kind inhaltlich je schon vorweg festgelegte normative Erwartungen jeweils ›spontan‹ zu erfüllen wünscht; vielmehr befreit die formale moralische Selbstfestlegung (jeweils das Rechte tun wollen) das Urteil von inhaltlichen Restriktionen und erlaubt dem Kind, frei und flexibel alle relevanten Aspekte in konkreten moralischen Konfliktsituationen zu berücksichtigen. Des weiteren engt diese Konzeption einer formalen Motivation auch Moral nicht auf solche Akte ein, die von einem unmittelbaren Interesse am Wohlergehen konkreter anderer motiviert sind. Das ist deshalb wichtig, weil in modernen Gesellschaften eine Vielzahl moralischer Regelverletzungen nicht konkrete andere, sondern eine abstrakte Allgemeinheit schädigen (z. B. Steuerhinterziehung, Schwarzfahren etc.).

4. Die Struktur moralischer Motivation

Im folgenden möchte ich behaupten, daß es einen Unterschied macht, ob ein Verhalten durch spontane »gute« Impulse oder durch moralische Erwägungen motiviert ist. Diese Behauptung knüpft an Kants Identifikation von moralischem Handeln mit Handeln aus Pflichtgefühl an. Kant erfuhr heftige Kritik für diese scheinbar so rigide, abstrakte und restriktive Abgrenzung des Bereichs der Moral. Schiller, ein früher und besonders eloquenter Kritiker, beklagte, daß damit altruistische Handlungen, die spontaner Neigung entspringen, nicht als ›moralisch‹ zählten. M. Baron (1984) hat nun überzeugend dargelegt, daß Kants Vorstellung eines Handelns aus Pflichtgefühl mißverstanden wurde. Handeln aus Pflichtgefühl, so Baron, »kann sehr wohl mit sympathetischer Anteilnahme einhergehen« (1984, 210). Es impliziert nur, daß »das eigene Verhalten angeleitet sein sollte, durch eine unbedingte Selbstbindung das zu tun, was man – aus moralischer Sicht – tun sollte. Zu sagen, daß man stets aus Pflichtgefühl handeln solle, bedeutet nicht, daß Pflichtgefühl stets das vorrangige Motiv zu sein habe. Pflichtgefühl fungiert nur als Filterbedingung *[limiting condition]*« (1984, 209). Pflichtgefühl kann also als Filter verstanden werden, den andere Motive passieren müssen. Sofern moralische Pflicht und spontane Neigung konvergieren, gibt es kein Problem. Ein Problem entsteht nur, wenn spontan Bedürfnisse und moralische Gebote konfligieren. In diesen Fällen zeigt sich, daß spontaner Altruismus keine hinreichende Basis für Moral darstellt.

Um diese These empirisch zu fundieren, greife ich auf die Antworten der Kinder in Geschichte 4 zurück. Diese Geschichte handelt von zwei Protagonisten: der eine verweigert (Übeltäter), der andere erweist Hilfe (moralischer Held). Beiden hatten die Kinder eine Emotion zuzuschreiben; die möglichen Kombinationen dieser Zuschreibungen sind in Tabelle 4 abgedruckt. Fast die Hälfte der Kinder produzieren entweder ein ›moralisches‹ oder ein ›amoralisches‹ Attributionsmuster: Sie erwarten, daß der Übeltäter sich schlecht, der Held hingegen gut fühlt (moralisches Muster), oder umgekehrt (amoralisches Muster). Einige Kinder tappen in eine Art moralische ›Falle‹: sie erwarten, daß beide sich schlecht fühlen – der Übeltäter, weil er eine Norm übertreten hat, der Held, weil er auf die Befriedigung eines Bedürfnisses verzichten

Tabelle 4: Prozentsatz von Kindern mit Attributionsmuster (N = 203, Alter 6-7 Jahre)

Emotionsmuster		Geschichte 4 Helfen
amoralisch:	Übeltäter fühlt sich gut – Held schlecht	26
›heile Welt‹:	beide fühlen sich gut	32
›Falle‹:	beide fühlen sich schlecht	4
moralisch:	Übeltäter schlecht – Held gut	19
nicht einordenbar*		19

* In diese Kategorie fallen alle Kinder, die (mindestens) einem der beiden Protagonisten keine, eine unbegründete oder eine ambivalente Emotionszuschreibung oder eine nicht klassifizierbare Emotionsbegründung geben.

muß. Dieses Muster ist vielleicht als Zwischenstufe in dem langen und mühevollen Prozeß des Aufbaus moralischer Motivation zu sehen – eine Hypothese, die längsschnittlich überprüft werden soll. Das für ein Verständnis moralischer Motivation entscheidende Attributionsmuster indes ist jenes, das ich ›heile Welt‹ genannt habe. Etwa ein Drittel der Kinder erwarten, daß sowohl der Übeltäter wie auch der Held sich wohlfühlen würden: jeder ist zufrieden mit dem, was er tut, weil – so wäre zu ergänzen – jeder genau das tut, was er tun will: der Held will helfen und tut eben dies, der Übeltäter will die Aufgabe vollenden und tut dies. Ein Kind, das dieses Zuschreibungsmuster produziert, hat – so meine Behauptung – moralische Motivation noch nicht aufgebaut.

Frankfurts (1988) Unterscheidung zwischen ›*first-order desires*‹ und ›*second-order desires*‹ erlaubt eine präzisere Problemformulierung. Kinder, die das ›Heile-Welt‹-Muster produzieren, gehen davon aus, daß Handlungen durch spontane *first-order desires* – mögen dies altruistische Impulse oder egoistische Bedürfnisse sein – motiviert sind. Sie unterstellen, daß jeder, der seine spontanen Bedürfnisse befriedigt, sich wohl fühlt – und zwar völlig unabhängig davon, ob das Verhalten moralischen Geboten folgte oder widersprach. Der Aufbau von *second-order desires* (Metabedürfnissen) setzt voraus, daß eine Person die Fähigkeit erworben hat, sich von ihren spontanen Bedürfnissen zu distanzieren, sie zu reflektieren und zu ihnen mit Gründen (und im Falle moralischer *se-*

cond-order desires sind dies auch moralische Erwägungen) wertend Stellung zu nehmen (vgl. auch Tugendhat, 1979). Die Fähigkeit zur Selbstdistanzierung von spontanen Impulsen und Bedürfnissen hat kognitive und motivationale Voraussetzungen. Um dies an einem Beispiel zu erläutern: Damit jemand, der vor die Wahl gestellt ist, ein *kleines* Stück Schokolade *jetzt* oder ein *größeres* eine Stunde *später* zu erhalten, das größere wählen kann, muß er zumindest rudimentäre Mengen- und Zeitvorstellungen haben. Wie Mischel und Mischel (1983) nachgewiesen haben, präferieren jüngere wie ältere Kinder in einer hypothetischen Wahlsituation das größere Stück. Sie besitzen also die notwendigen kognitiven Voraussetzungen. In einer realen Wahlsituation jedoch erweisen sich die jüngeren Kinder als unfähig zum Befriedigungsaufschub, wohingegen die älteren mit der Dringlichkeit unmittelbarer Impulse umzugehen verstehen: sie schauen zur Seite und versuchen, an etwas anderes zu denken. Kognitive und affektive Selbstdistanzierung (vgl. auch Blasi 1984) ist eine notwendige Bedingung für den Aufbau eines second-order moralischen Bedürfnisses, nie jedoch eine hinreichende: Individuen mögen sehr wohl andere als moralische Metabedürfnisse (kontemplative, ästhetische ...) entwickeln. Moralische Motivation ist ein Metabedürfnis mit einem bestimmten Gehalt: dem Wunsch, das Rechte zu tun oder eine moralische Person zu sein. Ob ein (zweifellos ›guter‹) altruistischer Impuls als moralisches Motiv gelten kann, läßt sich empirisch nur daran erkennen, ob er auch im Falle einer Kollision mit einem egoistischen Impuls durchgehalten wird. Moralische Motivation nämlich bedeutet die Bereitschaft, das Rechte zu tun, nicht nur wenn man dies ohnehin spontan will, sondern auch dann, wenn dies den Verzicht auf die Befriedigung eigener Bedürfnisse erfordert.

Das ›Heile-Welt‹-Muster hat noch eine weitere Implikation. Philosophische und psychologische Theorien vertreten konträre Thesen über die ›wahre‹ Natur des Menschen. Auf der einen Seite wird unterstellt, daß der Mensch im Grunde ein Egoist sei, der sozialer Kontrollen bedürfe. So etwa sah Hobbes den Staat als notwendiges Bollwerk gegen einen sonst unvermeidlichen ›Krieg aller gegen alle‹, und Freud sah in der individuellen Internalisierung eines Über-Ich eine notwendige Bedingung für das Zusammenleben von Menschen. Kohlbergs Beschreibung des Ausgangspunkts moralischer Entwicklung, das präkonventionelle Stadium individualistisch-egoistischer Interessendurchsetzung, erschien als empirischer Beleg für diese Position. Im Gegensatz dazu unterstellte Rousseau, daß der Mensch von Natur aus gut sei, aber dieser Unschuld aufgrund schlechter gesellschaftlicher Einflüsse verlustig gehe. Das von Gilligan und Wiggins (1987) entwickelte Konstrukt einer ›frühen moralischen Weisheit‹, das ein der Primärerfahrung sozialer Bezogenheit entspringendes ursprüngliches Mitgefühl unterstellt, das im Verlaufe der individuellen (insbesondere der männlichen) Entwicklung zu erodieren droht, schien Rousseau zu bestätigen. Die hier vorgelegten Daten legen ein anderes Menschenbild nahe: Das kleine Kind ist von Haus aus weder gut noch schlecht, sondern hat sowohl egoistische wie altruistische Neigungen und handelt spontan gemäß beiden. Indem das Kind moralische Motivation aufbaut, lernt es, seine spontanen Neigungen zu filtern, d. h. sie dem Test moralischer Rechtfertigbarkeit zu unterwerfen.

5. Moralischer Lernprozeß

Die vorgetragenen Daten legen es nahe, moralische Entwicklung als zweistufigen Lernprozeß zu begreifen: Im ersten Schritt wird das Wissen um moralische Regeln und ein angemessenes Verständnis ihrer intrinsischen Geltung erworben. Dieser Schritt wird schon früh erfolgreich von fast allen Kindern gemeistert. Dies schließt natürlich nicht aus, daß weiteres Lernen nötig ist, um diese Normen in zunehmend komplexeren sozialen Situationen angemessen anzuwenden, insbesondere sofern es nicht nur um Probleme im zwischenmenschlichen Nahbereich, sondern auf gesamtgesellschaftlicher Ebene geht (vgl. Döbert, 1987). In einem zweiten Lernschritt erfolgt der Aufbau moralischer Motivation. Dabei handelt es sich um einen differentiellen, nicht um einen universellen Lernprozeß. Einige Kinder absolvieren ihn früh, andere spät; einige mehr, andere weniger erfolgreich. Diese Beschreibung moralischen Lernens stimmt mit der Tatsache überein, daß praktisch alle Erwachsenen einfache moralische Regeln kennen und verstehen, aber sich in der Bedeutung, die sie dem Bereich der Moral zumessen, stark von einander unterscheiden. Am einen Pol eines hypothetischen Kontinuums der Intensität moralischer Motivation steht der ›Soziopath‹, der andere ausschließlich strategisch behandelt, aber indem er dies verbirgt und verdeckt, hinreichendes Wissen um die faktische Geltung moralischer Regeln dokumentiert. In der Mitte steht der durchschnittliche Vertreter der modernen Konzeption einer ›Minimalmoral‹, die negative (Schädigung unterlassen) und strikte positive Pflichten (Kontrakten und Rollenverpflichtungen nachkommen) zu erfüllen gebietet. Am anderen Extrem schließlich steht der moralische ›Virtuose‹ (oder, in Colby und Damons Terminologie: das ›moralische Beispiel‹, in diesem Band), für den Moral zum ›persönlichen Projekt‹ geworden ist (Williams, 1976; vgl. Heyd 1982; vgl. auch Nisan, 1986 und in diesem Band).

Wenn kognitives und motivationales Lernen getrennte Lernprozesse darstellen – und die Tatsache, daß der erstere universelles und frühes, der letztere differentielles und langsames Lernen involviert, scheint dies nahezulegen – dann muß man davon ausgehen, daß unterschiedliche Lernmechanismen am Werke sind. Kognitives moralisches Lernen könnte – so eine plausible Spekulation – durch Einführung in das moralische ›Sprachspiel‹ erfolgen. Bewertung ist eine der zentralen Dimensionen semantischer Bedeutung (vgl. Osgood et al. 1957), und kategorische Verdammung ist ein konstitutiver Bestandteil der Bedeutung von Begriffen wie: Diebstahl, Mord, Lüge. Indem Kinder eine Sprache lernen, erwerben sie zugleich ein Verständnis der intrinsischen Verwerflichkeit unmoralischer Handlungen. Der Aufbau moralischer Motivation jedoch erfordert mehr als ein bloß kognitives Wissen um die faktische Existenz moralischer Normen. Er erfordert die Entwicklung der Bereitschaft, die Befolgung dieser Normen zu einem wichtigen Ich-Ziel zu machen.

Es gibt unterschiedliche Erklärungen dafür, wie dies geschieht. Psychoanalytische und behavioristische Ansätze stimmen darin überein, daß sie das Kind als Objekt konzeptualisieren, das passiv externen Sozialisationseinflüssen ausgesetzt ist. In behavioristischen Ansätzen wird das Kind durch elterliche Disziplinierungstechniken geprägt, in der Freudschen Theorie gilt moralische Motivation als Ergebnis der erfolgreichen Lösung der ödipalen Krise, in deren Verlauf elterliche Gebote in Form eines rigiden Über-Ich internalisiert werden. Parsons beschreibt moralische Sozialisation als Prozeß der kulturellen Überformung natürlicher instinktgebundener Bedürfnisse zu ›Bedürfnisdispositionen‹, die das je Gesollte zum ›spontan‹ Gewollten werden lassen.

Kognitivistische Sozialisationstheorien hingegen sehen das Kind als Subjekt, das aktiv seine Realitätswahrnehmung strukturiert, das ein intrafamilialen Interaktionen unterliegendes Regelsystem zu lesen vermag und eigene Lebensentscheidungen trifft. In diesem Ansatz wurde bislang die Entwicklung moralischer Motivation nicht explizit thematisiert, da moralische Motivation als bloßes Korrelat der Entwicklung des moralischen Verstehens galt und damit auf präkonventionellem Niveau als bloßer Reflex instrumentalistischer Orientierungen angesehen wurde. Die hier vorgelegten Daten hingegen belegen, daß Kinder schon früh ein angemessenes Verständnis der intrinsischen Geltung moralischer Regeln besitzen, aber damit noch keineswegs automatisch bereit sind, deren Befolgung zu einem persönlich wichtigen Ziel zu machen. Bevor sie dazu bereit sind, erscheinen sie tatsächlich wie Kohlbergs präkonventionelle Kosten-Nutzen-Kalkulierer. Früher oder später jedoch beginnen (die meisten) Kinder, eine moralische Motivation aufzubauen. Sie erwarten, daß ein Übeltäter sich nach einer Regelübertragung schlecht fühlt, und geben damit zu verstehen, daß sie erwarten, der Übeltäter – wie auch sie selbst – wolle im Konfliktfall lieber die Norm befolgen als eigene widerstreitende Bedürfnisse befriedigen. Für viele Kinder – zumindest die moralisch ›frühreifen‹ (bei den Spätentwicklern mag sich ein anderes Bild ergeben) – ist der Hauptgrund dafür weder Angst vor externen negativen (Strafe, Vorwürfe) oder positiven (soziale Akzeptanz), noch vor internen negativen Sanktionen (schlechtes Gewissen, Schuldgefühle); der Grund für moralisches Handeln ist vielmehr der Wunsch, das Rechte zu tun oder eine moralische Person zu sein. Dieser Typus eines moralischen Metabedürfnisses – sofern es dem Menschen einen freien Willen und die Fähigkeit, eigene Lebensentscheidungen zu treffen, zubilligt – ist der Typus moralischer Motivation, der am besten mit kognitivistisch orientierten Moralentwicklungstheorien übereinstimmt.

Asendorpf, J. B. (1990), »Development of inhibition during childhood: Evidence for situational specificity and a two-factor model«, in: *Developmental Psychology* 26, 721-730.

Asendorpf, J. B. u. Nunner-Winkler, G. (1992), »Children's moral motive strength and temperamental inhibition reduce their egotistic tendencies in real moral conflicts«, in: *Child Development*.

Barden, R. C., Zelko, F. A., Duncan, S. W. u. Master J. C. (1980), »Children's consensual knowledge about the experiental determinants of emotion«, in: *Journal of Personality and Social Psychology* 39, 968-976.

Baron, M. (1984), »The alleged moral repugnance of acting from duty«, in: *The Journal of Philosophy* 81, 197-220.

Blasi, A. (1984), »Autonomie im Gehorsam. Der Erwerb von Distanz im Sozialisationsprozeß«, in: W. Edelstein, J. Habermas (Hg.), *Soziale Interaktion und soziales Verstehen* (300-345), Frankfurt: Suhrkamp.

Blos, P. (1962), *On adolescence*, New York: Free Press.

Blos, P. (1980), »Der zweite Individuierungs-Prozeß der Adoleszenz«, in: R. Döbert, J. Habermas u. G. Nunner-Winkler (Hg.), *Entwicklung des Ichs* 179-195), Königstein/Ts.: Athenäum.

Boorman, S. A. u. Levitt, P. R. (1980), *The genetics of altruism*, New York: Academic Press.

Damon, W. (1982), »Zur Entwicklung der sozialen Kognition des Kindes. Zwei Zugänge zum Verständnis von sozialer Kognition«, in: W. Edelstein u. M. Keller (Hg.), *Perspektivität und Interpretation* (110-145), Frankfurt: Suhrkamp.

Döbert, R. (1987), »Horizonte der an Kohlberg orientierten Moralforschung«, in: *Zeitschrift für Pädagogik* 33, 491-511.

Döbert, R. u. Nunner-Winkler, G. (1982[3]), *Adoleszenzkrise und Identität*, Frankfurt: Suhrkamp.

Durkheim, E. (1966). *The division of labor in society*, New York: The Free Press; deutsch: *Über soziale Arbeitsteilung*, Frankfurt: Suhrkamp 1988.

Eisenberg, N. (Hg.) (1982), *The development of prosocial behavior*, New York et al.: Academic Press.

Eisenberg, N. (1986), *Altruistic emotion, cognition, and behavior*, Hillsdale, NJ: Erlbaum.

Frankfurt, H. G. (1988), *The importance of what we care about. Philosophical essays*, Cambridge/New York: Cambridge University Press.

Geiger, T. (1962 a), »Recht und Moral (1947)«, in: T. Geiger (Hg.), *Arbeiten zur Soziologie*, Neuwied: Luchterhand.

Geiger, T. (1962 b), »Soziale Interdependenz und subsistente Norm (1947)«, in: T. Geiger (Hg.), *Arbeiten zur Soziologie*, Neuwied: Luchterhand.

Gilligan, C. u. Wiggins, G. (1987), »The origins of morality in early childhood relationships«, in: J. Kagan u. S. Lamb (Hg.), *The emergence of morality in young children* (277-305), Chicago: The University of Chicago Press.

Habermas, J. (1983), *Moralbewußtsein und kommunikatives Handeln*, Frankfurt: Suhrkamp.

Heyd, D. (1982), *Supererogation. Its status in ethical theory*, Cambridge: Cambridge University Press.

Hoffmann, M. L. (1982), »Development of prosocial motivation: Empathy and guilt«, in: N. Eisenberg (Hg.), *The development of prosocial behavior* (281-314), New York et al.: Academic Press.

Jacobson, E. (1974), *Das Selbst und die Welt der Objekte*, Frankfurt: Suhrkamp.

Kant, I. (1959), *Kritik der praktischen Vernunft*, Hamburg: Felix Meiner Verlag.

Keller, M. u. Edelstein, W. (1986), »Beziehungsverständnis und moralische Reflexion. Eine entwicklungspsychologische Untersuchung«, in: W. Edelstein u. G. Nunner-Winkler (Hg.), *Zur Bestimmung der Moral* (321-346), Frankfurt: Suhrkamp.

Kohlberg, L. (1981), *Essays on moral development: Bd. 1. The philosophy of moral development*, San Francisco: Harper & Row.

Mischel, Nerlove, H. u. Mischel, W. (1983), »The development of children's knowledge of self-control strategies«, in: *Child Development* 54, 603-619.

Nisan, M. (1986), »Die moralische Bilanz. Ein Modell moralischen Entscheidens«, in: W. Edelstein u. G. Nunner-Winkler (Hg.), *Zur Bestimmung der Moral* (347-376), Frankfurt: Suhrkamp.

Nunner-Winkler, G. u. Sodian, B. (1988 a), »Children's understanding of moral emotions«, in: *Child Development* 59, 1323-1338.

Nunner-Winkler, G. (1989), »Wissen und Wollen«, in: A. Honneth, T. McCarthy, C. Offe u. A. Wellmer, *Zwischenbetrachtungen. Im Prozeß der Aufklärung*, Frankfurt: Suhrkamp, 574-600.

Nunner-Winkler, G. u. Sodian, B. (1988 b), »Moral development«, in: F. E. Weinert u. W. Schneider (Hg.), *LOGIC-Report No. 4: Results of wave two. Technical report, Max Planck Institute for Psychological Research*, München.

Nunner-Winkler, G. u. Sodian, B. (1991), »Moral development«, in: F. E. Weinert u. W. Schneider (Hg.), *LOGIC-Report No. 7: Assessment procedures and results of wave four. Max Planck Institute for Psychological Research*, München.

Osgood, Ch. E., Suici, G. J. u. Tannenbaum, P. H. (1957), *The measurement of meaning*, Urbana, Ill.

Parsons, T. (1964), *The social system*, London: The Free Press of Glencoe.

Schopenhauer, A. (1840/1968), *Kleinere Schriften*, Darmstadt: Wissenschaftliche Buchgesellschaft.

Skinner, B. F. (1974), *About behaviorism,* New York: Knopf.

Solomon, R. C. (1976), *The passions,* New York.

Solomon, R. C. (1984), »Emotions and choice«, in: Ch. Calhoun u. R. C. Solomon (Hg.), *What is an emotion?* (305-326), New York/Oxford: Oxford University Press.

Strawson, P. F. (1962), *Freedom and Resentment* (Proceedings of the British Academy 48).

Sytsma, Sh. E. (1990), *Ethical internalism,* Dissertation: Loyola University Chicago.

Tugendhat, E. (1979), *Selbstbewußtsein und Selbstbestimmung. Sprachanalytische Interpretationen,* Frankfurt: Suhrkamp.

Turiel, E. (1983), *The development of social knowledge. Morality and convention,* Cambridge: Cambridge University Press.

Weinert, F. E. u. Schneider W. (1986), *First report on the Munich longitudinal study on the genesis of individual competencies. (LOGIC),* München: Max Planck Institute for Psychological Research.

Williams, B. (1976), »Persons, character and morality«, in: A. O. Rorty (Hg.), *The identities of persons* (197-216), Berkeley: University of California Press.

Zelko, F. A., Duncan, S. W., Barden, R. C., Garber, J. u. Masters, J. C. (1986), »Adults' expectancies about children's emotional responsiveness: Implications for the development of implicit theories of affect«, in: *Developmental Psychology* 22, 109-114.

Entwicklungsmechanismen und Kontextbedingungen

Monika Keller und Wolfgang Edelstein
Die Entwicklung eines moralischen Selbst von der Kindheit zur Adoleszenz*

1. Einleitung

Die vorliegende Untersuchung rekonstruiert die Entwicklung moralischer Verantwortlichkeit im Kontext enger Freundschaftsbeziehungen. Unter Verantwortlichkeit verstehen wir, daß sich die Person an moralische und interpersonale Verpflichtungen gebunden fühlt und diese im Prozeß der Entscheidungsfindung in einer moralischen Konfliktsituation berücksichtigt.

Verantwortlichkeit setzt eine Konzeption des Selbst als Handelndem voraus, das anerkennt, daß es für die eigenen Handlungen und deren Konsequenzen verantwortlich ist. Ein zentraler Indikator für moralische Verantwortlichkeit und ein moralisches Selbst ist die persönliche Erfahrung von erforderlicher Konsistenz zwischen moralischem Urteil und Handlung. Konsistenz ist für die Identität grundlegend, da sie Einheit konstituiert, sowohl aus der Perspektive, die andere in bezug auf das Selbst einnehmen, als auch aus der Perspektive, die dem Selbst eigen ist (Epstein, 1973). Einheitlichkeit sowohl über Interaktionen hinweg als auch im Denken und Handeln garantiert Vorhersagbarkeit und Regelmäßigkeit des Verhaltens: die interaktionale und logische Basis für die gegenseitige Erwartbarkeit von Handlungen. Die traditionellen moralischen Begriffe der Verläßlichkeit und Vertrauenswürdigkeit sind Attribute moralischer Konsistenz in moralischen Handlungskontexten und folglich Attribute moralischer Verantwortlichkeit.

Aus kognitiv-entwicklungspsychologischer Sicht wird angenommen, daß die erlebte Notwendigkeit zur Herstellung von Konsistenz zwischen Handeln und Denken eine relativ späte Errungenschaft in der Entwicklung ist. Sie basiert auf der Entwicklung eines Selbst, das die Verantwortung für seine Handlungen anerkennt und sich selbst in moralisch relevanten Kategorien bestimmt (Blasi, 1984; Blasi und Oresick, 1986; Damon und Ger-

* Originalbeitrag.

son, 1978). Die Entwicklung eines moralischen Selbst hat kognitive und motivationale Voraussetzungen. Während grundlegendes Wissen über moralische Regeln schon kleinen Kindern verfügbar zu sein scheint (Turiel, 1983), bleibt die Motivation, diese Regeln für das Selbst als streng verbindlich zu akzeptieren und negative Gefühle als Folge ihrer Verletzung zu empfinden, in der Entwicklung zurück (Blasi und Oresick, 1986; Nunner-Winkler und Sodian, 1988; Piaget, 1965). Für kleinere Kinder scheint Konsistenz zwischen ihren moralischen Urteilen und Handlungen folglich nicht erforderlich zu sein.

Konsistenz kann unter zwei Gesichtspunkten gesehen werden: Einerseits dient die Beziehung zwischen moralischem Urteil und Handlung als ein Kriterium für moralische Konsistenz. Im Falle einer Inkonsistenz zwischen Urteil und Handlung indizieren moralische Gefühle der Schuld und Scham, moralische Rechtfertigungen, Entschuldigungen und Entschädigungen das Vorhandensein eines moralischen Selbst und den Versuch der Herstellung von Konsistenz. Interindividuell haben diese Reaktionen auf Inkonsistenz die Funktion, die moralische Balance in Beziehungen wiederherzustellen. Intraindividuell dienen sie dem Erhalt der persönlichen Sichtweise des Selbst als eines moralischen Handelnden.

Andernorts haben wir behauptet, daß die Entwicklung soziomoralischen Verstehens von der Entwicklung komplexer sozialkognitiver Strukturen abhängt, d. h. vom Wissen über Personen, Beziehungen und soziale und moralische Regeln (Keller und Reuss, 1984; Keller und Edelstein, 1991). Diese Kategorien beziehen sich sowohl auf soziale Fakten, d. h. auf deskriptives soziales Wissen über das, was der Fall ist, als auch auf moralische Tatsachen, d. h. präskriptives moralisches Wissen über das, was der Fall sein sollte im Sinne dessen, was richtig und verantwortlich ist. Deskriptives soziales Wissen bezieht sich wiederum auf Handlungserklärungen in Form von subjektiven Motivationen, Intentionen, Präferenzen, Hoffnungen, Interessen, Erwartungen oder Gefühlen; auf Wissen über Handlungskonsequenzen für sich selbst und andere und Beziehungen; auf Wissen über Strategien zum Erreichen bestimmter Ziele. Präskriptives moralisches Wissen bezieht sich auf Handlungen im Lichte ihrer moralischen Präferierbarkeit, d. h. darauf, ob Handlungen und ihre psychologischen Komponenten hinsichtlich normativer Standards verantwortlich oder unverantwortlich sind. Diese Wissensform bezieht sich auf intersubjektiv gültige Normen oder Werte, gemäß denen sich die Mitglieder einer Gruppe oder die Menschen im allgemeinen verhalten sollten. Diese Normen stellen nicht nur Handlungsgründe im Sinne deskriptiver sozialer Kognition, sondern auch interpersonal und moralisch gerechtfertigte Gründe bereit. Im Verlauf der Entwicklung und unter dem Einfluß ihrer Sozialisation rekonstruieren Individuen solche normativen Standards und deren Bedeutung für Handlungen, Personen und Beziehungen.

Die Fähigkeit zur Perspektivenübernahme spielt eine zentrale Rolle in der Entwicklung dieser sozial-kognitiven Strukturen. Mead (1934) folgend gehen wir davon aus, daß die Selbst-Entwicklung und die Entwicklung sozialen und moralischen Wissens in einem komplementären Zusammenhang stehen. Durch die Teilnahme an Interaktionen und durch selbst-reflexive Strukturen der Perspektivenübernahme wird das Individuum selbst zum Rezipienten seiner eigenen Handlungen, widergespiegelt durch die Bedeutungen, die diese Handlungen für andere erlangt haben. Der soziale Aufbau des Selbst beruht folglich darauf, daß sich das Selbst in Interaktionen als Handelnden wahrzunehmen lernt und damit auch die Bedeutungen erkennt, die andere den eigenen Handlungen zuschreiben. Mit dem Aufbau der Strukturen des sozialen Wissens und des Selbst über die Zeit hinweg werden sich die Individuen zunehmend der Verpflichtungen und Verantwortungen bewußt. So verstehen sie, daß gewisse Ziele und Mittel, (subjektive) Handlungsgründe oder auch antizipierbare Folgen hinsichtlich normativer Standards illegitim oder unmoralisch sind.

Im Verlauf der Interaktion mit anderen macht das Individuum die Erfahrung, daß die Verletzung normativer Standards nicht nur Konsequenzen für andere und für die Beziehungen zwischen Selbst und anderen hat, sondern sich auch auf die Wahrnehmung und Bewertung des Selbst durch die anderen und auf die eigene Selbstwahrnehmung auswirkt. Hierin liegt die Bedeutung von Cooleys (1966) Begriff des »looking glass self« (vgl. Harris, 1989). Das Individuum ist sich folglich nicht nur bewußt, daß das Verletzen normativer Standards zu externen Sanktionen führt, sondern auch zu internen Sanktionen im Sinne moralischer Gefühle und moralischer Selbstbewertungen. Im Verlauf der Entwicklung muß das Selbst die Folgen seiner Handlungen für andere und die

Bewertung des Selbst seitens anderer berücksichtigen, um Beziehungen herzustellen und zu erhalten. Insofern sich das Individuum wünscht, an Beziehungen teilzuhaben, muß es daher in Übereinstimmung mit diesen Standards handeln.

In einem ersten Schritt in bezug auf die Entwicklung des moralischen Selbst wird sich das Kind dabei bewußt, daß die eigenen Handlungen negative Konsequenzen für andere haben, die es nicht intendiert oder wünscht. Diese Erfahrung besitzt sowohl kognitive als auch affektive Komponenten. Durch Perspektivenübernahme gelingt es dem Selbst, an der Welt der anderen teilzuhaben. Die emotionale Welt der anderen erschließt es durch empathische Gefühle. Diese emotionale Teilhabe an den Konsequenzen, die die eigenen Handlungen für andere haben, stellt eine wichtige motivationale Quelle (Hoffman, 1984) für die Vermeidung negativer Konsequenzen für andere dar und für Wiedergutmachungen, wie z. B. Gefühle des Bedauerns, Entschuldigungen oder Entschädigungen, die der Wiederherstellung einer moralischen Balance im Falle der Verletzung der Interessen und Gefühle anderer dienen.

In einem weiteren Entwicklungsschritt beginnt das Selbst zu realisieren, daß die eigenen Handlungen und deren Auswirkungen auf andere Bewertungen des Selbst seitens anderer hervorrufen. Das Kind wird sich allmählich bewußt, daß diese Bewertungen nicht auf die moralische Qualität der Handlungen beschränkt bleiben, sondern die moralische Qualität des Selbst als Person mit einschließen. Im Verlauf der Entwicklung berücksichtigen die Individuen nicht nur zunehmend die Folgen ihrer Handlungen für andere, sondern auch deren Bewertung durch andere. Darüber hinaus entwickelt sich ein selbst-evaluatives System, anhand dessen die eigenen Handlungen und das Selbst bewertet werden.

Das selbst-evaluative System umfaßt die Entwicklung moralischer Vorbilder, die moralische Handlungen motivieren. Moralische Gefühle der Schuld und Scham entstehen, wenn das Individuum nicht in Übereinstimmung mit moralischen Vorbildern oder Selbstidealen gehandelt hat. Gefühle des Stolzes und der Zufriedenheit entstehen dann, wenn es den moralischen Vorbildern gerecht wird. Moralische Gefühle sind daher mit einer Vorstellung des Selbst verbunden, die das Individuum zu realisieren oder zu erhalten versucht. Sie fungieren als Motive, den Verpflichtungen und Verantwortungen entsprechend zu handeln, und dienen der

Herstellung von Konsistenz zwischen dem, was als richtig bewertet wird, und dem, was in Situationen konfligierender interpersonaler und moralischer Ansprüche getan wird. Im Falle einer Verletzung moralischer Standards haben solche Gefühle die Funktion, den Status des Selbst als zuverlässig moralisch Handelndem wiederherzustellen, sowohl aus der Sicht des Selbst als auch in den Augen anderer.

Die Entwicklung interpersonaler und moralischer Verantwortlichkeit bedeutet auch, daß das Individuum zunehmend realisiert, daß die eigenen Handlungen moralisch zu rechtfertigen sind. Rechtfertigungen haben hinsichtlich der Herstellung von Selbst-Konsistenz zwei Funktionen: Interindividuell beziehen sie sich auf andere, die von den Handlungen des Selbst betroffen sind, und dienen folglich dazu, deren Sichtweise des Selbst als eines moralisch Handelnden zu erhalten oder wiederherzustellen. Intraindividuell dienen Rechtfertigungen und Entschuldigungen im Falle der Verletzung normativer Verpflichtungen der Herstellung moralischer Konsistenz (Döbert und Nunner-Winkler, 1978; Keller, 1984; Sykes und Matza, 1957) und daher dem Erhalt eines Selbstkonzepts als moralisch Handelndem. Die Erfahrung einer selbstbezogenen Notwendigkeit, die eigenen Handlungen zu rechtfertigen, setzt die Entwicklung eines selbst-evaluativen Systems voraus, in dem das Selbst die Bewertungen konkreter anderer internalisiert hat oder sich an moralischen Prinzipien orientiert, die für das Selbst und andere gleichermaßen verbindlich sind.

Die Entwicklung sozio-moralischer Wissensstrukturen und die Entwicklung eines moralischen Selbst, das die Verantwortung für seine Handlungen anerkennt und bestrebt ist, moralische Konsistenz herzustellen, sind folglich zwei komplementäre und zusammenhängende Aspekte der sozio-moralischen Entwicklung. Einerseits erwirbt das Individuum im Verlaufe der Entwicklung unterschiedliche soziale und moralische Wissenskategorien i. S. des Verstehens von Handlungen, Personen, Beziehungen und Regeln. Andererseits verwendet es soziales und moralisches Wissen im Kontext spezifischer Situationen, bei faktischen Entscheidungsfindungen und bei der Bestimmung und Rechtfertigung von Handlungsrichtlinien. Die Daten der vorliegenden Studie zeigen die Beziehungen zwischen der Entwicklung sozio-moralischer Wissensstrukturen und der Entwicklung interpersonal-moralischer Verantwortlichkeit.

2. Die Entwicklung moralischer Verantwortlichkeit im Kontext enger Beziehungen

Affektive Bindungen in Beziehungen spielen hinsichtlich der Entwicklung eines moralischen Selbst eine zentrale Rolle. Indem sich Individuen als Teil von Beziehungen erfahren, werden sie sich nicht nur kognitiv der Verpflichtungen und Verantwortungen bewußt, sondern lernen, in Übereinstimmung mit ihren Verpflichtungen und Verantwortungen zu handeln, um Beziehungen aufrechtzuerhalten. In der kognitiv-strukturtheoretischen Tradition wurde die Bedeutung der Beziehungen zu Gleichaltrigen für die sozial-kognitive und moralische Entwicklung besonders betont. Es wurde darauf hingewiesen, daß es sich dabei um egalitäre Beziehungen handelt, in denen Kinder die Bedeutung von Reziprozitätsnormen unter dem regulatorischen Prinzip der Autonomie rekonstruieren, während Autoritätsbeziehungen durch Macht und Gehorsam reguliert werden (Piaget, 1965; Damon, 1989; Krappmann, 1992; Youniss, 1980). In der neo-psychoanalytischen Tradition (Sullivan, 1953) wurde die besondere Bedeutung enger Freundschaft für die emotionale Entwicklung und die Identitätsentwicklung betont. Die frühe Adoleszenz wird als entscheidende Phase für die Entwicklung emotionaler Anteilnahme, enger Bindungen und des Selbst angesehen. Die Erfahrung affektiver Bindung kann demnach als eine wichtige motivationale Grundlage für die Entwicklung moralischer Verantwortlichkeit angesehen werden.

Freundschaft ist ein besonders relevanter Erfahrungskontext, in dem sich zeigt, wie Kognition und Affekt in der Entwicklung eines moralischen Selbst miteinander verbunden sind. Insbesondere für die Adoleszenz läßt sich postulieren, daß eine enge affektive Bindung und eine emotionale Anteilnahme am Leben des Freundes besteht (Selman, 1980). Verpflichtungen und Verantwortungen gegenüber einem engen Freund werden in dieser Phase besonders bedeutsam und wirken im Kontext der Entscheidungsfindung in einer interpersonal und moralisch relevanten Situation, in der zwischen Freunden konfligierende Erwartungen bestehen, motivbildend. Die Entwicklung moralischer Verantwortlichkeit muß demgemäß in einem engen Zusammenhang mit der Entwicklung von Intimität in zwischenmenschlichen Beziehungen betrachtet werden.

In der nachfolgend vorgestellten empirischen Studie werden wir die kognitiven und affektiv-motivationalen Komponenten in der Entwicklung eines moralischen Selbst untersuchen. Zuerst werden wir zeigen, daß die Entwicklung eines moralischen Selbst und moralischer Verantwortlichkeit im allgemeinen Denken über Verpflichtungen und über Verantwortungen gegenüber einem engen Freund offensichtlich wird. Zweitens werden wir uns der Frage nach der persönlichen Verbindlichkeit von Verpflichtungen und Verantwortungen nähern, indem wir die situationspezifische Anwendung von moralischem Denken und Denken über Freundschaften in der Interpretation eines moralisch relevanten Handlungsdilemmas innerhalb einer engen Freundschaft untersuchen.

Die motivationale Relevanz des interpersonalen und moralischen Wissens in der Entscheidungsfindung in einem Handlungsdilemma wird in bezug auf zwei Aspekte der Konsistenzbildung zwischen Urteil und Handlung eingeschätzt:

(a) Konsistenz wird ex ante hergestellt, indem die Handlung in Übereinstimmung mit dem erfolgt, was als richtig oder verantwortlich im Sinne interpersonaler und moralischer Standards angesehen wird.

(b) Konsistenz wird post hoc durch Rechtfertigungen und Entschuldigungen hergestellt, sofern moralische Standards verletzt wurden.

3. Eine empirische Studie über die Entwicklung moralischer Verantwortlichkeit

3.1 Methode und Stichprobe

Im Rahmen einer Längsschnittstudie wurde das sozio-moralische Denken von 121 Probanden (57 weiblich, 64 männlich) im Alter von 7, 9, 12 und 15 Jahren erfaßt.

In Interviews wurden die Probanden zu unterschiedlichen Aspekten des allgemeinen und situationsspezifischen Wissens über moralische Regeln und Beziehungen befragt:

(1) Allgemeines Denken über die kontraktuelle Norm des Versprechens (Was bedeutet es, ein Versprechen zu geben? Warum

muß im allgemeinen ein Versprechen gehalten werden? Was sind die Konsequenzen des Nicht-Einhaltens eines Versprechens?)
(2) Allgemeines Denken über die Bedeutung einer engen Freundschaft im Sinne der Erwartungen und Gefühle, auf denen Freundschaften beruhen (Was macht enge Freundschaft aus? Was bedeutet es, wirklich eng befreundet zu sein?)
(3) Situationsspezifisches Denken über Versprechen und enge Freundschaft in einer Situation konfligierender Ansprüche, in der ein Versprechen gegenüber dem besten Freund thematisch wird.
Das vorgegebene Dilemma basiert auf Selmans (1980) Freundschaftsdilemma. Die Protagonistin hat ihrer besten Freundin versprochen, sich mit ihr an demjenigen Tag zu treffen, an dem sie immer zusammen sind. Später erhält sie von einem dritten Kind, das erst kürzlich zugezogen ist, eine attraktive Einladung (Kino oder Pop-Konzert – in Abhängigkeit vom Alter). Diese Einladung findet zu derselben Zeit statt, zu der sie der besten Freundin versprochen hat, sie zu besuchen. Verschiedene psychologische Details machen die Sachlage komplexer, z. B. daß die Freundin Probleme hat, über die sie sprechen will, und daß sie das neue Kind nicht mag. In der Form für Jungen sind alle Beteiligten männlich.
Das Interview erfaßt deskriptiv soziales und präskriptiv moralisches Wissen. *Zuerst* hat der Proband das Problem in einer vorläufigen Weise zu definieren. *Zweitens* soll er sich (hypothetisch) anstelle des Protagonisten entscheiden und Gründe sowohl für die Wahl als auch die alternative Option angeben. *Drittens* werden Konsequenzen der Entscheidungen aus der Perspektive der Betroffenen (Protagonist, bester Freund, neues Kind) antizipiert. *Viertens* werden verfügbare regulative Strategien exploriert, die nicht intendierte oder unerwünschte Folgen für Selbst und andere vermeiden oder kompensieren sollen. *Fünftens* wird die Handlungsentscheidung im Sinne ihrer moralischen Richtigkeit bewertet.

3.2 Kodierung

Die Argumente der Probanden wurden im Rahmen einer naiven Handlungstheorie unterschiedlichen Entwicklungsniveaus zugeordnet (vgl. Keller und Reuss, 1984). Die Definitionen der Niveaus beziehen sich auf die sozial-kognitive und moralpsychologische Literatur (vgl. Colby und Kohlberg, 1987; Damon, 1989; Gibbs und Widaman, 1982; Selman, 1980; Youniss, 1980). Die Niveaus variieren zwischen dem niedrigsten Niveau 0 und dem höchsten Niveau 3 mit Übergängen (z. B. Niveau 0/1, 1/2, 2/3). Die prozentuale Übereinstimmung in den Kodierungen variierte für die unterschiedlichen Altersgruppen und die unterschiedlichen Kategorien zwischen 75% und 90%. Beispiele für die Definitionen der Niveaus werden im Ergebnisteil gegeben.

4. Ergebnisse

4.1 Die Entwicklung des allgemeinen moralischen Denkens und des Beziehungsverständnisses

Im folgenden sollen kurz die Entwicklungsniveaus des allgemeinen Verständnisses der kontraktuellen Versprechensnorm und enger Freundschaftsbeziehungen dargestellt werden, die an anderer Stelle ausführlich berichtet wurden (vgl. Keller und Edelstein, 1990). Zweitens werden wir verdeutlichen, wie moralisches und interpersonelles Wissen im Denken über ein hypothetisches Freundschaftsdilemma angewandt wird.

Vier Entwicklungsniveaus im *Verständnis des Versprechenskonzepts* wurden definiert:

Auf dem niedrigsten *Niveau* 0 können Probanden keine Gründe angeben, warum man ein Versprechen halten sollte.

Auf *Niveau 1* wird die Verpflichtung, ein Versprechen zu halten, mittels Regelgehorsam (man hat es zu halten) oder übergeordneter Autorität legitimiert. Im Gegensatz zu Kohlbergs (1984) Befunden wird Bestrafung nicht als Grund für die Verpflichtung verstanden, sondern lediglich als Konsequenz einer Verletzung des Versprechens (vgl. Keller, Eckensberger und v. Rosen, 1989; Keller, 1990).

Auf *Niveau 2* beruht die Verpflichtung, ein Versprechen zu halten, auf einer persönlichen Verbindlichkeit, die im Akt des Versprechens zum Ausdruck kommt (Perner, 1988), und der Antizipation konkreter Konsequenzen, die ein Verletzen der Versprechensnorm für die Betroffenen hätte. Kohlbergs (1984) Charakterisierung des moralischen Denkens der Stufe 2 als instrumentellen Austausch findet durch unsere Daten keine Unterstützung. Vielmehr erscheinen schon auf diesem Niveau genuin moralische und interpersonale Argumente (Keller, Eckensberger u. v. Rosen, 1989, Keller, 1990).

Auf *Niveau 3* wird die Verpflichtung, ein Versprechen zu halten, auf generalisierte Reziprozitätsnormen und Vorstellungen zurückgeführt, wie Menschen miteinander umgehen sollten und wie man handeln sollte, um eine verläßliche und vertrauenswürdige Person zu sein. Das Verletzen der Versprechensnormen wird als Vertrauensbruch interpretiert und führt zu Schuldgefühlen.

Entsprechend wurden vier Entwicklungsniveaus des *Verständnisses von Freundschaft* definiert (vgl. Selman, 1980).

Auf *Niveau 0* wird das Konzept einer engen Freundschaft nicht verstanden. Ein Freund ist derjenige, mit dem man spielt.

Auf *Niveau 1* definiert sich Freundschaft anhand von Spielaktivität und Häufigkeit der Interaktion.

Auf *Niveau 2* wird eine enge Freundschaft als eine Beziehung angesehen, die sich mit der Zeit entwickelt und die wechselseitige Nähe und Unterstützung beinhaltet. Enge Freunde kennen sich seit langem, sie teilen Geheimnisse und helfen einander. Für enge Freunde besteht eine Verpflichtung, ihre Versprechen gegenseitig zu halten und Geheimnisse für sich zu behalten.

Auf *Niveau 3* wird eine enge Freundschaft in Begriffen der gegenseitigen Vertrautheit und Verläßlichkeit konzeptualisiert. Enge Freunde teilen nicht nur gemeinsame Interessen, sondern auch persönliche Erfahrungen und Gefühle. Sie besitzen ein tiefgehendes Verständnis der jeweils anderen Persönlichkeit. Auf diesem Niveau werden die moralischen Implikationen einer engen Freundschaft bedeutsam. Enge Freunde vertrauen sich, sie müssen sich vollständig aufeinander verlassen können und haben in Zeiten, in denen sie vom Freund gebraucht werden, füreinander da zu sein.

4.2 Die Entwicklung situationsspezifischen Denkens: das Bewußtsein moralischer und interpersoneller Normen in der Interpretation eines Handlungsdilemmas

Das allgemeine Wissen über das Einhalten eines Versprechens und über Freundschaft wird im Kontext der Rekonstruktion eines Handlungsdilemmas aktiviert, wobei vier Niveaus des Konfliktverständnisses definiert wurden. Diese Niveaus geben einen allgemeinen Eindruck der qualitativ unterschiedlichen Interpretationen von Freundschaft und Versprechen, die im Verlauf der Entwicklung in der Reflexion des Dilemmas in Erscheinung treten:

Auf *Niveau 0* besitzen die Probanden kein Verständnis von der interpersonalen Dimension des Konflikts. Die eigenen hedonistischen Interessen werden auch dem Freund zugeschrieben. Es besteht kein klares Bewußtsein bezüglich des Selbst als eines intentional Handelnden. Die psychologischen Auswirkungen der Handlung für andere werden im Sinne der eigenen Interessen interpretiert, d. h. die Situation wird nicht als Dilemma konzeptualisiert.

Niveau 1 kann als pränormativ gekennzeichnet werden, da die Probanden das in der Geschichte erwähnte Versprechen nicht spontan aufgreifen. Der Fokus liegt auf den Wünschen und Interessen des Protagonisten, die sich entweder auf den Gratifikationsgehalt des Angebotes seitens des neuen Kindes beziehen oder auf den Gratifikationsgehalt der Freundschaft im Sinne der eigenen Interessen am gemeinsamen Spiel mit dem Freund. Ein erster Begriff von Regelmäßigkeiten in Freundschaftsbeziehungen kommt in der Aussage zum Ausdruck, daß die Probanden »oft miteinander spielen«. Eine Quasi-Verpflichtung ergibt sich aus der Tatsache, daß »der Freund eingeladen hat« oder daß er mit dem Protagonisten spielen will. Es wird gesehen, daß die Mißachtung der Interessen und Erwartungen des Freundes mit negativen Konsequenzen für den Freund verbunden ist (z. B. die Freundin hat alles umsonst vorbereitet, sie wartet, ist allein oder ärgerlich und mag nicht mehr mit der Protagonistin spielen, wenn sie sie nicht besucht). Diese Konsequenzen werden auch als Kriterien für das moralische Urteil herangezogen (z. B. es ist richtig, zum Freund zu gehen, weil er sonst ärgerlich ist). Zur Verhandlung oder Balancierung werden sowohl veridikale als auch nonveridikale Kommunikationsstrategien verwendet. So kann der Protagonist gegen-

über dem Freund die eigenen hedonistischen Interessen ins Spiel bringen (z. B. er wollte so gern ins Kino gehen). Aber es kann auch der Versuch erfolgen, die hedonistischen Interessen oder die Handlungsweise des Protagonisten vor dem Freund zu verbergen, indem ihm nichts gesagt wird oder Entschuldigungen angeführt werden.
Auf *Niveau 2* rückt der normative Aspekt des gegenüber dem Freund gegebenen Versprechens ins Zentrum der Aufmerksamkeit. Das Versprechen nicht zu halten wird als Verrat bewertet, und eine Freundin, die ihr Versprechen nicht hält, ist eine Verräterin und/oder eine schlechte Freundin. Die zeitliche Dimension (z. B. sie sind schon seit langem befreundet) und die Regelmäßigkeit der Interaktion (z. B. sie treffen sich immer sonntags) kennzeichnen eine spezielle Eigenschaft der Freundschaftsbeziehung, die zu Gründen für Handlungsentscheidungen und moralische Bewertungen werden. Wenn die Freundin im Stich gelassen oder verraten wurde, können ihre Gefühle empathisch nachvollzogen werden. Auf diesem Niveau kommen auch genuin moralische Gefühle zum Ausdruck (z. B. der Protagonist fühlt sich schlecht, wenn er sein Versprechen gegenüber dem Freund nicht hält). Diese Gefühle sind einerseits auf moralische Sachverhalte, d. h. den Verpflichtungsgehalt des Versprechens, zurückzuführen. Andererseits entstammen sie aber auch der Beziehung selbst: seit langem miteinander befreundet zu sein und sich immer an einem bestimmten Tag zu treffen begründet eine wechselseitige Verpflichtung, deren Mißachtung spezifische emotionale Reaktionen hervorruft. Im Falle einer Verletzung moralischer und interpersonaler Ansprüche wird mittels regulativer Strategien ein Ungleichgewicht in der Beziehung vermieden oder eine Balance wiederhergestellt. Dabei versuchen die Probanden auf diesem Niveau, dem Freund die Motive für die Entscheidung, ins Kino zu gehen, verständlich zu machen, indem sie auf die einmalige Gelegenheit verweisen (z. B. der Film war so gut, oder es war die letzte Möglichkeit, den Film zu sehen), oder es wird ein konsensuelles Einverständnis mit dem Freund angestrebt (z. B. indem gefragt wird, ob es ihm etwas ausmachen würde). Im Falle einer nachfolgenden Balancierung wird um Verzeihung gebeten und Wiedergutmachung angeboten. Es ist jedoch auch die Verwendung non-veridikaler Strategien möglich, d. h. explizites Lügen, um negative Konsequenzen zu vermeiden. Auf die Situation des neuen Kindes als

Grund für die Entscheidung, ins Kino zu gehen, wird nur selten hingewiesen.

Auf *Niveau 3* hat sich eine Bindung an moralische und interpersonale Verpflichtungen entwickelt. Die Notwendigkeit, ein Versprechen zu halten, entstammt einer generalisierten Reziprozitätsnorm, die Vertrauen und Vertrauenswürdigkeit erforderlich macht. Auf diesem Niveau bekommen informelle Freundschaftserwartungen und Verantwortungen eine besondere Bedeutung. Die Verantwortung gegenüber dem Freund ergibt sich nicht nur aus der Tatsache, daß ein Versprechen gegeben wurde, dessen Einhalten im allgemeinen verpflichtend ist, sondern auch aus der Beziehung selbst (z. B. man sollte in bezug auf das Wohlergehen des Freundes besonders sensibel sein). Freunde haben ihre Gefühle gegenseitig zu berücksichtigen und sich in Situationen beizustehen, in denen ein Freund den anderen braucht. Die in der Geschichte erwähnten Probleme des Freundes besitzen auf diesem Niveau folglich eine besondere moralische Relevanz. Der Verpflichtungsgehalt der Situation ist auf eine Konzeption des Selbst als Teil einer Beziehung zurückzuführen, in der sich das Selbst eng mit dem Freund verbunden fühlt und ein vertrauenswürdiger, zuverlässiger Freund sein will.

4.3 Die Herstellung kognitiver Konsistenz zwischen moralischem Urteil und Handlungsentscheidung

Im folgenden sollen die Ergebnisse einiger quantitativer Analysen des situationsspezifischen moralischen Urteilens und der Herstellung von moralischer Konsistenz diskutiert werden.

4.3.1 Alter, Handlungsentscheidung und Entwicklungsniveau soziomoralischen Denkens

Die erste Analyse zeigt einen statistisch signifikanten Zusammenhang zwischen der Handlungsentscheidung im Freundschaftsdilemma und dem Alter der Probanden. Im Verlauf der Entwicklung entscheiden sich die Probanden anstelle des Protagonisten zunehmend häufiger für den Freund (Chi-Quadrat = 74.10, $p < .001$, vgl. Abbildung 1). Nur in der Altersgruppe der 7jährigen

Abbildung 1: Handlungsentscheidung in Abhängigkeit vom Alter

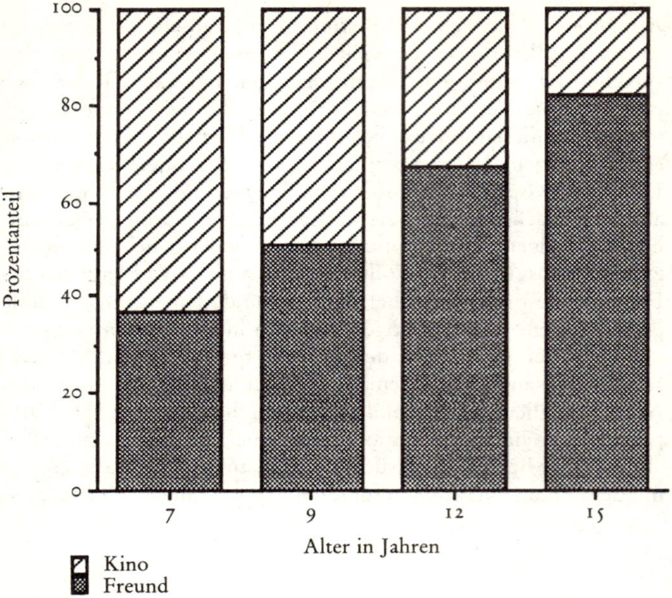

votiert die Mehrheit für die Option »Kino«. In allen anderen Altersgruppen entscheidet sich die Mehrheit für den Freund. Bei den 15jährigen sind dies sogar 80%. In der Verteilung der Entscheidungsrichtungen über die Altersgruppen besteht kein Geschlechtsunterschied. Das Dilemma stellt folglich eine Situation dar, die hinsichtlich der Entscheidungsrichtungen im Jugendalter eine starke Konvergenz erzeugt.

Ein statistisch signifikanter Zusammenhang besteht auch zwischen dem Entwicklungsniveau sowohl des allgemeinen soziomoralischen Denkens als auch des situationsspezifischen Denkens innerhalb des Dilemmas und der Entscheidungsrichtung. Alle Koeffizienten sind signifikant ($p < .001$). Die Ergebnisse zeigen, daß die Probanden auf höheren Entwicklungsniveaus zunehmend für den Freund votieren. Dieser Zusammenhang ist für die Niveaus 2-3 und 3 am stärksten, auf denen sich zwischen 80% und 90% der Probanden für diese Alternative entscheiden. Multiple

Regressionsanalysen zeigen, daß das Entwicklungsniveau soziomoralischen Denkens ein stärkerer Prädiktor für die Handlungsentscheidung ist als das Alter.
Diese Ergebnisse können wie folgt zusammengefaßt werden: sowohl das Verständnis der kontraktuellen Norm als auch das Verständnis der Bedeutung von Freundschaften fungieren als Prädiktoren für die Entscheidungsfindung im Handlungsdilemma. Wir folgern daher, daß interpersonal-moralisches Denken ein wichtiger Faktor für die Entscheidungsfindung im Rahmen des moralischen Konflikts ist.

4.3.2 Richtung und Inhalt des moralischen Urteils

In der folgenden Analyse werden die Inhaltsaspekte aufgewiesen, die in den moralischen Bewertungen der Probanden den Konflikt konstituieren. Drei interpersonal und moralisch relevante Inhaltsaspekte wurden ausgewählt:
a) nicht-moralische Gründe, die sich auf die subjektiven Interessen des Protagonisten beziehen (Eigeninteresse);
b) interpersonal-moralische Gründe, bei denen auf das Versprechen und die Freundschaft rekurriert wird (Freundschaft);
c) interpersonal-moralische Gründe, die auf die Belange des dritten Kindes bezogen sind (Altruismus).
In Abhängigkeit davon, welche dieser Aspekte in den moralischen Urteilen genannt werden, wurden fünf moralische Urteilstypen bestimmt. Drei dieser Typen sind im moralischen Urteil eindeutig, zwei repräsentieren ambivalente moralische Urteilstypen:
1. Eigeninteresse: Die Entscheidung, ins Kino oder zum Freund zu gehen, wird in Rekurs auf die Interessen des Protagonisten als richtig bewertet (z. B. es ist richtig, ins Kino zu gehen, weil es solchen Spaß macht/es solch eine gute Gelegenheit ist/der Film zum letzten Mal gezeigt wird; es ist richtig, zum Freund zu gehen, weil er so schöne Spielsachen hat/es Spaß macht, mit ihm zu spielen). Die selbstbezogenen Interessen können auch moralisch gerechtfertigt sein (z. B. es sollte möglich sein, daß er oder sie einmal ins Kino geht; es ist richtig, ins Kino zu gehen, weil man *einmal* auch ein Versprechen brechen darf).
2. Freundschaft: Die Entscheidung, zum Freund zu gehen, wird aufgrund empathischer Gefühle und/oder Verpflichtungen gegen-

über dem Freund als ausschließlich richtig bewertet (z. B. es ist richtig, zum Freund zu gehen, weil er sonst im Stich gelassen wird/weil es unfair ist, ein Versprechen zu brechen; man sollte den besten Freund nie verraten).

3. Altruismus: Die Entscheidung, zum neuen Kind zu gehen, wird in bezug auf prosoziale Intentionen als ausschließlich richtig bewertet (z. B. es ist richtig, zum neuen Kind zu gehen, weil er/sie allein ist und niemanden kennt; man sollte jemandem helfen, der neu ist).

4. Freundschaft vs. Eigeninteresse: Moralische Ambivalenz entspringt der Tatsache, daß die Entscheidung, ins Kino zu gehen, aufgrund empathischer Gefühle oder Verpflichtungen gegenüber dem Freund einerseits als falsch bewertet wird; andererseits wird sie in bezug auf selbstbezogene, hedonistische Interessen als richtig bewertet (z. B. es ist nicht richtig, ins Kino zu gehen, weil der Freund dann im Stich gelassen wird/weil der dann ein Versprechen bricht, aber es ist richtig ins Kino zu gehen, weil es die einzige/letzte Gelegenheit ist, den Film zu sehen/weil es einmal als Ausnahme möglich sein sollte).

5. Freundschaft vs. Altruismus: Moralische Ambivalenz resultiert aus der gleichzeitigen Berücksichtigung von Verpflichtungen gegenüber dem Freund bzw. dessen Gefühlen und von prosozialen Intentionen oder Verantwortungen gegenüber dem neuen Kind (z. B. es ist falsch, ins Kino zu gehen, weil er es dem Freund versprochen hat, aber es ist auch richtig, ins Kino zu gehen, weil das andere Kind allein ist und keine Freunde hat; man sollte jemanden, der allein ist, nicht im Stich lassen).

Die erste Kategorie (Eigeninteresse) repräsentiert ausschließlich selbstbezogene Interessen; es ist daher fraglich, ob die moralische Bedeutung der Frage richtig verstanden wurde. Ein moralisches Verständnis dieser Kategorie ist nur gewährleistet, wenn die Probanden in Rechtfertigungen zumindest implizit bestehende Verpflichtungen anerkennen (z. B. es sollte möglich sein, solch einen guten Film dieses eine Mal zu sehen). Andererseits wird nur in der fünften Kategorie (Freundschaft vs. Altruismus) die Situation in ihrer moralischen Bedeutung – mit konfligierenden Verpflichtungen – vollständig erfaßt.

Abbildung 2 zeigt die prozentualen Anteile der unterschiedlichen moralischen Urteilstypen innerhalb der Altersgruppen. Offenkundig bewerten die meisten Probanden in allen Altersgruppen

Abbildung 2: Urteilstypen bei der moralischen Bewertung in Abhängigkeit vom Alter

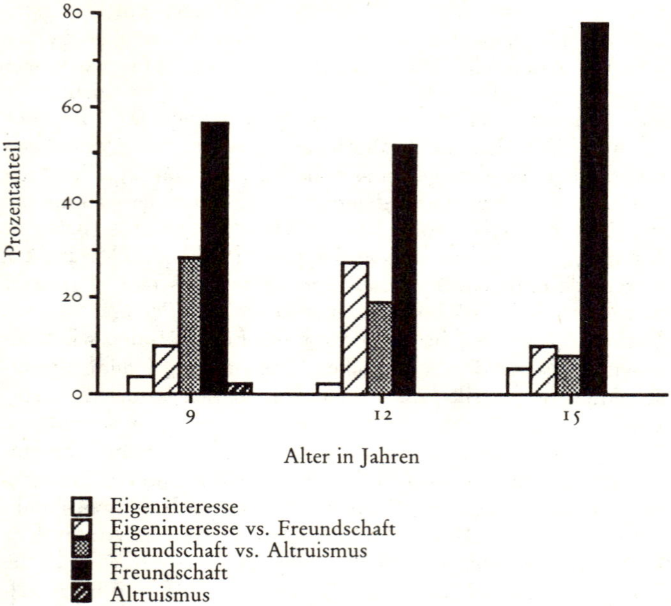

die Option »Freund« aufgrund interpersonaler oder moralischer Verpflichtungen als ausschließlich richtig. Diese Kategorie (Freundschaft) ist bei den 15jährigen im Vergleich zu den 9- und 12jährigen sogar von noch größerer Bedeutung. Im Unterschied dazu beziehen sich nur wenige Probanden in ihrer moralischen Bewertung auf das Eigeninteresse des Protagonisten. Eine Analyse der Gründe, die in dieser Kategorie (Eigeninteresse) auftreten, zeigt, daß 15jährige selbstbezogene Gründe im Sinne von Rechtfertigungen verwenden, während jüngere Probanden in ihrer moralischen Bewertung unvermittelt auf Wünsche rekurrieren. Ein weiterer Entwicklungstrend läßt sich bezüglich der Kategorie konfligierender Verpflichtungen (Freundschaft vs. Altruismus) verzeichnen, deren Häufigkeit überraschenderweise mit fortschreitendem Alter abnimmt. Das heißt, jüngere Probanden sind aufgrund konfligierender Verpflichtungen gegenüber dem

Freund und dem neuen Kind in ihren moralischen Bewertungen öfters ambivalent als ältere. Hinsichtlich der Kategorie Eigeninteresse vs. Freundschaft, die bei den 12jährigen am häufigsten auftritt, läßt sich kein Entwicklungstrend beobachten. Im ganzen zeigen die Befunde, daß Verpflichtungen und Verantwortungen gegenüber dem Freund für das moralische Urteil am wichtigsten sind und daß deren Bedeutung mit fortschreitendem Alter noch zunimmt. Altruistische Belange in bezug auf das neue Kind scheinen nur bei den 9jährigen eine Rolle zu spielen und sind im Alter von 15 Jahren nahezu unbedeutend. Es scheint daher – zumindest im Hinblick auf die vorgegebene Dilemmasituation –, daß eine Bindung an Freundschaftsbeziehungen in der Adoleszenz ein stärker dominierender moralischer Wert ist als eine allgemeine Sensibilität für das Wohlergehen einer anderen Person.

Die nächste Analyse befaßt sich mit der Frage, ob und wie Konsistenz zwischen dem moralischen Urteil und der Handlungsentscheidung hergestellt wird. Probanden, die sich für das Kino entscheiden, müssen diese Entscheidung als richtig bewerten, um hinsichtlich ihres moralischen Urteils und der Handlungsentscheidung konsistent zu sein. Eine Entscheidung für das Kino und Bewertung der Option »Freund« als ausschließlich richtig indiziert dagegen moralische Inkonsistenz. Moralische Ambivalenz kann als ein Versuch angesehen werden, Konsistenz zwischen der Handlungsentscheidung und dem moralischen Urteil herzustellen, indem die egoistische oder auch altruistische Handlungsentscheidung (zumindest teilweise) als richtig bewertet wird. Im Gegensatz dazu ist die Entscheidung, zum Freund zu gehen, und die Bewertung dieser Wahl als ausschließlich richtig ein Indikator für moralische Konsistenz.

Abbildung 3 zeigt die Häufigkeitsverteilung der moralischen Urteilstypen innerhalb der Altersgruppen für die Probanden, die sich für den *Freund* entscheiden. Zwei Entwicklungstrends sind offenkundig: die Eindeutigkeit im moralischen Urteil nimmt mit fortschreitendem Alter zu, d. h. die praktische Entscheidung wird aufgrund der Verpflichtung gegenüber dem Freund moralisch als ausschließlich richtig beurteilt. Entsprechend nimmt die moralische Ambivalenz mit der Zeit ab. Es ist bemerkenswert, daß sich die moralische Ambivalenz hauptsächlich auf konfligierende interpersonale Verpflichtungen (Freundschaft vs. Altruismus) bezieht, während die beiden Kategorien, die das selbstbezogene

Abbildung 3: Handlungsalternative ›Freund‹: Begründungstypen bei der moralischen Bewertung in Abhängigkeit vom Alter

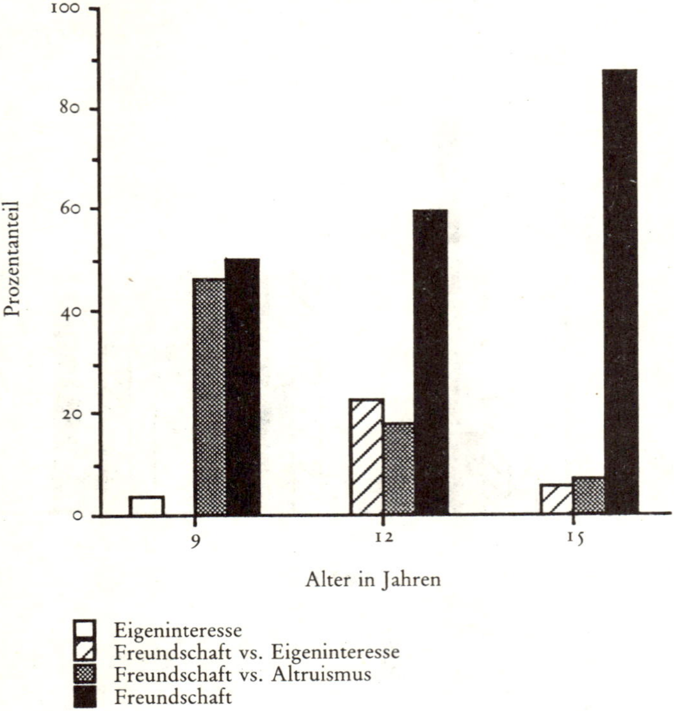

Interesse des Protagonisten repräsentieren (Eigeninteresse oder Eigeninteresse vs. Freundschaft) in dieser Altersgruppe von geringer Bedeutung sind. Mit fortschreitender Entwicklung wird folglich zunehmend Konsistenz zwischen dem moralischen Urteil und der Handlungsentscheidung hergestellt.

Probanden, die sich für das *Kino* entscheiden (Abbildung 4), zeigen ebenfalls einen Entwicklungstrend, der allerdings entgegengesetzt ist: die Häufigkeit der Kategorie »Freundschaft«, d.h. die Bewertung der Option »Freund« als die ausschließlich richtige, nimmt mit fortschreitendem Alter ab. Andererseits nimmt die moralische Rechtfertigung des Eigeninteresses mit wachsendem

Abbildung 4: Handlungsalternative ›Kino‹: Begründungstypen bei der moralischen Bewertung in Abhängigkeit vom Alter

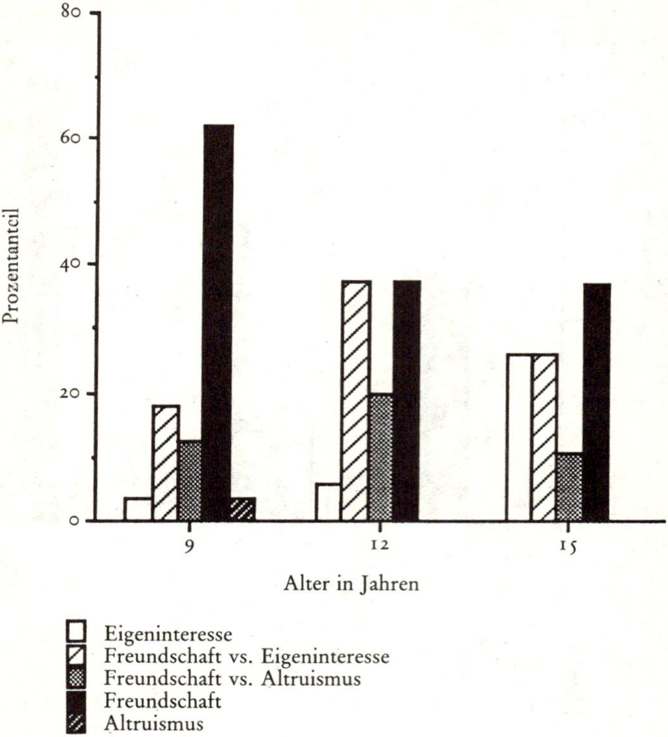

Alter zu. Für die beiden ambivalenten Urteilstypen zeigt sich kein Entwicklungstrend. Interessant ist jedoch die Tatsache, daß sich die moralische Ambivalenz öfters auf den Konflikt zwischen eigenen Interessen und Verpflichtungen bezieht als auf konfligierende interpersonale Verantwortlichkeiten.

Zusammengefaßt zeigen die Ergebnisse einen klaren Entwicklungstrend in der Herstellung von Konsistenz zwischen dem moralischen Urteil und der Handlungsentscheidung. Probanden, die sich für den Freund entscheiden, sind zunehmend der Überzeugung, daß nur diese Option moralisch gerechtfertigt ist. Im Ge-

gensatz dazu werden sich Probanden, die für das Kino votieren, zunehmend der Tatsache bewußt, daß die Entscheidung, zum Freund zu gehen, moralisch nicht die einzig richtige ist. Sie empfinden also eher moralische Ambivalenz und sehen auch die Entscheidung, ins Kino zu gehen, als moralisch gerechtfertigt an. Es gilt jedoch zu beachten, daß sich nur 20% der 15jährigen (N = 20) für das Kino entscheiden. Die meisten Probanden diesen Alters stellen moralische Konsistenz her, indem sie sich für den Freund entscheiden.
Bemerkenswert ist der Befund, daß die Probanden, die sich für den Freund entscheiden, gegenüber den Belangen des dritten Kindes sensibler und bezüglich der interpersonal-moralischen Aspekte der Situation im allgemeinen sensitiver sind als Probanden, die sich für das Kino entscheiden und eher die Interessen des Protagonisten berücksichtigen.

5. Diskussion und Schluß

Die Ergebnisse dieser Studie verdeutlichen die kognitiven und motivationalen Aspekte der Entwicklung eines moralisch-interpersonalen Selbst. Die kognitive Entwicklung eines moralischen Selbst schließt die Entwicklung des Wissens über moralische Regeln ein im Sinne des Verständnisses von Gründen für das Einhalten eines Versprechens und des Wissens um Folgen für die Beziehung, die sich aus dem Mißachten der Versprechensnormen ergeben. Die Konzepte der Vertrauenswürdigkeit und Verläßlichkeit sind Indikatoren für hochentwickelte kognitive Strukturen. Unter motivationalen Gesichtspunkten entwickelt sich ein Selbst, das Regeln als verbindlich betrachtet und im Falle des Verletzens moralischer Standards Verantwortlichkeit für die Konsequenzen der eigenen Handlung übernimmt. Hinsichtlich des interpersonalen Selbst entwickeln Personen ein Verständnis der Bedeutung von Nähe in Beziehungen, das in Begriffen wie Intimität, Vertrauen und Loyalität zum Ausdruck kommt. Motivational entsteht eine Bindung an Beziehungen, so daß Handlungsregulationen im Blick auf die Etablierung und den Erhalt wechselseitigen Vertrauens erfolgen. Das Verletzen moralischer und interpersonaler Verantwortlichkeiten führt zunehmend zu moralischen Gefühlen der Schuld und Scham.

Im Verlauf der Entwicklung stellen die Individuen innerhalb einer moralisch relevanten Situation zunehmend Konsistenz zwischen moralischem Urteil und Entscheidung her. Zwei Formen der Konsistenz wurden unterschieden: im Falle einer (moralisch) problematischen Entscheidung stellen Rechtfertigungen oder Entschuldigungen den Versuch dar, Widersprüche zwischen dem moralischen Urteil und der Entscheidung zu vermeiden. Dagegen werden durch eine Handlungsentscheidung, die in Übereinstimmung mit Verantwortung und Verpflichtung erfolgt, moralische Widersprüche vermieden und Konsistenz im Handeln hergestellt. Unsere Daten deuten darauf hin, daß beide Formen der Konsistenzherstellung entwicklungsabhängig erworben werden.
Die Eindeutigkeit bzw. Ambivalenz des moralischen Urteils variiert in Abhängigkeit von der Handlungsentscheidung: Diejenigen Probanden, deren Handlungsentscheidung mit Verpflichtungen und Verantwortungen gegenüber dem Freund konsistent ist, sind sich der moralischen Richtigkeit ihrer Entscheidung zunehmend sicher, während Probanden, die durch ihre Entscheidung Verpflichtungen und Verantwortungen gegenüber dem Freund mißachten, verstärkt moralische Ambivalenz empfinden.
Aber trotz der signifikanten Korrelation zwischen dem Entwicklungsniveau des sozio-moralischen Denkens und der Entscheidungsrichtung zeigen die Häufigkeitsverteilungen, daß es schon auf den niedrigeren Niveaus eine beachtliche Zahl von Probanden gibt, die ihre Entscheidung in Übereinstimmung mit einem von ihnen anerkannten Kriterium der Richtigkeit treffen. Das Entwicklungsniveau des sozio-moralischen Denkens bildet also keineswegs den ausschließlichen Prädiktor für die Entscheidungsrichtung. Man könnte vermuten, daß interindividuelle Differenzen im Ausmaß der Regelorientierung, empathischer Gefühle oder emotionaler Bindung an einen Freund bestehen, die im Prozeß der Entscheidungsfindung innerhalb einer moralisch relevanten Situation von Bedeutung sind (vgl. Rest, 1983).
Unsere Daten zeigen, daß selbst kleine Kinder ein Verständnis der Verbindlichkeit eines Versprechens besitzen, daß sie dieses Wissen aber nicht notwendigerweise in der Interpretation der Situation berücksichtigen. Auf dem ersten Entwicklungsniveau erwähnen die Probanden die moralische Tatsache des Versprechens nicht. Erst auf dem zweiten Entwicklungsniveau verstehen sie das gegebene Versprechen als persönliche Verpflichtung und bewerten das

Nicht-Einhalten eines Versprechens vom moralischen Standpunkt aus als Verrat. Zugleich gewinnen die zeitliche Dauer und speziellen Regularitäten einer engen Beziehung einen verpflichtenden Gehalt. Die Verletzung von Verpflichtungen oder Verantwortungen, die sich aus dem Versprechen oder aus der Freundschaft ergeben, führt zu negativen moralischen Gefühlen. Die Erfahrung solcher Gefühle deutet auf die Internalisierung moralischer Standards hin, die einen bedeutsamen Aspekt des moralischen Selbst bilden (Hoffman, 1984; Melden, 1977; Montada und Schneider, 1989). Moralische Gefühle im Falle der Verletzung moralischer und interpersonaler Standards können als Versuch verstanden werden, moralische Konsistenz wiederherzustellen, und das Selbst dazu veranlassen, sich zu rechtfertigen oder zu entschuldigen bzw. ein neues Gleichgewicht in der Beziehung herzustellen (Keller, 1984). Damit sind bereits grundlegende Aspekte eines moralischen Selbst entwickelt.

Unsere Daten zeigen indessen, daß erst mit dem dritten Strukturniveau des interpersonal-moralischen Denkens, auf dem Begriffe des Vertrauens und der Intimität gebildet sind, Verpflichtungen und Verantwortungen gegenüber einem Freund als streng verbindlich erfahren werden. Die erlebte Verbindlichkeit und die affektive Bindung an den Freund sowie auch die Bedeutung der (moralischen) Bewertung des Selbst durch andere und das Selbst führen zur Herstellung von Konsistenz zwischen dem moralischen Urteil und der Entscheidung. Zweifellos ist dieses Ergebnis von der Situation abhängig, die den Probanden vorgegeben wurde, in welcher die moralischen und interpersonalen Verbindlichkeiten gegenüber dem Freund stark situativ akzentuiert sind. Dies zeigt sich z. B. in der Tatsache, daß die Verpflichtungen gegenüber dem neuen Kind in der Adoleszenz von geringerer Bedeutung sind als im Alter von 12 Jahren. In den Ergebnissen spiegelt sich somit die Wichtigkeit und der Wert von Freundschaften im Leben der Jugendlichen wider.

Wir sehen die schon in der Adoleszenz hergestellte Konsistenz von moralischem Urteil und Handlungsentscheidung als Indikator für das Bestehen eines moralisch-interpersonalen Selbst, das Verpflichtungen als persönlich verbindlich erfährt. Der kognitive Aspekt in der Entwicklung eines moralischen Selbst hängt von der Entwicklung komplexer sozio-moralischer Wissenstrukturen in bezug auf Handlungen, Personen und Beziehungen ab. Die Entwicklung des motivationalen Aspekts eines moralischen Selbst impliziert, daß sich das Selbst als Teil von Beziehungen erlebt, wobei engen Freundschaften eine herausragende Bedeutung zukommt. Die Entwicklung von Konzepten der Vertrauenswürdigkeit, Verläßlichkeit und Treue scheint für die Entwicklung eines moralischen Selbst besonders wichtig zu sein. Jüngere Kinder sind sich der interpersonalen und moralischen Verpflichtungen durchaus bewußt und können im Falle der Verletzung dieser Verpflichtungen bereits internale Konsequenzen, d. h. Schuldgefühle, erfahren. Aber erst wenn das Selbst sowohl in den Augen anderer als auch aus der eigenen Perspektive als vertrauenswürdige und verläßliche Person wahrgenommen werden will, wird Konsistenz zwischen moralischem Urteil und Handlungsentscheidung als notwendig erfahren. Die Konzeption von Freundschaft als Teilhabe an der Lebenswelt des anderen ist offenbar eine zentrale Komponente der Entwicklung eines moralischen Selbst, das durch Vertrauenswürdigkeit, Loyalität und Verläßlichkeit gekennzeichnet ist.

Zwei Richtungen gibt es in diesem Entwicklungsprozeß. Einerseits wird die Verpflichtung, ein Versprechen zu halten, zunehmend als allgemeingültig angesehen, als eine moralische Pflicht, die bei gleichen situativen Bedingungen für alle gleichermaßen gilt. Andererseits entwickelt sich eine Motivation zum tatsächlichen Einhalten des Versprechens in der gegebenen Situation, die auf die enge affektive Bindung an die spezifische Freundschaftsbeziehung zurückzuführen ist. Die formelle Versprechensnorm spielt in den Überlegungen der jüngeren Kinder eine größere Rolle als bei den älteren. Jugendliche begründen ihre Entscheidung und die moralische Bewertung der Entscheidung dagegen sowohl mit dem gegebenen Versprechen als auch mit informellen Freundschaftsverpflichtungen, die eine besondere Berücksichtigung der Bedürfnisse des Freundes beinhalten. Es ist offensichtlich, daß sich Jugendliche stark mit ihren Freunden identifizieren und daß ein moralisches Selbst daher auch ein Beziehungs-Selbst ist.

Die Mechanismen der Entwicklung eines moralischen Selbst, die zur Erklärung der Handlungen herangezogen werden können, lassen sich zusammenfassend wie folgt rekonstruieren: das Bewußtsein der Bedingungen, die eine Beziehung aufrechterhalten, ist von der zunehmend reflexiven und differenzierten Fähigkeit abhängig, die Perspektive des anderen in dyadischen Beziehungen zu übernehmen. Die Individuen erfahren folglich zunehmend den inneren Druck, moralische Verpflichtungen und interpersonale Verantwortlichkeiten zu berücksichtigen. Dies geht mit der Antizipation internalisierter Sanktionen einher – dem Auftreten von »moralischen« Gefühlen der Scham und Schuld. Die Implikationen, die sich für die eigenen Handlungen aus den Erwartungen anderer ergeben, erlangen innerhalb einer Beziehung zunehmend Geltung für beide Parteien. Wechselseitiges Vertrauen, Verläßlichkeit und Treue werden daher mit fortschreitender Entwicklung als Voraussetzungen für die Erhaltung einer engen Beziehung angesehen. Durch diese Entwicklung wird die Versprechensnorm sowohl generalisiert als auch differenziert: sie wird als universell gültige Norm angesehen, die prinzipiell für jeden verbindlich ist, und bei entsprechender, subjektiver Relevanz wird das Einhalten eines Versprechens als Voraussetzung für die Erhaltung von Vertrauen zwischen Freunden betrachtet. Je stärker die Differenzierung des Verständnisses der Elemente, die für Freundschaftsbeziehungen konstitutiv sind, desto mehr ist dieses Verständnis in Gestalt normativer Strukturen im Bewußtsein präsent, desto verbindlicher wird der Standard interpersonaler Verläßlichkeit und desto wichtiger wird die Forderung einer entsprechenden intrapersonalen Konsistenz zwischen dem Urteil (in dem die relevanten Parameter der Situation repräsentiert sind) und der Handlung (durch welche die moralischen Implikationen des Urteils in die Praxis umgesetzt werden). Mit der Einsicht, daß ein normatives Verständnis der Situation ein entsprechendes Handeln notwendig macht, konstituiert sich ein moralisches Selbst.

Wie wir andernorts berichtet haben (Edelstein, Keller, v. Essen und Mönnig, 1986) werden Handlungsstrategien zur Wiederherstellung moralischer Konsistenz entwicklungsabhängig erworben: Die Entwicklung verläuft von hedonistisch orientierter Durchsetzung eigener Interessen über rigiden Regelgehorsam zur internal verankerten Konformität gegenüber konsensuell begründeten, regulatorischen Interaktionsprinzipien, die den Belangen, Interessen und Erwartungen anderer und der Beziehung zu ihnen Priorität einräumen. Ein nächster Entwicklungsschritt könnte darin bestehen, daß die legitimen Interessen des Selbst erneut zum Vorschein kommen. Das Selbst muß dann dazu fähig sein, über diese Interessen in Konfliktsituationen zu verhandeln, ohne dabei die Verpflichtungen gegenüber anderen zu mißachten. Moralische Konsistenz bringt daher nicht striktes Befolgen moralischer Normen oder Verpflichtungen mit sich, sondern eher die Fähigkeit, über Verpflichtungen im Kontext spezifischer Situationen zu reflektieren.

Das von uns verwendete Handlungsdilemma scheint für das Verständnis der Entwicklung eines moralischen Selbst in Beziehungen gut geeignet zu sein. Für zukünftige Forschungen könnte es indessen von Interesse sein, eine Situation zu konzipieren, in der Freundschaftsnormen mit moralischen Normen konfligieren. Auf diese Weise könnte das Verhältnis zwischen Loyalität in Beziehungen und der generalisierten moralischen Verantwortlichkeit besser aufgeklärt werden, aus dem die moralische Autonomie der Person hervorgeht.

Literatur

Blasi, A. (1984), »Moral identity: Its role in moral functioning«, in: Kurtines, W. u. Gewirtz, J. (Hg.), *Morality, moral behavior, and moral development,* New York: Wiley.

Blasi, A. u. Oresick, R. G. (1986), »Emotion and cognition in self consistency«, in: Bearison, D. J. u. Zimiles, H. (Hg.), *Thought and emotion,* Hillsdale, NJ: Erlbaum.

Colby, A. u. Kohlberg, L. (1987), *The measurement of moral judgment,* Bd. 1, *Theoretical foundations and research validation,* New York: Cambridge University Press.

Cooley, C. H. (1966), *Social process,* Carbondale: Southern Illinois University Press.

Damon, W. (1989), *Die soziale Entwicklung des Kindes,* Stuttgart: Klett-Cotta.

Damon, W. u. Gerson, R. P. (1978), »Moral understanding and children's conduct«, in: Damon, W. (Hg.), *New directions for child development,* San Francisco: Jossey-Bass.

Döbert, R. u. Nunner-Winkler, G. (1978), »Performanzbestimmende Aspekte des moralischen Bewußtseins«, in: G. Portele (Hg.), *Sozialisation und Moral,* Weinheim: Beltz.

Edelstein, W., Keller, M., von Essen, C. u. Mönnig, M. (1986), »Moralische Sensibilität, Handlungsentscheidung und moralische Konsistenz«, in: Oser, F., Althof, W. u. Garz, D. (Hg.), *Moralische Zugänge zum Menschen – Zugänge zum moralischen Menschen,* München: Peter Kindt Verlag.

Epstein, S. (1973), »The self-concept revisited«, in: *American Psychologist* 18, 404-416.
Gibbs, J. C. u. Widaman, K. F. (1982), *Social intelligence. Measuring the development of socio-moral reflection*, Englewood Cliffs, NJ: Prentice-Hall.
Harris, P. L. (1989), *Children and emotion*, Oxford: Basil Blackwell.
Hoffman, M. (1984), Empathy, its limitations, and its role in a comprehensive moral theory«, in: Kurtines, W. u. Gewirtz, J. (Hg.), *Morality, moral behavior, and moral development*, New York: Wiley.
Keller, M. (1984), »Rechtfertigungen. Zur Entwicklung praktischer Erklärungen«, in: Edelstein, W. u. Habermas J. (Hg.), *Soziale Interaktion und soziales Verstehen*, Frankfurt am Main: Suhrkamp.
Keller, M. (1990), »Zur Entwicklung moralischer Reflexion: Eine Kritik und Rekonzeptualisierung der Stufen des präkonventionellen moralischen Urteils in der Theorie von L. Kohlberg«, in: Knopf, M. u. Schneider W. (Hg.), *Entwicklung. Allgemeine Verläufe – Individuelle Unterschiede – Pädagogische Konsequenzen. Festschrift für Franz Emanuel Weinert*, Göttingen: Hogrefe.
Keller, M. u. Edelstein, W. (1990), »The emergence of morality in relationships«, in: Wren, T. (Hg.), *The moral domain: Essays in the ongoing discussion between philosophy and the social sciences*, Cambridge: MIT Press.
Keller, M. u. Edelstein W. (1991), »The development of socio-moral meaning making: Domains, categories, and perspective-taking«, in: Kurtines, W. u. Gewirtz, J. (Hg.), *Handbook of moral behavior and development*, Bd. 2, Hillsdale, NJ: Erlbaum.
Keller, M. u. Reuss, S. (1984), »An action-theoretical reconstruction of the development of social cognitive competence«, in: *Human Development* 27, 211-220.
Keller, M., Eckensberger, L. u. von Rosen, K. (1989), »A critical note on the conception of preconventional morality: The case of stage 2 in Kohlberg's theory«, in: *International Journal of Behavioral Development* 12, 57-69.
Kohlberg, L. (1984), *Essays on moral development, Bd. 2, The psychology of moral development*, San Francisco: Harper & Row.
Krappmann, L. (1992), »Die Entwicklung vielfältiger sozialer Beziehungen«, in: Auhagen, A. E. u. Salisch, M. v. (Hg.), *Zwischenmenschliche Beziehungen*, Göttingen: Hogrefe.
Mead, G. H. (1934), *Mind, self and society*, Chicago: University of Chicago Press; deutsch: *Geist, Identität und Gesellschaft*, Frankfurt am Main: Suhrkamp 1968.
Melden, A. S. (1977), *Rights and persons*, Berkeley: University of California Press.
Montada, L. u. Schneider, A. (1989), »Justice and emotional reactions to the disadvantaged«, in: *Social Justice Research* 3, 313-345.

Nunner-Winkler, G. u. Sodian, B. (1988), »Children's understanding of moral emotions«, in: *Child Development* 59, 1323-1338.
Perner, J. (1988), »Higher-order beliefs and intentions in children's understanding of social interaction«, in: Astington J. W., Harris, P. O. u. Olson, D. R. (Hg.), *Developing theories of mind, Cambridge:* Cambridge University Press.
Piaget, J. (1965), *The moral judgment of the child,* New York: Free Press; deutsch: *Das moralische Urteil beim Kinde*, Frankfurt am Main: Suhrkamp 1973.
Rest, J. R. (1983), »Morality«, in: Mussen, P. H. (Hg.), *Handbook of child psychology,* Bd. 3, *Cognitive development,* New York: Wiley.
Selman, R. L. (1980), *The growth of interpersonal understanding,* New York: Academic Press; deutsch: *Die Entwicklung des sozialen Verstehens*, Frankfurt am Main: Suhrkamp 1984.
Sullivan, H. S. (1953), *The interpersonal theory of psychiatry,* New York: Norton.
Sykes, G. M. u. Matza, D. (1957), »Techniques of neutralization: A theory of delinquency«, in: *American Sociology Review* 22, 664-670.
Turiel, E. (1983), *The development of social knowledge. Morality and convention,* Cambridge: Cambridge University Press.
Youniss, J. (1980), *Parents and peers in social development,* Chicago: Chicago University Press.

Lothar Krappmann

Bedrohung des kindlichen Selbst in der Sozialwelt der Gleichaltrigen

Beobachtungen zwölfjähriger Kinder in natürlicher Umgebung*

1. Fragestellung und Ziel der Untersuchung

Obwohl Kinder zu Beginn ihrer sozialen Existenz noch weitgehend darauf angewiesen sind, sich an dem Platz einzurichten, den ihnen überlegene, kompetente Erwachsene zuweisen, tragen sie schon bald zur sozialen Interaktion bei, an der sie teilnehmen. Sie richten Erwartungen an andere, verlangen, über das, was sie unmittelbar angeht, mitentscheiden zu können, beanspruchen Gehör, wenn es um gemeinsame Angelegenheiten geht, und entwickeln nach und nach und in unterschiedlicher Weise die Voraussetzungen, sich in der Aushandlung von Vorstellungen und Absichten erfolgreich zu behaupten.

Diese aktive Integration in die Interaktion geht damit einher, daß die Heranwachsenden Vorstellungen über sich selbst in ihrem Verhältnis zu anderen ausbilden. Diese Vorstellungen werden mit »bedeutsamen anderen« ausgehandelt, mit denen Kinder in engem Austausch stehen. Obgleich diese Vorstellungen aus den Erfahrungen mit anderen stammen, erarbeitet jedes Kind, jeder Jugendliche einen eigenen Entwurf, in dem dieses Kind, dieser Jugendliche sich in seiner Besonderheit darstellt. Dieses Selbst eröffnet auch den Eintritt in Interaktion, denn wenn sich die Beteiligten darüber einig sind, wer sie sind, haben sie gute Voraussetzungen, ihre Handlungspläne zu koordinieren.

Es bieten sich verschiedene Zugänge an, dieses Selbst, Objekt der Wahrnehmung und zugleich Subjekt in der Beteiligung an Interaktion (James, 1961), zu begreifen. Ein wichtiger Bereich psychologischer Forschungen zum Selbst widmet sich dem organisierten Wissen, dem *Selbst-Konzept*, das eine Person über sich selbst

* Originalbeitrag.

formt, sowie dem *Selbst-Wertgefühl*, das sie sich selbst entgegenbringt (vgl. Harter, 1983). Untersucht werden zum einen Bedingungen, die die Entstehung von Vorstellungen und Einschätzungen beeinflussen, aber auch Fähigkeiten, diese Bedingungen vorteilhaft zu nutzen oder sich gegen Belastungen erfolgreich zu behaupten, zum anderen auch die Folgen, die Selbst-Einschätzungen für das Handeln haben, da das Selbst Motive ausbildet und Anstrengungen kanalisiert (vgl. Filipp, 1979).

Die aktive, konstruktive Auseinandersetzung mit den sozialen Erwartungen und Einschränkungen ist das besondere Thema einer Sozialpsychologie des *Handlungssubjekts*. Sie hebt als wesentliches Merkmal dieses Subjekts das Potential zur eigenständigen Antwort auf Herausforderungen hervor, wie etwa die Theorien des Selbst, in denen die Ausformung des Selbst nicht nur der Übernahme von Erwartungen anderer, sondern auch der interpretierenden und letztlich unvorhersehbaren Reaktion auf diese Erwartungen zugeschrieben wird (Mead, 1973). Die Gefahr, daß das Selbst in seiner Eigenart den anderen nicht mehr verständlich wird, ist Gegenstand der Theorien der *Identität*. Sie zeigen, daß die Teilnahme an Interaktion nur dann gelingt, wenn das Selbst auch in seiner Besonderheit sich die Anerkennung der anderen sichern kann, denn ohne geteilte Bedeutungen können Handlungen nicht koordiniert werden. Diese Angewiesenheit des Interaktionsteilnehmers auf die anderen arbeitet besonders Goffman (1969) heraus. Das entworfene Selbst gerät im Fortgang der Interaktionen nur zu leicht in Zweifel. Es muß daher in Interaktionen »situiert« und mit Umsicht verteidigt werden. Wenn es nicht gelingt, das immer wieder auf die Probe gestellte Selbst neu zu etablieren, dann droht die soziale Existenz verloren zu gehen.

Allerdings ist die Aushandlung des Selbst nicht völlig dem Belieben der jeweiligen Interaktionsteilnehmer ausgeliefert, sondern kann sich auf Normen berufen, die für das Verhältnis von Personen zueinander gelten und regeln, was jeder Person zugestanden werden muß, auf welche Fürsorge sie Anspruch hat und welche Gerechtigkeits- und Fairneßvorstellungen bei Interessenkonflikten zu beachten sind, wenn Aushandlungen Verbindlichkeit erzeugen sollen. Diese interpersonale Moral, die zwar keineswegs immer eingehalten wird, aber auf die sich jeder berufen kann, schützt das Selbst, wenn es sein Handeln in dieser Moral begründen kann, auch in schädigenden Auseinandersetzungen und verleiht ihm Kraft, sich berechtigte Ansprüche nicht abhandeln zu lassen. Das *moralisch gegründete Selbst* ist auf diese Weise gegen Widerfahrnisse in Interaktionen gesichert (Kegan, 1986).

Die verschiedenen theoretischen Zugänge, in denen das Selbst zum Thema gewählt wird, drängen sich allesamt auf, wenn Menschen in Interaktion beobachtet werden, denn in kritischen Situationen streiten sie keineswegs nur um Vorstellungen über ihr Selbst, zu denen sie sich relativ distanziert verhalten könnten, oder pflegen ihre Besonderheiten, sondern sie verteidigen *sich selbst* in einem existentiellen Sinn als Teilnehmer an Interaktion. Gerade wenn nicht die Methode der Befragung den Blick auf abfragbare kognitive Repräsentanzen des Selbst verengt, wird das Selbst als ein generatives Handlungssystem erkennbar, das Wissen, Werte, Motive, Engagement und Vertrauen in soziokultureller Ausprägung zusammenfügt (Gergen, 1984; Krewer und Ekkensberger, 1991). Daher droht in kritischen Situationen auch nicht allein eine »Selbst-Vorstellung« verloren zu gehen, sondern das Selbst gerät in Gefahr, als Handlungszentrum (»agency«) zu erlöschen. Das Selbst als kognitives Konzept und Motivation, das Selbst in seiner Subjekthaftigkeit und als Basis der Kooperationsteilnahme teilen in der Interaktionsrealität das Schicksal.

Mit diesem Selbst in seinen kognitiven, affektiven, sozialen und moralischen Dimensionen wird der Mensch nicht geboren. Mead (1973) hat erläutert, daß das Selbst sich innerhalb einer Kooperation entwickelt, die auf gemeinsame »soziale Objekte« ausgerichtet ist. Sie erfordert gegenseitige Rollenübernahme, in der das Kind sich als Selbst in einem zu koordinierenden sozialen Prozeß zu erfahren beginnt. Die Ausbildung eines Selbst wird zur wichtigsten Aufgabe in Kindheit und Jugend, ist aber ein nicht endender Prozeß. Erikson (1966) hat zwar die besondere Bedeutung der Adoleszenz für die Identitätsbildung betont, aber weitere Forschungen haben belegen können, daß alle Entwicklungsstadien zur Ausbildung des Selbst beitragen und daß das Selbst auch bereits vor der Adoleszenz, sogar schon in der frühen Kindheit eine wichtige Entwicklungsaufgabe darstellt (Damon und Hart, 1988; Kegan, 1986).

Dennoch ist unser Wissen über die Entwicklung des Selbst noch recht unvollständig. Damon und Hart (1982) kritisieren, daß die Forschung sich weitgehend auf den evaluativen Aspekt, das Selbstwertgefühl, konzentriert und sich nur unzulänglich mit der

Entstehung des Selbst-Verständnisses beschäftigt hat. Sowohl im Entwicklungsmodell von Damon und Hart (1988) als auch im Modell von Kegan (1986) spielen die Sozialerfahrungen der Heranwachsenden eine wichtige Rolle, sei es in der Wahrnehmung der »interpersonalen Implikationen« (Damon und Hart, 1988), sei es als Quelle immer neuer Bemühungen, das Selbst im Verhältnis zu den anderen zu bestimmen (Kegan, 1986). Beide Modelle können sich jedoch nicht auf Analysen von Interaktionsprozessen unter Kindern berufen, deren Selbst noch auf frühen Entwicklungsstufen steht, um zu zeigen, wie das Selbst sich in sozialen Prozessen entwickelt, sondern rekonstruieren die konstitutiven Sozialerfahrungen aus den Daten anders ausgerichteter Forschung, so Damon und Hart, oder aus rekonstruierten Kindheitserfahrungen, so Kegan.

Für das Selbst konstitutive Erfahrungen in Interaktionen unter Kindern zu untersuchen, stellt sich die hier dargestellte Studie als Aufgabe. Es soll geprüft werden, inwieweit in den Interaktionen der Kinder Bemühungen zu erkennen sind, einem beanspruchten Selbst Anerkennung zu sichern und es zu verteidigen. Die Aufmerksamkeit soll dabei nicht den schwerwiegenden »kritischen Lebensereignissen« (Filipp, 1981) gelten, die auch Kinder erleben, wie etwa Schulversagen oder Umzug in eine andere Stadt, sondern den alltäglichen Unstimmigkeiten und Ungeschicklichkeiten, den Mißgeschicken und Abweichungen vom Üblichen, die, wie Goffman (1967) gezeigt hat, unter Erwachsenen viele Anstrengungen hervorrufen, um das Selbst wieder in akzeptabler Weise darzustellen (s. a. Mummendey, 1990). Bedrohen solche Vorkommnisse, die in der Kinderwelt häufig sind, auch das Selbst von Kindern?

Es erscheint plausibel, daß das Selbst von Kindern besonders in Interaktionen mit Erwachsenen in Gefahr gerät, in denen sie mit Forderungen konfrontiert werden, sich angemessen zu verhalten. Mißlingt ihnen dies und fühlen sie sich ertappt, zeigen Kinder Verlegenheit, sie schämen oder »genieren« sich. Zwar soll nicht bestritten werden, daß das kindliche Selbst seine ersten und wichtigsten Ausformungen durch Kindern nahe Erwachsene erhält. Jedoch ist fraglich, ob Kinder gegenüber Erwachsenen ihr gesamtes Repertoire an Strategien zur Wahrung eines respektierten Selbst einsetzen, denn oft übernehmen sie die Erwartungen der Erwachsenen aus Zuneigung oder aus Gehorsam, wie Piaget (1972) ausführte. Auch wenn Erwachsene das Kind in seiner Ei-

genständigkeit unterstützen wollen, fällt es ihnen schwer, sich wieder in die kindliche Problemsicht zurückzuversetzen.
Aus diesem Grund schreibt Piaget dem Umgang des Kindes mit Gleichaltrigen besondere Bedeutung zu, denn im Gegensatz zum Erwachsenen »wirft (der Spielkamerad) ein neues Problem auf: die ständige Unterscheidung zwischen dem eigenen Ich und dem des anderen und die Wechselseitigkeit dieser beiden Perspektiven« (Piaget, 1972, 89). Nicht nur für die Entwicklung des Denkens und Urteilens, wie Piaget herausgearbeitet hat, ist die Interaktion mit den Gleichaltrigen eine Schlüsselsituation, sondern sie ist auch für die Erfahrungen eines eigenen Selbst besonders bedeutsam, denn im reziproken Verhältnis zu Gleichaltrigen wird das Selbst in besonders ungeschützter Weise und mit wenig wohlwollender Hilfestellung auf die Probe gestellt (Youniss, 1983). Daher widmet sich diese Analyse der Frage, inwieweit Erfahrungen in Interaktionen unter Kindern zur Entwicklung des Selbst beitragen. In Interaktionen unter Kindern kann besonders offenbar werden, unter welchen Rücksichten Kinder ihr Selbst gefährdet sehen, denn anders als gegenüber Erwachsenen verbergen sie ihr Selbst nicht hinter folgsamer Anpassung an die Erwartungen der Autoritäten, noch vermeiden sie untereinander Auseinandersetzungen über Eigenarten anderer Kinder. Zugleich soll untersucht werden, an welchen grundlegenden Regeln, an welchen Vorstellungen interpersoneller Moral sich die Kinder orientieren, wenn sie in gegenseitiger Kritik ihr Selbst in den Interaktionen der Gleichaltrigen situieren.
Da das sich entwickelnde Selbst eine soziale Konstruktion ist, ist eine letzte wichtige Frage dieser Studie, wie das Verhältnis zu anderen Kindern, insbesondere Freundschaft, die Bedrohungen sowie Schutz und Weiterentwicklung des Selbst beeinflussen. Nach McGuire und Weisz (1982) fördern Freundschaften den Wechsel der Perspektive und Empathie. Daraus könnte man folgern, daß Freunde das Selbst des anderen respektieren und es nicht ohne gewichtigen Grund provozieren. Andere Untersuchungen haben jedoch gezeigt, daß Freunde mehr als Nichtfreunde miteinander wetteifern (Berndt, 1985) und kritischer ihr Verhalten untereinander vergleichen als Kinder, die nicht in einer engen Beziehung zueinander stehen (Tesser, Campbell u. Smith, 1984). Wir erwarten daher, daß es auch unter Freunden Bedrohungen des Selbst und Bemühungen um deren Abwehr gibt, mög-

licherweise unter Freunden die Regeln interpersonaler Moral sogar besonders deutlich werden, weil sie sich besonders intensiv um akzeptable Lösungen bemühen (vgl. Keller, in diesem Band).

2. Methode

Da nach der eben dargelegten Auffassung das Selbst mehr ist als ein Konzept, vielmehr die aktive Basis der Interaktionsbeteiligung, erscheint die Beobachtung von Interaktionen ein besonders geeigneter Weg, Bemühungen um die Wahrung eines Selbst zu untersuchen. Diese Anstrengungen sollten in Interaktionen, in denen das Selbst Beteiligter bedroht wird, besonders gut erkennbar sein, denn diese Bedrohungen, so ist zu erwarten, offenbaren die verletzlichen Aspekte des Selbst und zeigen, worauf Kinder ihre Handlungsbeteiligung zu gründen versuchen. Zudem eröffnet nur die Beobachtung den Zugang zur Interaktion im Alltag, über die Menschen in Befragungen wegen der Trivialität des Geschehens zumeist nur unzulänglich Auskunft geben können.
Die Analyse für die Wahrung des Selbst relevanter Interaktionen stützt sich auf Feldnotizen in einer sechsten Jahrgangsklasse einer Berliner Grundschule, die in einem von oberer Unterschicht und unterer Mittelschicht geprägten Bezirk liegt. Für diese explorative Studie wurde die Altersgruppe etwa zwölfjähriger Heranwachsender ausgewählt, weil vermutet wurde, daß Heranwachsende dieses Alters nicht mehr mit kindlicher Unbekümmertheit über Herausforderungen ihres Selbst hinweggehen, sondern sich Schwierigkeiten stellen. In dieser präadoleszenten Übergangsphase zwischen Kindheit und Jugend sollten Verunsicherungen des Selbst häufig und Abwehr von Gefährdungen gut sichtbar sein.
Zwei Beobachter fokussierten gemeinsam auf die Interaktionen zweier Kinder, die an einem Schultisch zusammensaßen. Jeder der beiden Beobachter notierte alle Interaktionen zwischen diesen beiden Kindern und gleichfalls alle Interaktionen dieser Kinder mit anderen Klassenkameraden, und zwar sowohl während des Unterrichts als auch in den Pausen. Die Unterhaltung der beiden Kinder wurde auf Tonband aufgenommen, um die notierten Äußerungen zu vervollständigen. Diese Feldnotizen wurden von den Beobachtern unabhängig voneinander unmittelbar nach der Beobachtung und mit Unterstützung des Tonbandes zu umfang-

reichen Protokollen ausgearbeitet, die nachträglich verglichen wurden. Zweifelhafte Beobachtungen wurden korrigiert oder gestrichen. Auf diese Weise wurden alle Kinder der Klasse etwa drei Schulstunden lang und in mehreren Pausen beobachtet (N = 30 Kinder; 20 Mädchen, 10 Jungen; Durchschnittsalter 12, 4 Jahre). Aus verschiedenen Gründen (Abwesenheiten, Differenzierungen im Unterricht usw.) ließ sich keine völlig gleiche Beobachtungszeit erreichen (vgl. zur Methode: Oswald und Krappmann, 1988).

Die ausgearbeiteten Protokolle wurden intensiv geprüft, um alle »Szenen« zu finden, in denen das Selbst eines Kindes bedroht wird. Eine »Szene« wurde der Szenenkartei »Bedrohung des Selbst« zugeordnet, wenn entweder das Vorgehen eines Beteiligten nach allgemeinem Verständnis als eine Bedrohung eines Selbst angesehen wird oder aus der Reaktion eines Beteiligten zu erschließen ist, daß er sein Selbst in Gefahr sieht, auch wenn kein offensichtlicher Angriff eines anderen zu erkennen war, und ebenfalls, wenn ein Kind sein Selbst angemessen darzustellen versucht, ohne daß eine Herausforderung von anderer Seite voranging (relativ selten). Somit wurden auch Bedrohungen des Selbst aufgenommen, die nur das jeweilige Kind so versteht, falls irgendwelche Verhaltensweisen des Kindes die Diskrepanz zwischen in Anspruch genommenem und zugebilligtem Selbst verdeutlichen. Nicht in die Kartei kamen Szenen, in denen Bedrohende nicht persönlich zu identifizieren waren, etwa wenn viele Kinder einer Klasse einen einzelnen wegen eines Fehlers verhöhnten oder auslachten (ziemlich oft, aber meist keine reinen Kinderszenen).

Sind auf diese Weise alle Bedrohungen des Selbst vollständig zu identifizieren? Sicherlich gibt es Gefährdungen des Selbst, die anderen und auch dem Forscher verborgen bleiben. Die Erfahrung des eigenen Selbst hat eine subjektive Seite, die, jedenfalls für einige Zeit, vor anderen verborgen werden kann. Dies kann sogar eine gute Strategie sein, eine kritische Situation zu überstehen. Nur wenn die Bedrohung des Selbst sichtbare Spuren im Interaktionsprozeß hinterläßt, konnten Szenen der Daten-Kartei »Bedrohtes Selbst« zugeordnet werden. Da das Selbst, wie oben dargelegt, auf soziale Interaktionen angewiesen ist, ist allerdings schwer vorstellbar, daß ein Kind Vorkommnisse, die sein Selbst diskreditieren, dauerhaft ohne Gegenreaktion hinnehmen kann. Es verzichtete damit auf befriedigende Möglichkeiten der Interaktionsteilnahme. Das Selbst wäre nur noch Objekt und trüge nicht zur wechselseitigen Koordination des Handelns bei. Es gibt Kinder, die versuchen, sich selbst herauszuhalten, und an den Rand der Kinderwelt gelangen, weil sie »langweilig« sind und übersehen werden. Dieses Schicksal demonstriert, daß Auseinandersetzungen um ein anerkanntes Selbst dazu beitragen können und wohl sogar benutzt werden müssen, um das Selbst in sozialer Interaktion zu verwurzeln. Somit ist anzunehmen, daß der wesentliche Teil der Bedrohungen des Selbst unter Kindern in der Szenenkartei verzeichnet ist.[1]

Insgesamt wurden 129 Interaktionen zusammengetragen, in denen ein Selbst bedroht wurde.[2] Unter diesen 129 Interaktionen fanden 99 unter Kindern des gleichen Geschlechts statt, in 27 Interaktionen erfolgte die Bedrohung durch ein Kind des anderen Geschlechts (3 unvollständige Szenen). Da Bedrohungen über die Geschlechtsgrenze hinweg einen besonderen Charakter haben, wurden diese Szenen in die Auswertung nicht aufgenommen. Von den 99 Bedrohungen des Selbst fanden 63 unter Mädchen und 36 unter Jungen statt. Diese Verteilung entspricht der Zusammensetzung der Klasse nach Geschlecht; Mädchen und Jungen unterscheiden sich in der durchschnittlichen Teilnahme an Szenen mit einer Bedrohung des Selbst nicht. Fast alle Kinder kamen in solchen Szenen vor, und zwar als Bedrohender oder als Bedrohter jeweils etwa drei Mal (ein Mädchen nie, ein Junge insgesamt 21 Mal).

Um den Einfluß der sozialen Beziehungen unter den Kindern auf ihr Verhalten bei Bedrohungen des Selbst zu untersuchen, wurde das Verhältnis der Kinder zueinander aufgrund ihrer Aussagen in

1 Nicht Eingang in die empirische Basis finden bei diesem Vorgehen grundlegende psychische Problemlagen, die das Selbst eines Kindes in Frage stellen und seine Verhaltensweisen bei den protokollierten Vorkommnissen beeinflussen mögen, die aber doch über aktuelle Ereignisse weit hinausreichen wie etwa tiefe Verunsicherungen des Selbst, die aus gestörten Eltern-Kind-Beziehungen herrühren. Insofern wird hier die »Mikrowelt« des Selbst in Interaktion untersucht; der Zusammenhang mit psychosozialen Lebensschicksalen kann nicht aufgeklärt werden.

2 In den Protokollen kommen mehr Interaktionen vor, in denen das Selbst der beteiligten Kinder angesprochen ist, aber nicht im Hinblick auf eine Bedrohung, sondern Kinder geben Erklärungen über das eigene Selbst ab oder geben dem Selbst anderer Anerkennung.

einem »Freundes-Interview« den drei Beziehungsebenen »Beste Freunde«, »Freunde« und »Keine Freunde« zugeordnet (Variable »Freundschaftsstatus«; vgl. Oswald und Krappmann, 1988). Dieses Maß charakterisiert Kinderdyaden. Weitere Maße beziehen sich auf die Stellung der Kinder in den Sozialbeziehungen der Klasse. Zum einen wurden die Kinder danach unterschieden, wie viele wechselseitige Freundschaften, »Beste Freunde« und »Freunde«, sie unterhalten (Variable »Wechselseitige Freundschaften«). Zum anderen wurden Kinder mit drei und mehr wechselseitigen Freundschaften als »gut integriert« eingestuft, die anderen als »schwach integriert« (Variable »Soziale Integration«).
Obwohl diese Maße nicht unabhängig voneinander sind, zielen sie auf verschiedene Sachverhalte: Die Variable »Freundschaftsstatus« berücksichtigt, ob die Teilnehmer einer beobachteten Interaktion miteinander befreundet sind, die beiden Variablen »Wechselseitige Beziehungen« und »Sozialintegration«, ob Kinder gut in das Sozialleben der Klasse integriert sind. Teilnehmer an einer Interaktion können miteinander befreundet sein, aber in der Klasse am Rand stehen. Umgekehrt können nicht miteinander befreundete Teilnehmer einer Interaktion dennoch eine gute soziale Stellung in der Klasse einnehmen. Die Stellung in der Klasse spiegelt generelle Sozialerfahrungen wider; die Variable »Freundschaftsstatus« bezieht sich dagegen nur auf die einzelne Dyade.
Die im Abschnitt 3 dargestellte Analyse des Verhaltens von Kindern bei Auseinandersetzungen um ihr Selbst bezieht sich auf den Datensatz, der die identifizierten 99 Interaktionsszenen mit Bedrohungen unter Kindern gleichen Geschlechts enthält. Die Untersuchung des Einflusses von Sozialerfahrungen auf das Verhalten in Abschnitt 4 stützt sich zum Teil auf eine personenbezogene Reorganisation dieses Datensatzes, die zu kontrollieren erlaubt, wie die Kinder an diesen Bedrohungen beteiligt sind, und den besonderen Einfluß von einzelnen Kindern oder Gruppen von Kindern erkennen läßt. Dieser Datensatz umfaßt 30 Kinder.

3. Bedrohungen des Selbst unter zwölfjährigen Präadoleszenten

Die Szenen, die dem Datensatz »Bedrohung des Selbst« zugeordnet wurden, bestehen manchmal aus kurzen Wortwechseln, in anderen Fällen aus immer wieder auflebenden Auseinandersetzungen. Eine typische Szene liest sich wie folgt:

> Herta sitzt inmitten einer Gruppe sich unterhaltender Mädchen und attakkiert Miwa in herabsetzender Weise. »Manchmal spinnst Du wirklich!« Vorwurfsvoll hält sie Miwa vor, sie behaupte, eine Wolle kratze, obwohl sie doch in Wirklichkeit ganz weich sei. Miwa schaut sehr irritiert und weiß nicht, was sie antworten soll. Sie wird von einem anderen Mädchen verteidigt, bis sie später selbst auf ihrer Meinung beharrt (F1/F2-65, 155).

Die Bedrohungen, mit denen Kinder sich im Alltag der Schule auseinandersetzen, stammen aus zwei Bereichen; sie beziehen sich entweder auf Anforderungen in Unterricht und Schule oder entstehen in der Sozialwelt der Gleichaltrigen. Unterricht und Schule bedrohen das Selbst bei »dämlichen« Fehlern oder »Schlampereien«. Zu typischen Bedrohungen in der Gleichaltrigenwelt gehören Vorwürfe, ein Angeber zu sein, »keine Ahnung« über ein Gerücht zu haben, das doch jeder kennt, oder in jemanden »verliebt« zu sein. Trotz der Beobachtungen in der Schule überwiegen Kinderweltthemen (62 Prozent der Vorkommnisse).[3]
Diese Beschreibung legt nahe, das bedrohte Kind als »Opfer« und den Bedrohenden als »Täter« zu begreifen. Obwohl dies Verständnis der Richtung der Handlungen durchaus entspricht, erscheint die Situation doch komplizierter. In etwa zwei Dritteln der Szenen erfolgten Bedrohungen des Selbst nach Meinung der Auswerter nicht völlig unvorhersehbar, sondern entstanden in Situationen, die von allen Beteiligten einschließlich des »Opfers« aktiv gestaltet worden waren. Kinder schienen sich immer wieder in Situationen zu wagen, deren riskante Aspekte ihnen eigentlich deutlich sein sollten. Zwar wollte das Kind sein Selbst gewiß nicht absichtlich gefährden, aber möglicherweise gehört es zum aktiven Sozialleben der Kinder, in Interaktionen zu erproben, wie weit man gehen kann und wie andere auf eigenes Vorgehen reagieren, um dabei etwas über sich selbst zu erfahren.

3 Quantitative Aussagen wurden statistisch überprüft und nur dann berichtet, wenn sie nach konventionellen Kriterien signifikant waren.

Auch der Befund, daß Bedrohungen des Selbst in Kinderwelt und Schule nur zur Hälfte der Fälle mit aggressiven Akten verbunden sind, also mit Verhöhnungen, Lächerlich-Machen oder, allerdings sehr selten, mit physischen Attacken, kann als Hinweis verstanden werden, daß es zumeist nicht darum geht, ein Opfer »fertigzumachen«, sondern Kinder nach Informationen über ihr Selbst suchen. Fast alle Kinder sammeln diese Erfahrungen in beiden Rollen, sowohl als Bedrohter als auch als Bedrohender. Dabei geht es des öfteren grob zu. Anders als üblicherweise im Streit wurden Grobheiten jedoch oft nicht erwidert, denn nur in einem Viertel der Fälle war die Gegenwehr des Opfers verletzend. Weitgehend wurden die Auseinandersetzungen am Problem orientiert fortgeführt.
Die detaillierte Analyse dieser Szenen mit Bedrohungen des Selbst widmet sich vor allem folgenden Aspekten:

- Unter welcher Rücksicht wird das Selbst von Kindern bedroht?
- Auf welche Weise versucht ein bedrohtes Kind, sein Selbst zu verteidigen?
- Ist das Vorgehen zur Verteidigung des Selbst als angemessen zu beurteilen?
- Welche Folgen für das Selbst ergeben sich aus dem Vorkommnis?

3.1 Problemzonen des Selbst

Die Analyse der Szenen zeigt, daß die Bedrohungen des Selbst verschiedene Aspekte der Beteiligung des Kindes an Interaktion betreffen. Es lassen sich vier Bereiche identifizieren, die auch aus theoretischer Perspektive für die Entwicklung des Selbst relevant erscheinen: die Verletzung der »Gleichheit«, die sich auf beanspruchte Kompetenz bezieht; die Gefährdung der »Souveränität«, die Autonomie in Frage stellt; die mangelhafte Erfüllung der »Schülerrolle«, die einen wichtigen Performanzaspekt betrifft; sowie die verunsicherte »soziale Anerkennung«, die Freundschaft und Integration in die Gleichaltrigenwelt Zweifeln aussetzt.
(1) Gleichheit: Eine häufige Bedrohung des Selbst von Kindern besteht in dem Vorwurf, irgendetwas nicht zu wissen oder zu können, was doch jeder wisse oder könne. Aber auch mit Wissen oder Können zu prahlen, gefährdet das Selbst vor den anderen. »Man« hält sich an die Verhaltensmuster, die unter Kindern üblich sind.

Alwa erklärt Biapa, diese Wörter hätte sie in der »Malstunde« geschrieben. Biapa wiederholt verspottend »Malstunde!« Sie äfft Alwas Ausdrucksweise so lange nach, bis die sich ärgernde Alwa auf die bei den Kindern übliche Bezeichnung »BK« überwechselt (F1/F2-61, 22, 12).

Auch Eigenschaften, durch die ein Kind sich von anderen abhebt, können das Selbst bedrohen, denn sie erwecken bei anderen den Eindruck, das Kind wolle »etwas Besonderes« sein. Dies war sogar in Fällen zu beobachten, in denen das Kind für diese Eigenschaft gar nicht verantwortlich war, wie etwa bei seiner Haarfarbe. Häufig waren auch Beschwerden, daß Kinder sich nicht an Gebote der Fairneß und Vorstellungen von Gerechtigkeit halten. Solche Regeln und Vorstellungen wurden oft rigide eingeklagt. Ebenso rigide wurde immer wieder verlangt, daß jeder in gleicher Weise zu gemeinsamen Unternehmungen beitragen und keiner andere »ausnutzen« solle. Es waren also die Abweichungen von Maßstäben und Regeln, die »doch für jeden« gelten, welche das Selbst in Gefahr brachten. Es geht folglich um Gleichheit in der Kinderwelt, die in Frage gestellt ist, wenn ein Kind sich entweder nicht an geteilte Vorstellungen halten kann (Aspekt der Kompetenz) oder dazu aus Gründen, für die die anderen zumeist wenig Verständnis aufbringen, nicht bereit ist (Ablehnung von Verschiedenheit). In fast der Hälfte der Szenen mit Bedrohungen des Selbst (48 Prozent) ging es um derartige Probleme der Gleichheit.
(2) Souveränität: Als gravierende Bedrohung unter Kindern gilt, wenn andere »über sie bestimmen« wollen, also ihnen Mitsprache verweigern, die Herausgabe eines Gegenstandes verlangen, ihnen, wie Kinder schnell meinen, etwas befehlen wollen.

Pak hat Nec ein Blatt Papier gegeben, der oft sein Übungsheft vergißt. Nun beobachtet er, daß Nec nicht arbeitet. Pak raunzt ihn an: »Du hast noch nicht ein einziges Wort geschrieben!« Nun malt Nec einen großen Buchstaben auf das Blatt und zeigt ihn Pak. Pak fährt ihn wütend an: »Das ist ein Buchstabe und kein Wort! Du sollst schreiben, Mann! Dafür habe ich dir kein Blatt gegeben.« Nec wirft daraufhin das Blatt zu Pak zurück. Pak wirft es böse zu Nec zurück und schreit: »Ich brauch's nun auch nicht mehr!« Die Lehrerin schreitet ein (F1/F2-64, 799 ff.).

Das Verständnis für aushandlungsbedürftige Interessenlagen oder das Gehör für vernünftige Vorschläge war sehr gering, wenn Kinder ihre Eigenverantwortung erst einmal in dieser Weise herausgefordert sahen. Oft geht es um die strikt beanspruchte Kontrolle über »Territorien des Selbst« (Goffman, 1974), wie Nahraum, Besitz, Körper, in die andere nicht ohne Rechtfertigung oder Entschuldigung eindringen durften. Diese Art, Ansprüche zu verteidigen, läßt sich als Streben nach Souveränität beschreiben, eine Vorstufe der Autonomie, weil diese Kinder ihren Anspruch auf Souveränität dem der anderen entgegensetzen und ihre persönliche und die gemeinsame Verantwortung nicht auszuhandeln bereit sind. In etwa einem Fünftel der Szenen (21 Prozent) verlangten die Kinder Anerkennung ihrer Souveränität. Ebenso wie die Gleichheitsproblematik ist auch die Auseinandersetzung um Souveränitätsansprüche vor allem in der sozialen Kinderwelt zu finden.

(3) Schülerrolle: Kinder sahen ihr Selbst in Gefahr, wenn sie den Anforderungen von Unterricht und Schule, denen sie entsprechen wollten, nicht genügten oder wenn sie Anordnungen verletzten, etwa ob man gemeinsam oder allein arbeiten soll oder welche Hilfsmittel zulässig sind. Ein Fünftel der Bedrohungen bezog sich auf das Kind in seiner Schülerrolle, ein relativ geringer Anteil angesichts der überwiegend im Klassenzimmer durchgeführten Beobachtungen. Es fällt im übrigen auf, daß etwa ein Viertel der Bedrohungen, die dem Schulkontext entstammten, von den Kindern dennoch nicht als eine Gefährdung der Schülerrolle interpretiert wurden, sondern als Herausforderung ihrer Souveränität.

(4) Soziale Anerkennung: Kinder fühlten sich in ihrem Selbst bedroht, wenn Zweifel an Freundschaften entstanden, wenn andere Freundinnen oder Freunde abspenstig zu machen versuchten oder wenn Kinder in gemeinsame Entscheidungen nicht einbezogen oder gar ausgeschlossen wurden. Die Bedrohung betraf die soziale Anerkennung des Selbst in seinem Verhältnis zu den anderen. Bei der offensichtlichen Bedeutung der Freundschaften unter Kindern ist bemerkenswert, daß nur ein Zehntel der beobachteten Bedrohungen (11 Prozent) dieser Problemzone zuzuordnen ist.

3.2 Vorgehensweisen des Bedrohten

Nach einer Bedrohung ließen Betroffene nur selten die Herausforderung auf sich beruhen. Bei der Abwehr der Gefährdung ihres Selbst gingen die Kinder auf Wegen vor, die den Bedrohenden in unterschiedlicher Weise einbezog:

(1) Kommunikation: In etwa einem Fünftel der Szenen (22 Prozent) versuchte das bedrohte Kind, zusammen mit dem Bedrohenden den kritisierten Sachverhalt aufzuklären und eine Einigung zu erreichen, in der beide Seiten ihre Interessen unterbringen konnten.

Cas erbittet sich von Chra den »Killer«, einen Stift zum Löschen von Schrift. Chra erwidert grob: »Kauf Dir mal wieder 'n eigenen!« (Häufiges Ausleihen dieser teuren, schnell verbrauchten Stifte gilt als Ausbeutung.) Cas erkundigt sich: »Hast'n neuen?« und erkennt damit den Wert der erbetenen Gabe an. Chra gibt den Killer schließlich doch, obwohl Cas nicht mehr drängelt. Er duldet sogar, daß Cas den Stift nach Gebrauch in die Tischmitte legt, wo er sich leicht weiterhin bedienen kann.

(2) Demonstration der Souveränität: Während »Kommunikation« beide Seiten des Konflikts berücksichtigt, setzten Kinder durch Demonstration ihrer Souveränität oft einseitig ihre Problemsicht durch. Sie wiesen den Bedrohenden in seine Schranken, ohne sich auf einen möglichen Grund für die Bedrohung des Selbst einzulassen. Sie machten sich stark und stießen den Herausforderer auch physisch zurück. Sie behaupteten strikt, im Recht oder zuständig zu sein. Nicht selten bestraften sie das bedrohende Kind durch Schmähungen oder beleidigendes Ignorieren. Demonstrative Selbstbehauptung kennzeichnet etwa ein Drittel der Fälle (31 Prozent).

Oya ist dran und springt in das ausgespannte Gummiband. Versehentlich schleudert sie Sand auf, der auf Gira spritzt, die den Spielenden zuschaut. Gira brüllt Oya an: »Mann, Oya!« Oya schreit zurück. Daraufhin geht Gira grimmig auf Oya zu. (Der Beobachter notiert, er erwarte, daß sie ihr eine scheuert.) Oya weicht nicht und blickt ihr entschlossen entgegen. Gira steuert dicht an ihr vorbei und geht auf Anka zu, die ein paar Schritte abseits steht. Beide gehen weg (F1-68, 17).

(3) Einlenken, aufgeben: Auch dieses Vorgehen ist einseitig, denn bedrohte Kinder stellten sich der Herausforderung nicht, sondern gaben ihren Anspruch auf ein respektiertes Selbst in dieser Situation preis. Sie übergingen, überspielten oder leugneten die Bedrohung. Sie entschuldigten sich fadenscheinig oder schlichen sich auch bei Vorkommnissen davon, in denen eine angemessenere Reaktion möglich gewesen wäre. In etwa einem Drittel der Szenen (32 Prozent) verteidigten die Bedrohten ihr Selbst unzulänglich oder gar nicht.

Mae trägt eine lustige Geschichte vor. Svec und Gira hören zu, verziehen aber keine Miene. Mae beendet die verlegene Stille, indem er selber auf sehr affektive Weise über seinen Witz lacht (F1-67, 12).

(4) Konfuse Antwort: Die Reaktion des Bedrohten wurde als »konfus« kategorisiert, wenn sie zwar klar beschrieben wurde, aber den eigentlichen Punkt verfehlte oder Ebenen der Betroffenheit verwechselte. Der Grund scheint weniger ein Mißverständnis im üblichen Sinn zu sein als eine Unfähigkeit, das Selbst als eine Angelegenheit von Auseinandersetzungen zu begreifen. In 16 Prozent der Szenen wurde das Verhalten des Bedrohten als »konfus« eingestuft.

Diese Vorgehensweisen repräsentieren vier Ebenen der Einbeziehung von Perspektiven und Interessen, die nach der Kompetenz, mit der Perspektiven und Interessen der Beteiligten berücksichtigt werden, zu unterscheiden sind. Auf der höchsten Stufe steht das »kommunikative« Vorgehen, das Perspektiven und Interessen beider Seiten einbezieht. Dagegen berücksichtigt die »Demonstration der Souveränität« ebenso wie das »Aufgeben« nur eine Seite, wobei im ersten Fall immerhin die Ansprüche des Selbst verteidigt, im zweiten Fall weitgehend widerstandslos preisgegeben werden. Die Ebene geringster Kompetenz stellt die »konfuse« Reaktion dar, weil hier gänzlich darauf verzichtet wird, auf relevante Aspekte der Bedrohung einzugehen. Die gewählte Art des Vorgehens steht im Zusammenhang mit der Problemzone des Selbst, die herausgefordert wird und geschützt werden soll. Kommunikativ gingen Kinder häufiger als zu erwarten vor, wenn sie sich in ihrer »Gleichheit« betroffen fühlten, seltener, wenn sie ihre »Souveränität« in Zweifel gezogen sahen. Wenn ihre »Schülerrolle« in Frage stand, tendierten die Kinder zum Einlenken und Aufgeben. »Konfuse Antworten« waren überdurchschnittlich häufig, wenn es um die »soziale Akzeptanz« ging.

3.3 Die Angemessenheit des Vorgehens

Keineswegs sind kommunikative Strategien, mit denen erklärt, ausgehandelt und korrigiert wird, immer die klügsten Verhaltensweisen. In mancher protokollierten Szene erschien es sehr ratsam, seine Stärke zu »demonstrieren«, in anderen besser »aufzugeben«, also vermutlich vorhandene Kompetenz nicht einzusetzen, weil ein bedrohtes Kind annehmen mußte, daß das Gegenüber »nur Streit sucht«. Daher wurden die Vorgehensweisen der Kinder auch danach beurteilt, ob sie dem bedrohten Kind in der jeweiligen Situation helfen, sein Selbst zu schützen oder wenigstens den Schaden gering zu halten. Nach lebenspraktischer Vernunft wurden »konstruktive«, »defensive« und »unangemessene« Vorgehensweisen unterschieden. Als »konstruktiv« wurde das Vorgehen eingeschätzt, wenn Kinder sich bemühten, die Situation für eine Stärkung ihres Selbst in den Augen der anderen zu nutzen, als »defensiv«, wenn sie nur Gefahren abzuwehren versuchten, als »unangemessen«, wenn sie sich für ihr Selbst nicht einsetzten. Auch bei dieser Einschätzung der Angemessenheit des Vorgehens handelt es sich um eine Qualitätsabstufung.

Obwohl die Rater nach langen Diskussionen die Vorgehensweise der Kinder weitgehend übereinstimmend beurteilten, ist nicht zu leugnen, daß diese Einstufung von subjektiven Erfahrungen beeinflußt wird. Die Ergebnisse werden dennoch berichtet, um darauf aufmerksam zu machen, daß die Einschätzung der Qualität kompetenter Auseinandersetzung mit einem Problem einerseits und das Urteil über die bestmögliche Vorgehensweise in einer Situation andererseits auseinanderklaffen können.[4] Nur in etwa einem Viertel der Szenen (26 Prozent) wurde das Vorgehen der bedrohten Kinder als »konstruktiv« beurteilt, in mehr als der Hälfte der Fälle (52 Prozent) als »defensiv« und in 21 Prozent der Fälle als »unangemessen«.

Obwohl »kommunikatives« Vorgehen in manchen Fällen nicht der beste Weg war, das Selbst zu sichern, oder in anderen »aufzugeben« empfehlenswert war, gibt es dennoch einen deutlichen Zusammenhang zwischen der lebenspraktischen Angemessenheit und der nach Kompetenz beurteilten Vorgehensweise ($r = .63$; $p < .01$). Die Kinder reagierten auch auf die Problemzonen des Selbst in unterschiedlichem Ausmaß angemessen. Vor allem auf Bedrohungen der »Gleichheit« reagierten Kinder häufiger »konstruktiv« als zu erwarten wäre, wenn Kinder sich mit jeder Problemzone in gleicher Weise auseinandersetzen würden.

4 Reliabilitäten der Kategorisierungen können nicht berichtet werden, weil die Fälle mit der Entwicklung der Regeln für die Zuordnung »verbraucht« wurden. Alle Fälle wurden immer wieder neu diskutiert, bis eine übereinstimmende Kategorisierung erreicht wurde.

3.4 Das Ergebnis der Verteidigung des Selbst

Die Vorgehensweisen der Kinder führen entweder zur »positiven« Behauptung des Selbst oder sogar zu Gewinn an Ansehen, zur Wahrung des Selbst »ohne Gewinn und Verlust« oder zu einer »Minderung« des Ansehens und der Handlungsmöglichkeiten des Selbst. Diese drei Qualitätsstufen des Selbst stützen sich wiederum auf ein Alltagsurteil. Nach dieser Einschätzung konnten Kinder in einem Drittel der Fälle (37 Prozent) ihr Selbst positiv behaupten, und etwa ebenso oft vermieden sie eine Veränderung. In einem knappen Drittel der Fälle büßte das Selbst an Stellung in der Gleichaltrigenwelt ein. Wurde das Selbst im Hinblick auf »Gleichheit« und »Souveränität« herausgefordert, erreichten die Kinder relativ häufig ein günstiges Ergebnis. Dagegen konnten bedrohte Kinder in den Problemzonen »Schülerrolle« und »soziale Anerkennung« relativ seltener ihr Selbst stärken. Die positive Behauptung des Selbst wurde besonders oft durch »kommunikatives« Vorgehen und durch die »Demonstration der Souveränität« bewirkt, jedoch seltener durch »Einlenken, Aufgeben« oder gar »konfuse Reaktionen«. Das Selbst wurde besonders oft positiv behauptet, wenn die Vorgehensweise angemessen war ($r = .54$; $p < .01$).

4. Freundschaft und soziale Stellung der an Bedrohungen beteiligten Kinder

In mehr als einem Viertel der Szenen (27 Prozent) mit Bedrohungen eines Selbst waren die beteiligten Kinder aufgrund gegenseitiger Wahl »beste Freunde«. In fast der Hälfte der Szenen (44 Prozent) bedrohten sich wechselseitige »beste Freunde« und »Freunde«. Wenn auch einseitige Freundschaften berücksichtigt werden, ereigneten sich sogar drei Viertel (75 Prozent) der Bedrohungen eines Selbst unter gegenseitigen oder einseitigen Freunden. Nur in einem Viertel der Fälle standen die beteiligten Kinder in keiner sozialen Beziehung zueinander, obwohl über zwei Drittel möglicher Kombinationen unter den Kindern weder wechselseitige noch einseitige Freundschaften sind.
Die Freundschaft unter Kindern, in deren Interaktion ein Selbst bedroht wird, beeinflußt die Art der Bedrohung und das Vorge-

hen der Kinder nur schwach (beste Freunde vs. Freunde vs. einseitige Freundschaft vs. nicht befreundet). Im Hinblick auf die bedrohten Aspekte des Selbst unterscheiden sich Freunde und Nicht-Freunde nicht. Es gibt jedoch einen Zusammenhang zwischen der Qualität der Beziehung und der Art des Vorgehens; bessere Freunde kommunizierten mehr ($r = .14$; $p < .08$), bessere Freunde wählten »konstruktiveres« Vorgehen ($r = .28$; $p < .01$), und bessere Freunde behaupteten sich vorteilhafter ($r = .26$; $p < .01$).

Die soziale Integration eines Kindes in die Gleichaltrigenwelt (beide Kinder gut integriert vs. ein Kind gut integriert vs. keiner gut integriert) bringt noch deutlichere Zusammenhänge mit den Verhaltensweisen von Kindern bei Bedrohungen des Selbst hervor als die Freundschaft zwischen Bedrohendem und Bedrohtem. Hinsichtlich der Beteiligung traten sowohl die Interaktionen von Kindern hervor, die beide gut integriert sind, als auch die von Kindern, die beide schwach integriert sind. In beiden Zusammensetzungen der Interaktion waren Bedrohungen des Selbst häufiger als zu erwarten wäre, wenn dieses Vorkommnis zufällig verteilt unter Kindern aufträte. Im Hinblick auf die bedrohten Problemzonen des Selbst unterschieden sich die beiden Gruppen nicht. Dagegen »kommunizierten« gut integrierte Kinder häufiger untereinander ($r = .56$; $p < .01$), verhielten sich »konstruktiver« ($r = .42$; $p < .01$) und behaupteten ihr Selbst erfolgreicher ($r = .39$; $p < .01$). Sämtliche Korrelationen sind höher als die, die für die entsprechenden Zusammenhänge bei Freunden und Nicht-Freunden ermittelt wurden.

Die bisherigen Ergebnisse beruhen auf Auswertungen des Szenendatensatzes ($N = 99$). Der Personendatensatz ($N = 30$), der die Informationen den beteiligten Kindern zuordnet, läßt erkennen, in welchem Ausmaß einzelne Kinder an Bedrohungen beteiligt waren, welches Vorgehen sie kennzeichnet, ob es als angemessen gilt und inwieweit sie ihr Selbst erfolgreich behaupten konnten. Die Analyse zeigt, daß Kinder, die mehr wechselseitige Freundschaften (»Freunde« und »beste Freunde«) unterhielten, bei Bedrohungen ihres Selbst eher »kommunikativ« vorgingen ($r = .34$; $p < .05$), und zwar nach Urteil der Rater häufiger in angemessener Weise ($r = ,37$; $p < .05$), und auch öfter ihr Selbst erfolgreich behaupteten als Kinder mit weniger wechselseitigen Freundschaften ($r = .27$; $p < .10$).

Versuche, die Zahl der wechselseitigen Freundschaften mit Hilfe von multiplen Regressionsmodellen, die das Verhalten der Kinder bei Bedrohungen ihres Selbst als Prädiktoren benutzten, blieben erfolglos. Jedoch konnte die Angemessenheit des Vorgehens bei der Behauptung des Selbst durch ein multiples Regressionsmodell vorhergesagt werden, das die Zahl der wechselseitigen Beziehungen als eine Prädiktorvariable aufnahm. Weitere Prädiktoren waren zum einen die aktive und passive Beteiligung der Kinder an Bedrohungen und zum anderen das Ausmaß, in dem die erfahrenen Bedrohungen von der Gleichheitsproblematik geprägt waren. Dieses Modell erklärt 39 Prozent der Varianz der Variablen »Angemessenheit des Vorgehens« ($p = .015$). Diejenigen Kinder verhielten sich eher »konstruktiv«, die mehr wechselseitige Freundschaften unterhielten, seltener in Bedrohungen des Selbst verwickelt waren und sich, falls es Bedrohungen gab, überwiegend mit Gleichheitsproblemen auseinandersetzten.[5]

5. Diskussion der Ergebnisse

Die berichteten Beobachtungen zeigen, daß die Wahrung und Verteidigung des Selbst ein wichtiges Element der Interaktionen unter zwölfjährigen Gleichaltrigen ist. Szenen, in denen ein Selbst bedroht wird, sind in den Protokollen etwa ebenso häufig zu finden wie Interaktionen zu anderen wichtigen Themen der Kinderwelt, zum Beispiel Hilfen oder Aushandlungen (Krappmann und Oswald, 1987; 1988). Kinder bemühen sich folglich nicht nur gegenüber Erwartungen Erwachsener, ihr Selbst zu behaupten, sondern erleben solche Gefährdungen auch unter den Gleichaltrigen. Wie wichtig ihnen ist, gerade von den Gleichaltrigen anerkannt zu werden, ist daraus abzulesen, daß Kinder Anforderungen aus Unterricht und Schule in Auseinandersetzungen um kinderwelttypische Problemzonen des Selbst verwandelten.
Die verletzlichen Problemzonen, die Bemühungen um ein aner-

5 Mädchen und Jungen unterschieden sich in der Beteiligung, im Vorgehen und im Ergebnis der Auseinandersetzung um ihr Selbst nicht wesentlich, wenn auftretende Unterschiede auch am Personendatensatz geprüft werden. Es fällt auf, daß »Souveränität« unter Mädchen gewichtiger war als unter den Jungen. Zur Untersuchung von Bedrohungen des Selbst zwischen Jungen und Mädchen reicht die Datenbasis nicht aus.

kanntes, die Beteiligung an Interaktion sicherndes Selbst auslösen, geben Hinweise darauf, nach welchen Garantien für ihr Selbst zwölfjährige Kinder suchen: Sie wollen als Person den anderen ebenbürtig behandelt werden (»Gleichheit«); sie verlangen die Verantwortung und Kontrolle über die Territorien, die sie sich zurechnen (»Souveränität«); sie messen sich an der Erfüllung der Aufgaben in Unterricht und Schule (»Schülerrolle«); sie legen Wert auf Akzeptanz im Umkreis der ihnen wichtigen Gleichaltrigen (»soziale Anerkennung«). Dies sind Dimensionen einer interpersonalen Moral, die die Grundlage für die Mitwirkung in der Sozialwelt der Kinder bildet.

In den vorliegenden Beobachtungen reagierten die Kinder vor allem auf Bedrohungen in zwei Problemzonen, »Gleichheit« und »Souveränität«, die in mehr als zwei Drittel der Szenen insgesamt, sogar in mehr als drei Viertel der Szenen, in denen die Bedrohungen aus der Gleichaltrigenwelt stammten, zum Konfliktherd wurden. Die Tatsache, daß Kinder besonders häufig ihr Selbst im Hinblick auf die »Gleichheit« bedroht sehen, kann als Hinweis darauf verstanden werden, daß diese Kinder ihr Selbst nicht auf sie unterscheidende persönliche Merkmale gründeten, sondern sich gerade bedroht fühlten, wenn jemand ihnen vorhalten konnte, in Wissen oder Können, in Meinungen oder Verhalten von den anderen abzuweichen. Selbst kleinere Abweichungen konnten schwere Anklagen der Mitschüler und massive Abwehr des Bedrohten auslösen. Besonderheiten wurden verborgen oder zumindest heruntergespielt, damit nicht der Vorwurf laut wurde »anzugeben«. Aber Kinder mußten sich ebenfalls hüten, das Akzeptierte zu unterschreiten, denn wenn das Verhalten eines Kindes als »babyhaft« verhöhnt wurde, war dies ebenso bedrohlich für das Selbst. Ein ähnliches Anpassungsproblem entsteht auch bei der Beteiligung an Gruppenaktivitäten. Engagiert sich ein Kind zu sehr, wird ihm schnell vorgehalten, es wolle »bestimmen«, also die Beteiligung aller an den Entscheidungen schmälern. Wenn es sich dagegen zurückhielt, wurde es verdächtigt, die anderen auszunutzen.[6]

6 Obwohl die Kinder oft miteinander wetteiferten und »erster zu sein« beim Spiel und im Unterricht manchen Kindern ein wichtiges Ziel war, kamen in derartigen Konkurrenzsituationen kaum jemals Bedrohungen vor, und wenn, dann aufgrund von Vorwürfen, die Regeln der Fairneß verletzt zu haben. »Erster zu sein« widerspricht offenbar nicht der Forderung nach »Gleichheit« und gefährdet nicht das Selbst vor den ande-

Bei genauerer Betrachtung der Szenen, in denen Kinder ihr »souveränes« Selbst verteidigen, wird deutlich, daß auch diese Problemzone mit der Gleichheitsproblematik zusammenhängt. In seiner »Souveränität« wurde ein Kind bedroht, wenn es sich von den anderen nicht als eine Person behandelt wahrnahm, die kompetent und vernünftig handeln kann. Um dies zu demonstrieren, führten Kinder den ihr Selbst Bedrohenden oft mit Nachdruck vor, daß sie »souverän«, nämlich kompetent und autonom sind, indem sie sie schroff abwiesen oder ostentativ ignorierten. Wie die berichteten Daten zeigen, wählten Kinder dieses Vorgehen nicht nur, wenn ihre »Souveränität« direkt herausgefordert wurde, sondern vor allem auch, wenn es um die Gleichheitsproblematik ging. Nicht die Dominanz über den Herausforderer ist das erste Ziel, sondern der Einsatz gilt dem Zweck, die Zuständigkeit eines jeden für seinen Bereich zu sichern. Zwar gingen Kinder, die auf ihr Können und ihre Zuständigkeit pochten, nicht selten gegen andere grob und herabsetzend vor, wenn sie ihre Ansprüche einklagten. Aber diese sollen nicht unterworfen, sondern auf diesem rauhen Wege dazu gebracht werden, die Grenzen zu achten, innerhalb derer jeder seine Angelegenheiten regelt. Im englischen Begriff des *peer* klingt an, daß die Kindergesellschaft eine Gesellschaft der sich als gleichrangig achtenden Souveräne auf eigenem Grund und Boden ist, die als Freie ungezwungen miteinander Vereinbarungen treffen. Wenn diese »Souveränität« anerkannt wurde, dann konnte wieder kooperiert werden.[7]
Zu dieser Vorstellung paßt auch, daß die Kinder die Sicherung ihres Selbst relativ selten aushandelten. Die Verbindung der Gleichheits- mit der Souveränitätsproblematik, die das Vorgehen der Kinder kennzeichnet, zeigt an, daß sie sich Schutz eher davon

ren, wenn der Erfolg unter Einhaltung der Regeln erzielt wurde, die für alle gelten.

7 Die beiden anderen Problemzonen des Selbst standen in den vorliegenden Beobachtungen am Rand, und zwar sowohl im Hinblick auf die Häufigkeit als auch hinsichtlich der Heftigkeit, mit der Kinder für ihr Selbst eintraten. »Soziale Akzeptanz« ist vielleicht deswegen ein seltenes Konfliktfeld, weil die Gefahr, einen Freund zu verlieren oder aus einer Gruppe ausgeschlossen zu werden, sich eher latent durch die Alltagsereignisse zieht. Bedrohungen aufgrund der »Schülerrolle« sind in der Szenenkartei unterrepräsentiert, weil sie ausgeschlossen wurden, wenn die Lehrerin unmittelbar beteiligt war.

erhoffen, daß die Grenzen klar sind und alle sich an das gemeinsam Akzeptierte halten, als daß sie darauf vertrauen, Lösungen miteinander zu entwickeln. In diesem Sinne verhielten sich die Kinder »konventionell«, maßen sich und andere an vorgegebenen Regeln und Standards und überwachten deren Einhaltung argwöhnisch, damit niemand einen unlauteren Vorteil ergattert.

Die Bemühungen der Kinder um Gleichheit unter einander Ebenbürtigen werden hier deswegen herausgearbeitet, weil es manchem Betrachter der Kinderwelt so erscheint, als ob Gleichheit zwar ein Ideal in der Sozialwelt der Gleichaltrigen sei, die Wirklichkeit jedoch durch Auseinandersetzungen um Ranghierarchien, Dominanz und Unterwerfung bestimmt sei. Die lauten Streitereien scheinen dies zu bestätigen. Die genauere Betrachtung läßt jedoch erkennen, daß Gleichheit nicht nur ein ersehntes, aber unrealistisches Ideal der Kinderwelt ist, sondern ein regulatorisches Prinzip von hoher praktischer Relevanz. Da die Kinder sich für dieses Prinzip mit Nachdruck einsetzen, entgleisten ihre Vorgehensweisen manches Mal, wenn sie versuchten, mit Mitteln, die dem Prinzip eigentlich widersprechen, die freie Selbstbestimmung der einander Gleichen wiederherzustellen. Aber auch diese Kraftakte repräsentieren Bemühungen, die Verhältnisse zueinander an einer moralischen Vorstellung gleichberechtigter Interaktionspartner zu orientieren.

Damit sollen immer wieder zu beobachtende aggressive Vorfälle unter Kindern nicht geschönt werden. Es gab Kinder, die nach Dominanz strebten und offensichtlich von den anderen nicht leicht in ihre Schranken verwiesen werden konnten. Deutlich ist allerdings, daß der Versuch, sich andere durch Zwang, Verführung oder Bestechung gefügig zu machen, kein längerfristig erfolgreicher Weg ist, sich seinen Platz in der Interaktion unter den Gleichaltrigen zu sichern. Dennoch ist Zwang, Bedrohung, körperliche Stärke ein mit diesen Bemerkungen noch nicht ausgeschöpftes Problem der Kinderwelt. Es fällt auf, daß nicht alle Akte, in denen die interpersonelle Moral der Gleichaltrigenwelt verletzt wird, klar verurteilt wurden. Das lag vielleicht an Angst vor dem Raufbold, an realistischer Einschätzung der Kräfteverhältnisse, an Hoffnungen, selber auch einen Vorteil zu erhalten, an der Erfahrung, wie mühselig es oft ist, sich von gleich zu gleich auseinanderzusetzen. Außerdem unterscheiden sich die Kinder auch nach ihrer Bereitschaft und ihren Fähigkeiten auszuhandeln.

Die Beobachtungen machen sehr deutlich, daß Kinder, die in einer Beziehung zueinander stehen, vor Auseinandersetzungen um ihr Selbst durch Freundschaften nicht geschützt wurden. Dieses Resultat erlangt zusätzliche Bedeutung, wenn man sich erinnert, daß Bedrohungen des Selbst offenbar nicht unvermeidliche »Widerfahrnisse« sind, sondern die Kinder dabei auch oft aktiv beteiligt sind. Um dies Resultat abzusichern, wurde geprüft, ob es darauf zurückzuführen ist, daß Freunde mehr miteinander interagieren. Beim Vergleich mit der Beteiligung von Freunden an Interaktionen in der Szenenkartei »Aushandlungen« zeigt sich, daß Freunde signifikant häufiger in den Szenen mit »Bedrohungen des Selbst« zu finden sind als in den Szenen mit »Aushandlungen« ($p < .01$). Die Auswertungen des personenorientierten Datensatzes ergibt, daß Kinder mit vielen und mit wenigen Freundschaften gleich häufig in Bedrohungen des Selbst aktiv und passiv verwikkelt sind. Noch einmal: Diese Befunde unterstreichen, daß die Herausforderung des Selbst wesentlich zur Interaktion unter Freunden gehört.

Bemerkenswert ist ferner, daß sich Freunde und Nicht-Freunde, gut integrierte Kinder und schwach integrierte Kinder nicht im Hinblick auf die bedrohten Problemzonen des Selbst unterschieden, jedoch im Vorgehen und im Ergebnis. Freunde und gut integrierte Kinder kommunizierten in diesen Situationen mehr, ihre Vorgehensweisen wurden öfter als angemessen beurteilt, und ihnen gelang es häufiger, ihr Selbst positiv darzustellen, als Kinder außerhalb von Freundschaft oder Kinder mit wenigen oder ohne Beziehungen. Diese Korrelationen können auf Einflüsse in zwei Richtungen beruhen. Entweder gelingt es Kindern, die gut mit Bedrohungen ihres Selbst umgehen können, besser, Freundschaften zu unterhalten, oder Kinder entwickeln aufgrund der Erfahrungen mit Freunden Fähigkeiten, die ihnen helfen, sich in ihrem Selbst gut zu behaupten. Für beide Richtungen des Einflusses sprechen gute Argumente. Die statistische Analyse der Daten hat jedoch die Hypothese bidirektionaler Einflüsse nicht unterstützen können. Denn entgegen dieser Erwartung stützen die multiplen Regressionsrechnungen nur eine der denkbaren Einflußrichtungen: Intensivere Erfahrung mit Freundschaft ist an der Ausbildung von Fähigkeiten beteiligt, die zu einer positiven Bestätigung des Selbst in kritischen Situationen beitragen. Auch die stärkeren Zusammenhänge mit kommunikativem Vorgehen und positiver

Selbstbehauptung, die sich für gut integrierte Kinder im Vergleich zum Verhalten unter Freunden ergaben, unterstützen diese Interpretation. Denn in der guten sozialen Integration spiegelt sich die reichhaltige Sozialerfahrung dieser Kinder wider, während, wie oben ausgeführt, interagierende Freunde durchaus am Rand der Gleichaltrigenwelt stehen können.

Wie kann man sich erklären, daß Freunde ebenso wie sozial erfahrene Kinder das Selbst ihres Interaktionspartners so häufig in Frage stellen? Nach Mead (1973) orientieren sich Heranwachsende besonders an Personen, die Bedeutung für sie haben. Tesser, Campbell und Smith (1984) folgerten daraus, daß Freunde die Selbsteinschätzung von Kindern besonders nachhaltig beeinflussen, weil sie einander effektiv wichtige Bezugspersonen sind, aber zugleich kritisch miteinander umgehen. Folglich sind Freunde einander nicht primär deswegen wichtig, weil sie einander freundlich unterstützen, wie oft voreilig angenommen wird. Dies ist eine unzulängliche Beschreibung der Wirklichkeit unter Freunden, wie viele Untersuchungen belegen (Berndt, 1985; Hartup et al., 1988; Krappmann und Oswald, 1987). Freunde geraten miteinander oft über dieselben Probleme in Konflikt wie nichtbefreundete Kinder, und trotz besserer Vorgehensweisen und Ergebnisse gibt es unter ihnen auch bittere Erfahrungen, wie auch die hier berichteten Beobachtungen dokumentieren. Zudem gibt es Freundlichkeit auch außerhalb von Freundschaften, in dieser Klasse zum Beispiel in einer Tischgruppe weitgehend sozial isolierter und auch untereinander kaum befreundeter Mädchen, die sich immerhin gegenseitig durch den Schulalltag halfen.

Möglicherweise kommt es weniger auf die persönliche Eigenschaft der Freundlichkeit an, sondern auf Merkmale der Beziehung »Freundschaft«, die erklären können, warum Kinder von Auseinandersetzungen unter Freunden profitieren, aber nicht von Auseinandersetzungen unter nicht befreundeten Kindern. Solche förderlichen Merkmale von Beziehungen könnten darin bestehen, daß befreundete Kinder einander Erklärungen schulden, wenn das Selbst eines der Beteiligten gefährdet wird, daß sie ein umstrittenes Thema immer wieder aufgreifen können, bis sie mit der Lösung zufrieden sind, daß sie über den augenblicklichen Streitfall hinausschauen und Folgen für ihre Beziehung bedenken müssen und daher angeregt werden, Begründungen zu erarbeiten und Regeln und Standards zu entwickeln, die in einer geteilten Moral gründen. Weil bei fehlender Beziehung zueinander ein geringerer Verlust droht, falls die über die Situation hinausreichenden Aspekte nicht beachtet werden, sind nicht befreundete Kinder weniger herausgefordert, die aktuelle Interaktion unter reichhaltigen Perspektiven zu betrachten und zu dauerhaft vertretbaren Lösungen zu gelangen. Dauerhaft vertretbar aber ist insbesondere die kompetente und moralisch begründbare Lösung. Eben diese Bedingungen der Freundschaft können auch beitragen, das zu entwickelnde Selbst unter vielen Perspektiven zu prüfen und auf geteilte Grundsätze interpersonaler Moral zu stützen. Die vorliegenden Beobachtungen sprechen dafür, daß Kinder in ihren Freundschaften diese Chance nutzen.

Vergleicht man diese Beobachtungen mit den Beschreibungen der Stufen in Entwicklungsmodellen, so sind diese Zwölfjährigen überwiegend Kegans Stufe des »souveränen (imperialen) Selbst« zuzuordnen (Kegan, 1986). Obwohl die Kinder sich in den Bemühungen, ihr Selbst zu sichern, auch an Erwartungen anderer orientieren, handeln sie die Ansprüche der Beteiligten nur selten kommunikativ aus. Ihre Forderung nach Gleichheit, die, wie beschrieben, eine Verteidigungslinie der eigenen Interessen neben denen der anderen repräsentiert, fügt sich gut in das Erleben von Kontrolle und Unabhängigkeit ein, das die »souveräne« Stufe des Selbst auszeichnet.

Obwohl auch diese Stufe des Selbst innerhalb der relevanten sozialen Beziehungen ausgeformt wird, ist das Selbst auf dieser Stufe nicht im eigentlichen Sinn Produkt einer Ko-Konstruktion, die das Selbst dem Diskurs anvertraut. Aufgrund der Hoffnung, durch Appell an die Gleichheit aller prinzipiell interpersonale Konflikte lösen zu können, klammern diese Zwölfjährigen persönliche Eigenarten und Bedürfnisse aus den Interaktionen weitgehend aus. Nur bei einigen Mädchen entfalteten sich im Schutz der Freundschaften persönliche Vorlieben und eigene Themen. Hier schimmert das »zwischenmenschliche« Selbst, die folgende Stufe der Entwicklung, auf. Andere Kinder sind der unteren Grenze der Souveränitätsstufe noch nahe, weil ihre Impulskontrolle, die eigentliche Errungenschaft dieser Stufe, noch nicht gänzlich gesichert erscheint. Rigide Gleichheitsforderungen sind vielleicht eine Barriere gegen derartige »Regressionen«.

Aus denselben Überlegungen kann das Selbst dieser Kinder auch noch nicht der Ebene des »interpersonalen Selbst« zugeordnet

werden, wie sie von Damon und Hart (1988) beschrieben wird. Die prinzipielle Bedeutung, die die beobachteten Kinder der Gleichheit zumessen, könnte auf die Prozesse des sozialen Vergleichens hinweisen, die nach Damon und Hart auf der zweiten Ebene der Entwicklung das Selbst-Verständnis fördern. Die Beobachtungen lassen vermuten, daß das Vergleichen unter den Kindern weniger darauf zielt, Unterschiede herauszuarbeiten, als vielmehr das zu entdecken, was trotz aller Unterschiede für alle Mitglieder der Gleichaltrigenwelt verbindlich sein sollte und welche Unterschiede diese Mitgliedschaft nicht gefährden.
Auch die Ausdeutungen der Kinderbeobachtungen, die von diesen Entwicklungsmodellen angeregt werden, unterstreichen noch einmal, daß das Selbst, das in den Interaktionen der Kinder von so großer Relevanz ist, eine moralische Institution in einem doppelten Sinne ist: Das Selbst reflektiert die Prinzipien, die nach Überzeugung der Kinder das Verhältnis von Personen zueinander regeln sollen. Zugleich treibt der Wunsch, dieses Selbst zu schützen, die Kinder an, sich an Interaktion in einer Weise zu beteiligen, die unter moralischer Rücksicht begründet und gerechtfertigt werden kann. Deutlich wird, daß die interpersonale Moral, in der das Selbst zwölfjähriger Kinder wurzelt, nur eine Stufe im Rahmen weiterführender Entwicklung darstellt.

Literatur

Berndt, T. J. (1985), »Prosocial behavior between friends in middle childhood and early adolescence«, in: *Journal of Early Adolescence* 5, 307-317.

Damon, W., und D. Hart (1982), »The development of self-understanding from infancy through adolescence«, in: *Child Development* 53, 841-864.

Damon, W., und D. Hart (1988), »The self-understanding interview and scoring procedures«, in: *Self-understanding in childhood and adolescence*, Hg. M. L. Hoffman, Cambridge: Cambridge University Press, 77-86.

Erikson, E. H. (1966), »Das Problem der Ich-Identität«, in: Erikson, E. H., *Identität und Lebenszyklus*, Frankfurt a. M.: Suhrkamp, 123-215 (zuerst 1956).

Filipp, S.-H. (Hg.) (1979), *Selbstkonzept-Forschung*, Stuttgart: Klett.

Filipp, S.-H. (Hg.) (1981), *Kritische Lebensereignisse*, München: Urban und Schwarzenberg.

Gergen, K. J. (1984), »Theory of the self: Impasse and evolution«, in: *Advances in experimental social psychology* 17, Hg. L. Berkowitz, New York: Academic Press, 49-115.

Goffman, E. (1967), *Stigma. Über Techniken der Bewältigung beschädigter Identität*, Frankfurt a. M.: Suhrkamp.

Goffman, E. (1969), *Wir alle spielen Theater. Die Selbstdarstellung im Alltag*, München: Piper.

Goffman, E. (1974), »Die Territorien des Selbst«, in: E. Goffman, *Das Individuum im öffentlichen Austausch*, Frankfurt a. M.: Suhrkamp, 54-96.

Harter, S. (1983), »Developmental perspectives on the self-system«, in: *Handbook of child psychology*, Hg. P. H. Mussen, Bd. 4: *Socialization, personality, and social development*, hg. v. E. M. Hetherington, New York: Wiley, 275-385.

Hartup, W. W., B. S. Laursen, M. I. Stewart und A. Eastenson (1988), »Conflict and the friendship relations of young children«, in: *Child Development* 59, 1590-1600.

James, W. (1961), *Psychology: The briefer course*, New York: Harper & Bros (zuerst 1892).

Kegan, R. (1986), *Die Entwicklungsstufen des Selbst*, München: Kindt.

Krappmann, L., und H. Oswald (1987), »Strategien der Aushandlung unter gleichaltrigen Kindern im Grundschulalter«, Beitrag in der 8. Tagung der Sektion Entwicklungspsychologie der Deutschen Gesellschaft für Psychologie, Bern, September 1987.

Krappmann, L., und H. Oswald (1988), »Probleme des Helfens unter Kindern«, in: H. W. Bierhoff, L. Montada, (Hg.), *Altruismus – Bedingungen der Hilfsbereitschaft*, Göttingen: Hogrefe, 206-223.

Krewer, B., und L. H. Eckensberger (1991), »Selbstentwicklung und kulturelle Identität«, in: K. Hurrelmann, D. Ulich (Hg.), *Neues Handbuch der Sozialisationsforschung*, Weinheim und Basel: Beltz, 573-594.

McGuire, K. D., und J. R. Weisz (1982), »Social cognition and behavior correlates of preadolescent chumships«, in: *Child Development* 53, 1478-1484.

Mead, G. H. (1973), *Geist, Identität und Gesellschaft*, Frankfurt a. M.: Suhrkamp (zuerst 1934).

Mummendey, H. D. (1990), *Psychologie der Selbstdarstellung*, Göttingen: Verlag für Psychologie.

Oswald, H., und L. Krappmann (unter Mitarbeit von Ch. Fricke) (1988), *Soziale Beziehungen und Interaktionen unter Grundschulkindern – Methode und ausgewählte Ergebnisse eines qualitativen Forschungsprojektes*, Materialien aus der Bildungsforschung Nr. 33, Max-Planck-Institut für Bildungsforschung, Berlin 1988.

Piaget, J. (1972), *Sprechen und Denken des Kindes*, Düsseldorf: Schwann (zuerst 1926).

Tesser, A., J. Campbell und M. Smith (1984), »Friendship choice and performance: Self-evaluation maintenance in children«, in: *Journal of Personality and Social Psychology* 46, 561-574.
Youniss, J. (1983), »Piaget and the self constituted through relations«, in: *The relationship between social and cognitive development*, hg. von W. F. Overton, Hillsdale/NJ: Erlbaum 201-228.

Ervin Staub
Individuelles Selbst und Gruppenselbst, Motivation und Moral*

In diesem Beitrag geht es um die inneren Verbindungen zwischen Selbstkonzept und Moral sowie um die individuellen Unterschiede der Selbste mit ihren jeweiligen Implikationen für die Moral. Moral wird als ein Bereich des Denkens, der Gefühle und des Verhaltens definiert, der das Wohlergehen anderer direkt beeinflußt, seien es einzelne oder Gruppen. Dabei werde ich hauptsächlich auf Aggression und Altruismus eingehen, obwohl sich meine Überlegungen auf den gesamten Bereich der Moral erstrekken.

Danach werden Möglichkeiten beschrieben, die das Selbst sich schafft, um andere zu schädigen oder zu unterstützen. Nicht zuletzt geht es hier um Eigenschaften des Selbst, z. B. das Wesen des Selbstkonzepts und das Niveau der Selbstwertschätzung, und darum, wie diese Eigenschaften die Beziehung zu anderen beeinflussen. Denn sie beeinflussen die Einstellung des Selbst gegenüber anderen – seien es Gruppen oder einzelne – und bestimmen ihr Wohlergehen.

Schließlich behandelt der vorliegende Beitrag die Motivationen des Selbst mit ihrer Bedeutung für die Moral, die Einstellung des Selbst zu sich und zur Umwelt (sichere und defensive Selbstkonzepte) und ihre Bedeutung für die Moral; andere Motive, wie moralische Werte, die moralisches Verhalten beeinflussen, und ihre Beziehung zum Selbst; Grad und Art der Verbindung zwischen Selbst und anderen, wie sie in ungebundenen, autonomen, in relationalen oder gebundenen und in eingebetteten[1] Selbstkonzepten zum Ausdruck kommen; sowie schließlich deren Bedeutung für die Moralität.

* »Individual and group selves, motivation and morality«; Originalbeitrag. Übersetzung: Peter Schuster.

1 A. d. Ü.: Der Autor versteht unter Eingebettetsein eine Formation des Selbst, bei der es Teile seiner Autonomie an die Gruppe abgegeben hat.

Das Selbst als Ursprung der Motivation

Motivation ist ein Bestandteil des Selbst. Nach Maslow (1962) gibt es eine Hierarchie universeller, im Selbst verankerter Bedürfnisse, zu denen Sicherheit, Wertschätzung und das höhere Bedürfnis der Selbstverwirklichung gehören. Selbst wenn man ein Bedürfnis des Selbst annimmt, sich selbst zu überschreiten – wie Maslow es in einer erweiterten Fassung seiner Hierarchie tat –, spielt das Selbst darin eine zentrale Rolle. In Epsteins Theorie des Selbst (1980) sind die Verbesserung der Selbstwertschätzung, die Herstellung einer günstigen Lust-Unlust-Bilanz, das Verstehen der Wirklichkeit und, in einer späteren Version (Epstein, 1989), die Beziehung zu anderen grundlegende Funktionen des Selbst-Konzepts oder, wie er formuliert, der Selbst-Theorie. Ich habe vorgeschlagen (Staub, 1985; 1989), die Sicherheit des physischen Selbst (Schutz vor körperlichen Verletzungen, die Erfüllung der physischen Bedürfnisse) und des psychischen Selbst (Selbstkonzept, Werte, Lebensstile), die Möglichkeit, die Welt und den eigenen Platz darin zu deuten oder ein brauchbares Verständnis der Wirklichkeit zu entwickeln, sowie die Verbindung mit anderen Menschen als tiefe menschliche Bedürfnisse zu werten.

Ich betrachte diese als *Grundbedürfnisse*. Wenn die Grundbedürfnisse befriedigt sind, streben die Menschen nach der Erfüllung von Wünschen oder Sehnsüchten, die ich »persönliche Ziele« nenne (Staub, 1978; 1980), wie Leistung oder Hilfeleistungen für andere. Wenn die Grundbedürfnisse dagegen unbefriedigt bleiben, entfalten sie eine imperative Kraft, indem sie psychische Zustände prägen und Energie auf den Versuch lenken, die Grundbedürfnisse zu befriedigen.

Defensives und sicheres Selbst. Obwohl die Grundbedürfnisse universell sind, variieren sie im Erwachsenenalter in ihrer Intensität. Die Merkmale des Selbst und seine stabilen Bedürfnisse sind von den Erfahrungen der Vergangenheit geprägt. Wenn die Grundbedürfnisse in der Kindheit unerfüllt bleiben, wird sich in der Regel ein defensives Selbst entwickeln. Menschen mit abwehrendem Selbst neigen dazu, sich verletzlich und unsicher zu fühlen. Teilweise liegt das darin begründet, daß sie eine Vorstellung entwickelt haben, der zufolge die Welt gefährlich ist und man immer wachsam und zur Verteidigung bereit sein muß. Sie haben weder Vertrauen auf ihre Fähigkeit zur Verteidigung gegen Bedro-

hungen und Angriffe von außen noch auf die Möglichkeit, wichtige Ziele verwirklichen zu können.
Ein defensives Selbst scheint das Ergebnis mangelnder Befriedigung der Grundbedürfnisse während der Kindheit zu sein. Mangel an Bestätigung und Rückhalt, Kritik, Ablehnung, Feindseligkeit und allgemeiner Mißbrauch, Bedrohung, Gefahr, Angriffe oder wiederholte Androhung von Gefahr, häufige Frustration, Struktur- und Führungsdefizite scheinen zur Entwicklung eines defensiven Selbstkonzepts beizutragen. Viele dieser Bedingungen sind maßgebliche Auslöser von Aggression, wodurch für viele Menschen mit einem defensiven Selbstkonzept Aggression häufig das Mittel der Auseinandersetzung mit der Umwelt ist (Averill, 1982; Barron, 1977).
Viele Gewaltverbrecher besitzen ein defensives Selbst; sie haben gelernt, Gewalt zu gebrauchen, um sich zu verteidigen. Gelegentlich reagieren sie mit Aggression auf leichte Bedrohungen, oder sie sehen welche, wo keine existieren. Andere kultivieren ein Bild von Männlichkeit, das auf Stärke und Macht basiert (Toch, 1969). Obwohl diese Vorstellung unmittelbar kultureller Erfahrung entstammen mag, kann sie auch Ausdruck eines defensiven Selbst sein, eine Form von Kompensation. Viele Straffällige zeigen eine geringe Selbstwertschätzung, von der auf ein defensives Selbst geschlossen werden kann. Zum Beispiel zeigen sie hohe Sensibilität gegenüber Bedrohungen, sind davon überzeugt, daß das Verhalten anderer als Angriff oder als »Präventivschlag« (Staub, 1971) zu interpretieren ist, und greifen an, bevor sie selbst angegriffen wurden (Slavson, 1965).
Auf der anderen Seite steht das Selbst, das sich in Geborgenheit und dem Gefühl, akzeptiert zu werden, entwickeln konnte. Man darf davon ausgehen, daß Sicherheit mit erlebter Zuneigung und Unterstützung in der Kindheit und mit der Möglichkeit verbunden ist, wichtige Aspekte der eigenen Erfahrung vorherzusehen und zu kontrollieren.
Personen mit einem sicheren Selbstkonzept erleben ihre Umwelt als günstig und sehen das Wesen des Menschen in einem positiven Licht. Wie ein Individuum sich und andere bewertet, scheint in einem engen Zusammenhang zu stehen. Carl Rogers (1961) berichtete aus seiner therapeutischen Arbeit, daß Klienten, wenn sie im Verlauf des therapeutischen Prozesses mehr Sympathie für sich selber entwickelten, sie in der Folge auch mehr Sympathie für

andere aufbrachten. Untersuchungen über soziales Verhalten belegen, daß positive Selbstwertschätzung (Yarymovitz, 1977), das erfolgreiche Lösen von Aufgaben und andere positive Erfahrungen, die zeitweilig zu einer höheren Selbsteinschätzung führen, in engem Zusammenhang mit Hilfsbereitschaft und Großzügigkeit stehen (Isen et al., 1973; Rosenhan et al., 1981).
Sicherheit und Unsicherheit sind entgegengesetzte Pole auf ein und derselben Achse. Eine defensive Haltung ist mit Unsicherheit gleichzusetzen, wobei eine hohe Bereitschaft besteht, sich durch psychologische oder physische Strategien zur Wehr zu setzen. Das primäre Motiv eines defensiven Selbst ist die Verteidigung des Selbst und die Selbsterhöhung, was den größten Teil der motivationalen Energie beansprucht. Eine so strukturierte Person wird sich gewiß nicht für die Belange und die Bedürfnisse anderer öffnen, sondern sehr leicht aggressiv reagieren. Ein Individuum mit einem sicheren Selbst verfügt über ein größeres Potential, sich für andere und deren Belange zu öffnen. Die »Ökonomie« des Selbst erlaubt es dem einzelnen, Energie zugunsten anderer einzusetzen. Anderen ohne Aggression zu begegnen ist die Folge einer positiven Weltsicht.
Sicherheit und Abwehr schaffen unterschiedliche Potentiale und unterschiedliche Neigung zu hilfsbereitem bzw. aggressivem Verhalten. Das Verhältnis zwischen Selbst und Moral ist durch Werte geprägt, von denen in hohem Maße abhängt, wie sich ein Individuum anderen gegenüber verhält. Trotz alledem ist es das Wesen des Selbst, das Wertorientierungen und emotionale Neigungen bestimmt. Furcht, Mißtrauen, Abwehr als Bestandteile des defensiven Selbst machen eine genuin prosoziale Wertorientierung und Empathie eher unwahrscheinlich, obgleich Personen mit einem defensiven Selbst lernen, moralische Regeln zu befolgen, die Übergriffe auf andere verbieten. Religiöse Überzeugungen z. B. führen zu der Verpflichtung, anderen zu helfen, anstatt diesen negativ gegenüberzustehen. Es ist aber ebenso möglich, daß Menschen mit einem sicheren Selbstkonzept lernen, bestimmte Gruppen abzuwerten, diese als Feinde zu betrachten, sich gegen sie zu wenden und moralische Regeln als nicht anwendbar auf diese Gruppen zu betrachten.
Abwehr und Sicherheit sind stabile Merkmale des Selbst, die jedoch von situativen Bedingungen beeinflußt werden. Schwierige ökonomische oder zwischenmenschliche Lebensumstände kön-

nen die Abwehr verstärken, wohingegen positive Umstände ein Gefühl von Sicherheit entstehen lassen können.

Das Gruppenselbst und andere Lebensbedingungen

Die Lebensbedingungen innerhalb einer Gesellschaft können die defensive oder selbstsichere Haltung ganzer Gruppen beeinflussen. Schwierige Lebensbedingungen wie ökonomische Probleme, politische Auseinandersetzungen, Gewalt und sogar größere soziale Veränderungen sowie die sich daraus ergebende gesellschaftliche Zerrüttung führen dazu, daß sich die grundlegenden Bedürfnisse wieder geltend machen, das Bedürfnis, das physische und psychische Selbst zu verteidigen, Realität zu begreifen, Unterstützung und Verbundenheit zu erleben und Hoffnung zu haben (Staub, 1989). Wie intensiv diese Bedürfnisse erlebt werden und wie der einzelne mit ihnen umgeht, hängt von sozio-kulturellen Merkmalen ab, die ihrerseits mit der defensiven Einstellung und anderen Aspekten des individuellen oder Gruppenselbst in Beziehung stehen und die es wahrscheinlich machen, daß Gruppen ihre eigenen Lebensprobleme dadurch bewältigen, daß sie sich gegen andere Gruppen wenden (Staub, 1989).

Eines dieser kulturellen Merkmale besteht in einem besonderen Typus des Gruppen- oder gesellschaftlichen Selbst, das auf einer extrem positiven Bewertung der eigenen Gruppe und dem Glauben an ihre Überlegenheit beruht. Ein solcher Glaube an die Überlegenheit der eigenen Gruppe ist kein Ausdruck von Selbstsicherheit oder der Überzeugung, daß man sein Schicksal voraussehen und selbst bestimmen kann, sondern beruft sich eher auf Anrechte. Ein positives gesellschaftliches Selbstkonzept könnte durchaus den üblichen Ethnozentrismus überwinden. Es vermittelt aber auch eine Überzeugung von den speziellen Anrechten der eigenen Gruppe auf Macht, Reichtum und Herrschaft über andere. Die Gründe für dieses Überlegenheitsgefühl mögen in der Geschichte, im Reichtum, in Macht und Einfluß auf andere Nationen oder in der Bewunderung anderer für die kulturellen oder ökonomischen Leistungen einer Nation begündet liegen.

Der Glaube an die eigene Überlegenheit steht im Widerspruch zu gesellschaftlichen Umwälzungen und dem Gefühl der Ohnmacht, das durch ernste Lebensprobleme hervorgerufen wird, einem Gefühl, das zu extremen Frustrationen und Bedrohungen führt und das Bedürfnis hervorbringt, das psychologische Selbst zu verteidigen. Sowohl in Deutschland vor dem Ersten Weltkrieg als auch in Argentinien nach dem Zweiten Weltkrieg scheinen derartige Überlegenheitsgefühle dominant gewesen zu sein. Die äußerst schwierigen Lebensumstände, unter denen diese Länder später zu leiden hatten, zogen weitreichende Auswirkungen nach sich (Staub, 1989).

Ein weiteres prädisponierendes Merkmal des Gruppenselbst, das mit dessen defensiver Haltung einhergeht, ist seine leichte Verletzlichkeit. Häufig liegen der Glaube an die eigene Überlegenheit und ein latentes Gefühl der Verletzlichkeit eng beieinander. Tatsächlich ist das Überlegenheitsgefühl eine Weise, die eigene Verletzlichkeit zu bewältigen. Dies gilt auch für Deutschland, das in früheren Jahrhunderten schwere Kriegsverwüstungen erfahren mußte und lange geteilt war (Craig, 1982; Staub, 1989).

Das Muster kultureller Merkmale, das eine Gruppe zu Gewalt prädisponiert, impliziert die kulturelle Entwertung einer anderen Gruppe. Eine dauerhafte Entwertung, die Teil der Kultur geworden ist und in einer monolithischen Gesellschaft mit einer begrenzten Anzahl von herrschenden Werten die Bandbreite möglicher Meinungsäußerungen im öffentlichen Leben einschränkt, erzeugt einen starken Respekt vor Autoritäten und begründet eine Tradition der Gewaltanwendung (Staub, 1989).[2]

Die sozio-kulturellen Merkmale verbinden sich mit schwierigen Lebensbedingungen und aktivieren Grundbedürfnisse, die den Weg vorgeben, den eine Gruppe geht, um sie zu befriedigen. So wird es wahrscheinlich, daß unter schwierigen Lebensbedingungen bestimmte Gruppen als Sündenböcke für die Probleme verantwortlich gemacht werden, um das eigene psychologische Selbst zu schützen. Dies mindert die eigene Verantwortlichkeit und die Gruppenverantwortlichkeit für Lebensprobleme, hilft bei der Erklärung von schwer zu erklärenden Ereignissen, bietet die Möglichkeit zur Ausübung von Kontrolle und schafft durch die Zuweisung einer Sündenbockrolle ein Wir-Gefühl. Im allgemeinen neigen Gruppen mit solchen kulturellen Merkmalen zu einer

2 Alle Hinweise in diesem Kapitel beruhen auf den Analysen über Genozid und Massenmord in Staub (1989). Die kurzen Darstellungen an dieser Stelle liefern kein vollständiges Bild von den Entstehungsmechanismen solcher Gewalt.

Ideologie, die eine Vision einer neuen Lebensauffassung und einer besseren Zukunft anbietet. Normalerweise identifiziert die Ideologie einen Feind, der zerstört werden muß, da er der Erfüllung der Ideologie im Wege steht.

Persönliche Ziele, Motivationen für moralisches Verhalten und das Selbst

In meiner bisherigen Arbeit habe ich mich auf »persönliche Ziele« als ein wichtiges motivationales Konzept konzentriert. Persönliche Ziele lassen sich als erwünschte Ergebnisse mit den dazugehörigen Kognitionen charakterisieren. Persönliche Ziele machen die Grundorientierung eines Menschen deutlich und sind zumeist zukunftsorientiert. Sie wirken als positive Anreizsysteme im Gegensatz zu Bedürfnissen, die aus Mangelerfahrung erwachsen (Staub, 1978; 1980; 1989).

Unter den verschiedenen Arten von Motiven habe ich die am höchsten entwickelten als persönliche Ziele bezeichnet (im Prinzip können sich alle Motive auf ein Ziel hin orientieren). Die anderen Motive sind biologische Bedürfnisse – »Grundbedürfnisse«, wie ich sie oben genannt habe –, Regeln und Sitten (Normen und Standards) sowie unbewußte Motivationen (Staub, 1989). Persönliche Ziele, wie auch alle anderen Motive, lassen sich hierarchisch ordnen und repräsentieren motivationale Potentiale einer Person, die unter bestimmten Bedingungen aktiviert werden können, wobei verschiedene Umfelder aktivierendes Potential für unterschiedliche Ziele in sich tragen. Ziele und Motive können sowohl von der Umwelt als auch vom Selbst aktiviert werden.

Alle Motive sind im Selbst verwurzelt. Deshalb erscheint es konzeptuell sinnvoll, zwischen inhärenten Motiven, wie den Grundbedürfnissen, und erworbenen Motiven zu unterscheiden. Die persönlichen Ziele können im Hinblick auf ihre Zielsetzung weiter in *selbstbezogene* – wie Leistung oder Wohlstand – und *alter-orientierte*, die der Moral dienen, unterteilt werden.

Alter-orientierte Motive sind vor allem moralische Werte, die zielorientiert und mit bestimmten Klassen erwünschter Ergebnisse und den dazugehörigen Kognitionen verbunden sind. Drei primäre Motive für Altruismus oder uneigennütziges Helfen sind hervorzuheben: *prosoziale Wertorientierung*, *moralische Regelorientie-*

rung und *Empathie*. Prosoziale Orientierung beruht auf einer positiven Bewertung der menschlichen Existenz, dem Interesse an dem Wohlergehen anderer und auf Verantwortungsgefühl. Sie ist auf die Fähigkeit bezogen, anderen Menschen in physischen oder psychischen Notlagen zu helfen (Feinberg, 1978; Grodman, 1979; Staub, 1974; 1978). Im Mittelpunkt der prosozialen Orientierung steht das Verhältnis zu anderen Menschen und ihr Wohlergehen.
Die moralische Regelorientierung bezieht sich weniger auf einzelne Motive als vielmehr auf eine Klasse von Motiven, die von internalisierten Standards und Verhaltensnormen bis zur Verpflichtung gegenüber dem Prinzip der Gerechtigkeit reichen. Ihr Unterscheidungsmerkmal besteht in dem Ziel, Regeln oder Prinzipien zu genügen. Diese Regeln wurden vermutlich geschaffen, um menschliche Bedürfnisse zu befriedigen und das Wohl der Menschen zu schützen und zu verbessern. Die Verpflichtung bezieht sich jedoch auf Regeln, die verdinglicht, verhärtet, verzerrt werden können und sich von ihrem eigentlichen Zweck, dem Dienst an den menschlichen Bedürfnissen, lösen können.
Empathie umfaßt die Erfahrung von Empfindungen und Gefühlen, die entstehen, weil andere sie fühlen. Welche Implikationen sich daraus für das Verhalten ergeben, ist nicht immer eindeutig. Es kommt vor, daß Menschen, die sich unwohl fühlen, weil andere sich unwohl fühlen, deshalb vor der Nähe des Anderen flüchten. Menschen, die Zuneigung und Sympathie zeigen, scheinen dagegen eher bereit zu sein zu helfen (Batson, 1990; Staub und Feinberg, 1980).
Das Selbst ist eng mit diesen Motiven verwoben. Das Selbst ist für das Wohlergehen anderer verantwortlich beziehungsweise verpflichtet, Regeln oder Prinzipien zu verwirklichen. Wirkliche Empathie erfordert die Hingabe des Selbst an andere, so daß es, bildlich ausgedrückt, zum Behälter der Erfahrung des anderen werden kann. Wie schon angemerkt, beeinflußt die jeweilige Ausprägung des Selbst das Maß an Sicherheit oder Abwehr und das Potential dieser Motive, nicht jedoch ihre Existenz. Ein hinreichend sicheres Selbst scheint die Voraussetzung dafür zu sein, sich anderen gegenüber zu öffnen, muß aber nicht unbedingt die Neigung hervorbringen, dies auch zu tun. Ein defensives Selbst scheint in innerem Widerspruch zur prosozialen Orientierung, zur positiven Bewertung anderer und zum Interesse am Wohlergehen anderer zu stehen.

Das Selbst als Teil einer Konstellation von Merkmalen

Während die Natur des »Selbst« einer Person und die Ausprägung ihrer Identität sich direkt auf die Moral auswirken, entsteht aus der Verbindung des Selbst mit Werten und/oder anderen Merkmalen eine Disposition für moralische Gedanken, Gefühle und Handlungen. »Unterstützende Merkmale«, wie Rollenübernahme oder Kompetenz, können – je nach den persönlichen Zielen – Voraussetzung für moralische Motivation oder deren Umsetzung in Handlung sein (Staub, 1978; 1980).

Ich habe zwei charakteristische Merkmalskonstellationen festgestellt, die Menschen für maßlose Gewaltverbrechen wie Genozid oder Massenmord anfällig machen. Solche Gewalttaten sind das Ergebnis eines gesellschaftlichen Prozesses, an dem viele Menschen als Teil einer ideologischen Bewegung, als Träger gesellschaftlicher Institutionen oder als Zuschauer beteiligt sind, deren Passivität potentielle Täter zur Handlung ermutigt. Sie sind Wirkung der oben dargestellten sozio-kulturellen Merkmale in Verbindung mit schwierigen Lebensbedingungen innerhalb einer Gesellschaft, der daraus erwachsenden Motivationen, der Umsetzung dieser Motive in eine Wendung gegen die Opfergruppe und Gewaltsteigerung. Die Merkmalskombination, die ich postuliert habe, führt bei manchen Menschen zu einem Typus der Rollenübernahme, der sich später zur Rolle des potentiellen oder gar faktischen Täters entwickelt (Staub, 1989).

Eine dieser Rollen habe ich als *potentiell antisoziale Persönlichkeit*, eine andere als *autoritätsorientierte Persönlichkeit* bezeichnet. Für beide ist die Art der Identität oder des Selbst von Bedeutung. Potentiell antisoziale Persönlichkeiten verfügen über ein erbärmliches, unsicheres Selbstbild, so daß sie sich schnell bedroht fühlen und dazu neigen, die Welt als feindlich wahrzunehmen; das heißt, sie haben ein defensives Selbst, das ein dauerhaftes Bedürfnis nach Selbstverteidigung und Selbsterhöhung erzeugt. Die Erfahrungen, die zu antisozialen Orientierungen führten, sind bestimmt durch die Abwertung von Menschen und den Wunsch, diese zu verletzen. Erfahrungen mit Feindseligkeit und Aggression, sei es am eigenen Leibe oder als Zuschauer, sowie eine (schon im Kindesalter zu beobachtende) Aggressivität, die

vermeintliche Angriffe auf das eigene Selbst abwehren soll, sind häufig prägende Erfahrungen der potentiell antisozialen Persönlichkeit. Oft führen die aggressiven kognitiven Schemata (Huesmann und Eron, 1984), die daraus entstehen, zu einer Realitätswahrnehmung, die von permanenter Aggression geprägt ist. Personen, die beide Phänomene in sich vereinigen, weisen ein Defizit an Selbstbewußtsein auf.
Unter Autoritätsorientierung versteht man die Bevorzugung hierarchischer Beziehungen und sozial vorgegebener statt personal entworfener Beziehungssysteme und entsprechend eine Disposition zu Gehorsam. Diese ist das Ergebnis autoritäter Erziehung, in der Erwachsene die Regeln mit Autorität anstatt mit Vernunft begründen und die strafende Gewalt der Autorität nutzen, um Regeln durchzusetzen. Solche Praktiken machen es für das Kind schwierig, ein eigenes Selbst mit unabhängigen Überzeugungen zu entwickeln, diese anzuerkennen und eigene Gefühle zur Handlungsorientierung zu verwenden (Miller, 1983). Statt dessen werden Autoritäten zur Orientierung gebraucht. Autoritätsorientierte Personen suchen in bedrohlichen Situationen oder bei Lebensproblemen Führung durch Autoritäten und geben ihr Selbst zugunsten von Führern und der Gruppe auf. Freilich können solche Führer und solche Gruppen eine unmoralische Einstellung vertreten. Hier wird ein weiteres Mal deutlich, welche moralischen Implikationen die Struktur des Selbst, hier die fehlende eigene gesicherte Identität, haben kann.

Grad und Typ der Beziehung zwischen dem Selbst, anderen Personen und der Gruppe

Individuelle Identität wurzelt unweigerlich darin, daß der einzelne Mitglied einer Gruppe ist. Gewiß ist die Ausbildung eines Selbst unausweichlich, aber wie es sich entwickelt, hängt von den Erfahrungen ab, die das Individuum innerhalb von Gruppen macht: sei es die Familie, seien es ethnische oder religiöse Subkulturen beziehungsweise Nationen (Mack, 1983; Staub, 1989). Wie Tajfel (1982; Tajfel und Turner, 1979) bemerkt, ist die Neigung von Individuen, sich selber im Rahmen allgemeiner, auferlegter sozialer Kategorien zu definieren, ein Ergebnis dieser sozialen Gruppenidentität.

Neben dem individuellen Selbst und dem individuellen Selbstkonzept verfügen wir über ein Gruppenselbst als Konzeption unserer Gruppe. Schon das individuelle Selbstkonzept ist von der Kultur und den Erfahrungen beeinflußt, die uns die Kultur vermittelt; erst recht gilt diese kulturelle Prägung für die Selbstkonzepte, die von einer ganzen Gruppe geteilt werden. Wie eine Gruppe mit schwierigen Lebensituationen umgeht, ist, wie schon dargestellt, vom gesellschaftlichen Selbstkonzept beeinflußt.
Unterschiedliche Kulturen und soziale Institutionen bilden unterschiedliche Identitäten, aus, die wiederum in unterschiedlichen Beziehungen zu anderen Personen stehen. Sozialwissenschaftler haben darauf aufmerksam gemacht, wieviel Gewicht heute in den USA auf Individualismus und das Ideal einer autonomen, selbstbestimmten Identität gelegt wird (Bellah et al., 1985; Sampson, 1988). Im Unterschied zu diesem Ansatz behaupten die zahlreicher werdenden feministischen Psychologinnen, daß, während die männliche Identität auf Selbstbestimmung abhebt, die weibliche Identität durch ihre Beziehungsstruktur definiert ist, was im Konzept des »self-in-relation« (Surrey, 1985) ihren Ausdruck findet. Kulturvergleiche zeigen, daß solche Formen der Beziehungs-Identität, wie sie z. B. für Japan charakteristisch sind (Weiss, et al., 1984), im Weltmaßstab vorherrschen (Sampson, 1988).
Von Personen mit einer selbstbestimmten oder autonomen Identität wird der Andere bzw. die Verbindung mit dem Anderen außerhalb des Selbst lokalisiert. Vermutlich ist es diesem Identitätstypus dennoch möglich, Beziehungen zu entwickeln, die aber aufgrund der starren Grenzen des Selbst eher oberflächlich sein dürften. Auf der anderen Seite besteht für das tief in seine sozialen Beziehungen und Gruppenkontexte eingebundene Selbst die Gefahr, in moralisch wichtigen Fragen eine zu geringe Distanz zu anderen Personen oder der Gruppe gewinnen zu können.
Wie bei allen psychologischen Sachverhalten, die hier vorgestellt wurden, kann auch die Einbindung in eine Gruppe das Ergebnis von Merkmalen des Selbst und/oder von gesellschaftlichen Strukturen und spezifischen Umweltfaktoren sein. Amerikanische Offiziere behaupteten nach dem Vietnamkrieg in Interviews, daß sie mit der Praxis des »Aufspürens und Vernichtens« oder des *body count* (der Erstellung von Statistiken über den Tötungserfolg) keineswegs einverstanden gewesen seien, dies jedoch während des Kriegsgeschehens nicht zur Sprache brachten (Egendorf, 1986).

Gewöhnlich wird die Offizierslaufbahn freiwillig gewählt. Die Kombination bestimmter individueller Merkmale von Personen, die sich für eine solche Laufbahn entscheiden, mit der Sozialisation im Militär führt zu einer sozial »eingebetteten« Identität und der Neigung, in der Gruppe aufzugehen. Überdies wird diese »Einbettung« durch die Strukturen des Militärs gefördert und verstärkt. Und die Bedingungen, unter denen Kampfhandlungen stattfinden, ausgeprägtes Freund-Feind-Denken und die starken Bindungen, die sich in der Konfrontation mit dem Feind bilden, tragen zu dieser Einbettung bei. Diese Art der Identität dürfte die Offiziere, neben dem Karrieredenken, an der freien Meinungsäußerung gehindert haben.

Einbettung verhindert offenbar die Entwicklung einer eigenen Perspektive. Daß die Deutschen sich nicht gegen die Judenverfolgung in Nazi-Deutschland gewehrt haben, lag wahrscheinlich an ihrer Einbettung in ihre Gruppe. Die Möglichkeit zu moralischem Denken, Fühlen und Handeln verstärkt sich, wenn Individuen sich von ihrer Gruppe lösen können, so daß sie ihre kritische Fähigkeit zur Bewertung der Bedeutung und der Folgen des Gruppenverhaltens einsetzen können. Eine solche Distanzierung erlaubt ihnen nicht nur, auf Zerstörung zielende, unmoralische Handlungsverläufe zu erkennen, sondern ermöglicht auch oppositionelle Haltungen. Im Mittelpunkt meiner Betrachtung steht ein potentielles moralisches Problem bei einem bestimmten Typus des gebundenen Selbst, den ich als *eingebettetes Selbst* [*embedded self*] bezeichnen möchte. Dieses Selbst ist von anderen, wie Familienangehörigen und Gruppen, nur unzureichend unterschieden. Familientherapeuten sehen die Differenzierung des Selbst und eine autonome Identität als wesentliche Faktoren für psychische Gesundheit an. Die Einbindung in eine Gruppe stellt sowohl für die Moral des Individuums als auch für die der Gruppe eine Gefahr dar.

Der beschriebene Typus stellt nicht den einzig möglichen Typus eines gebundenen Selbst dar. Surrey (1985) beschreibt ein »Beziehungs-Selbst« [*self-in-relation*] als Ergebnis einer Entwicklung, in der das Selbst sich in der Beziehung zu anderen lokalisiert, also die Beziehung zum Bestandteil des Selbst macht. Meiner Ansicht nach kann auch ein solches Selbst Differenzierungen und die Fähigkeit zu Selbständigkeit entwickeln. Ich werde diesen Typus als *relationales* bzw. *gebundenes Selbst* [*connected self*] bezeichnen.

Den bislang vorgestellten Varianten des Selbst möchte ich eine weitere Dimension hinzufügen: das *ungebundene Selbst*, [*disconnected self*], dessen Ursprung in einer unsicher-vermeidenden Bindung im Kindesalter zu finden sein dürfte (Sroufe, 1979). Das autonome Selbst ist unabhängig, aber es ist aufgrund von Empathie und alter-orientierten Werteinstellungen fähig, Beziehungen einzugehen. Personen mit einem ungebundenen Selbst verschließen sich gegenüber anderen, wodurch Empathie und wirkliches Interesse für das Wohlergehen anderer unmöglich werden. Die moralischen Neigungen des ungebundenen Selbst sind eher regelgeleitet.

In welcher Beziehung steht nun die Dimension Sicherheit/Abwehr des Selbst zu dieser Dimension Gebundenheit/Ungebundenheit? Es handelt sich um getrennte, aber nicht unbedingt unabhängige Dimensionen. So hängen Abwehr und Ungebundenheit möglicherweise zusammen. Freilich können defensive Personen mit anderen in negativer Weise verbunden sein. Diese Bindung stellt eine der Quellen für die Fähigkeit anderer dar, eine Person psychisch zu bedrohen. Das defensive Selbst kann auch über die Identifikation mit einer Gruppe eingebettet sein und auf diese Weise vor den drohenden Gefahren innerhalb und außerhalb des Selbst Sicherheit erlangen.

Entwicklung des Selbst, der Gruppe und der Moral

Das Selbst, seine Motive und seine moralischen Orientierungen entwickeln sich aufgrund von Erfahrungen, die in der Interaktion mit anderen gemacht werden. Elterliche Zuneigung und emotionale Wärme, Sensibilität für die Bedürfnisse des Kindes, eine effektive, aber nicht zu energische Kontrollausübung durch Erwachsene und das Vorleben eines positiven Beispiels für das spätere Erwachsenenleben führen bei Kindern zu einer integrierten prosozialen und moralischen Orientierung, zu der Fähigkeit zu Empathie und zu Selbstwertschätzung (Staub, 1979; 1986; im Druck).

Einen großen Anteil an der Entwicklung hat auch das eigene Verhalten des Kindes. Kinder – und Erwachsene – lernen durch Handeln. Wenn sie zum Helfen angeleitet werden, sind sie hilfsbereiter (Staub, 1974; 1979); werden sie dazu angeleitet, andere zu schädigen, werden sie eher fähig, anderen Schaden zuzufügen (Goldstein et al., 1975; Staub, 1989). Indem sie helfen oder schädigen, ändert sich mit der Zeit die Bewertung von Handlungszielen, das Interesse am Wohl anderer oder auch die eigene Selbstwahrnehmung als Menschen, die willens und fähig sind, andere zu unterstützen oder – meist aus »gutem« Grund – zu schädigen. Dabei ist die Wirksamkeit des Lernens durch Handeln abhängig von förderlichen Bedingungen, wie z. B. Wissen um die Vorteile helfenden Verhaltens oder Bestätigung statt Bestrafung. Das Schweigen von Unbeteiligten wird oft als Bestätigung und Billigung schädlichen Verhaltens gewertet.

Haben Kinder und Erwachsene erst einmal bestimmte Merkmale und Verhaltenstendenzen entwickelt, so formen sie sich weiter durch *Selbstsozialisation*. Das bedeutet, daß sie ihre Umwelt wahrnehmen und auf sie in einer Weise reagieren, die abhängig ist von schon bestehenden Erwartungen. So stoßen sie auf Reaktionen, die konsistent mit ihren Erfahrungen sind und etablierte Orientierungen wiederum bestätigen. Sie entwickeln ein sichereres oder defensiveres Selbst und nehmen andere in stärkerem Maße als böswillig oder gutwillig wahr.

Erwachsene und auch Gruppen lernen durch Handeln. Ich habe die Entwicklung, die zu Genozid oder Massenmord führt, als »schiefe Ebene« beschrieben, an deren Ende die Vernichtung steht (Staub, 1989). Wenn sich Gruppen gegen Sündenböcke oder ideologische Feinde wenden, um so ein Ventil für Bedürfnisse zu finden, die aufgrund schwieriger Lebensbedingungen und gesellschaftlicher Merkmale entstanden sind, markiert dies nur den Anfangspunkt einer unheilvollen, kontinuierlichen Entwicklung, an deren Ende Genozid und Massenvernichtung stehen. Sobald Menschen beginnen, andere zu diskriminieren und zu schädigen, verändern sie sich und werden fähig, größeres Unheil anzurichten. Es findet eine Resozialisierung der Mitglieder der Gesellschaft statt; es entwickeln sich neue Gruppenstandards; Gewalt und Diskriminierung werden institutionalisiert. Ein Teil der Veränderung im Selbst äußert sich als veränderte Wahrnehmung der Opfer, die so weit abgewertet werden, bis sie schließlich aus dem Geltungsbereich der Moral ausgeschlossen werden (Opawa, 1990; Staub, 1978; 1989; 1990). Das bedeutet, daß im Umgang mit der ausgeschlossenen Gruppe moralische Regeln als nicht mehr anwendbar betrachtet werden.

Lernen durch Handeln und die sich daraus ergebende Entwicklung führt häufig zu einer »fanatischen« Verpflichtung gegenüber Gruppenzielen, z. B. der Durchsetzung einer Ideologie oder der Vernichtung einer als Feinde definierten Gruppe, die vermeintlich dem Erreichen der ideologischen Ziele entgegensteht. Dieses starke Engagement kann die psychische Integration des Täters verbessern und ihm dadurch Vorteile bringen. Konfligierende Motive und Aspekte des Selbst können auf diese Weise in den Dienst »höherer« Ideale und übergeordneter Ziele gestellt werden.

Es besteht aber der unglückselige Widerspruch, daß Integrität und Ganzheit des Selbst und seine Verbindung mit anderen das Ergebnis von »Idealen« und Handlungen sind, die die Vernichtung von Menschen zum Ziel haben. In Gruppen mit destruktiven Zielsetzungen kann sich das Selbst dank innerer Integration und der äußeren Verbindung als Ganzes, d. h. als Teil eines Ganzen, und damit sicherer fühlen. Dies gilt für Tätergruppen bis hin zu ganzen Gesellschaften (z. B. Deutsche im Nationalsozialismus).

Der gleiche Effekt gilt für Gruppen, die anderen helfen. Auch dort kann das Selbst ähnliche Prozesse der Resozialisierung und Entwicklung, der Motivation und der Wertbildung durchmachen (Staub, 1989). Viele von denen, die in der Nazizeit Juden gerettet haben, machten eine solche Entwicklung durch. Oliner und Oliner (1988), beschrieben diese »Retter« als Menschen, die in enger Verbindung mit anderen standen. Eine Resozialisierung oder ein Wechsel der Wertorientierung anderen Menschen gegenüber findet sowohl im Prozeß des Helfens als auch des Schadens statt.

Solche Retter standen in enger Verbindung mit anderen; trotzdem waren sie nicht in ihre Gruppe eingebettet. Manche von ihnen hatten einen marginalen Status, etwa weil sie einer anderen Religion angehörten als die Mehrheit der Deutschen oder weil zumindest ein Elternteil nicht deutscher Nationalität war. (London, 1970; Tec, 1986). Diese Marginalität ermöglichte es einigen der Retter, in einer antisemitischen Gesellschaft eine oppositionelle Einstellung gegenüber der Judenvernichtung zu entwickeln und in ihrer Handlungsweise von der Gruppe abzuweichen.

Andere Untersuchungsergebnisse zeigen weitere Gesichtspunkte, unter denen die Einbindung in die Gruppe betrachtet werden kann. Oliner und Oliner (1988) beschreiben etwa die Hälfte der von ihnen untersuchten Retter als »normenzentriert«, das heißt nicht durch moralische Prinzipien, durch eine fürsorgliche Haltung (im weitesten Sinne von prosozialer Orientierung) oder durch Empathie angeleitet, sondern durch die Verbindung zu einer Gruppe und deren Normen. Sie handelten also erst, wenn Geistliche, Führer von Widerstandsgruppen oder auch die Gruppennormen sie zur Hilfe aufforderten. Tec (1986) schreibt in bezug auf Polen, daß manche Geistliche ihre Gemeinden zu Hilfe ermutigten, während andere dazu rieten, gemeinsam mit den Deutschen an antijüdischen Aktionen teilzunehmen. Das Verhalten dieser Personen beruhte also auf ihrer Einbindung in eine Gruppe und nicht auf ihren eigenen moralischen Vorstellungen.

Selbstbewußtheit, Moral und Wahlfreiheit

Selbstbewußtheit, bezogen auf stabile Merkmale und interne Vorgänge wie Gedanken und Gefühle, ist ein wichtiger Aspekt der Moral, nicht aber deren Folge, sondern ein begleitender Prozeß. Bewußtheit kann sich auch über Beziehungen bilden, wenn z. B. eine Person sich über ihre eigene Einbindung in eine Gruppe bewußt wird.

Eine Person kann die Fähigkeit entwickeln, psychische Prozesse oder Erfahrungen (in sich selbst wie auch in einer Gruppe) zu erkennen, die zur Abgrenzung von anderen führen. Dazu gehören die Differenzierung zwischen einem »Wir« und einem »Sie«, die Abwertung der anderen und der Glaube, daß die Welt gerecht ist und daß jeder erhält, was er verdient (Lerner, 1980). Die Einsicht, daß man andere nicht nach ihrer Person, sondern aufgrund von Vorurteilen negativ beurteilt, ist eine einschneidende, transformierende Erkenntnis. Die Wahrnehmung destruktiver Praktiken innerhalb der eigenen Gruppe kann zu »kritischer Loyalität« führen oder zu der Bereitschaft, die Politik der Gruppe letztlich in ihrem eigenen Interesse zu kritisieren. Reaktionen auf andere beruhen häufig nicht auf Reflexion oder Entscheidungsprozessen, sondern auf Reflexen, die etwas über das eigene Selbst aussagen. Schnelle, »spontane« Reaktionen können hilfreich (Staub, 1978) oder schädlich sein, wie z. B. das aggressive Verhalten von Polizeibeamten (Novaco, 1975). Eine Verlangsamung der Reiz-Reaktions-Kette kann eine Veränderung dieses Verhaltens bewirken und zum Beispiel die Selbstkontrolle aggressiver Polizeibeamter verbessern.

Die »Entscheidungen«, die Menschen auf der »schiefen Ebene« der Destruktivität treffen, sind oft automatisch und unreflektiert. Die Fähigkeit und die Gewohnheit, über sich selbst klarzuwerden, machen dagegen Reflexivität und Veränderung möglich.

Aber wie ist Veränderung möglich, wenn unser Verhalten durch unsere innere Natur bestimmt ist? Unser Selbst und damit unsere Persönlichkeit hat viele verschiedene Facetten und für gewöhnlich auch widersprüchliche Eigenschaften. Wenn wir durch Reflexion und Selbstbewußtheit zu unseren Entscheidungen kommen, können wir von einer Überzeugung und von bestimmten Werten auf andere umschalten, die dann unsere Motivation und unser Handeln anleiten. Das Bewußtsein moralischer Verpflichtung gegenüber allen Menschen birgt auch die Möglichkeit, die moralische Abwertung oder sogar Ausschließung bestimmter Menschen zu überwinden. Mißtrauen kann durch die wohltuende Wirkung von selbstkritischen Zweifeln zerstreut werden.

Es stellt sich die Frage, ob jeder in gleichem Maße fähig ist, sein Verhalten bei wachsendem Bewußtsein über sich selbst zu verändern. Gewiß hat nicht jeder das gleiche Potential an Selbstbewußtheit. So sind z. B. Menschen mit einem defensiven Selbst in fest verankerten Beziehungen nur in geringerem Maße zu Selbstbewußtheit fähig. Sowohl Eichmann als auch Himmler wurde übel beim Anblick der Juden in den Gaskammern, aber die Einbindung in ihre Gruppe und die Verpflichtung auf deren Ziele machte es ihnen unmöglich, ihre eigenen Reaktionen als Stimulus für eine Veränderung zu nutzen. Die Art ihres Selbst und ihre moralischen Orientierungen standen dem entgegen. Wahrscheinlich ging ihr Unwohlsein darauf zurück, daß sie die nackten Leichen nicht mehr als Juden oder Nichtjuden identifizieren konnten. Andere hätte ein derartiges Erlebnis zu dem Bewußtsein geführt, daß Humanität für alle Menschen gilt.

Das Selbst verschiedener Individuen unterscheidet sich auf vielerlei Weise, unter anderem durch den Grad an innerer Differenzierung. Selbstbewußtheit ermöglicht ein weniger starres Selbst, das sich gegen zunehmende innere Differenzierung nicht sperrt und die Fähigkeit besitzt, nicht »automatisch« zu reagieren, sondern sich auf die innere Verarbeitung von Ereignissen einzulassen. Die Persönlichkeit beschränkt oder erweitert Möglichkeiten einer Wahl und beschreibt somit den Grad der »Willensfreiheit« (Staub, 1989; siehe auch Rogers, 1961).

Ein Vergleich mit der Theorie der kognitiven Entwicklung

Die Konzeption der Entstehung moralischen Verhaltens, die in diesem Beitrag vorgestellt wurde, widerspricht bestimmten Annahmen der Theorie der kognitiven Entwicklung. Es wurde gezeigt, daß moralische Entscheidungen vermieden, versäumt oder verfälscht werden können. Sogar wenn eine Person bestimmte moralische Werte besitzt (oder die Fähigkeit hat, auf einem bestimmten moralischen Niveau zu reflektieren), kann es vorkommen, daß der Wert (oder die Fähigkeit zur Reflexion) in bestimmten Situationen nicht angewandt wird.

Potentielle Opfer von Unmoral und Gewalt können aus dem moralischen Universum ausgeschlossen werden, so daß im Verhalten ihnen gegenüber moralische Werte keine Anwendung mehr finden. Gruppen oder Personen können auch versuchen, ihre moralischen Werte neu zu »äquilibrieren« (Staub, 1989). Gibt es ein Motiv, jemanden zu schädigen, dann verursachen moralische Werte, Hemmungen oder Argumente, die ein solches Verhalten verhindern sollen, Konflikte. Derartige Konflikte können durch die Übernahme eines anderen moralischen Wertes oder den Übergang auf eine andere moralische Stufe, auf der solche gewaltsamen Handlungen zulässig sind, verringert werden. Der neue Wert braucht nicht notwendigerweise moralisch zu sein, kann aber als solcher fungieren. Eisenberg (1986) berichtet in diesem Zusammenhang, wie in Fällen, in denen prosoziales Verhalten mit Nachteilen verbunden war, sowohl Kinder als auch Erwachsene auf ein niedrigeres moralisches Niveau regredierten. Die Nazis ersetzten den Wert der Unantastbarkeit menschlichen Lebens durch Werte der Loyalität und des Gehorsams gegenüber Führer und Gruppe. Gewalttäter schaffen sich oft Ideologien von »höheren Werten«, die für die Schädigung bestimmter Individuen Motivationen und moralische Rechtfertigungen liefern. Das Töten »rassisch minderwertiger« Menschen galt den Nazis als Dienst an der Menschheit. »Selbstkontrolle« wird irrelevant, wenn das dominierende Motiv darin besteht, den Opfern Schaden zuzufügen. Widersprechende moralische Motive wurden abgewertet, ersetzt, ausgeschieden, so daß kein Grund bestand, das schädigende Verhalten zu unterdrücken oder zu »kontrollieren«.

Diese Konzeption hat auch Folgen für die Verantwortlichkeit der Täter, denn Menschen müssen als verantwortlich (also rechenschaftspflichtig) für ihre Taten angesehen werden. Dies gilt sowohl für Täter als auch für die Zuschauer, die durch Worte und Handlungen in der Lage gewesen wären, Einfluß auf die Täter zu nehmen. Erklärungen, die uns helfen sollen, die Wurzeln und die Entstehung von Gewalt zu verstehen, entbinden die Täter nicht von der Verantwortlichkeit für ihr Handeln (Staub, 1989).

Verantwortlichkeit kann erwartet oder gefordert werden, sie kann aber auch eine psychische Realität sein. Auch Menschen mit stark defensivem und eingebettetem Selbst müssen als rechenschaftspflichtig für ihr Handeln gelten. Dennoch beruht echte Verantwortlichkeit auf einer wirklichen Wahlmöglichkeit. Diese Freiheit der Wahl ist um so größer, je mehr der Mensch in der Lage ist, selbstbewußt und flexibel zu handeln, wofür es offenbar eines sicheren Selbst bedarf. Um eine Wahl treffen zu können, die schädigendes Verhalten begrenzt und helfendes fördert, bedarf es eines gebundenen Selbst, moralischer Werte sowie prosozialer Orientierung und einer Überzeugung von der Gültigkeit der Moral für alle Menschen. Diese Fähigkeiten entstehen durch Sozialisation und lebenslange Erfahrung. Begünstigende Sozialisationsbedingungen führen zur Ausbildung dieser positiven Merkmale (Staub, 1979; 1986; im Druck); spätere Erfahrung (Staub, 1989) ermöglicht echte Wahlfreiheit und echte Verantwortlichkeit.

Literatur

Averill, J. R. (1982), *Anger and Aggression. An essay on emotion*, New York: Springer.

Baron, R. A. (1977), *Human Aggression*, New York: Plenum Press.

Batson, D. (1990), »How social an animal? The human capacity for caring«, in: *American Psychologist*, 45, 336-347.

Bellah, P. N., Madsen, R., Sullivan, W. M., Swindler, A., und Lipton, S. M. (1985), »Habits of the Heart«, in: *Individualism and Commitment in American Life*, New York: Harper & Row.

Craig, G. A. (1982), *The Germans*, New York: The New American Library.

Egendorf, A. (1986), *Healing from the war: Trauma and transformation after Vietnam*, Boston: Shambhala.

Eisenberg, N. (1986), *Altruistic emotion, cognition and behavior*, Hillsdale, NJ: Lawrence Erlbaum Associates.

Epstein, S. (1980), »The self-concept: A review and the proposal of an

integrated theory of personality«, in: E. Staub (Hg.), *Personality: Basic aspects and current research*, Englewood Cliffs, NJ: Prentice-Hall.
Epstein, S. (1989), »Values from the perspective of cognitive-experiental self-theory«, in: N. Eisenberg, J. Rekowski und E. Staub (Hg.), *Social and moral values: Individual and societal perspectives*, Hillsdale, NJ: Lawrence Erlbaum Associates.
Feinberg, J. K. (1978), *Anatomy of a helping situation: Some personality and situational determinants of helping in a conflict situation involving another's psychological distress*, unveröffentlichte Dissertation, University of Massachusetts, Amherst.
Goldstein, J. H., Davis, R. W., und Herman, D. (1975), »Escalation of aggression: Experimental studies«, in: *Journal of Personality and Social Psychology* 31, 162-170.
Gouldner, A. W. (1960), »The norm of reciprocity: A preliminary statement«, in: *American Sociological Review* 25. 161-179.
Grodman, S. M. (1979), *The role of personality and situational variables in responding to and helping an individual in psychological distress*, unveröffentlichte Dissertation, University of Massachusetts, Amherst.
Huesmann, L. R., und Eron, L. D. (1984), »Cognitive processes and the persistence of aggressive behavior«, in: *Aggressive behavior* 10, 243-251.
Hunt, J. McV. (1965), »Intrinsic motivation and its role in psychological development«, in: D. Levine (Hg.), *Nebraska symposium on motivation*, Lincoln, NE: University of Nebraska Press.
Isen, A. M., Horn, N., und Rosenhan, D. L. (1973), »Effects of success and failure on children's generosity«, in: *Journal of Personality and Social Psychology* 27, 239-248.
Lerner, M. (1980), *The belief in a just world: A fundamental delusion*, New York: Plenum Press.
London, P. (1970), »The rescuers: Motivational hypotheses about Christians who saved Jews from the Nazis«, in: J. Macaulay und L. Berkowitz (Hg.), *Altruism and helping behavior*, New York: Academic Press.
Mack, J. (1983), »Nationalism and the self«, in: *The Psychology Review* 2, 47-69.
Maslow, A. H. (1962), *Toward a psychology of being* (2. Aufl.), New York: Van Mostrand.
Miller, A. (1983), *For your own good: Hidden cruelty in child-rearing and the roots of violence*, New York: Farrar, Straus, and Giroux; Originalausgabe: Am Anfang war Erziehung, Frankfurt/Main: Suhrkamp 1980.
Novaco, R. (1975), *Anger control: The development and evaluation of an experimental treatment*, Lexington, MA: Heath & Co.
Oliner, S. B., und Oliner, P. (1988), *The altruistic personality: Rescuers of Jews in Nazi Europe*, New York: Free Press.
Opawa, S. (Hg.) (1990), »Moral exclusion and injustice«, in: *Journal of Social Issues* 46, 1.

Rogers, C. R. (1961), *On becoming a person*, Boston: Houghton Mifflin.
Rosenhan, D. L., Salovey, P., Karylowski, J., und Hargis, K. (1981), »Emotion and altruism«, in: J. P. Rushton und R. M. Sorrentino (Hg.), *Altruism and helping behavior*, Hillsdale, NJ: Lawrence Erlbaum.
Rotter, J. B. (1971), »Generalized expectancies for interpersonal trust«, in: *American Psychologist* 26, 443-452.
Sampson, E. E. (1988), »The debate on individualism«, in: *American Psychologist* 47, 15-22.
Slavson, S. R. (1965), *Reclaiming the delinquent*, New York: The Free Press.
Sroufe, L. A. (1979), »The coherence of individual development: Early care, attachment, and subsequent developmental issues«, in: *American Psychologist* 34, 834-842.
Staub, E. (1971), »The learning and unlearning of aggression: The role of anxiety, empathy, efficacy and prosocial values«, in: J. Singer (Hg.), *The control of aggression and violence: Cognitive and physiological factors*, New York: Academic Press.
Staub, E. (1974), »Helping a distressed person: Social, personality and stimulus determinants«, in: L. Berkowitz (Hg.), *Advances in experimental social psychology* 7, New York: Academic Press.
Staub, E. (1978), *Positive social behavior and morality: Social and personal influences*, Bd. 1, New York: Academic Press.
Staub, E. (1979), *Positive social behavior and morality: Socialization and development*, Bd. 2, New York: Academic Press.
Staub, E. (1980), »Social and prosocial behavior: Personal and situational influences and their interactions«, in: E. Staub (Hg.), *Personality: Basic aspects and current research*, Englewood Cliffs, NJ: Prentice Hall.
Staub, E. (1985), »The psychology of perpetrators and bystanders«, in: *Political Psychology* 6, 61-86.
Staub, E. (1986), »A conception of the determinants and development of altruism and aggression: Motives, the self, the environment«, in: C. Zahn-Waxler (Hg.), *Altruism and aggression: Social and biological origins*, Cambridge, MA: Cambridge University Press.
Staub, E. (1989), *The roots of evil: The psychological and cultural origins of genocide*, New York: Cambridge University.
Staub, E. (1990), »Moral exclusion, personal goal theory and extreme destructiveness«, in: S. Opawa (Hg.), *The scope of justice*, *Journal of Social Issues* 46, 47-65.
Staub, E. (im Druck), »The origins of caring, helping and nonaggression: Parental socialization, the family system, schools and cultural influence«, in: S. Oliner et al. (Hg.), *Embracing the other: Philosophical psychological and historical perspectives on altruism*, New York: New York University Press.
Staub, E., und Feinberg, H. (1980), »Regularities in peer interaction, em-

pathy, and sensitivity to others«, vorgetragen auf dem Symposium: »Development of prosocial behavior and cognitions« der American Psychological Association, Montreal.
Surrey, J. (1985), *Self-in-relation: A theory of women's development*, Wellesley, MA: The Stone Center, Wellesley College.
Tajfel, H. (1982), »Social psychology of intergroup relations«, in: *Annual Review of Psychology* 33, 1-39.
Tajfel, H., und Turner, J. C. (1979), »An integrative theory of intergroup conflict«, in: W. G. Austin und S. Worchel (Hg.), *The social psychology of intergroup relations*, Monterey, CA: Brooks-Cole.
Tec, N. (1986), *When light pierced the darkness: Christian rescue of Jews in Nazi-occupied Poland*, New York: Oxford University Press.
Toch, H. (1969), *Violent Men*, Chicago, IL: Aldine.
Weiss, J. R., Rothbaum, F. M., und Blackburn, T. C. (1984), »Standing out and standing in. The psychology of control in America and Japan«, in: *American Psychologist* 39, 955-969.
White, R. W. (1959), »Motivation reconsidered: The concept of competence«, in: *Psychological Review* 66, 297-333.
Wilson, J. P. (1976), »Motivation, modeling and altruism: A person x situation analysis«, in: *Journal of Personality and Social Psychology* 34, 1078-1086.
Yarymovitz, M. (1977), »Modification of self-worth and increment of prosocial sensitivity«, in: *Polish Psychological Bulletin* 8, 45-53.

Helen Haste
Die Moral, das Selbst und der soziokulturelle Kontext*

Das Problem

Die Unterschiede zwischen verschiedenen Kulturen und den beiden Geschlechtern im Hinblick auf Auffassungen über Moral und das Selbst halten eine bedeutende Debatte in der Entwicklungspsychologie in Gang. Der Streit besteht zwischen denen, die den grundlegenden Prozeß im Kopf des Individuums suchen, und denen, die den grundlegenden Prozeß in der Interaktion zwischen Personen suchen. Für viele sind dies miteinander unvereinbare Positionen; in diesem Beitrag möchte ich ein Modell vorstellen, das diese Kluft überbrückt.

Die eine Position konzentriert sich auf eine strukturelle Entwicklung, die sich in Stufen manifestiert. Vertreter dieser Position gehen davon aus, daß das Individuum Sinngehalt konstruiert und daß die entwicklungsbedingte Veränderung Rekonstruktion und Integration widerspiegelt. Obwohl nur wenige behaupten würden, daß diese Konstruktion in sozialer Isolation stattfindet, wird die Rolle der anderen hauptsächlich darin gesehen, daß sie die Herausforderung darstellen, die die »Disäquilibration« in Gang bringt. Man geht davon aus, daß das strukturelle Entwicklungsmuster universal ist. Kritiker halten dagegen, daß diese individualistische Entwicklungskonzeption den sozialen und kulturellen Kontext nicht berücksichtigt, der sich an inter- und sogar intrakulturellen Unterschieden der Modelle von Selbst und Moral zeigt. Ihre Gegenposition besagt, daß Konzeptionen vom Selbst und von der Moral durch Sprache und Kultur geformt werden. Das heranwachsende Individuum lernt durch den Diskurs mit anderen, was moralisch relevant ist. Es lernt, sich auf Werte und interpersonale Strategien zu berufen, die im Einklang mit den Erwartungen der jeweiligen Kultur stehen.

* »Morality, self and sociohistorical context: The role of lay social theory«; Originalbeitrag. Übersetzung: Barbara Reiter und Alexander Staudacher.

Diese Situation scheint eine theoretische Sackgasse zu sein; kulturelle Unterschiede werden oft als entscheidende Widerlegung individualistischer Entwicklungskonzeptionen angeführt, aber wenn der primäre Entwicklungsprozeß lediglich darin besteht, das heranwachsende Individuum für eine sozial konstruierte Welt von Sinngehalten auszustaffieren, dann gibt es scheinbar keinen Platz für die Stufenstruktur oder eine qualitative Veränderung.
Ich möchte eine Synthese vorschlagen, die sich auf Wygotski stützt. Er hat das Individuum als einen aktiv Handelnden gesehen, der aktiv interpretiert und Sinngehalt innerhalb einer sozialen *und* kulturellen Umgebung konstruiert. Er unterscheidet zwischen interpersonaler Interaktion, der weiteren Kultur und dem soziohistorischen Kontext. Über interpersonale Interaktion, insbesondere über die Zone der nächsten Entwicklung[1] (ZnE), ist in jüngster Zeit in der Entwicklungspsychologie viel geforscht worden; der soziohistorische Kontext wurde demgegenüber jedoch nicht im gleichen Maße berücksichtigt. Die ZnE-Forschung erkennt die Rolle an, die Gleichaltrige oder Lehrer spielen, wenn sie das heranwachsende Individuum mit neuen Konzepten bekanntmachen; das paßt gut zum »katalytischen« Modell, dem zufolge Entwicklung durch Interaktion zwischen Gleichaltrigen erleichtert wird. Die Anerkennung des soziohistorischen Kontexts schließt ein, daß man kulturelle Unterschiede in der Konzeptualisierung von Erfahrung ernst nimmt und daß man nicht ohne weiteres von quasi-platonischen Universalien ausgehen kann.
Ich werde nun untersuchen, wie das, was ich »alltagsweltliche Sozialtheorie« [*lay social theory*] nenne, den Abgrund überbrückt. Eine »alltagsweltliche Sozialtheorie« liefert eine Anzahl von Schemata und Szenarien, die eine Ursache oder den Ursprung von etwas erklären, ein erwünschtes Ziel bzw. einen erwünschten Zustand implizieren und festlegen, was relevant ist. Diese Schemata und Szenarien liefern eine Struktur, durch die man Beziehungen zwischen den relevanten Fragen sehen und angemessene Antworten auf eine Situation entwerfen kann. Dieses Modell geht davon aus, daß das Individuum aktiv ist, wenn es Erfahrungen eigenständig interpretiert, indem es das eigene Repertoire von Schemata und Szenarien gebraucht und anwendet, wie die kognitive Psy-

1 Vgl. D. B. Elkonin, »Einleitung« zu Lew Vygotsky, *Ausgewählte Schriften*, dt. von Joachim Lompscher, Köln 1987, Bd. 2, 80.

chologie dies beschreibt. Aber es geht auch davon aus, daß »aktives Interpretieren« den Zugang zum Repertoire der jeweiligen verfügbaren »alltagsweltlichen Sozialtheorie« der Kultur erfordert, ein Repertoire, das sowohl bestimmte »angemessene« Lösungen vorschreibt als auch andere verbietet. Darüber hinaus nimmt dieses Modell an, daß die Berufung auf besondere Schemata und Szenarien von interpersonaler Interaktion und kontinuierlichem Diskurs abhängt und nicht bloß im Rahmen von individueller Erfahrung und individuellem Denken erklärt werden kann.

Kulturelle Unterschiede und ihre Implikationen

Eine Fülle von anthropologischem Material offenbart, wie breitgefächert die menschlichen Auffassungen von dem sind, was eine Person ausmacht – und wie viele dieser Auffassungen der westlichen Perspektive fremd sind. Geertz (1983) definiert die abendländische (nordamerikanische) Auffassung von der Person

> »als einem fest umrissenen, einzigartigen, mehr oder weniger integrierten motivationalen und kognitiven Universum, einem dynamischen Zentrum des Bewußtseins, Fühlens, Urteilens und Handelns, das als unterscheidbares Ganzes organisiert ist und sich sowohl von anderen solcher Ganzheiten als auch von einem sozialen und natürlichen Hintergrund abhebt« (294).

Er kontrastiert dies mit javanischen, balinesischen und marokkanischen Perspektiven und stellt dabei fest, daß »unsere« Auffassung »eine ziemlich spezielle Vorstellung innerhalb des Zusammenhangs der Kulturen der Welt« darstellt. In Bali wird das Leben zum Beispiel als dramaturgische Metapher aufgefaßt;

> »daher finden wir [...] ein ständiges systematisches Bestreben, alle Aspekte des persönlichen Ausdrucks bis zu einem Punkt zu stilisieren, an dem alle besonderen Eigenschaften, die jemanden ... charakterisieren, zugunsten der Rolle ausgeschaltet werden, die ihm in dem fortwährenden und, wie man glaubt, unveränderlichen Schauspiel, das das Leben auf Bali ausmacht, zugewiesen wird. Es sind die Rollen (...), die von Dauer sind, nicht die Schauspieler; man kann sogar sagen, daß es die Rollen und nicht die Schauspieler sind, die im eigentlichen Sinne wirklich existieren« (298).

Modelle des Selbst enthalten Annahmen über Rollen, Beziehungen und Selbstwert, die die Moral untermauern. Das westliche

Modell des Selbst (wie Geertz es beschreibt) verleiht der persönlichen Autonomie und der Freiheit des Individuums allein aufgrund seiner Existenz und nicht so sehr aufgrund seiner Rolle enormes Gewicht. Es konzentriert sich eher auf das Selbst als Handelnden, der mit anderen in einer *Beziehung* steht, als auf den Zusammenhang zwischen Personen untereinander. Selbstwert wird also so definiert, daß das einzelne Individuum in der Lage sein muß, autonom zu sein und damit im Verhältnis zu anderen, die ein freies, eigenständiges Selbst haben, verantwortlich zu handeln. Für Gesellschaften, die das Selbst in Rollen ansiedeln und sich die Beziehung zwischen Personen als funktional vorstellen, kann die Ausübung der Rolle mit Moral und Selbstwert zusammenfallen.

Westliche Modelle des Selbst, die auf Abstraktion und Individualismus beruhen, sehen gerade in der *Überschreitung* dieser sozialen Bindung einen Vorzug. Tatsächlich setzt ein Autonomiekonzept – in Kombination mit der Überzeugung, daß man die Freiheit der Wahl haben *kann* und haben *sollte* – voraus, daß individuelle *Moral* den möglichen Konflikt zwischen sozialem Druck und der eigenen moralischen Absicht bedeutet (Shweder und Bourne, 1984; Rosaldo, 1984).

Shweders Studien über die Bevölkerung der Provinz Orissa vertiefen dieses Problem noch. Zwei zentrale Elemente unterscheiden das hinduistische Denken von westlichen Auffassungen: die Betonung der Behauptung des Selbstwertes – des eigenen wie der anderen – und die Metapher vom Körper als Tempel. Das Vermeiden von Verunreinigung spielt in der Moral und für den Selbstwert eine enorme Rolle. Dieses Modell vom Selbst und von Moral erweitert die Vielfalt der Interaktion zwischen eigenem Selbst und der Moral über die Dichotomie zwischen einem »autonomen« Selbst und einem »Rollen«-Selbst hinaus. Auch im hinduistischen Denken gibt es einen Platz für die Autonomie, aber erst dann, wenn das Individuum die Gesellschaft ganz verläßt, materiellen Besitz aufgibt und Selbsterkenntnis in der Kontemplation sucht.

Dennoch könnte man fragen, warum es etwas ausmacht, daß andere Gesellschaften Auffassungen vom Selbst und von Moral haben, die grundsätzlich von denen unserer Gesellschaft verschieden sind, der Gesellschaft, in der sich die Wissenschaft der Psychologie zum größten Teil entwickelt hat? Müssen wir uns nicht damit bescheiden, daß unsere Wissenschaft bloß über die Mitglieder unserer Gesellschaft angemessene Erklärungen abgeben kann, wobei die Frage offenbleibt, was für eine Art von Psychologie andere entwickeln könnten? Sicherlich wird man in der Kritik, daß Piagets oder Kohlbergs Stufen in Agrargesellschaften oder Jäger- und-Sammler-Gesellschaften nicht zu finden sind, kaum ein Argument gegen deren gültige Anwendung in New York, Berlin oder London finden können. Dagegen ist es durchaus ein Argument, daß es Universalien im Entwicklungsprozeß gibt; trotz lokaler Unterschiedlichkeiten im Ausdruck oder der begrenzten Geltung von Werten und Auffassungen gibt es Gemeinsamkeiten in Konzeptionen vom Selbst und von moralischen Codes. Eine Gegenposition dazu ist, daß jede Gesellschaft ganz unterschiedliche Wege, menschliche Erfahrung zu ordnen und das heranwachsende Individuum in die Kultur einzufügen, hervorbringen kann, so daß weder Konzepte und Werte noch die Entwicklungsprozesse wirklich Grenzen überschreiten können – und daß sie möglicherweise nicht einmal interkulturell verständlich sind.

Dies leitet über zu der Frage, ob Entwicklung in erster Linie die Angelegenheit des einzelnen Individuums ist, das mit Konstruktion und Rekonstruktion – wenn auch durch die kulturelle und soziale Umgebung in Gang gebracht – beschäftigt ist und schließlich bei einigen Gemeinsamkeiten des Verstehens anlangt, die die universalen Erfordernisse der Conditio humana ausdrücken; oder ob nicht nur das, was wir wissen, sondern auch, *wie* wir wissen, völlig von unserem kulturellen Erbe abhängt; daß zunehmendes »Verstehen« wirklich ein Hineinwachsen in eine zunehmend verfeinerte Wahrnehmung des kulturellen Bedeutungssystem ist.

Sehen wir uns an, was geschieht, wenn wir annehmen, daß es Universalien der menschlichen Entwicklung gibt. Dies führt zu einer Suche nach Universalien, und zwar normalerweise, nachdem die Forschung bereits das Muster der westlichen Entwicklung eingeführt hat. Finden sich keine Universalien, dann ergeben sich Erklärungsprobleme. Wenn die Bonga Bonga keine formalen operationalen Aufgaben lösen oder moralische Überlegungen über Stufe 3 hinaus anstellen können – weisen wir ihnen dann einen »weniger entwickelten« ontogenetischen Status zu, oder versuchen wir, herauszufinden, was mit unseren Maßstäben nicht in Ordnung ist (nämlich daß sie zu sehr auf den Westen beschränkt sind)?

Die erste Folgerung geht von einem »Defizit«-Modell aus, das impliziert, daß etwas in der Bonga-Bonga-Kultur die Entwicklung hemmt; Shweder beschreibt dies als das evolutionistische Modell (Sweder u. Bourne, 1984). Die zweite Folgerung könnte lauten, daß es Universalien geben mag, aber wir sie noch nicht gefunden haben. Wenn wir etwa herausfinden, daß die Bonga Bonga durchaus formale Operationen durchführen können, wenn sie in Problemen ihrer eigenen Kultur faßbar sind, und auf diese Weise moralische Dilemmata von Stufe 4 oder 5 lösen, dann können wir annehmen, daß es zwar strukturelle, aber nicht notwendig inhaltliche Universalien gibt.

Viel gravierender ist es freilich, wenn wir herausfinden, daß es in der Bonga-Bonga-Kultur überhaupt keinen Platz für Abstraktion und Komplexität gibt. Eine Kultur, die Komplexität und Abstraktion keinen Wert beimißt, stellt keine Mechanismen bereit, um ihre Entwicklung in Gang zu bringen. Wenn wir uns dafür entscheiden, daß ein »Defizit«-Modell den Fall nicht erklären kann, muß unsere einzig mögliche Schlußfolgerung lauten, daß unsere Annahmen über Universalien falsch sind.

Eine dritte Option geht über die Dichotomie von Relativismus und Universalismus hinaus: die pluralistische. Wenn eine andere Kultur (oder Subkultur) die Probleme unserer Untersuchung auf andere Weise angeht, so muß die relativistische Schlußfolgerung lauten, daß dies die theoretische Basis »unseres« Systems unterminiert. Im Gegensatz dazu würde die pluralistische Schlußfolgerung eher zu einer Erweiterung als zu einer Ablehnung »unserer« Position führen. Man könnte, ohne sich mit dem Evolutionismus zu belasten, argumentieren, daß die *Fähigkeit*, abstrakte Begriffe zu gebrauchen und sowohl vom Allgemeinen auf das Besondere als auch vom Besonderen auf das Allgemeine zu schließen, nützlicher ist als das Fehlen einer solchen Fähigkeit. Es ist vielleicht schwieriger, die These zu rechtfertigen, daß eine besondere Form des abstrakten Denkens *immer*, unabhängig von der jeweiligen Situation, am besten funktioniert. Noch weniger haltbar ist aber sicherlich die Position, der zufolge das westliche Modell vom Selbst notwendigerweise dasjenige ist, das am besten funktioniert und dabei am einheitlichsten oder umfassendsten ist.

Es handelt sich jedoch nicht nur um den Unterschied *zwischen* Gesellschaften; sowohl Rassen als auch Klassen unterscheiden sich in ihren »kulturellen« Überzeugungen, Werten und Umgangsweisen mit Wissen, was die Universalität der Normen der weißen Mittelklasse widerlegt. Diese Unterschiede sind ähnlich wie die Unterschiede zwischen Gesellschaften behandelt worden; »Defizit«-Modelle argumentieren, daß die benachteiligte Gruppe aufgrund ihrer mangelnden Integration in die dominante Kultur schwächere Leistungen erbringe. Ein anderes Argument besagt, daß die Kultur der Arbeiterklasse oder der Schwarzen ein »alternatives« Wertsystem hervorbringe, das seinen Anhängern ein Selbstwertgefühl vermittelt, und zwar auch wenn der durch Mittelklassenormen definierte »Erfolg« fehlt. Beide Modelle implizieren, daß der Weg zu individuellem Aufstieg voraussetzt, daß die Wertsysteme über Bord geworfen oder transformiert werden und daß, wenn soziale oder rechtliche Veränderungen die institutionellen Barrieren beseitigen, die dominanten Werte angenommen würden.

Gemäß der relativistischen Ansicht verschafft das alternative Wertsystem einer unterprivilegierten Gruppe nicht nur eine positive Identität, sondern hat auch eine eigene Berechtigung und eine eigene Kulturgeschichte. Diese kann zwar immer noch das Resultat von Unterdrückung sein; das alternative System ist funktional für den Unterklassenstatus, weil es einen anderen Weg zum Selbstwert eröffnet oder weil es sich in Symbiose mit der Weltsicht der dominanten Gruppe befindet; die dominante Weltsicht wird abgelehnt, aber nichtsdestotrotz ist die Alternative in gewissem Sinn eine Antithese zu ihr. Dennoch »besitzt« die Gruppe ein wirklich alternatives System; es wird ihr weder auferlegt, noch stellt es eine bloße Umkehrung des dominanten Systems dar.

Shweder zieht die relativistische Folgerung, daß sowohl das Stufenmodell als auch ein Modell, das Gerechtigkeit ins Zentrum von Moral stellt, ernsthafte Mängel aufweisen. Es gibt Inder, die in eindeutig postkonventioneller Weise über moralische Fragen sprechen, dennoch werden sie auf der konventionellen Ebene kodiert, weil die Argumentation auf ganz anderen Prämissen über Moral und, wie wir gesehen haben, auf einer fundamental anderen Sicht des Selbst beruht.

Eine pluralistische Perspektive würde darauf hinauslaufen, daß eine ganze Reihe von »latenten Moraltheorien« existiert, von denen Gerechtigkeit lediglich eine darstellt. Edwards (1986) stellt die alternative Ethik der Ehre in bestimmten nicht-nordeuropäischen und nicht-westlichen Gesellschaften und die Ethik der familiären Loyalität, wie sie in der chinesischen Kultur vorherrscht, heraus. Mitglieder anderer Kulturen, besonders wenn sie in einem westlichen Kontext oder System erzogen werden, können *Zugang zu* einer Ethik haben, die auf Gerechtigkeit beruht, so daß sie Antworten auf moralische Dilemmata, die in Begriffen von Gerechtigkeit formuliert sind, artikulieren können; aber es muß sich dabei nicht um eine korrekte Wiedergabe ihrer bevorzugten Denkweise handeln. Ein angemessenes Verständnis der kulturellen Basis von Moral erfordert also mehr als den Beweis, daß Menschen in der Lage sind oder nicht, die Klaviatur der Gerechtigkeitsmoral ebenbürtig zu bedienen.

Geschlecht als kulturelles Phänomen[2]

In vielen Disziplinen wird auch das Geschlecht zunehmend als »kulturelles« Phänomen behandelt. Gilligans erste Arbeiten richteten sich auf ein offensichtliches Defizit; es waren Studien, die zeigten, daß Frauen nach Kohlbergs Maßstäben für moralische Urteilsfähigkeit schlechter abzuschneiden schienen als Männer. Gilligans Kritik konzentrierte sich auf die Begrenztheit dieser Maßstäbe, besonders darauf, daß sie nicht die wesentlichen Momente weiblicher Hauptanliegen in bezug auf Moral erfassen. Das »Problem« des Defizits verschwindet mit dem Nachweis gravierender Mängel in der Anlage der Studien, die Geschlechterdifferenzen auf der Ebene der moralischen Argumentation zeigen sollten (Walker, 1984; Nunner-Winkler, 1984; 1990).

Wichtiger aber ist, daß Gilligans Arbeit eine pluralistische Perspektive propagiert. Sie entwickelte zunächst ein Modell einer alternativen *moralischen* Theorie, die auf der weiblichen Orientierung an Verantwortlichkeit und Fürsorge als der primären Ethik basierte, im Gegensatz zu einer Ethik der Rechte und Gerechtigkeit, wie sie im »männlichen« Argumentieren gefunden wurde. Die erstere basiert auf einem beziehungsorientierten, die letztere auf einem auf Abgrenzung bedachten Selbst.

Für die eher weibliche Perspektive charakteristisch sind eine Präferenz für Holismus, für teilnehmende Haltung gegenüber dem Untersuchungsobjekt anstelle von Trennung und Distanz, die Auffassung, daß Dinge nicht isoliert, sondern in Beziehung zu

2 Dieser Abschnitt wurde aus Platzgründen gekürzt. Anm. d. Hg.

anderen Dingen gesehen werden sollten. Die Betonung liegt eher auf Verstehen anstatt auf rein logischem Kalkül und mehr auf Verbindung als auf Beherrschung. Die aus all dem hervorgehende Metaphorik ist eher organisch als mechanistisch (Belenky et al., 1986; Keller, 1983; 1985; Harding und Hintikka, 1983; Haste, 1986; 1988; im Druck; Haste und Baddeley, 1991).

Einige Autoren behaupten, daß Frauen diese andere Perspektive »besitzen«, wohingegen Männer (aus welchen Gründen auch immer) keinen Zugang zu ihr haben. Andere wiederum argumentieren, daß beide Formen von Wissen innerhalb der Kultur anerkannt werden, daß sie aber aus soziohistorischen Gründen geschlechtsspezifisch geworden sind, so daß jedes Geschlecht sich jeweils einer bevorzugten Perspektive entsprechend verhält. Die derzeitigen Belege lassen vermuten, daß Frauen und Männer zu beiden Denkweisen Zugang haben und unter geeigneten Rahmenbedingungen den jeweils »alternativen« Modus an den Tag legen können (Johnston, 1988). Dennoch ist der eine Stil – der »männliche« – in der dominanten Kultur vertrauter, wird höher bewertet und gilt – nach den spezifischen Rationalitätsvorstellungen – als angemessen.

Kultur und Individuum

In diesem Beitrag geht es mir um die Frage, wie man einerseits an den Implikationen des kulturellen Pluralismus festhalten und gleichzeitig der Evidenz für individuelle Konstruktionsprozesse Rechnung tragen kann. Die ziemlich tiefgreifenden kulturellen Differenzen in den Konzepten des Selbst und der Moral stellen eine Herausforderung für die Annahmen des Universalismus dar, der jenen Entwicklungsmodellen zugrunde liegt, die sich auf die individuelle Konstruktion von Sinngehalten konzentrieren. Dieses Material macht ein Modell erforderlich, das den sozialen Kontext nicht nur als einen Katalysator, der den Verlauf der Entwicklung erleichtert oder hemmt, behandelt.

Die Spannungen innerhalb der Psychologie bestehen neuerdings nicht zwischen der sozialen Lerntheorie und einer kognitiven Entwicklungstheorie, die sich im Grunde beide mit dem Individuum *in micro* beschäftigen. Sie bestehen vielmehr zwischen neuen Formen der Sozialpsychologie, die die sozialen Prozesse

des Wissens betonen und die *a priori* die individuelle Konstruktion von Sinngehalten ablehnen und die Stufenkonzeption zurückweisen. Sie würden sogar so weit gehen zu behaupten, daß ein Siebenjähriger, wenn der Kontext stimmt, moralische Urteile der Stufe sechs nicht nur einfach nachplappert, sondern auch selbständig fällen kann (Harré, persönliches Gespräch). Das Gegenargument, dem zufolge solche Kritik die Struktur mit dem Inhalt verwechselt, geht am Punkt vorbei; denn sie beruht auf einer Zurückweisung jedweder individuellen kognitiven Struktur. Die extreme sozial-deterministische Position hat viel mit dem dramaturgischen Modell gemeinsam; das Individuum verfügt nur über ein Repertoire von Rollen, die benutzt werden, sofern sie den gesellschaftlichen Erfordernissen angemessen sind. Eine abgeschwächte Position würde lauten, daß individueller Sinngehalt einen gültigen Status besitzt, der sich aber nur interaktiven Aushandlungsprozessen und nicht individueller kognitiver Tätigkeit verdankt.
Um die Debatte zu entwirren, möchte ich den Standpunkt vertreten, daß es wesentlich ist, zwei verschiedene Ebenen von »sozialem Prozeß« anzuerkennen. Die eine Ebene ist die Kultur, der weitere Kontext, in dem Menschen ihre Erfahrung aktiv interpretieren. Auf dieser Ebene manifestieren sich kulturelle, klassenspezifische oder ethnische Unterschiede in Überzeugungssystemen, Selbstschemata oder in den Arten und Weisen, sich Problemen zu nähern und sie zu bestimmen; Mitglieder einer Kultur teilen gemeinsame Schemata, gemeinsame Richtlinien für Interpretation und gemeinsame Erwartungen hinsichtlich von Handlungen und Reaktionen.
Die andere Ebene sozialer Prozesse ist die Interaktion zwischen dem heranwachsenden Individuum und den anderen, seien es Gleichaltrige oder Erwachsene. In persönlichen Begegnungen lernt das Kind, was als selbstverständlich angesehen wird und was für problematisch gehalten wird. Es wird belohnt oder bestraft für Handlungen oder für das Mißverstehen und den Mißbrauch von Begriffen und wird auf tausenderlei kleinen Wegen in das stillschweigende Wissen der Kultur eingeführt. Für einige sozialpsychologische Perspektiven stellt dies die gesamte Erklärung der individuellen Entwicklung von Verstehen dar. Von der Warte der kognitiven Entwicklungstheorie aus gesehen, entsteht auf dieser Ebene der kognitive Konflikt, der aus der Disjunktion von zwei Menschen im Umgang mit einer Aufgabe entsteht. Die Rolle sol-

cher Interaktion ist zunehmend in kognitive Entwicklungsansätze integriert worden; man sieht in ihnen eine der Möglichkeiten zur Schaffung einer individuellen kognitiven Disäquilibration. Im moralischen Bereich ist sie die Basis für die »sokratischen« Klassenzimmerdiskussionsstudien und die Analyse der »gerechten Gemeinschaft«. Andere Autoren aus dem kognitiven Bereich haben untersucht, wie Gruppen Problemlösungen erleichtern (Doise und Mugny, 1984; Doise und Palmonari, 1984).

So hängt also die Einschätzung der Rolle der interpersonalen Interaktion davon ab, wo man bei der Konzeptualisierung der Beziehung zwischen dem Sozialen und dem Individuum beginnt. Für diejenigen, die den weiteren Kontext als problematisch und das Individuum als unproblematisch ansehen, bekommt das Individuum die kulturellen Werte und Überzeugungen durch Gleichaltrige oder Erwachsene eingeprägt, die den Rahmen oder das Schema für die Interpretation darlegen und deren Gebrauch abstützen. Der soziale Prozeß kann als Aushandeln von Sinngehalt interpretiert werden, wobei »Sinngehalt« dann einen Aspekt der *Übermittlung* von Werten darstellt. Für diejenigen, die das Individuum für zentral und die weitere Kultur als unproblematisch erachten, besteht der Interaktionsprozeß ebenfalls in einem Aushandeln, aber diesmal als Teil der eigenen aktiven Interpretation des Individuums. Die Unterscheidung ist subtil, aber sehr wichtig, weil wir es hier mit völlig verschiedenen Hauptakteuren zu tun haben; der Unterschied besteht darin, wer konstruiert – ist es letztlich das Individuum, oder ist es am Ende die Gesellchaft? Niemand leugnet »Interaktion« – aber wenn die Debatte beginnt, ist klar, daß eine grundsätzliche, fast ideologische Spaltung besteht zwischen denen, die vom Individuum als dem zu erklärenden Phänomen ausgehen, und denen, die das Individuum als Endzustand des sozialen Prozesses behandeln.

Das »Vygotsky-Dreieck«

Wygotski ist deshalb wichtig geworden, weil er eine Lösung für die Spaltung zwischen »individualistischen« und »sozialen« Auffassungen liefert. Ich konzeptualisiere Wygotskis »Dreieck«, weil es meines Erachtens ermöglicht, einerseits die Kontroversen zu erhellen und sie andererseits potentiell aufzulösen. Ein Dreieck

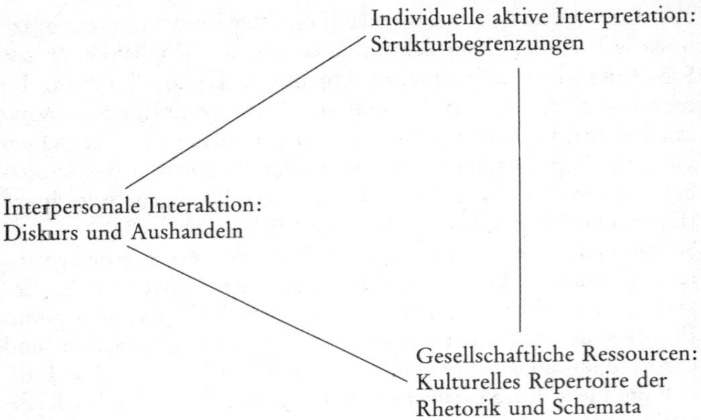

unterscheidet sich vom linearen Modell der Kausalität und Beeinflussung ganz besonders deutlich, weil es von der Konzeption her zwischen den »sozialen« Prozessen auf der Ebene der Kultur und den »sozialen« Prozessen der Interaktion trennt und diese Ebenen nicht einfach als Makro- oder Mikroversionen desselben Prozesses ansieht.

Vygotsky berücksichtigt, daß das Individuum die Welt »aktiv interpretiert«, aber er betont auch, daß das Individuum auf Konzepte erst durch zwischenmenschliche Handlungen und Diskussion aufmerksam wird und diese erst später internalisiert. Im wesentlichen argumentiert er damit auf einer Linie mit Lenin und Engels, nämlich daß Wissen nur innerhalb des soziohistorischen oder soziokulturellen Kontexts möglich ist. Auf diese Weise bildet sich das, was ich als Dreieck bezeichne: das Individuum, welches ein Vermögen zur »aktiven Interpretation« besitzt; die interpersonale Dyade, innerhalb deren Sinngehalt konstruiert, ausgehandelt oder durch den Diskurs und gemeinsame Aufgabenausführung bloß übermittelt wird; und die Kultur, der soziohistorische Kontext, der ein Repertoire vorfindlicher Deutungsmuster und Schemata konstituiert, die den interpersonalen Diskurs und individuelle Erkenntnis sowohl einengen als auch zu konstruieren ermöglichen.

Das Dreieck kann (sehr stark vereinfacht) an die oben skizzierten Debatten übersetzt werden; »traditionelle« Ansätze der kognitiven Entwicklungspsychologie waren klar in der »individuellen« Ecke lokalisiert, haben sich jedoch neuerdings auch der »interpersonalen« Ecke zugewandt, die als katalytischer Prozeß verstanden wird. Die sich entwickelnde Forschung über die »Zone der nächsten Entwicklung« hat bei vielen, die von der kognitiven Entwicklungspsychologie herkommen und sich der Grenzen der rein individualistischen Ansätze bewußt geworden sind, starkes Interesse hervorgerufen.

Ein großer Teil der traditionellen Psychologie hat sich nur auf die Beziehung zwischen dem Interpersonalen und dem Individuum bezogen. Die neuere europäische Sozialpsychologie, etwa Arbeiten über soziale Repräsentationen und über Diskursanalyse, verbindet das Kulturelle mit dem Interpersonalen (Farr und Moscovici, 1984; Potter und Wetherell, 1987). Die Klein- oder Zweiergruppe ist der Schmelztiegel des sozialen Sinngehalts, aber die Kultur ist die Ressource für den Rahmen des Sinngehalts. Wichtig an diesen neueren Forschungen ist auch, daß die Interaktion in zwei Richtungen verläuft; die Kultur begrenzt nicht nur, was man wissen kann, sie wird selber durch die Aktivität der Gruppe verändert, die neue Deutungsmuster für Sinngehalte schafft; der Durchbruch feministischer Ideen ist dafür ein bemerkenswertes Beispiel.

Kulturpsychologen haben Verbindungen zwischen den interpersonalen und den soziohistorischen Enden des Dreiecks hergestellt. Ihre Arbeit zeigt, wie interpersonale Prozesse als Mechanismus fungieren, mittels dessen die Kultur dem Kind explizit gemacht wird und nicht nur die eigene Konstruktion des Kindes in Gang bringt (Stigler, Shweder und Herdt, 1990). Die Belege für große Unterschiede in den Deutungsmustern und Schemata illustrieren die Rolle der Kultur; was das Kind innerhalb eines bestimmten Bereichs lernt, hängt davon ab, wie die Kultur das Ziel, die Rolle und die Natur des Systems definiert. Selbst die Art und Weise, wie Arithmetik konzeptualisiert wird, kann in verschiedenen Kulturen erstaunlich unterschiedlich sein (Wertsch, 1985a, 1985b; Lave, 1990).

Die Übertragung von Vygotskys Theorie in ein Dreieck zeigt, welch großer Anteil der Literatur in zweipoligen Analysen denkt, die in Kontrast zum dritten Punkt stehen oder ihn einfach ignorieren. So hat etwa die Diskussion, die davon ausgeht, daß soziale Prozesse Sinngehalte hervorbringen, zu der Tendenz beigetragen, die Rolle individueller Konstruktionsprozesse herunterzuspielen, als bloß passiv zu konzeptualisieren oder sie ganz zu verwerfen, indem jede Konzeption von entwicklungsbedingtem Wandel auf eine bloße Zunahme an »Expertise« im Ausdruck der kulturellen Erfordernisse reduziert wird. Im Kontrast dazu hat ein großer Teil der Diskussionsbeiträge, die von der Erklärung der individuellen Konstruktion von Sinngehalten ihren Ausgang nehmen – insbesondere wenn sie mit einer universalistischen Konzeption einhergehen –, den kulturellen Kontext ignoriert und interpersonelle Prozesse lediglich als *Anstoß* für die individuelle Rekonstruktion von Sinngehalt aufgefaßt.

Es schien mir immer unnötig, daß die Anerkennung eines sozialen Kontextes die Existenz intra-individueller Prozesse ausschließen muß oder daß die Annahme, daß Individuen aktive Sinngehalte konstruieren, einen dazu zwingt, Kultur als gegeben, statisch oder universell anzusehen. Vygotsky sieht eine dialektische Beziehung zwischen Individuum und Gesellschaft und zwischen Individuum und Kultur. Dies wird etwa in seiner Diskussion höherer Konzeptualisierungsstufen deutlich. Sein Konzept der »bewußten Realisation« verortet die individuelle Performanz höherstufiger Fähigkeiten im soziohistorischen Kontext. In der Verallgemeinerung solcher höherstufiger Fähigkeiten übernimmt das Individuum die Kontrolle über die eigenen Gedanken und ist nicht mehr länger vom Kontext abhängig; dennoch ist genau diese Abstraktion paradoxerweise nur vermöge eines sehr kulturspezifischen semiotischen Rahmenwerks möglich. Wissenschaftliche Begriffe z. B. werden notwendigerweise in einem formalen institutionellen System gelernt, welches die Begriffe, auf die Bezug genommen wird, sehr genau definiert; selbst Terminologie und der Bezugsrahmen für wissenschaftliche Begriffe sind in hohem Maße durch die Kultur, in der sie entstehen, bestimmt.

Wie Wertsch sagt, bedeutet diese größere Abstraktion *keine Minderung, sondern eine Verstärkung von kulturellen Wirkungen*:

»Dies bedeuet nicht, daß solch eine geistige Aktivität irgendwie reiner oder weniger durch Zwänge gebunden wären. Schließlich sind die Strukturen von Zeichensystemen selbst in dieser Hinsicht entscheidend. Das bedeutet jedoch, daß soziohistorisch entwickelte semiotische Mechanismen in der Funktion des Mentalen eine zunehmend wichtigere Rolle spielen, während der konkrete Kontext eine geringere Rolle spielt« (1985a, 104).

Demnach ist ein Konzept, je abstrakter und komplexer es ist, desto abhängiger von den komplexen Systemen, die in der Kultur bestehen, um die Theorie zu stützen, und von der kulturspezifischen Sprache zur Kommunikation solcher Konzepte.
Wenn man dies auf den moralischen Bereich überträgt, entsteht folgendes Paradox: Je besser ein Individuum in der Lage ist, die universalistischen Anwendungen der Moral zu konzeptualisieren, desto mehr werden die Definitionen dessen, was das »Universelle« oder Transzendentale ausmacht, von den Abstraktionen und moralischen Theorien der Kultur, der das Individuum angehört, abhängen. Dies zeigt sich besonders am Beispiel eines von Shweders Probanden aus Orissa, der eindeutig »postkonventionelle» Überlegungen in der Denkweise der Hindukultur anwendete. Er tat dies in dem strukturellen Sinn, daß er über das unmittelbare Gegebene hinausging, verallgemeinerte und Prinzipien in seinen Überlegungen verwendete. In der Tat hat Kohlberg anerkannt, daß der Befragte *formal* als postkonventioneller Denker vorgegangen ist; aber nach den strikten Regeln des Standardauswertungssystems erreichte er nur die konventionelle Stufe. Dies zeigt deutlich, inwiefern die Hindukultur eine andere moralische Sprache und andere moralische Relevanzkriterien zur Verfügung stellt. Dabei kann diese Auffassung eine der nordamerikanischen Kultur entsprechende Komplexität aufweisen, die aber in den Formen, in denen diese Komplexität ihren Ausdruck findet, stark divergiert. Man kann argumentieren, daß das Kohlbergsche Auswertungssystem die Formalisierung des nordamerikanischen Denkens darstellt. Entscheidend ist, daß mit steigendem Abstraktions- und Universalisierbarkeitsniveau es eher schwieriger statt einfacher wird, die beiden Sprachen miteinander zu vereinbaren, weil jede Sprache auf dieser Ebene eine größere Verfeinerung der zugrundeliegenden Annahmen und Theorie darstellt und deswegen sogar noch stärker in den kulturellen Rahmen eingebettet ist.

Die alltagsweltliche Sozialtheorie

Ich möchte das Konzept der alltagsweltlichen Sozialtheorie als einen Weg vorstellen, der den Bezugsrahmen von Vygotsky verwendet, um die theoretische Sackgasse, die ich zunächst skizziert hatte, zu umgehen. Meine Konzeption der alltagsweltlichen So-

zialtheorie hat viel mit »folk models« (D'Andrade, 1987) gemeinsam, in dem Sinn, daß sie intersubjektiv geteilte Sinngehalte, Schemata, Drehbücher für Handlungen impliziert. Die alltagsweltliche Sozialtheorie setzt Annahmen des gesunden Menschenverstandes über Effizienz, über das »was geht« (und warum) voraus. Sehen wir uns z. B. die alltagsweltliche Sozialtheorie über Verbrechen an. Sie würde Schemata dessen, was ein Verbrechen ausmacht, des Gesetzes und des Kriminellen einschließen. Diese Schemata würden jedermann in unserer Kultur befähigen, die Aussagen »Marihuana sollte entkriminalisiert werden« oder »Politische Gefangene sind keine Kriminellen« vollständig zu verstehen. Zu der alltagsweltlichen Sozialtheorie des Verbrechens gehören auch Überzeugungen, worin die Ursachen und die Bekämpfung von Verbrechen bestehen. So ist die Überzeugung, daß strikte Bestrafung wichtig für die Prävention von Verbrechen ist, sowohl Teil eines Schemas dessen, was ein Verbrechen ausmacht, als auch Reflexion einer zugrundeliegenden Theorie der Persönlichkeit und der gesellschaftlichen Mechanismen. Dabei beruft man sich auf eine Reihe von Schemata der Effektivität der Abschreckung, der Berechtigung von Rache oder des Schutzes der Gesellschaft vor weiterer Gewaltanwendung. Jedes dieser Schemata kann als eigenständige Erklärung dienen und in vielen verschiedenen Kontexten angewandt werden.
Auffassungen von Schemata, Drehbüchern und Szenarien beinhalten Erklärungen und Vorschriften für Verhalten oder für kognitive Handlungen und gehen eher von Ereignisreihen oder Elementverknüpfungen als von einem einzelnen Stimulus oder Brennpunkt aus. Auf diese Weise werden Probleme kontextualisiert und sind nicht isoliert; ihre Bedeutung hängt vom Kontext ab. In jeder Situation werden bestimmte Aspekte oder Fragen wesentlich, weil sie gut in ein vertrautes Drehbuch oder Szenario passen (Schank und Abelson, 1977; Fiske und Taylor, 1984). Kognitive Sozialpsychologen konzentrieren sich darauf, was im Kopf eines Individuums vorgeht. Ich hingegen plädiere dafür, daß solche Schemata und Szenarien nur mit Rücksicht auf den Diskurs verstanden werden können. Ein oft angeführtes klassisches Beispiel ist das Drehbuch vom »Restaurant«; es enthält eine präzise Abfolge von Aktionen und Interaktionen. Schank und Abelson betonen, daß es hier um ein Lernen aus erster Hand gehe. Normalerweise gehen Menschen jedoch erst ins Restaurant, nachdem

sie schon einige Jahre zu Hause gegessen haben und bereits Beschreibungen aus zweiter Hand, Szenen und Geschichten kennen. Außerdem hat das reale Erlebnis die Form eines Lernprozesses mit fortlaufenden Kommentaren begleitender Erwachsener oder Gleichaltriger. Auf diese Weise wird das Kind ausdrücklich dazu gebracht, bestimmte Handlungen auszuführen (»Setz dich hier hin«, »Leg deine Serviette aufs Knie«). Aber es ist auch Teilnehmer an einem Diskurs, der Sinngehalt und andere Aspekte des Drehbuchs impliziert (»Was möchtest du essen?« impliziert eine Wahl, die gewöhnlich nicht im Drehbuch »Familienessen« steht; »Das Steak ist ziemlich teuer, warum nehmen wir nicht den Fisch?« weicht auch vom Essen zu Hause ab, indem es den Begriff des Bezahlens für Essen direkt einbringt und die Vorstellung von Sparsamkeit vermittelt). Und Kommentare wie »Der Kellner ist ziemlich langsam« oder »Die Leute da drüben sehen nicht so aus, als kämen sie öfter hierher« bringen Normen zum Ausdruck, die normalerweise nicht direkt kommuniziert werden, und das Kind wird sie beispielsweise auch nur langsam entschlüsseln.
Die alltagsweltliche Sozialtheorie eines Individuums existiert innerhalb einer Reihe von kulturell verfügbaren Repertoires, Schemata oder Drehbüchern, gleichsam »Szenarien«, die mehr leisten, als nur Handlungsanweisungen zu geben; sie erklären Ereignisse und sagen Ergebnisse voraus. Aber obwohl nach diesem Modell das aktive Individuum seine Erfahrungen interpretiert, erfordert der aktive Interpretationsprozeß Zugang zu der jeweiligen alltagsweltlichen Sozialtheorie, die in seiner Kultur tatsächlich verfügbar ist, und setzt voraus, daß die Formulierung, Bewertung und Auswahl des Repertoires von interpersonaler Aktion und fortlaufendem Diskurs abhängen. Diejenige alltagsweltliche Sozialtheorie, die die Individuen vertreten, hängt völlig von den kulturell verfügbaren Repertoires ab, die wiederum Mittel zur Verfügung stellen, bestimmten Dingen vor anderen den Vorzug zu geben, Erklärungen zu liefern und festzulegen, was problematisch ist und was nicht. Wenn das, was das Individuum wissen kann und zu wissen, zu glauben und zu schätzen lernt, vom sozialen und historischen Kontext, in dem das Individuum aufwächst, bestimmt wird, dann müssen wir nach dem gemeinsamen kulturellen Rahmen und den Vermittlungsmechanismen Ausschau halten.
Es hat sich ein klarer Perspektivenwechsel vollzogen: Sprachverhalten wird nicht mehr bloß als Werkzeug für monologische

Kommunikation der privat formulierten Ideen einer Person, sondern als öffentliche Domäne begriffen. Die Rolle der Sprache als dialogisch und rhetorisch aufzufassen ist wesentlich für ein Modell, das das Denken als sozial vermittelten, dialektischen Prozeß begreift. Ein Hauptvertreter dieser Ansicht ist Billig, der argumentiert, daß unsere kognitive Aktivität überwiegend eher dem öffentlichen Diskurs als privater Reflexion zuzurechnen ist und daß sie deshalb Strategien für wirksame öffentliche Kommunikation benötigt. Diese Strategien finden sich in der antiken Rhetoriktradition (Billig, 1987; Potter und Wetherell, 1987). Die Idee einer privaten Logik und die deduktive Suche nach »*der* Lösung« stammt aus einer besonderen Tradition des westlichen Denkens, die cartesianisch beeinflußt ist und platonische Wurzeln hat. In der modernen Version geht man davon aus, daß die Rede Wahrheit und Geltung ausdrückt und daß Sprache lediglich ein Werkzeug für die Übermittlung der Logik einer Idee ist. Der Begriff der »Rhetorik« hat für diese Sichtweise den unangenehmen Beigeschmack von unerlaubter Überredung und der Verzerrung von »Wahrheit«. Aber daneben hat immer eine alternative rhetorische Tradition existiert, auch wenn sie in letzter Zeit untergegangen ist. Das grundlegende Prinzip betrifft die Funktion der Sprache im Denken; zur Wahrheit gelangt man durch Argumentation und den Konflikt zwischen unterschiedlichen Perspektiven – notwendigerweise ist dies ein sozialer Prozeß, denn das Individuum kann nur durch das, was kommuniziert wird, etwas wissen und nur durch eine gemeinsame Sprache und gemeinsame Bedeutungen kommunizieren. Deswegen trägt der Diskurs notwendigerweise rhetorische Züge; er soll sowohl überzeugen als auch informieren. Insbesondere geht er von einer gemeinsamen Menge von – rhetorischen – Prämissen zwischen Sprecher und Zuhörer aus.

Billig hat auch die wichtige Unterscheidung herausgearbeitet, ob etwas als problematisch angesehen wird oder für selbstverständlich gehalten wird. Etwas Problematisches wird anders erklärt als etwas, das als selbstverständlich gilt; ersteres verlangt Erklärung und Rechtfertigung, letzteres erfordert, wenn es überhaupt in Frage gestellt wird, lediglich den Nachweis seiner funktionalen Unvermeidlichkeit. Dies zeigt sich daran, was Gilligan und Shweder passiert ist, als sie versuchten, auch auf Frauen beziehungsweise Inder jene moralischen Vernunftmaßstäbe anzuwenden, die das auf Gerechtigkeit beruhende Denken erfassen sollten. Sie stießen auf Antworten, die die offensichtlichen Referenztermini der Fragen nicht akzeptierten; was selbstverständlich als das »Dilemma« galt, wurde von den Probanden durchaus nicht in derselben Weise als Dilemma angesehen. So lehnten Gilligans Probanden, die eine beziehungsorientierte Sichtweise anwandten, es ab, Heinz und den Drogisten als Konkurrenten um Rechte zu sehen, und hielten statt dessen beide für verpflichtet, der Frau gemeinsam zu helfen. Shweder fand, daß die Lebensrettung (ein zentraler Begriff im Westen, um zu bestimmen, was an dem Dilemma problematisch ist) unter die Aufrechterhaltung des *dharma* von Heinz und seiner Frau subsumiert wird.

Die Konzeption der alltagsweltlichen Sozialtheorie liefert die Grundlage dafür, sehen zu können, wie das Individuum das, was ihm in der gesellschaftlichen Welt begegnet, aktiv interpretiert. Es tut dies, indem es aus dem Diskurs entnimmt, was problematisch ist oder was für selbstverständlich gehalten wird, welche Lösungen als gängig und akzeptabel angesehen werden und was die üblichen Erklärungen für die Situation sind.

Die konstruktivistische Perspektive – der »individuelle« Punkt im Dreieck – geht davon aus, daß das Individuum seine Erfahrung im Rahmen subjektiv konsistenter »Theorien«, wie etwas funktioniert, über die Gründe, Ziele oder Zwecke des Verhaltens anderer und letztlich über gesellschaftliche Kräfte aktiv interpretiert. Die Perspektive, die den individuellen und den »gesellschaftlichen« Punkt des Dreiecks miteinander verbindet, hält, obwohl das Individuum seine Erfahrung selbst »aktiv interpretiert«, diesen Prozeß dennoch für einen gesellschaftlichen. Die theoretischen Auffassungen des Individuums leiten sich von kulturell verfügbaren Repertoires, Schemata oder Drehbüchern her – den »Szenarien« für die Erklärung von Ereignissen oder die Vorhersage von Ergebnissen. Wie die Situation interpretiert wird und was für wesentlich erachtet wird, spiegelt das vertraute kulturelle Drehbuch oder Szenario wieder.

Die Verbindung zwischen dem »individuellen« und dem »interpersonalen« Punkt in dem Dreieck besteht darin, daß Rahmen und Schemata für aktive Interpretation sich aus dem alltäglichen Diskurs und dem Aushandeln von Sinngehalten mit Gleichaltrigen ergeben, und wird durch die Tatsache hergestellt, daß Erwachsene den Eintritt des Kindes in bestimmte Rahmenbedingungen von Verstehen und Bedeutungssystemen »abstützen«. Dieser

Diskurs findet innerhalb eines weiteren sozialen Kontexts statt; kulturspezifische Bezugsrahmen und Schemata umreißen dabei, was für den Diskurs verfügbar und relevant ist.
So bildet dieser Prozeß eine Dialektik, die kulturelle Szenarien, normative Erwartungen und wünschenswerte Ziele einschließt, die dem Individuum teilweise über die Medien (die Schnittstelle zwischen Individuum und Gesellschaft) und teilweise durch den Prozeß kontinuierlicher sozialer Interaktion (die Schnittstelle zwischen Individuum und anderen Personen) zugänglich sind. Meines Erachtens ist es möglich, die Konzeption der Stufenstruktur innerhalb eines Modells des Diskurses und des kulturellen Kontextes beizubehalten. Ich vertrete den Standpunkt, daß es beim Kind Rekonstruktionsprozesse in Stufen gibt, die zunehmend komplexere Stufen des Weltverständnisses repräsentieren, wobei aber die *wesentlichen Elemente* dieser Strukturen von den in der Kultur als angemessen geltenden Schemata abhängen. Man muß also Stufenstrukturen postulieren, gleichgültig welche Selbst- oder Moraltheorie kulturell vorherrscht, sei es Gerechtigkeit, Ehre, Verantwortlichkeit oder etwas anderes. Dieses Modell fordert von uns, das Konzept des sozialen Prozesses zu erweitern, damit wir soziale Interaktion und diskursiven Austausch als Schmelztiegel oder Verhandlungsbasis für Bedeutung ansehen können statt einfach als Katalysator für individuelle Disäquilibration.

Gesellschaft und Individuum; Stufen der Entwicklung

Das von mir vorgestellte Modell stellt hauptsächlich zwei Fragen über die Beziehung zwischen den Theorien von Selbst und Moral. Die erste Frage thematisiert die strukturelle Beziehung zwischen den Stufen des Selbst und den Stufen der moralischen Urteilsfähigkeit. Die zweite Frage betrifft das tiefer liegende Problem, wie unterschiedliche Konzeptualisierungen des Selbst und der Beziehungen zwischen dem Selbst und anderen, die Tendenz haben, unterschiedliche alltagsweltliche Moraltheorien hervorzubringen.
Sehen wir uns nun einige der logischen Möglichkeiten an, wie man die strukturelle Beziehung zwischen den Stufen des Selbst und denen der moralischen Urteilsfähigkeit sehen kann:

1. Stufen der Selbstkonzeption können eine notwendige, aber nicht hinreichende Bedingung für das Auftreten paralleler Stufen moralischen Urteilens sein; dies hat man, mit etwas widersprüchlichen Ergebnissen, in Diskussionen über die Beziehung zwischen Ich-Entwicklung und moralischer Entwicklung untersucht.
2. Stufen der Selbstkonzeption und Stufen der moralischen Urteilsfähigkeit können beide von einer dritten Dimension (z. B. kognitiver Komplexität) abhängen; ihre Gemeinsamkeiten ergeben sich deshalb aus diesem zugrundeliegenden Strukturmerkmal. So etwa könnte man Selmans Stufen der sozialen Rollenübernahme als die gemeinsame Basis für Selbstkonzeption und die Stufe der moralischen Urteilsfähigkeit sehen (Selman, 1976; Kohlberg, Boyd und Levine, 1990).

Alle beiden Modelle gehen von einem impliziten Modell des individuellen Konstruktionismus und einem westlichen Modell des Selbst – wie Geertz es beschrieben hat – aus. Dieses Selbst gewinnt zunehmend an Autonomie und gelangt zu einer gerechtigkeitsorientierten Moraltheorie. In meiner Terminologie bleiben sie auf das »individuelle« Ende des Dreiecks beschränkt. Die Frage ist, inwieweit solche Modelle sich auf andere Modelle vom Selbst anwenden lassen.
Die Antwort scheint logischerweise zu sein, daß jede Theorie des Selbst und jede Moraltheorie Ebenen zunehmender Komplexität haben könnte. Können wir uns in einem hypothetischen Gedankenexperiment Komplexitätsebenen im javanesischen oder balinesischen Selbst vorstellen? Natürlich hat jede durch den Buddhismus beeinflußte Theorie des Selbst eingebaute Formen der »Komplexität«. Können wir uns Komplexitätsebenen innerhalb von Moraltheorien vorstellen, die auf Ehre oder Familienloyalität beruhen? Wir wissen sicher, daß eine Moraltheorie, die auf Verantwortlichkeit und Fürsorge aufbaut, identifizierbare Komplexitätsebenen besitzt. Die gemeinsame strukturelle Grundlage dürfte in der Ausweitung der moralischen Argumente und Szenarien in Richtung auf umfassendere Kategorien relevanter Aspekte und eine zunehmende Loslösung vom Partikularen hin zur Anwendung allgemeiner Prinzipien bestehen. Im Falle der Gerechtigkeit ist es natürlich die Anzahl von Personen oder Kategorien von Personen, die in die moralische »Reise nach Jerusalem«[3] (»moral musical chairs«) aufgenommen werden

3 Bei diesem Spiel (englisch »musical chairs«) müssen die Spieler immer wieder Stühle, also: ihre Perspektive, wechseln. A. d. Ü.

müssen – was letztlich bedeutet, daß mit wachsender Autonomie des Selbst sich auch die Klasse anderer autonomer Wesen vergrößert, die in die Problemwahrnehmung einbezogen werden müssen. Aber Shweders Proband zeigte tatsächlich »strukturelle« Aspekte postkonventionellen Denkens innerhalb der hinduistischen moralischen Ordnung. Im einzelnen waren dies das Fehlen von Hedonismus, sozialer Konsens bzw. Berufung auf soziale Normen und die Existenz einer unabhängigen moralischen Ordnung, eine in hohem Maße rationale moralische Perspektive und die Anwendung transzendenter Prinzipien (Shweder und Much, 1987).

Shweder und Much neigen dazu, diese Disjunktion als Todesstoß für Kohlbergs System zu begreifen; tatsächlich kann man sie aber als Beleg für ein vergleichbares System zunehmender Komplexität im Verständnis von Selbst und Moral sehen. Nur wenn man auf der notwendigen Universalität einer bestimmten Moraltheorie und eines bestimmten Selbstmodells besteht, wird die Idee der Stufen individueller Bedeutungskonstruktion ausschließlich auf der westlichen Ansicht gegründet. Eine pluralistische Perspektive läßt die Austauschbarkeit unterschiedlicher Selbsttheorien oder Moraltheorien mit parallelen Strukturmerkmalen zu.

Die schärfere Kritik vom deterministischen Standpunkt aus sieht die Stufen als das bloßes Produkt sozialer Erwartungen:

3. Stufen sind künstlich in dem Sinn, daß sie zu bestimmten Systemen und nur zu diesen gehören.

Diese Position würde bedeuten, daß bei dem Individuum, wenn es einmal die Selbst- und Moraltheorie seiner Kultur so verstanden hat, daß es die richtigen Antworten hervorbringt, keine weitere »Entwicklung« stattfindet; es gibt dann keinen »Unterschied« zwischen einem kompetenten Vierjährigen und einem Erwachsenen. Während dies eine logisch mögliche Position ist, scheint sie doch jedem, der mit der Entwicklungspsychologie vertraut ist, absurd. Eine abgeschwächte Version dieser Position, die von einigen Entwicklungspsychologen vertreten wird, besteht in der Annahme, daß einige kulturelle Grundstrukturen (so wie die, die auf wissenschaftlicher Abstraktion, Gerechtigkeit und Selbstautonomie aufbauen) mit größerer Wahrscheinlichkeit einen Entwicklungsgang mit zunehmender Komplexität hervorbringen als Grundstrukturen mit anderen zentralen Elementen. Anders aus-

gedrückt unterscheiden sich Kulturen darin, wie sehr sie »Abstraktion« als solche schätzen und in Gang bringen.
Zwei weitere Modelle gehen von der Annahme aus, daß Komplexitätsniveaus innerhalb der Kultur als Denkform, in die das Individuum an geeigneten Punkten der Entwicklung eingeführt wird, vorfindlich und nicht erst Resultat individueller Rekonstruktion sind:

4. Komplexitätsstufen oder -niveaus sind tatsächlich Resultat des Erreichens neuer Expertiseniveaus; so wird der Aufbauprozeß nicht als eine Erleichterung der individuellen Entwicklung interpretiert, sondern repräsentiert vielmehr den von der Gesellschaft unterstützten Übergang zu komplexeren Niveaus und den Zugang zu noch komplexeren Überzeugungssystemen; das heranwachsende Kind wird gleichsam in ein neues Expertiseniveau »eingewiesen«, wenn die Mentoren es für so weit halten.
5. Entwicklungsstufen haben einen ontogenetischen Status, aber die soziale und die kulturelle Welt eröffnen den Zugang zu speziellen »Theorien« vom Selbst oder von Moral; da ich nun mit moralischen Urteilen der vierten Stufe oder deren Entsprechung in Loevingers Ich-Stufen-Modell umgehen kann, kann ich jetzt in den sozialen Diskurs eintreten, der auf diesem Denkniveau stattfindet. Dies setzt wiederum voraus, daß es verschiedene Ebenen von kulturellen Repertoires der Schemata oder Szenarien gibt, in die das Individuum »hineinwachsen« kann.

Belege, die das stützen könnten, finden sich in einer Studie von Tuffin. Er hat gezeigt, daß das moralische Urteilsniveau von verschiedenen Zeitungen, in denen ein Fall von Euthanasie diskutiert worden kann, kodiert werden kann. Die »gehobenen« Blätter *(Times, Guardian)* stellten postkonventionelle Überlegungen an, die Zeitungen mittleren Niveaus *(Express, Mail)* dagegen Überlegungen der dritten Stufe (Weinreich-Haste, 1984). Andere Daten, die den selben Sachverhalt belegen, finden sich in der Arbeit von Reimer und Snarey über die implizite Moraltheorie im Kibbuz, die das heranwachsende Individuum mit einer sozialen Weltsicht konfrontiert, die im wesentlichen ein Denken der vierten Stufe darstellt (Snarey, Reimer und Kohlberg, 1984).
Diese Modelle stellen verschiedene Möglichkeiten dar, Variationen und Pluralität in Theorien über Moral und Selbst anzuerkennen und sie in einem sozialen Kontext anzusiedeln. Aber man muß nicht kulturvergleichende, ja nicht einmal geschlechtsspezifische Untersuchungen heranziehen, um Hinweise auf die unterschiedlichen Manifestationen von Moral und das Selbst betref-

fende Überlegungen zu finden. An anderer Stelle habe ich über zwei Befragte aus Kohlbergs Langzeitstudien berichtet, die konsistente, aber ganz unterschiedliche Theorien von Selbst und Moral über eine lange Zeitspanne und durch verschiedene Stadien moralischer Entwicklung hindurch vertraten. Lenny hielt während der ganzen Zeit an einem regelorientierten, auf Gesetzen basierenden Modell von Gerechtigkeit fest; Jack betonte Verantwortlichkeit und Rollen und erinnert sehr an Gilligans weibliche Befragte. Diese brachten unterschiedliche Schemata zum Ausdruck, in denen jede Orientierung zu unterschiedlichen Zeitpunkten unterschiedliche Schwerpunkte widerspiegelte. Lennys Fall ist besonders interessant, weil er an seinen allgemeinen Moral- und Selbsttheorien trotz starker Veränderungen in seinen politischen Überzeugungen festhielt. Er bewegte sich in der relevanten Zeitspanne von rechts außen nach links außen. Abhängig von den Moralsystemen der verschiedenen politischen Überzeugungen wurden ihm je andere Aspekte von Regeln und Gesetzen wichtig. Lenny war diesen unterschiedlichen Moralsystemen ausgesetzt, als er sich vom Goldwaterschen Militarismus des sozialen Milieus seines Vaters zum radikalen linken Umfeld der London School of Economics bewegte (Weinreich-Haste, 1984; Haste, 1992).

Ein letztes mögliches Modell – das einer Interaktion von Stufen und sozialem Kontext – ist paradox.

6. Das Abstraktionsniveau postkonventioneller Urteile (in welcher Form auch immer) ist nur möglich, weil es in der kulturspezifischen Semiotik verwurzelt ist. Dies ist das moralische Gegenstück zu dem oben zitierten Argument von Wygotski: Höhere mentale Prozesse im wissenschaftlichen Denken sind frei von dem sie unterstützenden konkreten System, *nur weil* sie vollständig im Rahmen eines spezifischen kulturellen semiotischen Systems artikuliert werden.

Es gibt zwei Möglichkeiten, »postkonventionelle« oder »abstrakte« Urteilsniveaus zu konzeptualisieren. Die erste, allgemein akzeptierte lautet, daß auf den früheren Entwicklungsstufen das Individuum sich der kulturellen Norm zunehmend annähert, daß aber an einem bestimmten Punkt dieser Prozeß »abhebt« und das Individuum befähigt, über die kulturell definierten Grenzen hinauszugehen und neuartige Möglichkeiten zu betrachten. Dies ist das Charakteristikum postkonventionellen moralischen Urteilens oder Selmans »Prior-to-society-Perspektive« (Selman, 1976). Zumindest ist auf der Ebene postkonventionellen Denkens eine pluralistische Haltung möglich, und das Individuum ist in der Lage, andere Systeme in Betracht zu ziehen. Die alternative Auffassung hingegen besagt, daß postkonventionelles Denken die vollendete Blüte kulturspezifischer Schemata ist.

Diese Diskussionen lassen die Frage offen, woher das Bewußtsein von Systemen stammt. Wenn die Kultur monolithisch ist, dann besteht logischerweise die einzige Option darin, das konventionelle System mittels Abstraktion zu verfeinern. Aber wenige Kulturen sind wirklich monolithisch; im Prinzip gibt es eine große Bandbreite von verfügbaren Systemen. Was den Zugang zu ihnen zunächst bestimmt, ist Legitimität; das bestimmende Ethos einer Kultur steckt die annehmbaren Grenzen ab und legt annehmbare Formen von Rationalität und Erklärung fest. Die zweite Bestimmung aber ist Verstehbarkeit; Wygotskis These, daß Abstraktion möglich ist, weil die höheren Ebenen des Denkens eine Systematisierung der semiotischen Werkzeuge der Kultur darstellen, bedeutet, daß das Individuum schlecht dafür ausgerüstet ist, mit irgendeinem anderen System umzugehen – es wäre ihm unverständlich.

Daraus also ist zu folgern, daß das Individuum Zugang zu einem alternativen Denksystem nur findet, wenn es einem Diskurs innerhalb des Systems ausgesetzt ist und so die Möglichkeit gewinnt, darin immer komplexere Begriffe zu entwickeln. Oder dieses alternative System findet sich innerhalb der eigenen Kultur des Individuums, wird aber dem Individuum erst zugänglich, wenn es ein solches Komplexitäts- und Abstraktionsniveau erreicht hat, daß es die Referenztermini des dominanten Systems transzendieren kann. Das erste Modell mag auf eine pluralistische Kultur zutreffen, in der die Individuen mehreren Systemen zugleich ausgesetzt sind. Die westliche Kultur kann tatsächlich die ethischen Systeme von Gerechtigkeit, Verantwortlichkeit und Ehre zugleich enthalten. Das zweite Modell scheint vorauszusetzen, daß postkonventionelles Denken eine notwendige Bedingung dafür ist, alternative Systeme zu entdecken. Allerdings – so paradox das sein mag – ist dann das hoch abstrakte postkonventionelle System seinem Wesen nach pluralistisch. Diese Position ist in den späten Ausarbeitungen des Denkens über die sechste Stufe enthalten (Kohlberg, Boyd und Levine, 1990).

Schluß

Ich habe in diesem Beitrag die Belege für intra- und interkulturelle Verschiedenheit der Auffassungen des Selbst und deren Zusammenhang mit der jeweiligen alltagsweltlichen Moraltheorie betrachtet. Ich habe ein Modell vorgestellt, das die dialektischen Perspektiven von Wygotski einzugliedern versucht, indem es den Prozeß des »aktiven Interpretierens« in einem sozialen und soziohistorischen Kontext ansiedelt und zugleich an der Bedeutung der strukturellen Entwicklung festhält, die sich im Denken des Individuums manifestiert. Ich habe behauptet, daß eine pluralistische Perspektive die Integration sozialer und individueller Prozesse gestattet, anstatt sie, wie es in der laufenden Debatte häufig der Fall ist, für theoretisch unvereinbar zu halten.
Ich habe die Auffassung vertreten, daß die augenscheinliche Evidenz eines Zusammenhangs zwischen dem Modell, das sich eine Person von den Beziehungen zwischen Selbst und anderen macht, und der dominanten Ethik ihrer Moraltheorie wichtige Fragen über die kulturelle Basis von Moral und Selbst ausblendet. Eine weitere grundsätzliche Frage dieses Beitrags lautete, weshalb spezifische Modelle des Selbst spezifische Moraltheorien hervorzubringen scheinen. Es gibt eine natürliche Logik, die sich aus Konzeptionen der Beziehungen zwischen dem Selbst und den anderen herleitet. Diese »natürliche Logik« ist allerdings nicht einfach ein Merkmal der individuellen Person, die ganz allein Moral aktiv interpretiert. Das kulturvergleichende Material, insbesondere Shweders Studie, wirft die Frage auf, wie Individuen, die mit so unterschiedlichen Auffassungen vom Selbst aufgewachsen sind, Moralsysteme hervorbringen. Das Konzept der »alltagsweltlichen Sozialtheorie«, das ich in diesem Beitrag vertreten habe, bietet uns einen theoretischen Bezugsrahmen, der zu verstehen erlaubt, wie das Individuum Schemata benutzt oder Szenarien anwendet, um Situationen aktiv zu interpretieren, die nach der kulturellen Definition und der eigenen Erfahrung als problematisch gelten.
Die abschließende Frage aber bleibt: Läßt sich der Gegensatz auflösen zwischen kognitiven Entwicklungstheorien, welche die an den Stufen zunehmender kognitiver Komplexität ablesbaren individuellen Konstruktions- und Rekonstruktionsprozesse als Faktum annehmen, und sozialpsychologischen Ansätzen, in denen, hat man erst einmal soziale Interaktion als Quelle von Verstehen

und begrifflichem Denken akzeptiert, kein Platz mehr für ein »Stufenkonzept« bleibt. Wenn wir in der Weise »Vygotdky ernstnehmen«, wie ich es beschrieben habe, so erhalten wir das Modell eines Individuums, das die eigenen Erfahrungen bearbeitet und in einem sozialen Kontext rekonstruiert, der die Erkenntnis dessen, was man legitimerweise »wissen« kann, zugleich begrenzt und fördert. Das aber setzt voraus, daß die kognitiven Entwicklungspsychologen Pluralisten werden.

Literatur

Belenky, M. F., B. M. Clinchy, N. R. Goldberger und J. M. Tarule (1986), *Women's Ways of Knowing*, New York: Basic Books. Dt.: *Das andere Denken. Persönlichkeit, Moral und Intellekt der Frau*, Frankfurt/New York 1989.

Billig, M. (1987), *Arguing and Thinking*, Cambridge: Cambridge University Press.

Colby, A., und L. Kohlberg (1987), *The Measurement of Moral Judgement*, Bd. 2, New York: Cambridge University Press.

D'Andrade, R. (1987), »A folk model of the mind«, in: Holland, D. und N. Quinn, *Cultural Models in Language and Thought*, Cambridge: Cambridge University Press.

Doise, W., und G. Mugny (1984), *The Social Development of the Intellect*, Oxford: Pergamon Press.

Doise, W., und A. Palmonari (1984), *Social Interaction in Individual Development*, Cambridge: Cambridge University Press.

Edwards, C. P. (1986), »Cross-cultural research on Kohlberg's stages; the basis for consensus«, in: S. Modgil und C. Modgil (Hg.), *Kohlberg: Consensus and Controversy*, Lewes: Falmer Press.

Farr, R., und S. Moscovici (1984), *Social Representations.* Cambridge: Cambridge University Press.

Fiske, S. T., und S. E. Taylor (1984), *Social Cognition*, New York: Random House.

Geertz, C. (1983), »›Aus der Perspektive des Eingeborenen‹. Zum Problem des ethnologischen Verstehens«, in: ders., *Dichte Beschreibung*, Frankfurt/Main: Suhrkamp, 289-309.

Gilligan, C. (1982), *In a Different Voice*. Cambridge: Harvard University Press; dt. *Die andere Stimme*, München: Piper 1984.

Gilligan C. (1986), »Remapping the moral domain; new images of self in relationship«, in: T. C. Heller, M. Sosna und D. E. Wellberry (Hg.), *Reconstructing Individualism*, Stanford: Stanford University Press.

Gilligan, C., J. V. Ward und J. M. Taylor (Hg.) (1988), *Mapping the Moral Domain*, Cambridge: Harvard University Press.
Harding, S., und M. B. Hintikka (1983), *Discovering Reality*. Dordrecht: Reidel.
Haste H. (1986), »Brother sun, sister moon; can rationality overcome a dualistic cosmology?«, in: J. Harding (Hg.), *Perspectives on Gender and Science*, Lewes: Falmer Press.
Haste H. (1987b), »Why thinking about feeling is not the same as feeling about feeling, and why post-androgyny is dialectical not regressive; a response to Philibert and Sayers«, in: *New Ideas in Psychology* 5, 215-221.
Haste H. (1988), »Legitimation, logic and lust; historical perspectives on gender, science and ways of knowing«, in: *New Ideas in Psychology* 6, 137-145.
Haste, H. (im Druck), *The Sexual Metaphor*, London: Wheatsheaf Books.
Haste, H., und J. Baddeley (1991), »Moral theory and culture; the case of gender«, in: Kurtines W., und J. Gewirtz, *Handbook of Moral Development*, Hillsdale, NJ: Erlbaum.
Johnston, D. K. (1988), »Adolescents' solutions to dilemmas in fables: two moral orientations – two problem-solving strategies«, in: C. Gilligan, J. V. Ward und J. M. Taylor, *Mapping the Moral Domain*, Cambridge: Harvard University Press.
Keller, E. F. (1983), *A Feeling for the Organism*, San Francisco: Freeman.
Keller, E. F. (1985), *Reflections on Gender and Science*, New Haven: Yale University Press; dt.: *Liebe, Macht und Erkenntnis. Männliche oder weibliche Wissenschaft*, München 1986.
Kohlberg L. (1984), *The Psychology of Moral Development*, San Francisco: Harper & Row.
Kohlberg, L., D. Boyd und C. Levine (1990), »The return of Stage 6«, in: T. Wren, *The Moral Domain*, Cambridge: Massachusetts Institute of Technology Press.
Lave, J. (1990), »The culture of acquisition and the practice of understanding«, in: J. W. Stigler, R. Shweder und G. Herdt, *Cultural Psychology; essays on comparative human development*, Cambridge: Cambridge University Press.
Nunner-Winkler, G. (1984), »Two moralities? A critical discussion of an ethic of care and responsibility versus an ethic of rights and justice«, in: W. Kurtines und J. Gewirtz (Hg.), *Morality. Moral behaviour and Moral Development*, New York: Wiley.
Nunner-Winkler, G. (1990), »Moral relativism and strict universalism«, in: T. Wren, *The Moral Domain*, Cambridge: MIT Press.
Potter, J. und M. Wetherell (1987), *Discourse and Social Psychology*, London: Sage.
Rosaldo, M. (1984), »Towards an anthropology of self and feeling«, in:

R. Shweder und R. LeVine, *Culture Theory; essays on mind, self and emotion*, Cambridge: Cambridge University Press.
Schank, R. und R. Abelson (1977), *Scripts, Plans, Goals and Understanding*, Hillsdale, N.J.: Lawrence Erlbaum.
Selman, R. (1976), »Socio-cognitive understanding«, in: T. Lickona, *Moral Development and Behaviour*, New York; Holt, Rinehart and Winston.
Shweder, R. (1982), »Beyond self-constructed knowledge; the study of culture and morality«, in: *Merrill-Palmer Quarterly* 28, 41-69.
Shweder, R. (1990), »Cultural psychology; what is it?«, in: Stigler, J.W., Shweder und G. Herdt, *Cultural Psychology; essays on comparative human development.* Cambridge: Cambridge University Press.
Shweder, R., und E. Bourne (1984), »Does the concept of the person vary cross-culturally?«, in: R. Shweder und R. LeVine, *Culture Theory; essays on mind, self and emotion*, Cambridge: Cambridge University Press.
Shweder, R., M. Mahapatra und J. G. Miller (1987), »Culture and moral development«, in: J. Kagan und S. Lamb (Hg.), *The Emergence of Morality in Young Children*, Chicago: Chicago University Press.
Shweder, R. und N. Much (1987), »Determinants of meaning; discourse and moral socialisation«, in: W. Kurtines und J. Gewirtz, *Moral Development through Social Interaction*, New York: Wiley.
Snarey, J., J. Reimer und L. Kohlberg (1984), »The socio-moral development of kibbutz adolescents«, in: *Developmental Psychology 21*, 3-17.
Vygotsky, L. S. (1978), *Mind in Society. The development of higher psychological process*, Cambridge: Harvard University Press.
Walker, L. J. (1984), »Sex differences in the development of moral reasoning; a critical review«, in: *Child Development* 55, 677-691.
Weinreich-Haste, H. (1984), »Morality, social meaning and rhetoric; the social context of moral reasoning«, in: W. M. Kurtines und J. Gewirtz (Hg.) *Morality, Moral Behavior and Moral Development*, New York: Wiley.
Wertsch, J. (1985a), *Vygotsky and the Social Formation of Mind*, Cambridge: Harvard University Press.
Wertsch, J. (1985b) (Hg.), *Culture, Communication and Cognition*, Cambridge: Cambridge University Press.

Hinweise zu den Autorinnen und Autoren

Augusto *Blasi* ist klinischer Psychologe und Entwicklungspsychologe und lehrte an den Universitäten Chicago und Boston. Gegenwärtig hat er eine Professur an der University of Massachusetts in Boston. Sein Forschungsgebiet ist die Entwicklung der Verantwortung und des Selbst. Wichtige Veröffentlichungen: »The concept of development in personality theory«, in: J. Loevinger u. A. Blasi, *Ego development, conceptions and theories*, Jossey-Bass 1976; »Adolescence and formal operations« (mit E. C. Hoeffel), in: *Human Development* 17, 1974; »Bridging moral cognition and moral action«, in: *Psychological Bulletin* 88, 1980 »Autonomie im Gehorsam«, in: W. Edelstein u. J. Habermas (Hg.), *Soziale Interaktion und soziales Verstehen*, Suhrkamp 1984.

Anne *Colby* war von 1972 bis 1980 an der Harvard Graduate School of Education in der Forschung und Lehre tätig. Seit 1980 ist sie Direktorin des Henry A. Murray Research Center des Radcliffe College (Cambridge, Massachusetts). Wichtige Veröffentlichungen: *SRCD Monograph. A longitudinal study of moral judgment*, 1983; *The Measurement of moral judgment* (mit L. Kohlberg), Cambridge University Press 1987; *Some do care: Contemporary lives of moral commitment*, 1992; ferner zahlreiche Artikel zur Moralentwicklung, Moralerziehung und Forschungsmethoden.

William *Damon* hat eine Professur in Entwicklungspsychologie an der Clark University (Worcester, Massachusetts). Er beschäftigt sich insbesondere mit Moralentwicklung und Entwicklung sozial-kognitiver Fähigkeiten in den Interaktionen Gleichaltriger. Wichtige Veröffentlichungen: *The social world of the child*, Jossey-Bass 1977 (deutsche Veröffentlichung Suhrkamp, 1984); »The developmental study of children's social cognition«, in: J. Flavell u. L. Ross (Hg.), *New Directions in Social-Cognitive Development*, Jossey-Bass 1981; *The moral child. Nurturing children's natural moral growth*, Free Press 1988. Damon ist Herausgeber der Zeitschrift *New Directions for Child Development* im Jossey-Bass-Verlag und hat selber in Heft 2 (1978) wichtige Beiträge zur Moralentwicklung veröffentlicht.

Wolfgang *Edelstein* ist Direktor am Max-Planck-Institut für Bildungsforschung in Berlin. Sein Forschungsgebiet ist die sozial-kognitive Entwicklung und Sozialisation in Elternhaus und Schule. Seine Veröffentlichungen liegen im Schnittpunkt von Soziologie, Entwicklungspsychologie und Erziehungswissenschaft. Einige Veröffentlichungen: *Stratification dynamics in social and individual development in Iceland* (mit S. Björnsson, in Zusammenarbeit mit K. Kreppner), Max-Planck-Institut für Bildungsforschung 1977 (Studien und Berichte, Nr. 38); »Entwicklung, kulturelle Zwänge und die Problematik des Fortschritts«, in: T. Schöfthaler u. D. Goldschmidt (Hg.), *Soziale Struktur und Vernunft*, Suhrkamp 1984; »Moralische Intervention in der Schule. Skeptische Überlegungen«, in: F. Oser, R. Fatke u. O. Höffe (Hg.), *Transformation und Entwicklung*, Suhrkamp 1986.

Harry G. *Frankfurt* ist Professor für Philosophie an der Princeton University. Zuvor lehrte er u. a. an der Yale University und Rockefeller University. Wichtige Veröffentlichungen: *The importance of what we care about*, Cambridge University Press 1988. *Demons, dreamers, and madmen: The defense of reason in Descartes' meditations*, Bobbs-Merill 1970; »The faintest passion«, in: *Proceedings of the American Philosophical Association*, Nov. 1992.

Helen *Haste* ist Dozentin für Psychologie an der Universtität Bath, England. Forschungsschwerpunkte: Entwicklung des moralischen, sozialen und politischen Denkens sowie Fragen der Geschlechtsspezifität psychosozialer Probleme. Wichtige Veröffentlichungen: »Politische, moralische und soziale Urteilsbildung«, in: A. Regenbogen (Hg.), *Moral und Politik – soziales Bewußtsein als Lernprozeß*, Pahl-Rugenstein 1984; »Kohlberg's contribution to political psychology«, in: C. Modgil u. S. Modgil (Hg.), *Kohlberg: Consensus and controversy*, Falmer 1986.

Monika *Keller* ist Entwicklungspsychologin und wissenschaftliche Mitarbeiterin am Max-Planck-Institut für Bildungsforschung in Berlin. Ihr Forschungsschwerpunkt ist die sozialkognitive und soziomoralische Entwicklung und ihre Bedingungen. Einige Veröffentlichungen: *Kognitive Entwicklung und soziale Kompetenz. Zur Entwicklung der Rollenübernahme in der Familie und ihrer Bedeutung für den Schulerfolg*, Klett 1976; »Beziehungsverständnis und moralische Reflexion« (mit W. Edelstein), in: W. Edelstein u. G. Nunner-Winkler (Hg.), *Zur Bestimmung der Moral*, Suhrkamp 1986; »Development of friendship reasoning: A study of interindividual differences in intraindividual change« (mit Ph. Wood), in: *Developmental Psychology* 25, 1989; »The development of socio-moral meaning making: Domains, categories and perspective-taking«, in: W. M. Kurtines u. J. L. Gewirtz (Hg.), *Handbook of moral behavior and development*, Bd. II, Erlbaum 1991.

Lothar *Krappmann* ist Soziologe und wissenschaftlicher Mitarbeiter des Max-Planck-Instituts für Bildungsforschung in Berlin. Er lehrt als Honorarprofessor Soziologie der Erziehung am Fachbereich für Erziehungs- und Unterrichtswissenschaften der Freien Unversität Berlin. Schwerpunkt seiner Forschungen ist die Sozialentwicklung der Kinder im Grundschulalter. Wichtige Veröffentlichungen. »Probleme des Helfens unter Kindern« (mit H. Oswald), in: H. W. Bierhoff u. L. Montada (Hg.), *Altruismus u. Bedingungen der Hilfsbereitschaft*, Hogrefe 1988; *Soziologische Dimensionen der Identität*, Klett-Cotta 1988; »Sozialisation in der Gruppe der Gleichaltrigen«, in: K. Hurrelmann u. D. Ulich (Hg.), Neues Handbuch der Sozialisationsforschung, 4. revid. Aufl., Beltz 1991; » Die Entwicklung vielfältiger sozialer Beziehungen«, in: A. E. Auhagen u. M. von Salisch (Hg.), *Zwischenmenschliche Beziehungen*, Hogrefe 1992; »Die Suche nach Identität und die Adoleszenzkrise«, in: G. Biermann (Hg.), *Handbuch der Kinderpsychotherapie*, Bd. 5, Reinhardt 1992.

John *Lee* ist Doktorand am College of Education an der Universität von Illinois in Chicago. Im Mittelpunkt seiner Forschungsinteressen und Veröffentlichungen steht die Rolle von Subjektivität und persönlichen Wünschen bei der Definition persönlicher Autonomie und Moral.

Leo *Montada* ist Professor für Psychologie an der Universität Trier und Direktor der Zentralstelle für Psychologische Information und Dokumentation. Sein Arbeitsgebiet umfaßt: Soziale Gefühle (Schuld, Empörung, Eifersucht, Neid, Mitleid u. a.), soziale und ökologische Verantwortlichkeit, soziale Gerechtigkeit, Lebenskrisen und ihre Bewältigung. Wichtige Veröffentlichungen: *Entwicklungspsychologie* (Hg. mit R. Oerter), Urban u. Schwarzenberg 1987²; *Altruism in social systems* (mit H. W. Bierhoff), 1991; *Life crises and experiences of loss in adulthood* (mit S.-H. Filipp und M. J. Lerner), 1992; Artikel und Buchbeiträge zu den genannten Arbeitsgebieten.

Mordecai *Nisan* ist Professor für Psychologie an der Hebräischen Universität von Jerusalem. Seine Forschungsinteressen richten sich vor allem auf moralische Entwicklung und moralisches Verhalten, Theorie der Motivation und Fragen der Selbstkontrolle. Wichtige Veröffentlichungen: »Content and structure in moral development: an integrative view«, in: W. M. Kurtines u. J. L. Gewirtz (Hg.), *Morality, moral behavior and moral development*, Wiley 1984; »Distributive justice and social norms«, in: *Child Development* 55, 1984; »The effect of cognitive restructuring on delay of gratification«, in: *Child Development* 55, 1984; »Limited morality«, in: M. W. Berkowitz u. F. Oser (Hg.), *Moral education: Theory and application*, Erlbaum 1985.

Gil G. *Noam* ist Professor für klinische Psychologie, Psychiatrie und Entwicklungspsychologie. Er lehrt im Department for Human Development and Psychology an der Harvard University und leitet das »Hall-Mercer Laboratory of Developmental Psychology and Developmental Psychopathology« an der medizinischen Fakultät. Er untersucht dort die langzeitlichen Beziehungen von kognitiver Entwicklung, Psychopathologie und Psychotherapie, weitere Forschungen im Bereich der Genese des Selbst. Wichtige Veröffentlichungen: »Psychoanalytic approaches to developmental psychology« (mit R. Higgins und G. Goethals), in: B. Wolman (Hg.), *Handbook of developmental psychology*, Prentice Hall 1982; »Regulatory structures of the self and ›postformal‹ stages in adulthood« (mit W. Edelstein), in: *Human Development* 25, 1982; »Marking time in the midst of the hardest movement: Adolescent borderline disorders in lifespan perspective«, in: K. Fields et al. (Hg.), *Learning and meaning*, International Universities Press 1985; »Development as the aim of clinical intervention«, in: *Development and Psychopathology* 4, 1992.

Larry *Nucci* ist Professor an der Universität von Illinois in Chicago. Er arbeitet 1992 als Stipendiat der Fulbright-Stiftung in Brasilien und befaßt sich mit kulturvergleichenden Studien über Familieninteraktionen und die Entwicklung von Konzepten persönlicher Freiheit und sozio-moralischer Regulierungsstrategien bei Kindern und Jugendlichen. Wichtige Veröffentlichung: *Moral development and character education: A dialogue*, Mc Cutchan 1989.

Gertrud *Nunner-Winkler* ist Mitarbeiterin am Max-Planck-Institut für Psychologische Forschung in München. Zuvor arbeitete sie am Starnberger MPI zur Erforschung der Lebensbedingungen. Ihre Forschungsschwerpunkte sind soziokognitive und moralische Entwicklung, Adoleszenzkrisenverläufe und Probleme der Identitätsbildung. Wichtige Veröffentlichungen: *Chancengleichheit und individuelle Förderung*, Enke 1971; *Adoleszenzkrise und Identitätsbildung* (mit R. Döbert), Suhrkamp 1975; *»Eine weibliche Moral«* (Hg.), Campus 1991. Zahlreiche Aufsätze (z. T. mit R. Döbert) zu den genannten Forschungsschwerpunkten.

Amelie Oksenberg *Rorty* ist Professorin für Philosophie am Radcliff College und am Mount Holyoke College. Zuvor lehrte sie u. a. an der Brandeis University, der University of California in Berkeley, an der Princeton University und in Cambridge. Wichtige Veröffentlichungen: *Identities of persons* (Hg.), University of California Press 1976; *Explaining emotions* (Hg.), University of California Press 1976; *Essays on Aristotle's ethics*, University of California Press 1980; *Mind in action*, Beacon Press 1988; *From passions to emotions and sentiments*, Oxford University Press, im Druck, und zahlreiche Artikel zur Geschichte der Philosophie, zum Personkonzept und zum Verständnis von Emotionen.

Ervin *Staub* ist Professor für Psychologie an der University of Massachusetts, Amhurst. Zuvor hat er an der Harvard University, an der University of Stanford, der University of Hawaii und an der London School of Economics gelehrt. Seine Forschungsschwerpunkte sind prosoziales Verhalten, Selbstkontrolle, Motivation und Persönlichkeitsentwicklung. Wichtige Veröffentlichungen: *Positive social behavior and morality*, Bd. 1 und 2, (Hg.), Academic Press 1978 u. 1979; *Social and moral values: Individual and societal perspectives*, Erlbaum, 1989; *The roots of evil: The origins of genocide and other group violence*, Cambridge University Press 1989.

Ernst *Tugendhat* lehrt an der Universität von Santiago in Chile. Er war von 1966 bis 1975 Professor für Philosophie in Heidelberg, danach Mitarbeiter am Max-Planck-Institut zur Erforschung der Lebensbedingungen der wissenschaftlich-technischen Welt in Starnberg und von 1980 bis 1992 Professor für Philosophie an der Freien Universität Berlin. Wichtige Veröffentlichungen: *Ti kata tinos: Eine Untersuchung zu Struktur und Ursprung aristotelischer Grundbegriffe*, Freiburg 1958; *Der Wahrheitsbegriff bei Husserl und Heidegger*, de Gruyter 1967; *Vorlesungen zur Einführung in die sprachanalytische Philosophie*, Suhrkamp 1976; *Selbstbewußtsein und Selbstbestimmung*, Suhrkamp 1979; *Probleme der Ethik*, Reclam 1983; *Philosophische Aufsätze*, Suhrkamp 1992; *Ethik und Politik*, Suhrkamp 1992.

Ernest *Wolf* ist Professor für Psychiatrie an der Northwestern University Medical School und als ausbildender Analytiker am Chicago Institute for Psychoanalysis tätig. Zuvor leitete er u. a. das Center for Psychosocial Studies in Chicago und das Mental Health Department, Student Help Service an der Nortwestern University. Wichtige Veröffentlichungen: »Subjektivität und Ethik in der medizinischen Praxis. Die zentrale Rolle der Einfühlung«, in: J. Wunderli u. K. Weisshaupt (Hg.), *Medizin im Widerspruch*, Walter-Verlag 1977; »Die Störungen des Selbst und ihre Behandlung« (mit H. Kohut), in: *Die Psychologie des 20. Jahrhunderts*, Kindler-Verlag 1979; *Treating the self: Elements of clinical self psychology*, The Guilford Press 1988.

205/1/8.92

suhrkamp taschenbücher wissenschaft
Soziologie, Theorie der Gesellschaft

Eder: Die Entstehung staatlich organisierter Gesellschaften. stw 332
– Geschichte als Lernprozeß ? stw 941
– Die Vergesellschaftung der Natur. stw 714
Eder (Hg.): Klassenlage, Lebensstil und kulturelle Praxis. stw 767
Eisenstadt: Die Transformation der israelischen Gesellschaft. stw 1009
Eisenstadt (Hg.): Kulturen der Achsenzeit. 2 Bde. stw 653
– Kulturen der Achsenzeit II. stw 930
Elias: Engagement und Distanzierung. stw 651
– Die Gesellschaft der Individuen. stw 974
– Die höfische Gesellschaft. stw 423
– Studien über die Deutschen. stw 1008
– Über den Prozeß der Zivilisation. 2 Bde. stw 158/159
– Über die Zeit. stw 756
Korte (Hg.): Gesellschaftliche Prozesse und individuelle Praxis. Bochumer Vorlesungen zu Norbert Elias' Zivilisationstheorie. stw 894
Evers/Nowotny: Über den Umgang mit Unsicherheit. stw 672
Fend: Sozialgeschichte des Aufwachsens. stw 693
v. Friedeburg: Bildungsreform in Deutschland. stw 1015
Frisby: Georg Simmel. stw 926
Fromm: Die Gesellschaft als Gegenstand der Psychoanalyse. stw 1054
Garz (Hg.): Die Welt als Text. stw 1031
Gebauer/Wulf (Hg.): Praxis und Ästhetik. Neue Perspektiven im Denken Pierre Bourdieus. stw 1059
Gerhardt: Gesellschaft und Gesundheit. stw 970
Gerhardt/Schütze (Hg.): Frauensituation. stw 726
Geulen: Das vergesellschaftete Subjekt. stw 586
Geulen (Hg.): Perspektivenübernahme und soziales Handeln. stw 348
Giddens: Die Klassenstruktur fortgeschrittener Gesellschaften. stw 452
Giegel (Hg.): Kommunikation und Konsens in modernen Gesellschaften. stw 1019
Giesen: Die Entdinglichung des Sozialen. stw 908
Giesen (Hg.): Nationale und kulturelle Identität. stw 940
Goffman: Das Individuum im öffentlichen Austausch. stw 396
– Interaktionsrituale. stw 594
– Rahmen-Analyse. stw 329
– Stigma. stw 140
Goldmann: Soziologie des Romans. stw 470
– Der verborgene Gott. stw 491
Goudsblom: Soziologie auf der Waagschale. stw 223

205/2/8.92

suhrkamp taschenbücher wissenschaft
Soziologie, Theorie der Gesellschaft

Greiffenhagen: Das Dilemma des Konservatismus in Deutschland. stw 634

Groethuysen: Die Entstehung der bürgerlichen Welt- und Lebensanschauung in Frankreich. 2 Bde. stw 256

Groh: Anthropologische Dimensionen der Geschichte. stw 992

Habermas: Strukturwandel der Öffentlichkeit. stw 891

– Zur Logik der Sozialwissenschaften. stw 517

– Zur Rekonstruktion des Historischen Materialismus. stw 154

– *siehe auch Edelstein/Habermas*

– *siehe auch Honneth/Joas*

Haferkamp (Hg.): Sozialstruktur und Kultur. stw 793

Haferkamp/Schmid (Hg.): Sinn, Kommunikation und soziale Differenzierung. Beiträge zu Luhmanns Theorie sozialer Systeme. stw 667

Hahn/Kapp (Hg.): Selbstthematisierung und Selbstzeugnis: Bekenntnis und Geständnis. stw 643

Halbwachs: Das Gedächtnis und seine sozialen Bedingungen. stw 538

Haupert/Schäfer: Jugend zwischen Kreuz und Hakenkreuz. stw 952

Hausen/Nowotny (Hg.): Wie männlich ist die Wissenschaft? stw 590

Heinsohn: Privateigentum, Patriarchat, Geldwirtschaft. stw 455

Hirschauer: Die soziale Konstruktion der Transsexualität. stw 1045

Hörning/Gerhard/Michailow: Zeitpioniere. stw 909

Honig: Verhäuslichte Gewalt. stw 857

Honneth: Kritik der Macht. stw 738

Honneth/Joas (Hg.): Kommunikatives Handeln. Beiträge zu Jürgen Habermas' »Theorie des kommunikativen Handelns«. stw 625

Institut für Sozialforschung (Hg.): Kritik und Utopie im Werk von Herbert Marcuse. stw 1037

Jäger (Hg.): Kriminologie im Strafprozeß. stw 309

Jaeggi: Theoretische Praxis. stw 149

Joas: Pragmatismus und Gesellschaftstheorie. stw 1018

– Praktische Intersubjektivität. stw 765

Joas (Hg.): Das Problem der Intersubjektivität. stw 573

Joas/Steiner (Hg.): Machtpolitischer Realismus und pazifistische Utopie. stw 792

Joerges (Hg.): Technik im Alltag. stw 755

Jokisch (Hg.): Techniksoziologie. stw 379

Jung/Müller-Doohm (Hg.): Wirklichkeit im Deutungsprozeß. stw 1048

Kempski: Schriften 1-3. stw 922- 924

205/3/8.92

suhrkamp taschenbücher wissenschaft
Soziologie, Theorie der Gesellschaft

205/4/8.92

suhrkamp taschenbücher wissenschaft
Soziologie, Theorie der Gesellschaft

205/5/8.92

205/6/8.92